项目名称

1. 洛阳师范学院旅游管理国家级一流本科专业建设点；
2. 洛阳师范学院旅游管理河南省特色骨干学科；
3. 河南省社会科学规划决策咨询项目（2022JC19 ）；
4. 河南省教师教育课程改革研究重点项目（2022JSJYZD022）；
5. 河南省高等教育研究重点项目 (2021SXHLX152）

基地名称

1. 中国旅游研究院县域旅游研究基地；
2. 智慧旅游河南省工程技术研究中心；
3. 智慧旅游河南省协同创新中心

县域旅游
理论与实践

THEORY AND PRACTICE OF
TOURISM DEVELOPMENT
AT THE COUNTY LEVEL

程金龙　王淑曼　等 / 著

社会科学文献出版社
SOCIAL SCIENCES ACADEMIC PRESS (CHINA)

前　言

随着我国旅游业的迅猛发展，旅游活动已成为促进社会经济发展和满足人民日益增长的美好生活需要的重要力量，旅游经济为国民经济发展做出了十分显著的贡献，旅游业日益成为大部分地区的支柱型产业。县域，作为我国较为独立与完整的基本行政区划单元，在国家宏观调控和政府决策中发挥着极其重要的作用。县域旅游是全国旅游市场的重要组成部分，在完善现代旅游产业体系、建设旅游强国中扮演着重要角色。在疫情防控常态化背景下，县域旅游消费呈现新特征，近郊游悄然走红，夜间游备受青睐，定制游彰显个性，沉浸游闪亮登场，云旅游有声有色。县域旅游开发与管理，需遵循“颠覆性创意，沉浸式体验，年轻化消费，移动式传播”的文旅融合发展理念，进而整合资源、引领市场，创新产品、强化管理，塑造品牌、增强体验，转型升级、重塑活力，实现高质量发展。

《县域旅游理论与实践》全书共分为十一章，从理论和实践两个层面对县域旅游开发与管理进行系统论述。第一章绪论，介绍本书写作的背景与研究意义；在对国内、国外同领域研究进行回顾的基础上对国内外研究内容做出述评，对未来研究做出展望。第二章理论基础，辨析县域旅游的概念，阐释县域旅游的内涵特征，陈述县域旅游开发管理的理论依据。第三章供给体系，明确县域旅游发展是由许多因素共同作用、综合推动的结果，既要立足资源、市场、产业、服务等基础要素，又要重视文化、技术、形象等发展要素，还要提供支撑高质量发展必需的资金、土地、政策、人才等保障要素。第四章需求分析，阐释县域旅游需求的概念、类型、特征、影响因素，描述县域旅游市场细分与市场定位，提出县域旅游营销载体、策略、方式。第五章规划设计，明确县域旅游规划概念、类型、原则、特点，分析县域旅游规划的核心要点与主要内容，并对县域旅游规划的组织管理进行探讨。第六章产品开发，介绍县域旅游产品开发的理论基础，总结县域旅游产品开发的原则、意义、模式、内容，提出县域旅游产品开发的策略及流程。第七章战略管理，明确县域旅游战略管理的概念、内涵、原则、意义，阐述县域旅游战略管理的主要内容，优化县域旅游战略管理的流程。第八章发展模式，从经济发展模式、产业组织模式、路径变迁模式、投资运营模式、空间组织模式等方面，阐释县域旅游发展模式。第九章品牌形象，明确县域旅游品牌形象的概念、内涵、构成、特点，从品牌形象定位、建设、塑造、传播等方面进行阐述。第十章发展趋势，结合大众旅游、智慧旅游、文旅融合、全域旅游等时代背景，对县域旅游的发展趋势进行展望。第十一章案例解读，介绍县域旅游发展的典型案例，总结县域旅游的成功经验及启示。

全书由程金龙提出写作思路、拟定框架结构并负责统稿和组织撰写，由方梦蝶协助统稿和进行书稿校对。洛阳师范学院国土与旅游学院王淑曼老师，洛阳师范学院学科教学（地理）硕士研究生沙婉玉、方梦蝶、史智文、王竞逸，河南大学旅游管理硕士研究生刘凯霞、卫慧敏、杨迪、高萍萍，河南科技大学旅游管理硕士研究生李小雨、王奕睿、赵超杰，河南师范大学农村发展硕士郭琴，参与了书稿各章节的撰写。全书共分为十一章，第一章由卫慧敏、程金龙、赵超杰撰写，第二章由杨迪、王淑曼撰写，第三章由沙婉玉、王淑曼撰写，第四章由刘凯霞、王淑曼撰写，第五章由王奕睿、程金龙撰写，第六章由高萍萍、程金龙撰写，第七章由方梦蝶、王淑曼撰写，第八章由史智文、王淑曼撰写，第九章由李小雨、程金龙撰写，第十章由王竞逸、王淑曼撰写，第十一章由郭琴、程金龙撰写。

本书得到洛阳师范学院旅游管理河南省特色骨干学科、旅游管理国家级一流本科专业建设点，河南省社会科学规划决策咨询项目（2022JCZX019），河南省教师教育课程改革研究重点项目（2022JSJYZD022），河南省高等教育研究重点项目（2021SXHLX152），河南省教学名师工作室项目的资助，在此表示感谢。此外，在本书的撰写过程中，参与人员引用了大量国内外学者的相关研究成果，在此深表谢意；对于遗漏者，表示深深歉意。本书能够顺利出版，得到了社会科学文献出版社的大力支持，在此表示感谢。

本书既具有较强的理论参考价值，也具有实践借鉴意义，可作为省、市、县（区）文化和旅游管理部门及县域旅游开发与建设部门相关人员的参考书，也可作为高等院校旅游、休闲等相关专业人员的阅读书籍。由于笔者水平有限，书中的疏漏和不妥之处在所难免，恳请读者批评指正，以便于本书的进一步修订和完善。

程金龙

2022 年 12 月

目　录

第一章
绪论

县域经济是国民经济的基本单元，县域经济的发展对区域战略部署实施、国民经济质量提升具有重要的支撑作用。旅游业作为带动性强、关联度高、覆盖面广、消费潜力大的朝阳产业，在县域经济发展中的地位不断提升、作用日益增强。积极发展县域旅游经济，加快县域旅游产业化进程，实现县域旅游的可持续发展，在提高人们的生活质量、促进社会和谐发展的同时，对区域经济高质量发展有着极大的推动作用。

第一节　研究背景

一　政策背景

（一）县域旅游发展有利于共同富裕目标的实现

2021 年 7 月 1 日，习近平总书记在庆祝中国共产党成立 100 周年大会上庄严宣告："经过全党全国各族人民持续奋斗，我们实现了第一个百年奋斗目标，在中华大地上全面建成了小康社会。"① 全国居民人均年可支配收入从 1978 年的 171 元增加到 2020 年的 32189 元；城乡居民恩格尔系数分别从 1978 年的 57.5%、67.7% 下降到 2020 年的 29.2%、32.7%。温饱问题

① 《习近平：在庆祝中国共产党成立 100 周年大会上的讲话》，中国政府网，2021 年 7 月 15 日，http://www.gov.cn/xinwen/2021-07/15/content_5625254.htm。

解决后，人们对生活品质、品位有了更高的追求，居民消费能力显著提升，消费升级趋势明显，消费结构从生存型逐渐向发展型、享受型过渡。越来越多的人有“钱”有“闲”，餐饮、健康、教育、旅游、文娱等服务性消费持续快速增长。“诗和远方”触手可及，“说走就走”不再是梦想，中国正在进入大众旅游时代，以周末假日短途近距离旅游为主的县域旅游已经成为一种生活方式。旅游已成为小康社会的刚需和标配，县域旅游成为大众的一种生活方式、学习方式和成长方式，全面小康新生活显得多姿多彩。

全面建成小康社会是实现人民美好生活的新起点，县域旅游正逐渐成为县域现代服务业的龙头和实现共同富裕的重要力量。县域旅游应顺势而为，促进城乡经济、文化建设不断融合并快速发展，促进共同富裕的目标快速实现。近年来，文化和旅游部积极推动乡村旅游与乡村振兴、美丽乡村建设相结合，培育了一批生态美、生产美、生活美的乡村旅游目的地，促进了以乡村旅游为基础的县域旅游大力发展。人们在农村风俗体验、农产品购买、农家乐、农庄度假康养等活动中体验乡村气息，满足各项文化休闲需要，这既满足了人民对精神文化消费的需要，也促进了乡村经济发展。大力发展县域旅游经济，对促进城乡交流、缩小城乡差距、提高农民生活水平、协调发展县域经济、有效开展新农村建设，具有很重要的现实意义。

（二）县域旅游发展有利于国内国际“双循环”格局的构建

2021 年 3 月 11 日，十三届全国人大四次会议通过的《中华人民共和国国民经济和社会发展第十四个五年规划和 2035 年远景目标纲要》提到，旅游业积极主动融入“双循环”新发展格局，主动在时代变革中求发展、开新局，配合经济社会发展大局，扩大旅游消费市场，提高旅游投资效率，深化旅游业供给侧结构性改革，积极有序拓展旅游出入境市场，打通国内国际“双循环”的堵点。2022 年 1 月 20 日，国务院印发的《“十四五”旅游业发展规划》（国发〔2021〕32 号）提到，“构建新发展格局有利于旅游业发挥独特优势，也对旅游业提出了扩大内需的重要任务。加快构建以国内大循环为主体、国内国际双循环相互促进的新发展格局，需要充分利用旅游业涉及面广、带动力强、开放度高的优势，将其打造成为促进国民经济增长的重要引擎。同时，要切实加大改革开放力度，更好发挥旅游业作用，为加快释放内需潜力、形成强大国内市场、畅通国民经济循环贡献更大力量”。在“双循环”新发展格局下，旅游业作为拉动消费的重要产业，有着巨大的发展潜力。而县域作为疫情防控常态化背景下城市近郊旅游的主阵地，对我国旅游发展空间格局的形成至关重要，有利于促进经济循环发展。

国内国际“双循环”格局的构建，首先，要依托县域旅游完善国内游市场，推出特色旅游产品以吸引消费者，尤其是以往的“出境游者”，以促进国内大循环。我国的“出境游者”曾是世界旅游市场上购买力最为强劲的消费群体，但近几年囿于疫情无法出境，面对如此庞大的潜在市场，国内游线路、项目及产品的推陈出新至关重要。要为此类消费群体量身定制以健康、休闲、养生为特色的旅游线路及项目，通过系统性休闲娱乐设施带动区域游和周边游，打造适合的消费场景，引导国内游客流动消费和出境游客消费回流，充分开发其潜在需求和促进内部经济循环。国内游市场的发展完善有利于充分发挥旅游业带动效应强的特点，有助于进一步拉动消费、增加就业、推动我国经济高质量发展、促进国内大循环。其次，要凭借县域旅游深度开发入境游市场，加快国际循环。入境游市场一直是我国旅游业发展的短板，这与我国丰富的自然及人文资源是不匹配的。县域旅游通过综合开发，可将得天独厚的旅游资源转化为有效生产力，以吸引外国游客。这是完善我国入境游市场，促进我国旅游业高质量、可持续发展的关键一环，是构建“双循环”新发展格局的重要举措。

县域旅游应紧抓时代契机，通过精准把握市场变化推动县域旅游供给侧结构性改革，强化生态价值，推动资源转化，打造未来业态，引领产品时尚，优化营商环境，聚合文旅产业，打造链式生态，促进产业循环，突破县域旅游发展障碍，在“双循环”的时代背景下，打造别样县域旅游新风采。

（三）县域旅游发展需要以五大发展理念为引领

2022 年 1 月 20 日，国务院印发《“十四五”旅游业发展规划》，要求加强前瞻性思考、全局性谋划、战略性布局、整体性推进，发挥好中央、地方和各方面积极性，实现发展质量、结构、规模、速度、效益、安全相统一。县域旅游发展要贯彻创新、协调、绿色、开放、共享五大发展理念，促进旅游产业发展，增强发展活力、动力和潜力。

一是要创新发展，增强动力。要提升县域旅游业发展能力，拓展区域旅游发展空间，培育区域旅游增长极，构建旅游产业新体系，培育旅游市场新主体和消费新热点。二是要协调发展，补齐短板。实施供给侧结构性改革，促进供需协调；推动区域特色化发展，促进景点景区内外协调；推进乡村旅游提质增效，促进城乡协调；完善产业配套要素，促进软硬件协调；提升整体服务水平，促进规模质量协调。三是要绿色发展，培育优势。把生态和旅游结合起来，把资源和产品对接起来，把保护和发展统一起来，将生态环境优势转化为旅游发展优势，将绿水青山变成金山银山。四是要开放发展，拓展空间。构建开放发展空间，打破地域分割、行政分割，消除各种制约因素，走全方位开放之路。五是要共享发展，夯实基础。共建共享美好生活，共建共享基础设施、公共服务、美丽生态环境。

通过五大发展理念的有效引导，县域范围的旅游发展环境得以有效改善，旅游业得以充分发展，旅游服务质量得以全面提升。

二　实践背景

（一）政策推动实践发展

我国是个农业大国，绝大部分人口在县域。县域旅游是我国旅游业发展的重要基础和主要增长点。在新常态下，大力推进现代服务业发展，最大难点在县域，重点和着力点也在县域，县域是新常态下旅游发展的“主力战场”。同时，县是中国行政体系的重要一环，既是基层单元行政区，也是旅游业中观层面的独立单元区域。县域旅游发展得当，无疑将有力地拉动地方经济的持续增长，并促进国内旅游业支持体系的建成。此外，县域旅游是以旅游业为重点的第三产业，实施“旅游立县”战略，打造县域品牌，开发城市休闲度假旅游产品，发展休闲农业、乡村旅游、生态观光休闲等项目，有利于推动旅游业转型，拉动县域经济增长，使旅游业成为县域经济新的增长点。

2007 年 1 月，全国旅游工作会议部署“旅游强县”创建试点工作，6 月，国家旅游局公布了首批“中国旅游强县”创建试点名单，出台了《中国旅游强县标准（试行）》；2010 年 8 月，农业部、国家旅游局出台《关于开展全国休闲农业与乡村旅游示范县和全国休闲农业示范点创建活动的意见》，并在 2011 ~ 2012 年批复部分县域成为全国休闲农业与乡村旅游示范县；2015 年 1 月，全国旅游工作会议提出要深入推进旅游综合改革，打造一批国家级旅游综合改革试点市县，县域旅游进入新的发展阶段。系统回顾县域旅游的实践探索可以看出，县域旅游在支撑旅游强省（市）建设、促进县域经济一体化建设等方面发挥着越来越重要的作用，政策与实践相互作用，县域旅游目的地逐渐成为经济发展新常态背景下旅游业新的发展重点。

（二）行业标杆逐步形成

在国家政策和实践的相互作用下，县域旅游受到越来越多的关注，部分县域成功创建国家级旅游品牌，如 2007 年，国家旅游局命名全国 17 个县为“中国旅游强县”；2012 年，丹阳获批为国家旅游产业创新发展实验市，延庆县获批为全国旅游综合改革示范县；2013 年，峨眉山市、桐乡市获批为全国旅游综合改革试点县；2014 年，全国休闲标准化技术委员会授予常熟市“中国休闲城市综合标准示范市”的称号。2010 ~ 2014 年，全国共评选出 186 个全国休闲农业与乡村旅游示范县，这些县域正逐渐成为县域旅游发展的标杆与领头羊。据统计，2860 个县域行政单元中，26% 的县域完成了县域旅游规划，15% 的县域提出要建设“中国百强县”，68% 的县域已将旅游产业、休闲农业定位为支柱型产业，每年新生成的县域旅游项目有 2 万个。①

（三）实践效果成效斐然

县域是我国城乡经济社会结合最为紧密的行政区划单元，做好县域经

① 《县域旅游发展专题研究》，https://www.kchance.com/LandingPage/CountyTourism2.html。

济发展工作对统筹城乡发展、缩小区域差异具有重大意义。把旅游业放在县域经济发展全局中谋划，对调整升级县域产业结构、缩小城乡收入差距和激发县域经济活力，都有显著的促进作用，也有利于国内旅游业支持体系的完善。以县域为行政单元发展县域旅游，是推进县域旅游理念落地的基础的空间地域方式。因此，各级政府为发展地方经济和改善民生，纷纷推出扶持县域旅游业发展的相关政策。通过政策引领高质量发展，推动旅游产业下沉，形成以文旅产业为核心的引领、拉动产业协同发展的文旅产业经济融合发展新模式，全力构筑文旅产业生态链，在内循环经济格局中，形成文旅融合推动县域经济高质量发展的创新样板。

三　学术背景

县域旅游文献发表的时间分布能有效地反映该领域特定时间内的整体研究状况及受关注的程度。统计自 1995 年县域旅游研究首次发文以来各年的核心期刊文献，可得到县域旅游研究发文数量年度分布图，如图 1－1 所示。从总量上看，我国县域旅游研究发文数量呈上升趋势，特别是在 2011 年达到了该领域发文数量的顶峰。

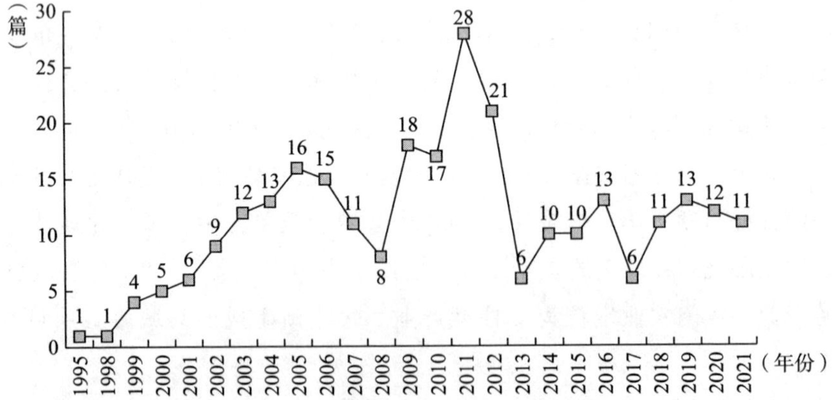

图 1－1　我国县域旅游研究发文数量年度分布

（一）发展起步期：1995 ～2008年

1986 年 4 月，《中华人民共和国国民经济和社会发展第七个五年计划》

发布，旅游业首次被列入国家发展规划，并指出要积极调动各方力量，加快建设旅游城市和旅游区，努力培养新型旅游人才，为旅游业的发展奠定坚实基础。1992 年，党的十四大召开，赋予市场经济体制改革的历史使命，为旅游业的发展营造了利好的制度环境和政策空间。1995 年，莫翠岗在《农村经济》上发表了《扬旅游龙头　发展县域经济》一文，研究如何通过发展旅游业来振兴县域经济，由此拉开了县域旅游研究的序幕。到了 21 世纪之初，旅游业发展初具规模，在产业六要素方面形成了基本的发展框架和规模基础。在旅游业发展如火如荼的时代背景下，部分县（市、区）意识到仅仅依靠传统的农业、工业来发展经济是远远不够的，旅游业作为第三产业中最具生命力的产业，是推进县域经济结构转型、提升县域经济发展质量、打造新的经济热点、加速县域经济发展的应有之义。2001 年，国务院发布《关于进一步加快旅游业发展的通知》（国发〔2001〕9 号）。同年，中国加入 WTO，真正开始与世界接轨。2002 年，党的十六大报告明确提出壮大县域经济的战略任务。2003 年，国家旅游局发布了《创建旅游强县工作指导意见》和《创建旅游强县工作导则》，在国家政策的引导下，2005 年县域旅游研究发文数量出现了第一个波峰，表明县域旅游逐渐走进大众视野，学术研究增多。

（二）快速发展期：2009 ~ 2013年

2009 年，国务院发布《关于加快发展旅游业的意见》（国发〔2009〕41 号），旅游业被定位为“国民经济的战略性支柱产业”，这意味着旅游业在国民经济中的地位实现了历史性突破，这是对未来旅游新格局形成的重大推动。为加快休闲农业和乡村旅游发展，推进农业功能拓展、农业结构调整、社会主义新农村建设和促进农民增收，农业部、国家旅游局决定开展全国休闲农业与乡村旅游示范县和全国休闲农业示范点创建活动。此项活动从 2010 年起，利用 3 年时间，培育了 100 个全国休闲农业与乡村旅游示范县和 300 个全国休闲农业示范点。2013 年，农业部和国家旅游局出台了《关于继续开展全国休闲农业与乡村旅游示范县和示范点创建活动的通知》等文件，先后正式批复桐乡市、峨眉山市成为旅游综合改革试点县。

这一阶段虽然时间短，但实证研究明显增多，对县域旅游的发展进行了更加因地制宜的思考，逐渐从传统的“思辨”阶段走向“实证”阶段。虽并未出现有影响力的节点，却让县域旅游研究领域呈现百花齐放的态势，研究热点的丰富程度得到了极大的提升。2012 年，党的十八大召开，我国进入全面深化改革的时期，旅游业向纵深化方向发展。2013 年，《中华人民共和国旅游法》的出台，为旅游业的发展提供了法律保障。

（三）平稳推进期：2014 ~2021年

2014 年，农业部办公厅、国家旅游局办公室出台《关于开展 2014 年全国休闲农业与乡村旅游示范县、示范点创建工作的通知》，并在当年确认 37 个县（市、区）为全国休闲农业与乡村旅游示范县。2016 年，旅游业被誉为“五大幸福产业”之首，民生成为旅游业的重要功能定位。2017 年 5 月，《国务院办公厅关于县域创新驱动发展的若干意见》出台，为县域旅游发展注入了新的活力。2017 年，党的十九大召开，为满足人们的美好旅游需求，旅游业积极通过供给侧结构性改革，推动产品及服务结构的优化，大力提升旅游供给水准。在旅游市场经济体制完善的攻坚克难之际，对需求侧或民生的关注与响应，成为旅游业发展的新一轮驱动力。2018 年 3 月，文化部和国家旅游局合并成立文化和旅游部，不仅表明旅游业的影响力已经渗透到国民经济、文化、生活等方面，同时反映出旅游业适应时代变化、满足人们精神文化需求的人文特色。2021 年，在中国共产党成立百年之际，我国正式摘掉了“贫困”的帽子，消除了绝对贫困，这是一件可以载入史册的壮举。学界通过积极研究“旅游扶贫”“产业扶贫”，解决部分县（市、区）仍存在的“多维贫困”“相对贫困”等问题，对于巩固新时期脱贫攻坚成果、与乡村振兴有效衔接，具有十分重大的现实意义。“文旅融合”“全域旅游”“互联网 + 旅游”成为这一时期的热点，也昭示着学界对现实问题的回应及其前瞻性。

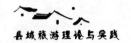

综上所述，对县域旅游研究来说，学术研究在很大程度上受到国家政策的影响，呈现与“策”同行的基本特点。但与县域旅游文献发表时间进行对比可以发现，研究成果与政策实施存在一定程度的时间滞后性，但这

种滞后性近年来呈现逐渐减弱的现象。1995 年至今，县域旅游研究尚未出现“范式”的转变，还处在“范式”的形成和积累期，因此，县域旅游从发展阶段来说，还需要数量更多、分量更重的科学研究成果，催化县域旅游研究从量变到质变。

四　市场背景

（一）县域旅游拉动县域经济发展

习近平总书记指出：“我国发展仍处于重要战略机遇期，我们要增强信心，从当前我国经济发展的阶段性特征出发，适应新常态，保持战略上的平常心态。”[①] 在“建设美丽中国”“绿水青山就是金山银山”等新时期政策导向下，县域旅游概念正式进入政策层面，成为我国旅游业发展的“新常态”。经济新常态是不可逆转的经济发展态势，国民经济进入了与过去 40 多年高速增长期不同的新阶段，但国民经济只是增速换挡，在世界范围内，经济增长率仍然高于美国和世界平均水平，经济发展前进动力仍然强大。在新常态背景下，围绕县域旅游这一以旅游业为重点的第三产业，实施“旅游立县”战略，打造县域品牌，开发城市休闲度假旅游产品，发展微度假、乡村旅游、生态观光游等项目，对于推动旅游业转型成为县域经济新的增长点，有着十分重要的作用。

（二）县域旅游优化县域产业结构

县域旅游强调的是旅游发展与资源环境承载能力相适应，要求通过全面优化旅游资源、基础设施、旅游功能、旅游要素和产业布局，以疏解和减轻核心景点景区的承载压力，保护核心资源和生态环境，实现设施、要素、功能在空间上的合理布局和优化配置。县域旅游作为旅游的一个分支和延伸，从传统的打造某一个旅游点的单一模式向开放型的旅游基础设施和公共服务建设模式转变，是现代旅游发展的新方向。县域旅游在开发中长期存在资源开发类型单一，空间发展失衡，共性化、同质性的旅游产品

---

① 《习近平经济发展新常态重大论断，引领中国经济行稳致远》，“中国日报网”百家号，2020 年 5 月 11 日，https://baijiahao.baidu.com/s?id=1666359486040744209&wfr=spider&for=pc。

简单沿袭，个性化、体验式的产品严重缺乏等问题，无法满足大众旅游时代消费的新需求。积极提升旅游产品质量，深度挖掘旅游资源的内在文化价值，提倡“沉浸式”体验，加强个性化、定制化产品供给，推动供给侧结构性改革，用增量改革促进存量调整，优化产业结构，疏通流通结构，优化分配结构，改善消费结构，不断实现县域旅游产品的提质升级，更好地满足人民日益增长的美好生活需要，不断释放县域经济发展活力。

（三）县域旅游满足美好生活需要

县域旅游迎合旅游新需求，促使旅游利益相关者协调共进。县域旅游是人们出于探索、好奇，通过出行实现对另一种更健康美好生活方式的追求，从而引起利益相关者采取一系列行动所形成的全社会共建共享的现象。各种政策的相继出台，在引导家园完善的同时，也顺应了利益相关者的需求，顺应了市场的需求，顺应了人们的意愿，使利益相关者享受到实实在在的好处。人员的流动带来了巨大的市场，餐饮业、住宿业、娱乐业等蓬勃兴起。县域旅游对于盘活经济、改善民生、顺应政策发展新需求有着实实在在的作用。《中华人民共和国旅游法》把旅游业发展五年规划列入国家重点专项规划，在促进旅游业改革发展、旅游投资和消费等方面出台了一系列政策措施，新常态下旅游业发展的地位日益提升。旅游业在改善民生和扶贫攻坚方面的作用显著，尤其是发展乡村旅游成为满足多样化需求、促进乡村振兴的重要手段。

第二节　研究意义

一　理论意义

县（市、区）凭借其良好的生态环境和资源禀赋，吸引着越来越多的旅游者，并承担着具体的旅游产品开发、宣传促销、规范管理、接待服务等工作，已成为旅游业不可或缺的支撑体系。县域旅游是现代旅游业发展的重要载体，构成了旅游业发展的有力支撑，各县（市、区）不同的资源和区位条件、经济水平以及社会文化背景等因素，决定其旅游发展的不同路径与变迁模式。寻找发展县域旅游的合适方法，需要理论的支撑。

（一）丰富县域旅游理论体系

县域旅游的研究必须以基础理论为依托，运用比较广泛的理论如区位论、系统论、区域经济理论、可持续发展理论、产业一体化理论、旅游体验理论等。在县域旅游发展的过程中，需要以多个学科的理论基础和专业知识为指导，融合管理学、经济学、地理学、历史学等诸多学科。基于对县域旅游发展要素、需求、规划设计、产品开发和品牌形象的分析，回顾县域旅游研究历程，展望县域旅游发展趋势，解读县域旅游经典案例，不仅是对县域旅游理论的发展与延伸、完善与创新，而且在实践上能让人们更深刻和全面地了解县域旅游，为县域旅游经济的发展提供经验借鉴和理论指导。

（二）引导县域旅游的发展方向

县域是具有相对独立性和完整性的基础行政区域，县域旅游是区域旅游系统格局中的基础层次。在生活节奏加快、社会压力逐渐增大的今天，享受“慢生活”，通过旅游活动找到宣泄的出口，从而达到减轻压力、舒缓身心的目的，成为越来越多人的渴求。县域旅游思路即在这种背景下应运而生，并迅速成为地方政府推动旅游业大发展的新路径和新抓手。通过发展县域旅游，为旅游者提供全方位的服务，推动旅游业管理体制的转型升级和实现旅游业对全面深化改革的有效带动。发展县域旅游，必须彻底扭转只重视旅游人次增长这种粗放型指标的发展思路，要更加注重旅游业内在质量，把全面提升国民生活品质和旅游者幸福感摆在最重要的位置。

（三）促进县域旅游的全面发展

随着城市旅游者向乡村旅游、生态旅游的转移，县域旅游的开发问题已经成为我国旅游业发展的重要课题之一。国内学术界对县域旅游的研究涉及方方面面，集中在县域旅游规划、县域旅游经济、县域旅游产业发展以及县域旅游管理等领域。各行业、各部门都积极参与旅游业，为游客提供全过程、全时空、全方位的旅游产品。现有研究突出了旅游业重要的产业地位与价值，树立大旅游的发展理念，强调了县域旅游提升人们生活品质的价值和功能，这一理念更加契合当今旅游业快速发展的现实。“郡县治，天下安”，县域是我国经济社会中城乡结合最为紧密的基本单元。县域旅游是依托资源赋存优势，以资源开发为基础、以市场需求为导向、以产业为支撑、以特色旅游休闲生活体验为吸引的一种区域旅游发展形态，可促进经济、文化、生态和社会全面发展。

二 实践意义

我国的县域旅游业迎来快速发展新时期，需要系统性的理论指导，本书从理论基础、发展规划、战略设计等多角度对县域旅游发展进行详细解读，助推县域旅游高质量发展。

（一）更新县域旅游理念，提升发展质量

县域旅游业是集游览、观光、休养、会议、餐饮等活动于一体，为人们提供全方位旅游服务的产业，为促进其发展，要做到在思想上高度重视，在战略上准确把握，切实将旅游产业作为支柱产业，科学规划布局、加大创新力度、积极推动发展。县域旅游需要科学的发展规划和长远的发展目标，各县要摸清自身资源禀赋优势和发展定位，立足高品位发展要求，切不可在发展目标上一味“贪大求洋”、在项目引进上求新求奇，要从市场的实际需求出发，避免资源和资金的双重浪费，要分析存在问题、研究发展规律、加强顶层设计、整合优势资源，在区域化、产业化上下足功夫，加大统筹县域旅游产业发展力度。县域旅游业作为我国县域经济实现高质量增长的新的重要支柱型产业，应顺应新发展理念，多措并举，高质量全面发展，成为县域发展稳健的新的经济增长点。

（二）促进城乡协调发展，助力乡村振兴

随着县域旅游规划的全面展开，激发乡村旅游市场活力、促进乡村振兴是县域旅游发展的必然趋势。疫情防控常态化的现状，让出境游、长途游等持续受到多方面限制，而旅游休闲的需求并未受到抑制。城市居民需要有与日常环境有强烈反差的、舒适的短时短途度假目的地，城市周边游将成为一种生活方式。未来，以家庭为单位的自驾旅游将逐步成为主流出

行方式，而亲近自然、生态的短途乡村旅游、健康亲子游等将迎来爆发期，微度假将成为流行趋势。乡村旅游产业作为实现乡村振兴战略的重要手段，不仅承载着都市人“归园田居”的人文情怀，也肩负着乡里人“强富美”的家园梦想。应结合县域内资源融合优势，拓展挖掘乡村个性，保持乡野风光的原汁原味，打造乡村的乡愁意象，开发具有鲜明特色的旅游产品，加强配套设施建设，构建完善的乡村特色解说系统，全面提升乡村旅游服务和管理水平，用县域旅游的金钥匙开启乡村振兴的大门。

（三）推动产业融合发展，优化产业结构

县域旅游的全面发展，能够带动县域经济发展。旅游产业的关联性强，对其他产业的带动作用较大，发挥其综合带动作用有着重要的现实意义，有助于整合与优化各类资源、扩大内需、延长旅游产业链和挖掘旅游的综合价值，更好地服务于国内大循环。应进一步促进旅游与县域本土产业融合，强化旅游对农业、体育、教育、文化等方面的带动作用，强化旅游与本土地理标志产品、名优特产的双向融合，基于特色产业做多元化旅游跨界复合衍生。从各地实践效果看，推进旅游与其他产业融合确实有较强的“外溢效应”。现代服务业和工业、农业融合互促，是现代产业体系的重要特征。旅游业作为典型的现代服务业，推动它与工业和农业深度融合互促，是大势所趋。尤其是农旅融合后，许多农产品变成了文化创意农业产品，产品附加值也随之得到较大提升，直接促进农民增收，也为农民就业开辟新渠道。推动农旅融合，需要统筹各方，尤其要在理顺体制机制、培育龙头企业、鼓励农民参与和组建乡村旅游合作社等方面发力。旅游产业的综合性决定了旅游服务人员的多功能性，县域旅游的发展应促进各行各业人才的引进和培育，带动旅游相关行业人才的发展，促进人才回流和成长，为县域经济全面发展提供人才支撑。

（四）扩大旅游休闲消费，释放经济活力

县域旅游是对全县旅游资源的整合和升华，为人们的旅游休闲生活提供多样化选择，丰富娱乐休闲方式，在为人们提供娱乐方式的同时也促进人员的流动和消费。县域旅游应当充分利用自身靠近都市、生态良好、人口密度较低的优势，准确把握区域及目标市场变化，全力提升县域旅游的产品供给和配套服务水平。从整体景观环境、旅游产品、消费体验及相应的设施配套等多个方面进行优化升级，积极抢占周边的城市旅游人群市场，将境外消费回流和城市短途旅游市场引入县域内部，让县域内的小镇和乡村成为推动消费升级和供给侧结构性改革的重要支撑。

第三节　文献综述及展望

县域是具有相对独立性和完整性的基础行政区域，县域旅游是区域旅游系统格局中的基础层次。在区域旅游、乡村旅游等的带动下，旅游作为文化传播的渠道推动了县域文化的重构和变迁，县域旅游得到了迅速发展。对国内外县域旅游发展进行文献回顾，理清发展脉络，分析热点前沿，及时转变发展方向，是实现21世纪县域旅游可持续发展、促进城乡和谐发展的关键。国外对这方面的研究开始较早，国内直到20世纪90年代中期才开始，起步相对较晚，但随着国内旅游产业的快速发展，这方面的研究受到了越来越多学者的重视，研究的内容也不断得到丰富，具有一定的参考价值和指导意义。

一　国外文献综述

针对旅游的研究，国外起步较早，研究成果也比较丰富，既有宏观层面的分析，也有微观层面的研究，并已形成一套相对完善的理论体系。但与中国的省（自治区、直辖市）—市（自治州）—县—乡（镇）的行政区划不同，国外的行政区划弱化了县一级的区分界线。例如，美国主要存在两套行政区划体系（有10个左右的州不符合这两套体系），一套是州—县，另一套是州—市和镇；法国和意大利的行政区划为大区、省、市（镇）三级；日本的行政区划为都道府县和市町村两级。国外县域行政区划不好界定，因此，查找外文文献时根据该国的行政区划进行了有针对性的区分，如“县域旅游”相当于有的国家的“区域旅游”。本书主要就国外区域旅游的相关文献进行阐述。

（一）区域旅游规划研究

规划是对未来各种活动方案的选择。旅游规划的目的在于对未来发展进行预测、协调并选择为达到一定的目标而采用的手段。规划活动历史悠久，但旅游规划的历史并不太长。最早的旅游规划源于欧洲，法国、英国和爱尔兰是这一领域的先驱。即使在这些国家，旅游规划也是在第二次世界大战以后才开始出现。1949 年，英国议会通过了《国家公园与乡村进入法》（National Parks and Access to the Countryside Act），这成为英国乡村治理发展的里程碑，为乡村带来除了农业和林业以外的“第三种发展力量”。乡村的可持续发展和民众的休闲娱乐需求第一次被纳入法律，从立法上确定了乡村环境可以被所有人共享。① 20 世纪 60 年代旅游规划才逐渐发展到北美的加拿大，再向亚洲、非洲国家扩展。从总的情况来看，发展中国家更强调旅游规划，并借助发达国家的人才和技术进行规划。②

冈恩和瓦尔在分析旅游规划的性质时，指出旅游是具有世界范围意义的现象，只有通过规划手段才能预防旅游发展产生的负面影响；旅游同环境保护以及人类游憩活动之间通过规划手段能够达致和谐；旅游规划已经发展成为涉及多方面内容的综合规划，包括社会、经济和环境的多重目标；旅游规划还是一种政治行为，因为它涉及多种社会利益集团的平衡和制约问题；旅游规划面临错综复杂的现象，因此必须用战略的眼光、综合的手法加以分析和解决；最后，旅游活动紧扣空间系统，因此需要用区域规划的思想来指导旅游的发展。③

对旅游规划进行研究的文献出现得更晚，国外 20 世纪 70～90 年代出版的旅游规划著作，开始重视游憩与旅游的结合、可持续旅游、旅游与游憩区管理规划等主题，其中英国建筑学家和旅游学家劳森和鲍德－博拉 1977

---

① Sheail, J., *An Environmental History of Twentieth Century Britain* (Basingstoke: Palgrave, 2002).

② 吴必虎：《区域旅游规划原理》，中国旅游出版社，2001。

③ 〔美〕克莱尔·冈恩、〔土〕特格特·瓦尔：《旅游规划：理论与案例》（第四版），吴冬青、党宁、吴必虎等译，东北财经大学出版社，2005。

年合著出版的《旅游与游憩开发：物质规划手册》是旅游规划理论研究中较为出色的一部书籍。亚洲国家在20世纪90年代也出现了一些研究文献，如韩国朴成洙、张惠淑等于1998年出版的《最新观光规划开发论》。欧美国家的旅游规划理论已经趋向完备，在长期的实践中形成了一定的规划标准和程序，并出现了专门从事旅游规划的旅游规划师。

世界旅游组织（UNWTO）在1979年进行了一次全球范围的调查，形成了第一份在制定旅游规划方面的全球情况的报告。在此次调查统计中，全球旅游规划的案例总数达1655个，其中184个为地方规划，384个为区域规划，180个为全国规划，266个为区域间规划，42个为部门规划，599个为旅游景点开发规划。

虽然UNWTO这份调查报告的结论得出时间距今已经40余年，但它对了解全球性的区域旅游规划面临的机遇和挑战仍然有所裨益，因为当时存在的一些问题至今仍然没有得到完全解决。调查发现，旅游部门进行规划的愿望是存在的；只有55.5%的规划和方案被实施，这意味着有接近一半的规划事后并没有得到落实；几乎所有的旅游规划都缺乏法律依据，这可能会影响到旅游规划的实际操作；制定旅游规划和方案所使用的各种方法之间差别很大；旅游规划很少将旅游融入国家的社会经济发展目标中；旅游规划考虑的最多的是财务方面的成本收益问题，对社会因素方面涉及很少；地方旅游规划通常要比区域级、国家级特别是国际级的规划更有效。

（二）区域旅游发展研究

早在20世纪80~90年代，就有学者意识到旅游发展对区域的影响包括经济、社会、文化、环境以及心理方面。此后，学者们对其积极和消极影响逐渐有了全面的分析，Jackson和Inbakaran在综合前人研究的基础上对此进行了总结。[①] 旅游发展对社区的影响也延伸到了居民的家庭、生活方式、职业，甚至传统的伦理观念上。首先，加快了区域开放进程，特别是农村

---

① Jackson, M. S., Inbakaran, R. J., "Evaluating Residents' Attitudes and Intentions to Act Towards Tourism Development in Regional Victoria, Australia," *International Journal of Tourism Research* 8 (2006): 355-366.

地区传统的家庭分工开始变化，拥有工作的女性独立性更强了；其次，促进了居民就业，外出打工的男性返回故乡工作，而女性则有了更大的自由空间，开始外出；最后，促使传统村落和少数民族居民收入分配产生变化，女性地位或将有所提升，从而打破原有的重男轻女的社会思想。

理论是区域旅游发展的基础，模式创新和制度变迁是促进区域旅游良性发展的重要动力。在理论方面，有学者评估了法国北部一个孤立的乡村地区主要休闲度假区（计划新增670个直接工作岗位）的植入对当地经济的影响。[①] 为估计诱导效应，有学者采用凯恩斯主义与经济基础理论相结合的原始混合模型，考虑到第一波支出在旅游部门的主导作用。在实际影响层面，该度假村具有创造70~80个间接性和诱致性就业岗位的潜力，提供的支持是通过地方政策制定过程中的协同（特别是在训练和生境方面）借调来的，这说明旅游业的发展在激发市场活力、提供就业岗位、促进经济发展方面有着巨大的推动作用。

此外，国外学者也在不断探求区域旅游的发展业态。例如，文化旅游是提升县域旅游发展竞争力的重要因素；跨境休闲旅游方式存在较大的发展潜力；旅游住宿设施从主流别墅到农舍、客栈，再到汽车旅馆、自驾车营地的变化趋势，体现区域旅游正朝着一个全新而时尚的过夜旅游方式方向发展；发展滨海旅游有利于沿海地区经济社会的长远发展；乡村旅游要进行市场细分。

（三）区域旅游开发研究

资源、市场、产品、形象是区域旅游开发的四大核心要素，国外区域旅游的开发是在综合分析区域旅游资源、旅游市场、旅游产品以及旅游形象等诸多特征的基础上，因地制宜地采取不同的开发模式，但是相比较而言，更加重视开发过程中对利益相关者态度、感知与行为变化的软指标的调查分析，以及对文化差异的探究，更加突出人文关怀。

---

① Pacaud, L., Vollet, D., Angeon, V., "Impact of Tourism Infrastructure on Regional Development: The Implantation of a Center Parcs Resort in Northern France," *Tourism Economics* 13 (2007): 389-406.

1. 资源研究

国外关于区域旅游资源开发的研究主要涉及区域旅游合作与区域经济增长、公众参与、承载力、生命周期四个方面。在区域旅游合作区域经济增长中，旅游线路上的“热点带冷点”“热点促温点”的合作形式方兴未艾，虽然前者与后者之间在经济效应上存在相当大的差距，但随着发展，这种差距会逐步缩小，这是地区间相互联系与合作的结果。旅游业开发面临的关键挑战之一，是如何既满足游客的需求，又满足社区居民的需求。事实上公众的参与、公众的意见有利于改善资源的配置，帮助妥善安排资源处置的优先次序，以满足那些受影响的个人或团体的计划的需要，此举可以促使居民意识到旅游开发的意义，从而自觉地参与这一进程。为了将居民、商家、游客和政府等不同利益相关者都融入旅游开发中，可以采取很多方法，例如群众会议、研讨会议、教育培训、抽样调查、达标满意度测评、组织社区志愿者参加相关活动，以及就规划中的各个方案或某个部分请游客与居民进行投票表决等。承载力研究起源于20世纪70年代，研究在不造成环境恶化的前提下，某一区域能够承受的最大人口密度。一些学者主张将这一理论运用于滨海地区的旅游管理，并且认为确定承载力时考虑的主要因素有游憩活动的类型、季节、一天内的不同时段、资源现状、现有支持与保护措施、使用中的满意度等，承载力理论对于旅游资源的合理开发和利用有非常积极的作用。巴特勒（R. W. Butler）提出旅游地生命周期理论，认为旅游地的演化包含六个阶段，分别是探查阶段、参与阶段、发展阶段、巩固阶段、停滞阶段、衰落或复苏阶段。旅游地生命周期理论提出了一种新的思路和分析框架，试图解释旅游地衰退的原因，并提出解决问题的办法，其价值是不言而喻的。

2. 市场研究

针对旅游市场区域性及流动性特点，国外学者一般倾向于从区域旅游流、入境旅游流和出境旅游流等方面着手，运用一定的统计模型分析静态或动态的面板数据，探究和比较旅游市场的时空结构、演变趋势及其影响因素。而随着国际旅游流动日渐频繁，研究区域也有所侧重。在区域旅游流研究方面，学者们十分关注游客的目的地偏好及空间分布特点，旅游流趋向沿海地带已成普遍规律且这一现象仍在加剧。旅游流导向除了与地域差异相关，还在很大程度上受旅游个体的经济因素、自身旅游经验的影响。在入境旅游流研究方面，个人收入依然是影响入境旅游者数量的关键因素。同时，入境旅游状况还与国际旅游开放程度及突发事件紧密相关，如有学者发现1977年和1978年美国游客在中国被视为官方客人，而SARS疫情前后，不同客源地的游客到中国台湾的旅游特征差异明显，对旅游恢复重建的态度也不尽相同。[①] 在出境旅游流研究方面，马奇（R. March）首次通过实地考察，针对东亚和东南亚地区的韩国、中国台湾、印尼、泰国和日本5个国家和地区的出境旅游市场结构及特征进行了对比分析，研究结果极具参考价值。[②]

3. 产品研究

关于旅游产品的概念，史密斯（S. L. J. Smith）提出了一种解释模型，其核心部分为物质基础（physical plant），即位置和各种资源，如瀑布、野生动物、度假区设施等。[③] 为了满足前来旅游的客人的需要，在物质基础的外围，出现了各种为旅游者提供方便的服务。但在服务之外，还需要向旅游者提供某种额外的东西，那就是接待。此外，作为旅游产品，其给旅游者提供的选择是多样化的，游客具有充分的选择自由，选择自由是旅游产品的重要组成部分之一。最后，旅游产品还需要一项内容，那就是在接受服务的过程中，游客有直接参与的机会。

此外，Smith还根据旅游产品的投入与产出状态，将旅游产品的生产过程分解为初级投入、中间投入、中间产出和最终产出4个环节（见表

① Mao, C. K., Ding, C. G., Lee, H. Y., "Post-SARS Tourist Arrival Recovery Patterns: An Analysis Based on a Catastrophe Theory," *Tourism Management* 31 (2010): 855-861.

② March, R., "Diversity in Asian Outbound Travel Industries: A Comparison Between Indonesia, Thailand, Taiwan, South Korea and Japan," *International Journal of Hospitality Management* 16 (1997): 231-238.

③ Smith, S. L. J., "Location Patterns of Urban Restaurants," *Annals of Tourism Research* 12 (1985): 581-602.

1－1），这构成了旅游产品开发的全过程。

表1－1　旅游产品的生产过程

初级投入（资源）⟶	中间投入（设施）⟶	中间产出（服务）⟶	最终产出（经历）
土地 劳动力 水体 农业生产 燃料 建筑材料 资金	国家公园 度假区 交通工具 博物馆 工艺品商店 会议中心 宾馆、餐馆 租车公司	公园解说 导游服务 文艺表演 纪念礼品 会议 接待服务 餐饮服务 节日活动	游憩 社会交往 教育 身心放松 记忆 商务交流

旅游产品被开发出来后，尹（C. Y. Yin）等人发现，当旅游者从一个遥远的旅游目的地返回家乡时，他们会发现不少目的地的产品在家乡也有销售这种情况。自传体记忆唤起很可能会影响他们的购买意图。[①] Yin等人通过开发一个概念模型，以检查产品与目的地一致性、旅行满意度、自传体记忆、诱发愉悦、目的地依恋和购买意向之间的因果关系，旨在考察自传体记忆唤起对行为反应的影响。其数据来自342名参观了中国丽江的游客，并得出结论：自传体记忆会带来愉悦和积极的情绪、更高水平的目的地依恋，以及对游客家乡产品更强烈的购买意图。

4. 形象研究

综观国际上旅游业发达的国家和地区，无不具有鲜明的旅游形象。例如，瑞士的"世界公园"和"永久中立国"；西班牙的"阳光海岸"、"黄金海岸"、斗牛士；纽约，美国最好的和最坏的东西都集中在这里，不来纽约就不能说到过美国！其他城市如罗马、威尼斯、伦敦、雅典、开罗、东京、芭堤雅、迈阿密等，都以独特鲜明的旅游形象令人向往。一些作为旅游目的地的城市对自己的城市形象进行了深入的研讨，有些城市还在城市

① Yin, C. Y., Poon, P., Su, J. L., "Yesterday Once More? Autobiographical Memory Evocation Effects on Tourists' Post-travel Purchase Intentions Toward Destination Products," *Tourism Management* 61 (2017): 263－274.

形象的重新塑造和新的营销方面进行了有效的努力。

国外旅游目的地形象研究始于约翰·亨特（John Hunt）1971年开展的研究工作，历经50余年至今仍热度不减。学者们不断证实目的地形象对旅游消费体验的整个过程都具有显著的影响。例如，有研究证实，那些拥有强势、积极形象的目的地更容易在旅游决策中被选择。也有学者发现，旅游者对目的地所持形象与实际目的地体验的比较结果会影响其旅游满意度。在旅游消费结束后，目的地形象还能够发挥重构作用，帮助旅游者通过记忆和旅游纪念品重温曾经的旅游体验。

经过梳理，关于旅游形象研究主要有四个主题。一是目的地形象的结构。对目的地形象构成维度或成分的研究事实上就是对目的地形象的结构化认识，即探索其所包含的维度（或成分）及各维度之间的关系。二是目的地形象的测量。该主题侧重于探讨如何对目的地形象进行测量，进而对目的地的优劣势进行评价。三是目的地形象的形成。该主题主要探讨的是各种因素对目的地形象形成过程的影响。四是目的地形象对旅游者消费行为的影响。学者们多将目的地形象与其他相关变量一起作为自变量，以分析目的地形象对旅游者目的地选择决策以及游后行为的影响。

（四）区域旅游方法研究

旅游作为一门学科与其他社会科学学科一样，在其研究中需要使用一定的方法，并且要有相应的方法论支持其工作。在旅游研究方法的探索中，经过多年努力取得了很大成果，20世纪80年代后期到90年代初期相继出现了4本重要的旅游研究方法专著，可以反映这个时期旅游研究方法的范例。①

1989年，里奇（J. R. Brent Ritchie）和戈尔德纳（Charles R. Goeldner）编辑出版了一本供管理和研究人员使用的手册《旅行、旅游与接待业研究——管理和研究手册》，这是一本大型工具书，包括管理基础、研究基本知识、国家地区和城市工作、学科方法、企业业务研究分析、评价方法、数据与资料搜集、营销应用等内容，是一本非常实用的分析方法汇编。同

① 申葆嘉：《国外旅游研究进展》（连载之三），《旅游学刊》1996年第3期。

一年，威特（Stephen F. Witt）和莫廷诺（Luiz Moutinho）也出版了《旅游市场营销与管理手册》，它也是一本大型工具书，该书内容包括旅游现象基本概念、决策方法、战略与规划、分析方法、市场营销方法、旅馆管理等，是一本学术性和业务性结合得较全面的旅游研究手册。《旅游分析手册》是史密斯（Stephen L. J. Smith）编辑的一本专著形式的方法汇编，提供了36个常用的旅游研究分析方法，包括模型分析、经验分析、业务开发、区位问题、旅游地描述、资源评价和接待地影响评估等内容，偏重计量方法的介绍，说明详尽，特别是对每一具体分析方法都标明了“难度级”，便于读者选择适用的方法。维尔（A. J. Veal）编写的《休闲与旅游研究方法——实用指南》是一本系统介绍旅游定性分析方法的书，该书从研究计划的制订开始，对资料搜集、调查方法，直到研究报告的准备和撰写都做了详尽介绍，是一本适合学生和初学者使用的旅游研究工具书。

此外，也出现了一些新兴的研究方法，例如眼球追踪法（eye-tracking method），该方法在旅游研究中的应用有了明显的增加。眼动作为一种生理行为，可以反映游客观看风景的方式，并进一步关系到他们的旅游影响行为、旅游需求和决策。眼球追踪法为人们在旅游相关活动中的思维和行为提供了一种新的思考和解释方法。由于在捕捉角膜反射的不可见近红外光方面的算法和技术的改进，眼动跟踪器的价格变得更低，这为研究者进行区域旅游研究提供了更大的便利。另外，音频方法也丰富了感官旅游研究方法，詹森（M. T. Jensen）通过自身的研究，为未来的听觉学术研究提供了五条研究途径。[①] 第一，通过一种政治方法研究管理特定音景的方式；第二，通过社会文化方法探索社会文化以及声音在不同语境中的文化意义；第三，采用科学技术方法，通过声学结构、频率、声波、振动和分贝，说明声音对游客的机械影响体验；第四，通过非具象性的方法使声音适应情境体验、情感和感官氛围；第五，研究伦理问题需要进一步检查。但同时感官旅游研究忽略了声音在旅游体验中的作用。

① Jensen, M. T., “Tourism Research and Audio Methods,” *Annals of Tourism Research* 56 (2016): 158－160.

二　国内文献综述

关于县域旅游国内文献，本书采用中国知网（CNKI）学术期刊库作为数据来源，以期达到 CiteSpace 对数据的基础要求。在对数据进行初步检索过程中，以“县域”为篇名，以“旅游”为主题词，将时间跨度设置为 1995 年 1 月 1 日 ~2021 年 12 月 31 日。在初步检索后，有关县域旅游的期刊论文、学位论文、会议论文、报纸等共有 3231 篇，为确保图谱表达的精确性，故将期刊来源限定为 CSSCI 与中文核心期刊。最后通过手动筛选剔除重复及与研究内容不相符的检索条目，将 277 篇文献纳入有效样本中进行进一步分析。

本部分采取的研究工具主要有两种。一是 CiteSpace，全称为 Citation Space，译为“引文空间”，是由美国德雷塞尔大学计算机与情报学学院陈超美教授开发的一款多元、分时、动态的引文可视化分析软件。运用该软件的合作网络、共现分析、共被引分析和文献耦合等功能，可绘制出科学知识图谱。该软件通过节点大小、圈层颜色、网络连接度等要素，形象地展现学科研究的演进历程、知识关联情况和研究前沿等，是最受国际计量学研究者欢迎的绘制知识图谱的工具之一。二是中国知网，其计量可视化功能，可以对导出的文献进行总体趋势、关系网络以及文献分布的类型分析。其中，总体趋势分析包括所导出文献与参考文献、引证文献的对比分析，关系网络分析包括文献互引网络、关键词共线网络、作者合作网络的分析，文献分布分析包括作者、机构、学科等的分析。

（一）县域旅游规划研究

党的十九大报告描绘了 2017 年到 21 世纪中叶的全新发展蓝图，在“两个阶段”战略安排中，旅游业也正通过实施旅游“三步走”战略实现从旅游大国向旅游强国转变的目标。县域是我国经济社会与行政管理的基本地域单元，是推进新型城镇化、促进城乡发展一体化的重要空间载体，县域旅游规划水平直接反映出我国旅游业发展水平。

自 21 世纪以来，经过 20 多年的积极探索和实践，我国的旅游规划工作已取得了巨大成就，主要表现在：各级政府对旅游规划的重视程度空前，资金投入加大，功能效果日趋显著；旅游规划队伍不断壮大，人员素质明显提高，多学科、跨专业的复合型规划力量正在成长；旅游规划管理逐步走向规范化和制度化；旅游规划的国际合作不断拓展，国际交流加快推进；规划方法不断进步，规划质量迅速提高。

然而，在旅游规划的理论、方法和手段等方面的基础研究仍有待加强。旅游规划的理论研究侧重于资源导向、市场导向以及形象导向，旅游规划的方法研究侧重于“现场考察、方案设计、中期汇报、终期评审、报批”等程序，在理论与方法上忽视了对社会因素尤其是当地居民旅游感知方面的分析。且几乎所有的旅游规划都是按省、市、县等行政单位来计量的，但县域是一个范围相对较小的地域单元，资源分布具有客观性和不可移动性，因此，容易出现“同一座山，山南山北分属不同县”的局面，小范围的行政区会对旅游规划产生制约作用。再者，由于自然旅游资源的分布主要是自然因素的作用结果，并不受行政界线影响，自然因素在相当大的尺度范围内相似性较强，但县域范围一般较小，这容易导致邻近几个县（市、区）的资源同质性较强，加剧了客源市场的竞争，增加了规划的难度。

尽管存在一定的规划难度，但旅游规划仍是对旅游发展进行宏观调控的重要手段。县域旅游业的发展是中国旅游业发展的基础，在进行具体的县域旅游规划设计时，务必要把握编制原则，理清规划思路。杨瑞霞选取河南省淇县旅游发展总体规划作为典型案例，重点突出规划编制的可持续发展、深度开发和可操作性原则，提出了打造核心竞争力、以市场为导向、资源组合、规划乡村旅游和加强支持系统建设等县域旅游规划思路。[①] 类似地，陈涛和徐瑶以仪陇县旅游总体规划为典型案例，提出了适合西部县域旅游规划的思路，总体上构建出“一个中心、四区、两线”的规划格局。[②]

---

① 杨瑞霞：《我国县域旅游发展规划的实证研究——以河南省淇县旅游发展规划为例》，《商业研究》2006 年第 9 期。

② 陈涛、徐瑶：《西部县域旅游发展模式研究——以仪陇县“十二五”旅游发展规划为例》，《软科学》2013 年第 8 期。

从宏观方面来看，旅游规划是国民经济总体规划的重要组成部分，是对旅游发展进行宏观调控、克服盲目性的重要手段。旅游规划讲求科学性、前瞻性、时效性和可操作性，但由于县域旅游规划是一项复杂多元的课题，有许多理论和实践问题尚未解决，加之各县多是第一次编制旅游规划，已编制和正在编制的规划存在许多不科学的地方，这些不科学的旅游规划不利于县域旅游业的可持续发展。因此，认真研究县域旅游规划中的理论问题，制定科学、可操作性强的旅游规划，对于保障县域旅游业的可持续发展具有至关重要的作用。在县域旅游规划中应始终注意旅游资源的评价问题、旅游形象定位问题、政府的作用问题、规划的可操作性问题、游客的感知因素等。

作为微观尺度下的旅游规划，县域旅游规划内容主要涉及县域旅游基础设施建设、重点旅游项目设计和产品开发、土地利用和产业结构调整、旅游人才培养、旅游利益分配及区域旅游协作等方面，这些均与县域居民利益密切相关，因此县域居民在旅游规划编制前期和实施后期的参与和感知是保证县域旅游规划科学性、可操作性和前瞻性的重要途径。

（二）县域旅游发展研究

我国现行的地方行政管理体制决定了旅游产业发展通常是以各行政辖区为产业区域边界。我国县域旅游产业存在散状发展和集群化发展两种形态。散状发展通常是旅游业发展的初级形态，表现为在一个区域内，以各个景点为中心的观光旅游产业，包括景区、旅行社、旅游酒店、旅游餐饮和旅游购物等各行业已初步形成。集群化发展是县域旅游业发展的高级形态，其核心内容就是发展旅游产业集群。旅游产业集群是指在一定区域范围内，围绕该地区旅游核心吸引物而形成的一个以旅游企业为主、以辅助性服务企业和机构为辅的有着共同目标的旅游经济集聚现象和旅游服务体系，以及由此产生的经营联盟、区位品牌、创新旅游服务等旅游价值链。

旅游型县域是指以旅游资源为特色、以旅游经济为基础和主体的县域。针对第一、第二产业相对薄弱却拥有丰富旅游资源的县域，宜采用以旅游业带动县域经济发展的模式。蒋若凡和李菲雅提出四川省县域旅游经济发展的四种模式，即资源依托型、资金驱动型、区位优势型和市场运作型；[①]陶维荣对湖南武陵山片区县域旅游发展模式进行探讨，得出可采取核心辐射模式、点－轴带动模式以及聚拢组团模式来进一步实现县域旅游一体化发展的结论；[②] 李秀斌等提出了“经旅互动”的发展模式；[③] 王文文和严艳则构建出“亚核心”视角的旅游产业化模式。[④]

县域提出要把旅游业作为经济发展的新的增长点和支柱产业，不同的县域在选择旅游发展业态时，都进行了积极的探索。一是发展康养旅游，伴随人民对美好生活的新期望，大健康产业将在未来 10～20 年内迎来黄金发展期。二是发展文化旅游，经济全球化为县域旅游文化产业带来了重要的发展机遇，开展文化产业转型、促进文旅融合，是发展旅游文化产业的必然要求。三是发展乡村旅游，乡村旅游与“两山理念”内涵具有高度的一致性，发展乡村旅游对于解决乡村存在的问题、提升发展质量、加快乡村振兴、促进县域经济的发展具有重要作用。四是发展休闲旅游，旅游休闲业是县域经济发展的出路之一。五是发展森林旅游，森林旅游与县域经济发展间存在着长期均衡的协整关系。六是发展生态旅游，在发展低碳经济的时代背景下，生态旅游作为部分省县域经济中的优势产业，其发展机遇应运而生。

旅游业是服务业中最具发展活力与潜力、带动力与辐射力的产业，对拉动消费、扩大内需具有很大的作用。不同学者对如何发展县域旅游提出了一些对策，如加大投资力度，完善基础设施及景区配套设施；争取和制定各项优惠政策，扶持旅游业发展；坚持可持续发展，注重环境保护；设计多种旅游产品，以满足不同的旅游需求；打造旅游品牌和产品品牌，加

---

① 蒋若凡、李菲雅：《汶川县域旅游经济发展模式探索》，《商业研究》2014 年第 10 期。

② 陶维荣：《武陵山片区湖南县域旅游经济网络结构演化与空间发展模式》，《经济地理》2020 年第 12 期。

③ 李秀斌、刘少和、张伟强：《旅游发展对县域经济的拉动效应分析——以广东第一“旅游强县”清新县为例》，《热带地理》2008 年第 3 期。

④ 王文文、严艳：《陕西旅游资源富集县县域经济发展模式研究——以华阴市为例》，《资源开发与市场》2011 年第 5 期。

强营销和推广；加大人才引进力度；加强信息技术的引进与创新。

（三）县域旅游开发研究

2002 年党的十六大报告明确提出壮大县域经济的战略任务，20 年来，我国县域经济的社会发展状况日益表明旅游业在促进县域经济发展、增加县域居民收入、优化县域产业结构、改善县域人居环境和促进县域精神文明建设等方面作用突出，促使我国旅游学界围绕“县域旅游”这一主题进行了大量的理论与实践探索。类似区域旅游开发，县域旅游开发也具有资源导向、市场导向、产品导向、形象导向四种模式。对以上四种开发模式的概念、特点、研究进展以及相互关系等问题进行综述、分析和评价，有利于更深入、更系统地研究县域旅游开发模式的演化规律。

1. 资源导向

在“高质量发展”、“全域旅游”及“乡村振兴”战略的时代背景下，旅游业已成为推动县域经济发展的重要产业之一。科学、全面地展开旅游资源普查和评价工作，全方位掌握县域旅游资源的分布情况及现状，有利于充分利用和整合旅游资源，这也是进行县域旅游开发的关键。截至 2022 年，我国旅游资源分类的标准有 1992 年的《中国旅游资源普查规范（试行稿）》、2003 年和 2017 年出台的国家标准《旅游资源分类、调查与评价》。钟林生等和徐仕强等基于标准分别对边境县域和民族县域进行了资源分布的空间分析。①

从已有的研究成果来看，资源导向的县域旅游开发的研究现已形成“理论 + 案例”的研究范式，从原先过于抓知名旅游地的开发研究，忽视对广泛分布的、资源品位较低或开发不足的一般旅游地的研究，到现在出现了对旅游非优区的开发问题的关注。这一阶段县域旅游开发的基本思想是以县域分析为出发点，县域开发的各种因素都来自县域本身，即旅游供给的一方，最终的规划结论以县域旅游资源为中心、主体、导向而推演决定。

① 钟林生、张生瑞、时雨晴等：《中国陆地边境县域旅游资源特征评价及其开发策略》，《资源科学》2014 年第 6 期；徐仕强、杨建、刘雨婧：《西部民族地区县域旅游资源特征及空间分布格局——以江口县为例》，《经济地理》2019 年第 8 期。

因此，这一阶段的旅游开发被称为资源导向的旅游开发。

2. 市场导向

在市场机制下的旅游开发模式，最首要的出发点应该是旅游市场的需求，而其潜在的需求比现实的需求更为重要。首先是对目标市场和客户群体进行定位。目标市场的定位取决于地区旅游资源和消费群体，县域旅游目标市场的选择从现实与发展角度来看应分为国内市场与海外市场，而两个目标市场也要分为多个层次。其次是营销模式的创新。在大众旅游时代的背景下，再加上互联网的影响，传统旅游营销模式已不能满足市场发展需求，且国内旅行方式已渐渐呈现出多元化、个性化、自由化的新特点，游客行为开始由 AIDMA 模式向 AISAS 模式转变。县域旅游营销也应与时俱进，努力从大数据、互联网、社交三个角度实现精准营销、智慧营销、网络游戏营销、360°视频营销、直播营销、人工智能搜索引擎营销、网络口碑营销等七种模式的创新。

市场导向的旅游开发模式扩展了人们对旅游资源的认识，使人们意识到并不具备传统风景与人文资源优势的地区，通过策划和建设与市场需求相符的旅游产品，也可以获得从无到有的旅游收益。注重市场导向的旅游开发模式强调，不是有什么资源便开发什么，而是市场需要什么便开发什么。但是，市场导向的思想并未得到彻底的理解和应用，有些规划只是以市场导向为标签，在做资源评估、分析时，仍然就资源论资源，缺乏对旅游资源市场价值的评估，游离于市场需求的边缘，甚至与市场分析形成“两张皮”，市场导向名不副实。而且，对旅游市场的分析过于概念化和简单化，缺少对本地旅游市场的细分，更缺少对旅游项目的市场定位，忽视了重要的旅游市场调查研究工作。为了克服上述缺点，旅游开发在理论与实践上进入一个新的综合阶段，即市场与资源相结合的产品导向阶段。

3. 产品导向

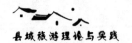

产品导向实际是一个综合导向，是市场与资源两个导向的综合。其主要工作就是从分析、研究市场出发，对市场进行细分，确定目标市场后，针对目标市场，对县域旅游资源进行筛选、加工或再创造，设计、制作、

组合成适销对路的旅游产品，并通过各种营销手段推向市场。也就是根据市场“导”资源，即将资源的筛选、加工、再创造导向市场需求，让资源与市场对接。资源有了市场的引导，其分析和评估既可以保持专业化、规范化和科学性，又具有市场实际意义，可使资源充分转化为经济效益。

旅游属于一种非常独特的“生活体验”，也是人们探求新奇体验、追求新异事物的途径之一。随着体验经济时代的来临和人们消费水平的提高，与之相关的体验性产品也会变成消费市场未来的主流。从体验视角下看县域旅游产品开发，应遵循几个原则：一是凸显主题性；二是强调体验性；三是强调丰富性；四是可持续发展。① 这个阶段的旅游开发思想，偏重于旅游项目的创意，形成以“市场 + 资源”相结合的产品为核心的旅游开发模式。

4. 形象导向

产品导向的旅游开发虽然是一个综合的开发模式，但旅游业的资源是分散的、不可移动的，除了少数主题公园、游乐园可以在任何位置重建外，自然景观、人文景观和历史遗址是不可能在其他地方重现的，旅游活动只可能在具有旅游资源的地方进行。在旅游竞争日趋激烈的背景下，根据旅游地一体化综合开发的要求，导入旅游识别系统，强调旅游地形象在旅游综合开发中的作用，注重构建和完善视觉识别系统，强化旅游地的形象功能，才能增强其整体竞争力。

鲜明的旅游形象是游客感知环境的第一导引物，它使旅游产品容易进行远距离传播，解决了旅游产品难以位移引起的旅游者对旅游地感知难的问题。同时，县域旅游形象的宣传推广应是全方位的、长期的、多途径的、形式多样的。如积极申报遗产、国家级风景名胜区、历史文化名城，提高各级文物保护单位的级别等。此外，还可借助外界的力量来宣传，为各种新闻传媒不间断地提供采访条件、基础资料、新闻线索；免费提供场地，邀请影视单位到旅游景点拍片；利用互联网宣传；引入、资助国内国际有影响力的相关活动等。旅游形象导向的开发思想实际上是在充分分析论证

---

① 白露：《体验视角下的乡村旅游产品开发研究》，《农业经济》2021 年第 3 期。

旅游市场和旅游资源的基础上，确定旅游地的旅游形象，进而依据旅游形象确定旅游产品及其组合结构，设计旅游网络，突出旅游地特色。它是在产品开发模式的基础上发展起来的一种新思路。

（四）县域旅游方法研究

中国旅游研究走过了40多个年头，取得了丰硕的研究成果，但与国外的旅游研究相比，中国旅游研究在研究内容和研究方法上均存在差距。谢彦君认为旅游作为一个独立学科所应具有的特殊的研究方法体系还没有成形，理论范式单一、研究方法不够系统。① 陆林通过对国内旅游地理文献的分析发现，国内旅游地理研究描述性工作多，低水平重复工作多，缺乏深入细致的调研和先进的研究方法，影响研究的深度和广度。②

本书对277篇论文进行归类、分析，分类框架首先选用一般方法论的分类，即定性方法和定量方法。参照张宏梅和陆林的研究③，将国内旅游研究方法分为五类。在定性方法中，将传统定性方法界定为通过参考有关论文书籍、野外调查等对研究内容进行描述性或概念性分析；根据定性研究现代主义方法的核心思想即研究的标准化、精确化，尽量降低研究的主观性，将主要以统计数据分析问题的文章和对各种定性资料（如论文、网络资料和报刊资料等）进行内容分析的文章归为现代定性方法。定量方法则根据统计分析方法的运用情况分为基础统计分析（均值、频数、相关分析、统计检验等）、复杂统计分析（回归分析、因子分析、聚类分析、对应分析等）两类方法。另外将研究中同时运用定性方法和定量方法，且在性质上不容易判定为定性方法还是定量方法的单独归为一类，即定性定量结合的方法。采用上述分类法对1995～2021年的277篇文献进行总结归类，得出以下结果。

有48.0%的文献采用传统定性方法，这些论文主要以文字为表现手法，

---

① 谢彦君：《旅游与接待业研究：中国与国外的比较——兼论中国旅游学科的成熟度》，《旅游学刊》2003年第5期。

② 陆林：《旅游地理文献分析》，《地理研究》1997年第2期。

③ 张宏梅、陆林：《国内旅游研究方法的初步分析》，《旅游学刊》2004年第3期。

对所研究内容进行理性的分析，属于科学研究的传统思辨阶段。对旅游现象进行理性的思考有助于加深对问题的认识，但文献不可避免地带有明显的主观性。常见的传统定性分析方法有 SWOT 分析法、文献回顾法、实证研究法等。

运用现代定性方法的文献数约占文献总数的 19.9%，这些论文主要运用统计数据或内容分析法对研究内容进行分析。和传统定性方法不同的是，此类文献更注重分析的科学性，在表现手法上更倾向于用数据说明问题，或用频数和频率对定性材料进行归类分析。例如，陈海彬使用国家旅游局官方数据对中牟县乡村休闲农业人均收入进行分析，得出结论：休闲农业的发展水平决定着当地农民的收入水平，较强的经济实力为发展休闲农业提供了较好的物质基础。①

被归类为定性定量结合方法的文献数约占文献总数的 7.2%，这些文章同时运用定性方法和定量方法，用不同来源的资料对同一问题进行分析。常见的方法有问卷调查法、旅游资源综合评价法、层次分析法、旅游资源生态位评价模型、竞争力评价指标体系、MPPACC（个人主动适应气候变化的社会认知模型）、生态文明建设指标评价体系、模糊集定性比较分析方法等。

使用基础统计分析的文献占所有文献的 3.2%，这部分文献大多倾向于对统计数据或结构式问卷进行均值和频数等的描述性分析，较少涉及相关分析和统计检验。例如，郝俊卿等对延安市 13 个县区经济差异总体状况进行测度，采用人均生产总值指标分析县域经济的绝对差异和相对差异，通过分析得出在 50 年里延安市县域经济差异呈现出逐渐扩大的趋势，且在 1990 年以后表现得更为明显。②

使用复杂统计分析的文献共 60 篇，占所有文献的 21.7%，采用了因子

① 陈海彬：《县域休闲农业发展类型及影响因素分析——以中牟县为例》，《中国农业资源与区划》2017 年第 12 期。

② 郝俊卿、吴成基、王雁林：《50 年来延安市县域经济差异发展变化探讨》，《干旱区资源与环境》2003 年第 3 期。

分析、聚类分析、回归分析、空间分析等统计分析方法，其中涉及探索性空间数据分析（ESDA）、旅游综合发展格局空间相关性识别方法、空间变差函数、LISA 时间路径等，以及 RS、GIS、GPS 等数据采集或分析工具，使之量化呈现。

从以上分析可看出，县域旅游研究方法主要采用传统定性方法（48.0%），其他方法所占比例均较低，方法过于单一。但对 1995～2021 年 277 篇文章研究方法的动态分析可发现有以下趋势：传统定性方法的比例在下降，现代定性方法和定性定量结合方法的比例在上升；两种定量分析方法占比有明显上升趋势，2021 年定量分析方法的发文数量（6 篇）占当年发文数量（11 篇）的 50% 以上。

三　国内外研究评价

（一）国外研究评价

国外关于区域旅游的研究相对成熟，从文献梳理的结果来看，国外对小范围区域旅游方面的探索主要体现在：对区域旅游规划的要求越来越科学、合理、规范，不断引入新的理论和创新的规划技术手段来指导旅游规划与开发实践；旅游合作意识越来越强，这种合作体现在区域内部各部门和各利益主体之间、各区域之间以及各产业之间；对区域旅游发展方式不断进行多种尝试，旅游可持续发展越来越注重旅游者的行为特征与诉求。[①]此外，总体来说，国外学者对区域旅游差异的研究起步早、研究领域广、研究方法成熟，在实证研究和人文社会学运用及调查方面的优势尤为突出，但也存在一些不足。[②]

1. 研究体系较为成熟完善

国外区域旅游研究几乎涉及旅游研究相关的各个领域，在数量和质量上都取得了十分显著的成果；研究维度灵活客观，既有纵向和横向对比，

---

① 韩宾娜、张俊娇：《国外区域旅游差异研究综述》，《人文地理》2014 年第 2 期。

② 赵慧莎、李向韬、王金莲：《1998－2014 年国内区域旅游研究发展知识图谱——基于 CiteSpace 的科学计量分析》，《干旱区资源与环境》2016 年第 4 期。

也有动态和静态对比，特别突出了旅游活动中“人”的角色和行为；研究方法多采用跨学科、多视角比较。

2. 实证研究居多，理论研究较少

多数研究旨在对具体案例地进行定性或定量分析，在构建比较因子或比较模型的基础上，讨论具体旅游现象。虽然实证研究能直接有效地揭示案例区域旅游发展程度及特点，从而有针对性地寻求解决对策，但区域旅游理论研究的缺乏，降低了实证研究的普适性和可参照性，这主要是因为其他学科理论模型与旅游研究可能存在难以融合的一面。

3. 人类学、社会学及心理学研究方法运用熟练

善于运用人类学等人文学科的问卷调查、实地访谈和体验等方法，是国外相关研究的一大特点，这就使数据资料更加接近研究对象的本质。旅游是以人为核心的体验活动，对可能影响利益相关者态度、感知与行为变化的软指标的调查分析，可以从微观层面深入了解区域旅游存在的问题，找到合适的营销策略。

4. 研究地域集中在热门地区，欠发达国家和地区及偏远地区涉及较少

经济欠发达国家和地区往往具有独特的地域文化和旅游资源，但国外相关研究热门地区主要分布在欧盟、北美、大洋洲及东亚的旅游发达国家或地区，尽管 20 世纪 90 年代开始加强对欠发达地区的关注，但整体来说对拉丁美洲及非洲地区的关注还十分有限。加强对经济欠发达地区区域旅游发展状况的关注，有利于促进世界区域旅游发展的平衡和良好运转。

（二）国内研究评价

以 1995～2021 年 CSSCI 与中文核心期刊刊发的县域旅游相关研究文献为数据基础，以信息可视化工具 CiteSpace 以及中国知网计量可视化功能为研究手段，从发文时间、重要作者与期刊、研究热点与前沿等方面以及县域旅游规划、发展、开发、方法四个具体方面对我国县域旅游研究进行了系统的分析，得到如下结论。

1. 我国县域旅游研究发文数量总体呈现上升趋势

发文时间分布显示，经过近 30 年的发展，县域旅游研究的发文量增长

趋势明显，表明该领域的受关注度不断提高，这一过程具体可分为发展起步期、快速发展期和平稳推进期三个阶段。

2. 我国县域旅游研究群体呈现小集中、大分散的特征

研究学者李瑞、殷红梅、黄震方、吴殿廷、钟林生等人的发文数量较多，以他们为中心向外扩散形成了该领域的研究团队。但在核心部分之外还有众多分散状态的学者，说明该领域仍然存在相对孤立的研究。而且就学者合作来看，研究团队多依赖核心成员而呈现以某一学者为中心的形态，没有形成相对均衡的研究团队，这样的合作模式容易限制研究的进程。

3. 跨学科、学科交叉趋势明显

载文期刊显示，县域旅游的研究论文主要发表在经济管理类、地理资源类、农业农村类等期刊上，这说明县域旅游研究的多学科、跨学科研究趋势明显。从文献的共被引角度来说，被引用较多的文献分别是美国迈克尔·波特的《国家竞争优势》（被引 15925 次）、吴必虎的《区域旅游规划原理》（被引 5664 次）、保继刚等人的《旅游地理学》（被引 4110 次）、谢彦君的《基础旅游学》（被引 1538 次）等。这说明旅游要想真正发展好，务必要协调各方、统筹全局，从多学科、跨学科的综合角度入手，旅游学科的发展才能走得更加长远。

4. 研究的热点和前沿动态清晰

关键词是文献内容的高度概括和集中描述。本书提取了我国县域旅游研究的前 20 个高频关键词（见表 1－2），“县域经济”“县域”“县域旅游”出现的频率较高，这是因为检索本身是以“县域”为篇名、以“旅游”为主题进行的；“县域经济”出现的频次最多，这是因为旅游常被作为发展县域经济的手段；其余的“发展模式”“旅游业”“全域旅游”等词出现频次位于前列，均大于 10 次，也是县域旅游研究的热点。

总体来看，随着县域旅游在中国的兴起、发展、昌盛，学术界对县域旅游的研究也经历了由宏观到微观、由简单到复杂、由浅显到深入的发展过程，我国县域旅游研究在内容上正由宏观系统研究转向微观深入研究；在研究方法上，逐渐采用数理统计法、数学计量模型等进行定量分析；在

表 1－2　我国县域旅游研究的前 20 个高频关键词

序号	频次	关键词	序号	频次	关键词
1	73	县域经济	11	6	民族地区
2	25	县域	12	6	旅游规划
3	22	县域旅游	13	6	指标体系
4	15	发展模式	14	5	发展战略
5	14	旅游业	15	4	城乡统筹
6	13	全域旅游	16	4	乡村振兴
7	9	对策	17	4	主导产业
8	8	发展	18	4	旅游经济
9	8	旅游资源	19	4	民族县域
10	6	旅游发展	20	4	产业结构

实践路径上，开始尝试从多学科视角探讨县域旅游中存在的问题及其解决策略，并取得了一定的研究成果。但我国县域旅游研究仍存在不足之处。首先，县域旅游研究普遍重实证、轻理论，且在研究中往往过多地借鉴其他学科理论，自我理论创新较少，亟须构建一个相对统一的认知和理论体系。其次，在研究方法上，定性研究多，定量与定性相结合的研究少，个案实证分析多，模型应用分析少，缺乏对事物发展规律的归纳和总结，在指导实践过程中受限。再次，在研究内容上，有些研究处于低水平重复状态，如基于现状描述的问题与对策研究，同时还缺乏对研究领域的横向对比与批判性思考。最后，在研究者方面，领军人物少，核心研究团队尚未真正形成，现有的学术共同体间缺乏有效互动，作者发文质量普遍不高，研究力度不够。这些问题都需要学术界在今后的研究中不断努力克服，从而使我国县域旅游研究更加全面、深入、科学、客观。

四　未来研究展望

21 世纪以来，我国县域旅游研究虽取得了一定的理论与实证研究成果，初步形成了应用研究框架（见图 1－2），但成果并不十分全面和系统。结合研究现状、问题和未来发展需要，本书从研究内容和方法等方面展望其今后研究的重要动向，以期为我国县域旅游理论与实践的深入研究提供借鉴。

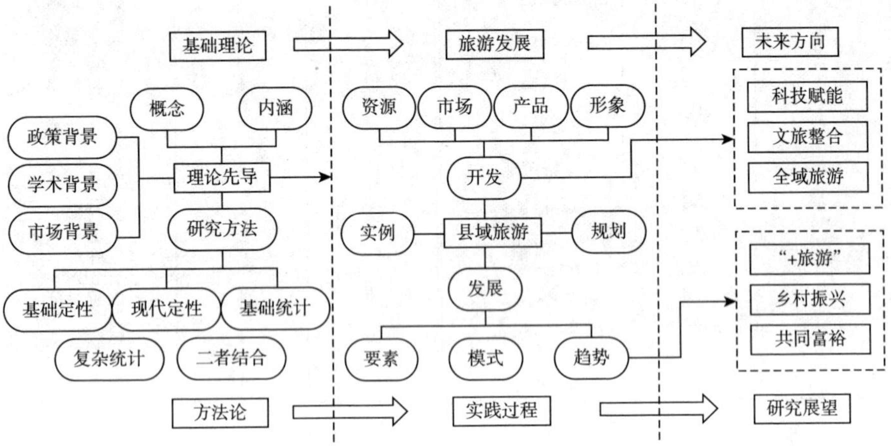

图1－2　县域旅游的应用研究框架

（一）县域旅游规划研究展望

县域旅游规划是一项多学科融合的复杂系统工程，前沿基础理论能对县域旅游规划进行科学指导，今后应深入研究复杂系统理论、供应链管理理论、体验经济理论、定制理论、产业融合理论、消费者行为理论、信息服务理论、行为决策理论、政府角色理论、区域经济理论、点轴开发理论、优势理论、产业集聚理论、增长极理论等在县域旅游规划中的实践应用。

县域旅游规划也是一项新兴的复合应用型技术，今后应在各项旅游国家标准的规范要求基础上深入研究县域旅游规划基础环境、产业要素、市场与保障体系等规划技术方法，同时加强对县域旅游规划成果的3S（RS、GIS、GPS）、虚拟现实技术和信息网络技术等可视化技术的应用研究。

旅游产业的集群化和合作发展是我国县域旅游发展的重要趋势，科学的旅游规划是实现两者良性发展的前提保证，今后应加强对县域旅游产业集群化发展规划和县际旅游产业合作发展规划的编制、评审、实施和监控等流程的研究。

应深入对县域旅游规划每一流程实施效果进行指标体系定量评价研究，

尤其考虑县域旅游规划的利民性，关注游客及当地居民本身的感知，加强对县域旅游规划的实施、监控、评估指标体系研究，为县域旅游规划实施效果提供保障，为后期修编提供科学依据。

（二）县域旅游发展研究展望

县域旅游发展是一个复杂微观尺度上的区域旅游动态事项，研究初期主要运用区域发展的传统理论进行实证分析，今后应在总结实践研究成果的基础上揭示县域旅游发展内在规律，总结出一般意义上的发展经验。

模式创新和制度变迁仍是促进县域旅游良性发展的重要动力，今后应加强对县域的政府与市场主导、资源与环境协调、旅游合作发展创新模式的理论和实践研究，同时从不同县域初始条件、经济增长和产业分工等方面深入分析县域旅游发展与制度变迁的相互影响，进而研究县域旅游经济发展内生性和外生性的差异、特点和规律。

应将经典引力模型、传统区位论和区域经济空间结构理论相结合，科学分析县域旅游产业布局、县域旅游合作发展、县域与相邻区域旅游协作发展等理论和实践问题。

旅游业是综合性产业，作为产业主体的各类旅游企业在政府主导和市场驱动机制下围绕县域核心或次核心吸引物形成了企业集聚现象，进而促成县域旅游产业集群化发展，因此县域旅游产业集群多视角研究将成为今后我国县域旅游研究的重要内容之一。

应通过构建适用于不同地区县域旅游的竞争力或综合发展评价指标体系，并在充分挖掘与整理数据的基础上运用经典统计分析法和空间统计分析法定量研究县域旅游发展竞争力和县际旅游发展空间异同性，为县域和县际旅游可持续发展策略制定提供科学依据。

旅游是一个涉及经济、环境和社会文化的复杂活动，今后应运用乘数原理或旅游卫星账户、环境承载力模型和因子验证及聚类模型等定量方法科学研究旅游发展对县域经济、环境和社会文化的收益和成本影响，为促进县域旅游的积极发展和控制其消极后果提供科学依据。

（三）县域旅游开发研究展望

县域旅游开发是一项多学科融合的具有综合经济技术性的系统工程，

前沿理论和科学方法是保证县域旅游合理开发的重要支撑，应加强基础理论和技术方法对县域旅游各要素（资源、市场、产品、形象、资金、人才、信息、服务、交通、政策等）开发进行定性和定量的深入研究，在此基础上，县域旅游开发应做到以下几点。

一是强化政府主导功能，为县域旅游项目开发做好保障。科学制定规划方案，保证合理开发；积极拓宽投融资渠道，提供资金支持。

二是完善市场运行机制，推动县域旅游项目健康运营，繁荣区域民俗文化。首先，注重展现民族文化以及民俗文化；其次，支持当地旅游企业发展；再次，进一步完善旅游产业融资体制，拓宽资金来源渠道，充分发挥政府、企业以及民间的投资力量，保证生态观光旅游的开发资金；最后，重视研发相关旅游产品，同时要完善市场营销体系，借助先进的市场营销理论，准确分析旅游市场的客户需求。

三是导入可持续发展观念，重视对县域生态环境的保护。在大力发展县域旅游的过程中，景区开发规模不能超出资源环境可以承受的范围，每日接待游客的最高数量也应该有所限制，保证在资源环境允许范围之内。

四是加强基础设施建设，提高县域旅游市场的服务水平。大力建设旅游基础设施，如宾馆、饭店等，及时建造达到一定设施标准的旅馆，并制定出相应的监督策略，与当地的文化特色建立联系，注意体现当地的文化内涵。发挥龙头企业的带头作用，并努力提高旅游行业的服务水平。

此外，旅游开发与县域经济、社会文化和环境之间存在着相互促进和制约的内在关系，今后应通过大量实践调查并运用科学方法对这一内在关系的影响程度进行规律性分析。

（四）县域旅游研究方法展望

针对研究方法还以定性方法为主的问题，今后应在深入运用理性探讨的机理推导和逻辑推理、演绎及归纳等定性方法的基础上，广泛运用数学建模和计算机模型分析数理数据的构造模型以及运用 RS、GIS 和 GPS 采集、分析、处理并可视化表达空间数据，以保证县域旅游研究方法更加科学、研究内容更加合理。

第二章
理论基础

县域，一头连着城市，一头连着乡村。县域旅游是乡村振兴的有力抓手，也是我国旅游业发展的重要基础和主要增长点。在旅游学界中，根据对县域的分析，县域旅游可以理解为以县一级行政区划为基础的一种特定的区域旅游，即区域旅游在行政区划意义上的一种层次分级形式。县域旅游对经济的拉动效应是明显的，但由于我国县域旅游颇具活力、类型多样，如何结合县域经济发展的实际情况，在通过旅游促进县域经济发展的同时，坚持走旅游可持续发展的道路，还需要更多学者、专家、政府和大众的关注。

第一节　概念界定

县域旅游随着乡村旅游的发展和县域经济的发展而兴起，在国外，19世纪30年代就已经出现了城市中的大量贵族在闲暇时间去往一些具有特色的农场度假、休闲的社会现象。到20世纪60年代，特色农庄和历史名城是欧洲和美国等发达国家和地区的重要休闲旅游度假目的地。在国内，县域旅游相对于早期的景区型旅游地和城市旅游而存在。县域旅游包含多种类型的旅游产品与旅游方式，其内部有着密切的联系，形成了较为完善的旅游功能。旅游者可以根据自己的需求，选择不同类型的县域旅游产品。从食、住、行、游、购、娱到商、养、学、闲、情、奇，旅游者的需求都可以得到满足，县域旅游是一个丰富的系统。

一　县域

县域不仅仅是一种空间尺度标识，更是根据区域内部特征进行区域类型划分的一种方式。县域是我国的主体行政部分，产生于春秋战国时期，距今已有2000多年的历史。

“郡县治，天下安。”纵观历史，自秦始皇普遍推行郡县制以来，不管其他行政区的名称、地位如何变化，我国的县制始终保持不变，而县制在发展的过程中，大部分行政区划和边界基本上得以保存下来。《2020年民政事业发展统计公报》显示，2020年底中国（不含港澳台）除市辖区、林区和特区外，共有1869个县级行政单位。县域总面积约占全国国土面积的93%。2019年，我国县域总人口约有9.25亿人，占全国人口的比重超过65%。《2019年县域经济高质量发展指数研究成果》显示，中国县域经济总量约占全国的41%。无论是从县域所拥有的人口和地域规模还是从国民经济中GDP的构成来看，县域都占有极其重要的地位。

我国现行行政区划在《中华人民共和国宪法》（以下简称《宪法》）第三十条中有明确规定：“中华人民共和国的行政区域划分如下：（一）全国分为省、自治区、直辖市；（二）省、自治区分为自治州、县、自治县、市；（三）县、自治县分为乡、民族乡、镇。直辖市和较大的市分为区、县。自治州分为县、自治县、市。”《宪法》第九十五条又指出：“省、直辖市、县、市、市辖区、乡、民族乡、镇设立人民代表大会和人民政府。”据此可以看出，县域最基本的一层含义是指县一级人民政府所管辖的行政区划内的地域和空间。我国现行的行政区划中的县级行政区，包括地级市的市辖区、县级市、县、自治县、旗、自治旗等。

因此，县域指的是以县一级行政区划为依托的地域和空间，它所表述的是一种空间地域概念，并且涉及经济、社会和文化等领域。首先，县域是一个完整的地方行政单元，可能包含城市和农村两种类型。由于我国国土面积辽阔，农村面积广大，在县域实际上囊括的面积中，农村的覆盖面积大于城市的覆盖面积。其次，按照国家行政区划体系，在省、县、乡中，县位于中间层次，这从另一个角度说明县是连接城市和乡村的重要通道。最后，在一定程度上，县域是在一定空间范围内经济、社会和文化的集合体，是一个具有多种要素的综合概念。随着地区生产力水平的提高和城镇化进程的加快，区域内部与外部之间的空间联系日益增强，县域也不例外。在区域联系上，县域更多地表现为一个以县城为中心的辐射区域，这就有可能突破行政区划本身的限制，涉及与县域发展相关的相邻县域。

二　县域旅游

2002 年，党的十六大报告明确提出壮大县域经济的战略任务。20 世纪 90 年代以来，旅游产业凭借强大的产业、经济带动作用，成为振兴县域经济的重要支柱产业，县域旅游成为旅游界研究的热点。随着近 30 年的发展，我国县域旅游研究取得了一定的研究成果，初步形成了县域旅游研究的理论构架，但成果并不十分全面和系统。

县域旅游发展是一个复杂微观尺度上的区域旅游动态事项，① 属于区域旅游的范畴；而县域是一个具有相对独立性的市场调控主体，县域旅游与城市旅游类似，具有涉及范围广泛、内容复杂的特点。同时，由于学者们对县域旅游的认识角度不同，县域旅游的概念尚无公认的定义。到目前为止，国内学者关于县域旅游的概念界定主要有以下几种。

①郑千里指出，县域旅游系统是一个具有开放性结构和特定功能，并与周围环境保持某种密切联系的生产性社会系统。② 李友亮进一步说明，该系统的和谐发展依赖旅游价值链上所有参与者的共同努力，其目标是向旅游者提供高质量且完整的旅游体验。③

②陈建城认为，县域旅游是在县一级的地域级别内有别于城市或其他

---

① 李瑞、吴殿廷、郭谦等：《20 世纪 90 年代中期以来中国县域旅游研究进展与展望》，《地理与地理信息科学》2012 年第 1 期。

② 郑千里：《中科院首次提出可持续发展能力建设方程》，《科技日报》2002 年 2 月 26 日。

③ 李友亮：《基于可持续发展能力的县域旅游持续发展问题研究》，《产业与科技论坛》2011 年第 15 期。

地域的各种旅游相关元素组成的一种以吸引游客为目的的旅游活动。[①]

③张旭峰认为，县域旅游是旅游从城市向县级深化的产物，反映了全国旅游的一个发展动向；县域旅游经济是指在县级行政区划的地域内，利用当地旅游资源的优势，发挥旅游业的比较优势，以旅游带动（或配合联动）当地经济发展的一种开放的、功能完备的特色区域经济。[②]

④张河清等指出，县域旅游是指以县域为区域范围，由县域政府以及旅游部门、企业等参与的，以地方特色旅游资源为依托，以市场为导向，以旅游产品为核心，以向旅游者提供高质量且完整的旅游体验为目的，集食、住、行、游、购、娱六大要素于一体的经济系统。[③]

⑤李红指出，县域旅游是以县级行政区为地域空间，依托县域旅游资源赋存优势，以资源开发为基础，以市场需求为导向，以产业为支撑，以特色旅游休闲生活体验为吸引的一种区域旅游发展形态。[④]

⑥王丹阳认为，县域旅游依托的县级行政区域作为一个相对完善的整体，能够极大地满足旅游者度假、休闲、购物、聚会、养生、会议等全方位的需求。[⑤]

以上学者从不同角度对县域旅游的定义提出了自己的见解，为后续县域旅游的研究提供了参考借鉴。起初出于县域经济发展的需要，多数学者从县域经济的角度诠释县域旅游，认为县域旅游与县域经济具有较高的等同性，此观点侧重于强调县域旅游是实现经济发展的一种手段。随着县域旅游给县域带来强大的经济带动作用，学者们开始提出不同的观点，认为县域旅游是一种区域旅游形式，是旅游业发展的一种特殊模式，此观点更

---

① 陈建城：《县域旅游品牌的创新和发展——以福建省仙游县为例》，《台湾农业探索》2009年第6期。

② 张旭峰：《基于旅游资源分析的县域旅游发展方向研究——以安徽省芜湖县为例》，《科技和产业》2011年第6期。

③ 张河清、何奕霏、田晓辉：《广东省县域旅游竞争力评价体系研究》，《经济地理》2012年第9期。

④ 李红：《全域旅游视阈下县域旅游发展探究——以安徽省霍山县为例》，《泰州职业技术学院学报》2016年第1期。

⑤ 王丹阳：《我国县域旅游研究综述》，《现代经济信息》2016年第22期。

强调旅游的主体作用。如郑千里从县域旅游系统的角度来理解县域旅游，张旭峰从城市旅游及县域旅游经济角度深化县域旅游概念，张河清等从旅游要素及旅游系统两方面定义县域旅游等。

总而言之，县域旅游是我国特有的一种旅游发展现象，是一个比较广泛的概念，涉及特定的旅游经济关系的总和，是一种客观存在的旅游特征和有特色的区域旅游现象。在我国的区域旅游发展格局中，县域旅游是一个很重要的部分，它的发展是一个动态的概念，具有很强的实践性和时代性。县域旅游是一种经济关系和旅游活动有机结合在一起的综合形式，这种关系和活动是在特定的县域空间条件下按照一定规律产生的，也是特定行政区划下一种客观存在的旅游特征。

综上，本书将“县域旅游”界定为：以县级行政区为地域空间，由县域政府及旅游部门、企业等参与，以地方特色旅游资源为依托，以市场需求为导向，以旅游产品为核心，以向旅游者提供高质量且完整的旅游体验为目的，以特色旅游休闲生活体验为吸引，集食、住、行、游、娱等要素于一体的经济系统和区域发展形态。

该定义强调以下几点。①旅游产品是县域旅游存在的核心。它是由县域内能够对旅游者产生吸引的地文景观、人文景观以及特殊事件，经过一定的人为开发而形成的，是县域旅游业得以存在的基础。②完善的产业要素是县域旅游经济价值产生的核心，为旅游者提供高质量的旅游体验，满足他们的食、住、行、游、购、娱等需求，是实现县域旅游开发利益诉求的保证。③旅游价值链上所有参与者的合作与协调是关键。本书认为，旅游产品吸引旅游者并产生旅游消费是旅游地旅游开发及价值实现的源泉，所以县域提供的“一揽子”旅游产品能否为旅游者所接受，取决于旅游价值链上所有参与者能否有效合作。县域旅游产品及服务的供应者和有关组织、团体、机构的精诚合作，对旅游者顺利完成游览过程、保证县域旅游的稳定发挥着至关重要的作用，也是县域旅游可持续发展的重要组成部分。

三　内涵特征

根据前文对县域旅游概念的分析，“县域旅游”可以理解为以县一级行政区划为基础的一种特定的区域旅游，即区域旅游在行政区划意义上的一种层次分级形式。本书所指的“县域旅游”具有以下三层特定的含义。

①它是指县域范围内与旅游经营管理者关系密切的、从旅游者需求角度定义的广义旅游业，包括旅游观赏娱乐业、餐饮住宿业、旅行社业、交通通信业、旅游购物业等。[①]

②它是指以县域为相对独立的单位，接待旅游者并组织安排旅游活动的一种方式。县域旅游强调的是以客源相对集中的县城或者风景名胜旅游景区、景点为依托，根据县域内的旅游客源、交通条件、地理位置、行政区划等因素，按旅游活动规律，全面安排旅游资源开发和旅游产品的生产与供应，以取得最理想的经济和社会效益。

③它是一种特定的区域旅游形式，但有别于一般的区域旅游。区域旅游所涉及的各空间单元（如省、市、县等），要处于相同的地理位置，可以构成一个相对完整的地理单元；区域内各主体所拥有的主要旅游资源，在类型上要有较大的相似性；区域内各大景点及重要旅游城市和中心集散地之间，要有完善、发达的交通网络，能够保证旅游者在各景区、景点之间快速移动。[②]

第二节　理论体系

县域旅游将旅游发展与县域发展相结合，需依赖各个部门之间的协同与配合。同时，县域旅游会对县（市、区）的各类资源、基础设施建设、服务体系、产业链条等诸多方面造成深远影响，将推动县域旅游业、农业以及金融、服务、餐饮、住宿、交通等行业的转型升级。因此，县域旅游实践涉及的理论范围也极其广泛。陆续开展的县域旅游工作，迫切需要适当的理论指导和引领。为此，本节将对县域旅游发展涉及的主要理论进行归纳与阐述。

---

① 谢彦君：《基础旅游学》（第二版），中国旅游出版社，2004。

② 杨萍：《区域旅游基础性研究》，《学术探索》2003 年第 5 期。

一　区位论

（一）区位论概述

“区位”的概念最初产生于德语，由“stand”和“ort”组成，指环境区、环境综合影响。1886 年，英语中也出现“区位”的概念，即“location”，译为“场所”“位置”“定位”等。“区位”不仅指某事物所处的位置，更重要的是在某种程度上可以反映事物与其他事物间的空间联系。[①] 人类在空间地理上的每一种行为以及每一种活动转移都属于区位选择活动。具体来讲，区位论是研究人类行为的空间区位选择及空间区内经济活动优化组合的理论。

1. 区位论的发展历程

该理论形成于 20 世纪初，提出和发展这一理论的是三个德国人：阿尔弗雷德·韦伯（Alfred Weber）、杜能（Johann Heinrich von Thünen）以及沃尔特·克里斯塔勒（Walter Christaller）。他们创建的区位论分别是工业区位论（Industrial Location Theory）、中心地理论（Central Place Theory）、农业区位论（Agricultural Location Theory）。

区位论的发展大致上经历了古典区位论阶段、近代区位论阶段和现代区位论阶段这三个阶段。[②] 古典区位论主要是对经济活动的空间分布情况展开分析，运用成本分析的方法，并且以产业的空间布局为核心；近代区位论用于分析市场的合理划分，兼顾了成本方面的问题，并且坚持以利润最大化为导向；而现代区位论主要是进行实际的区域划分，重点在于国民经济的发展以及空间经济。[③]

---

① 王立平、肖翔：《我国 FDI 区位分布条件因素的区域差异分析——基于 EBA 模型的实证研究》，《经济地理》2010 年第 1 期。

② 吴怀连：《从区位论和社会区位思想到社会区位论——社会结构性质理论的发展》，《西南政法大学学报》2003 年第 2 期；樊贞：《基于区位论的县域旅游空间结构研究》，硕士学位论文，湘潭大学，2008。

③ 张丽君、秦耀辰、张金萍等：《基于学习型区位论的县域产业集聚格局研究——以中原城市群为例》，《经济地理》2011 年第 8 期。

现在，区位论又叫作立地论，主要是关于人类活动的空间分布以及跟这个概念相关的一些相互关系的学说。区位一方面反映人类活动的空间选择情况，另一方面也是指人类活动的随机组合。另外，区位也是我们日常所了解的自然地理、社会经济地理和交通地理等在空间形式上的协调统一。

2. 区位论的基本内涵

区位论是关于区位的理论，是关于人类活动所占有场所的理论。区位论着眼于研究人类活动区位选择，分析其成因与条件，并总结其发展规律。[①] 它研究人类活动空间选择及空间内人类活动的组合，主要探索人类活动的一般空间法则。区位论有两层基本内涵，一层是人类活动的空间选择，另一层是空间内人类活动的有机组合。前者是区位主体已知，从区位主体本身固有的特征出发，分析适合该区位主体的可能空间，然后从中选择最佳区位；后者正好相反，大的区位空间已知，依据该空间的地理特性、经济和社会状况等因素，研究区位主体的最佳组合方式和空间形态。[②]

（二）旅游区位论

旅游区位论（Tourism Location Theory）是将区位论引入旅游学的跨界衍生理论，自20世纪30年代被提出以来，一直是区域旅游开发与规划的重要理论依据。旅游区位是一个外延广泛的概念，它可以看成一个旅游点对其周围客源地的吸引和影响，或一个客源地对其周围旅游点的选择与相对偏好。

旅游区位论是研究旅游客源地、目的地和旅游交通的空间格局、地域组织形式的相互关系及旅游场所位置与经济效益关系的理论。它赋予各种旅游要素以区位概念，套用区位论的理论框架和研究方法，对旅游现象的相互联系进行解构和分析。研究视角既包括对某一地区总体旅游发展情况的分析，也包括对发展专项旅游形式的区位条件的分析。

在旅游业中，区位因素大致包括认知区位、资源概况、市场需求、资金支持、交通概况、生态环境、政府干预。

---

① 张文奎主编《人文地理学概论》（第三版），东北师范大学出版社，1993。

② 李小建主编《经济地理学》，高等教育出版社，1999。

①认知区位：主要指游客对旅游景区和相关产品的认知与偏好程度，是首要的、潜在的因素之一。

②资源概况：主要指利用或可利用的旅游资源的数量、质量、布局和组合情况。如果旅游资源的数量多、质量好、布局集中、组合合理，那么该旅游地或旅游产品的竞争力就大；反之，竞争力就较小。

③市场需求：只有顾客同时具备消费的愿望与能力，才能形成有效需求。总体而言，我国区域间经济发展状况差异较大，东部地区比中西部地区更具消费能力。

④资金支持：资金是产业发展的黏合剂，旅游业的成长离不开大量的资金，资金力量薄弱的地方即便是资源丰富，也会出现“巧妇难为无米之炊”的局面。

⑤交通概况：一般情况下，消费者所在地与旅游目的地之间是有一段空间距离的，那么交通越发达和便利，消费者到达目的地的时间就越短，旅游体验也会越好。

⑥生态环境：旅游业是自然资源和社会资源结合的产物，因此旅游地点不可避免地会出现人为行动对自然的破坏。旅游地点环境是否优美、整洁，是否有利于健康，都会影响消费者的选择。

⑦政府干预：在各种因素之下，旅游业需要政府为其做出宏观引导，旅游业需要根据市场进行及时的调整，所以政府应及时制定并实施相应政策措施，例如提供公共服务、保障信息传输、修建道路等。

（三）区位论与县域旅游

区位论在旅游业的应用主要表现在划分旅游空间组织层次和规划层次、制定旅游发展战略、寻求旅游区位优势、增强旅游企业集聚效应、选择旅游设施区位和设计旅游线路等。

不同等级旅游地的服务职能与市场范围存在差异，产生了各级旅游地的均衡布局问题。某个区域内往往存在多个不同等级的旅游地，只有通过均衡布局才能保证区域旅游的健康发展，并最终实现区域旅游的持续进步。此外，旅游地的均衡布局，还强调旅游地内部各功能要素间的均衡布局。

二 系统论

（一）系统论概述

1. 系统论的发展历程

“系统”一词来自拉丁语“systema”，即“群”或“集合”的意思，简而言之是由部分组成群体的意思。系统思想是随着生产实践、社会文明进步逐渐发展起来的，有着深远的思想渊源，梳理其发展脉络，发现其大致经历了如下几个阶段。

（1）古代朴素系统思想

早在原始社会，就出现了“系统”思想的萌芽，如古代人靠观测天象，以日、月、星辰来计时，推算农时，进行生产耕作，这就相当于把这几个要素联系起来，看成不可分割的有机整体，是彼此互相联系的一个系统。古代朴素系统思想，在古希腊哲学思想中反映得比较全面，如德谟克利特率先在名著《宇宙大系统》中提出“系统”一词，亚里士多德也提出“整体大于它的各部分的总和”这一论点，这些都是现代系统论发展的重要理论铺垫。该阶段的典型特点就是系统思想都是自发地应用于改造客观世界的实践中的。

（2）近代系统思想

15 世纪下半叶，近代科学兴起，对系统思想的研究和运用也更为细致和具体，如德国哲学家莱布尼兹认为，任何事物都是在联系中显现出来的，都是在系统中存在的。德国古典哲学奠基人康德把人类知识理解为有秩序、有层次、由一定要素组成的统一整体。他还强调整体大于部分，各部分只有在与整体联系的情况下才存在。[①]

（3）马克思、恩格斯的系统思想

马克思和恩格斯是马克思主义创始人，他们的著作充满了系统观念，包含了丰富的系统思想内容，是系统思想的集大成者，将系统思想推向了一个更为全面发展的阶段。马克思主义理论基础之一是辩证唯物论，而该

---

① 胡玉衡编著《系统论·信息论·控制论原理及其应用》，河南人民出版社，1989。

理论是支撑系统论的根源。此外，尤为突出的是《资本论》这一科学巨著，它把资本主义社会作为一个大系统来研究，剖析社会内部的各个要素，揭示资本主义社会产生、发展、灭亡的规律，是成功运用系统思想分析现实社会的代表。

通过上述对系统思想发展历史脉络的阐述可以看出，系统论的产生和发展是在一定的背景下进行的，有着深远的历史渊源。它源于古代，是近代人类在实践基础上总结积累起来的，也是现代科学飞跃发展的必然产物。

2. 系统论的基本概念和任务

系统论是由美籍奥地利裔生物学家贝塔朗菲（L. V. Bertalanffy）于1948年正式创建的。它是研究客观现实系统共同模式、本质、原理和规律的科学。系统论最明显的特征是着重从整体大局出发去研究系统与系统、系统与要素以及系统与外部环境之间的动态关系和普遍联系。进行系统论的研究应用，就要厘清系统与要素、结构与功能、环境与行为等一系列相关概念之间的关系。

首先，系统是处于一定的相互关系中并与环境发生联系的各组成部分（要素）的总体。① 而要素则是系统最基本的单位，是构成系统的必要因素。系统和要素存在对立统一的关系，系统通过整体作用支配和控制要素，反过来要素通过相互作用决定系统的特征和功能，并且系统和要素在一定条件下还能相互转化。

其次，系统内部各组成要素之间的内在相互联系和作用方式被称为结构，而系统与环境相互联系和作用的外在活动形式则被称为功能。不论是由不同要素还是由相同要素组成的不同结构的系统均具有不同的功能，但是由不同要素和结构组成的系统也可能具有相同的功能。因此，系统的结构和功能的关系比较微妙，变化形式多样。

最后，系统存在的外部条件被称为环境，而系统对环境的影响和作用的反应则被称为系统行为。系统行为是由系统环境和系统内部状态两个因

① 〔美〕冯·贝塔朗菲：《一般系统论：基础、发展和应用》，林康义、魏宏森等译，清华大学出版社，1987。

素决定的，可以通过改变系统的内部状态或外部环境来调节系统行为，从而使系统行为达到最优状态。系统论的任务，不仅在于认识系统的特点和规律，厘清各要素之间的关系，更重要的是利用这些特点和规律去控制、管理、改造或者创造一个系统，使它的存在与发展合乎人的目的需要。也就是说，研究系统的目的在于调整系统结构，协调各要素关系，使系统达到优化目标。①

3. 系统论的基本原理

系统论的基本原理主要反映在上述各概念间的关系上，主要包括整体性、相关性、层次性、能动性等原理。

（1）整体性原理

整体性原理是系统论中最为基本的原理，主要包含两方面的内容。第一，整体是由各组成部分的有机联系构成的。系统的组成要素不是杂乱无章的偶然堆积，而是按照一定的秩序和结构形成有机整体。系统作为整体，其性质和功能存在于各组成要素的有机联系中。② 第二，系统整体大于各部分之和。也就是说，系统的构成特征和功能不能单纯由各部分的特征来说明，它绝不是各要素简单相加所能代替的。

（2）相关性原理

相关性是指系统内部各要素之间、要素和系统整体之间、系统和外部环境之间的有机关联性。系统、要素和环境是相互联系和相互作用的，任何一个部分发生变化，都会影响到整个系统。也就是说，健全的系统不仅要求内部功能和结构完善合理，也需要良性的外部环境。

（3）层次性原理

系统是由低一级要素组成的子系统构成的，且系统本身也是高一级系统的组成部分，这就是系统的层次性。处于不同层次的系统，具有不同的结构和功能，且各层次系统间也存在相互制约、相互联系的辩证关系。逆

① 程金龙：《基于系统论的城市旅游形象理论研究》，硕士学位论文，上海师范大学，2006。

② 张文焕、刘光霞、苏连义编著《控制论·信息论·系统论与现代管理》，北京出版社，1990。

向思考不难发现，不论多复杂的系统，都可以拆分成不同层次的子系统来简化分析。

（4）能动性原理

任何一个系统的存在都具有一定目的性，系统在给定的条件下，在与环境发生作用时，通过调整各要素属性，具有走向最稳定结构这一目标的特性，这就是系统的能动性。正因如此，应在尊重客观规律的前提下，发挥系统的能动性，不断反馈调节，保持系统稳定性，促使系统朝着良性目标正常运行。

县域旅游作为一个完整的系统，同时又作为更大系统的组成要素，它的发展受到各种因素的影响。县域旅游资源的整合与优化，不仅要从系统的内部进行研究，也要考虑外部因素的相互制约和影响。县域旅游活动系统由县域旅游活动相关的媒介、客源地及目的地三个部分组成，是因大众游客的出现而形成的社会经济系统。

（二）旅游系统论

系统论广泛地存在于人类社会生活的方方面面，同样适用于旅游研究中。旅游系统指旅游活动的各种因素直接参与、彼此依靠而形成的一个开放的有机整体，主要涉及旅游资源、旅游者和旅游媒介（又称旅游通道）三大要素。

随着系统论的思想和方法不断被应用到旅游研究中，旅游系统的概念被提出并不断得到发展。其中，影响力较大的旅游系统模型由雷珀（Leiper）于1979年提出，并在1990年得以修正。Leiper的旅游系统模型侧重于强调旅游活动和旅游业的空间特征。旅游系统是由人的需求、吸引物和信息构成的，整个旅游系统包括旅游者、客源地、目的地、旅游通道、环境五个因素，重点研究了旅游主（旅游者）、客（旅游客源）、媒（旅游媒介）三个空间要素，把旅游系统描述为由旅游通道连接的客源地和目的地的组合（见图2-1）。旅游活动的开展和旅游业的发展，必须系统地考虑旅游者需求、旅游业发展环境、客源地、旅游通道及其与目的地之间的空间关系。

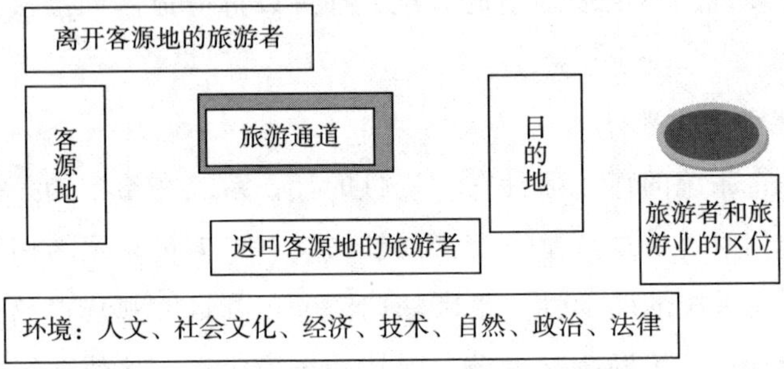

图 2－1　Leiper 的旅游系统模型

资料来源：李文亮、翁瑾、杨开忠《旅游系统模型比较研究》，《旅游学刊》2005 年第 2 期。

冈恩（Gunn）在 2002 年对其以前的模型进行了修改，构造了一个旅游功能系统模型，该系统模型强调了供给和需求两个最基本的子系统，二者相互作用构成了旅游系统的基本结构。在供给子系统中，吸引物、促销、交通、信息和服务之间的关系可以描述旅游业发展中的供求关系。它们共同合作，提供满足市场需求的旅游产品（见图 2－2）。该模型可以描述旅游

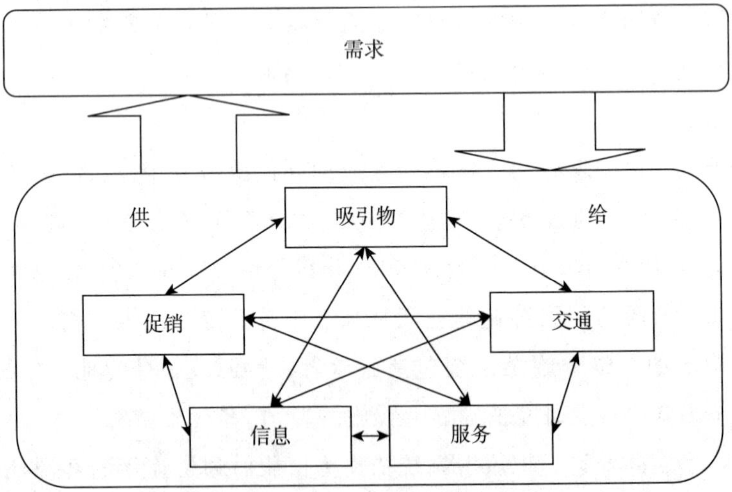

图 2－2　Gunn 的旅游功能系统模型

资料来源：李文亮、翁瑾、杨开忠《旅游系统模型比较研究》，《旅游学刊》2005 年第 2 期。

业发展中的供求关系，特别是供给子系统的五大要素之间的关系。由图 2－2 可见，供给一侧正是旅游目的地可以发挥作用的地方。县域可以就旅游供给侧的相关要素进行规划和设计，充分吸纳当地居民和产业参与旅游系统中供给侧的工作，为旅游者提供相应的服务。

（三）系统论与县域旅游

1. 系统论可以为县域旅游规划的编制、实施方案的制定提供理论指导

系统论明确了旅游产品、服务、信息、交通、营销、自然与社会环境在旅游系统中的地位和作用。县域旅游的开发，涉及旅游系统各方面的协调与合作，因此，县域旅游发展框架与空间格局的构建、县域旅游建设方案的实施，都必须考虑到旅游系统中各个节点在县域经济发展中的地位和作用。

2. 系统论可以促进县域旅游经济的协调发展

系统论可以指导县域旅游各部分之间的协调发展，加强旅游系统各个环节之间的联系，实现政府、企业、旅游者、目的地居民等主体之间的高效协同与联动，各个环节均需充分考虑其在县域旅游工作中的作用和意义。只有旅游系统高效、有序、低成本地运行，才能够充分地发挥出旅游业在县域旅游工作中的关联带动作用，从而达到通过发展旅游带动社会经济发展，进而实现全域经济发展和推动新型城镇化建设的目标。

三　区域经济理论

在当今社会经济发展中，区域已然成为一个国家或地区经济发展的重要地理单元。所以，以区域为单元研究一个地区的经济、社会、文化、生态，成为社会研究的一种重要手段。县域是以县级行政区为单元的研究对象，区域经济理论将为县域旅游的发展提供理论支撑。

（一）区域经济理论概述

区域经济理论是研究生产资源在一定空间（区域）内的优化配置和组合，以获得最大产出的学说。生产资源是有限的，但有限的资源在区域内进行优化组合，可以获得尽可能多的产出。对区域内资源配置的重点和布

局主张不同，以及对资源配置方式的选择不同，形成了不同的理论派别。

1. 平衡增长与不平衡增长理论

20 世纪 50 年代中期，西方发展经济学界曾发生了一场关于发展中国家应采取平衡增长还是不平衡增长的争论，即认为各种产业能按同样比例增长的“平衡增长理论”和强调由某特定的重点产业引起其他产业增长的“不平衡增长理论”之间的争论。主张平衡增长的主要有罗森斯坦·罗丹（Rosenstein Rodan）、讷克斯（Nurkse）和刘易斯（Lewis）等。他们认为资本形成的不充分是经济发展的约束条件，而影响资本形成的主要因素不是储蓄的供给不足，而是投资有效需求的欠缺。讷克斯说：“困难首先在于，低实际收入水平下不可避免地会出现需求缺少弹性。就是这样，购买力的不足会束缚任何个别工业的投资引诱。”[①] 因此，这些学者主张按消费者的偏好平衡地增加生产，对各产业部门同步投入资本，通过各产业部门的平衡增长形成具有互补性质的国内市场和足够的投资引诱。平衡增长理论认为，“只有范围广泛的消费品，按照消费者偏好模式，平衡地增长生产，才会创造它自己的需求”，只有这样，发展中国家的经济才会实现持续稳定的增长。

对平衡增长理论的一个主要批评是，它没有抓住发展中国家经济发展的基本障碍，即各种资源的短缺。平衡增长理论的批评者并不否认大规模投资规划和互补活动扩张的重要性，他们的论点是：在资源不足，特别是缺少资本、企业家和决策者的条件下，争取平衡增长就不能为资源自发动员提供足够刺激，也难以产生行政投资。如果采用计划方式，则肯定不能有效地进行决策。因此，不平衡增长理论应运而生，其主要代表人物有赫希曼（A. Hirshman）、斯特里顿（Streeten）、罗斯托（Rostovian）等。

赫希曼认为，束缚经济发展的首要因素是决策能力或企业家的才干不足。他批评平衡增长理论者为了强调国民经济各部门的均衡发展和各产品广大市场的全面形成，而低估了建设项目可能迟迟难以建成，建成之后生产又缺乏效率的情况。从产业关联度的概念出发，他主张不要同时发展各

---

① 〔美〕讷克斯：《不发达国家的资本形成问题》，谨斋译，商务印书馆，1966。

产业，而应当集中力量发展那些关联效应比较强的产业，以它们为动力逐步扩大对其他部门产业的投资。这样，发展中国家会比平衡增长时发展得更快。这种“跷跷板式”的不平衡前进，较各行业齐头并进的平衡增长的好处是，给投资的决定带来了相当可观的机会。

2. 增长极理论

增长极理论由法国经济学家弗朗索瓦·佩鲁（François Perroux）在1950年首次提出，该理论被认为是西方区域经济学中经济区域观念的基石，是不平衡发展理论的依据之一。增长极理论认为，一个国家要实现平衡发展只是一种理想，在现实中是不可能的，经济增长通常是从一个或数个“增长中心”逐渐向其他部门或地区传导。因此，应选择特定的地理空间作为增长极，以带动经济发展。我国区域经济发展过程中，可以考虑选择具有集聚和辐射效应的地区作为县域旅游发展的“极”，通过增长极的发展带动和辐射更多地区的旅游经济发展。

3. 点轴开发理论

点轴开发理论最早由波兰经济学家萨伦巴（Piotr Zaremba）和马利士（Bolestam Malisz）提出。点轴开发理论是增长极理论的延伸，但在关注增长极（中心城市或经济条件更好的发展区城）效应的同时，也强调了“点”和“点”之间的“轴心”，即主干交通的作用。

该理论非常重视区域发展的区位条件，强调交通条件对经济增长的作用，认为点轴开发地区的经济发展的作用大于简单的增长极开发的作用，也更有利于区域经济的协调发展。20世纪80年代以来，中国的生产力布局和区域经济开发基本上是按照点轴开发的战略模式逐步展开的。我国的县域旅游开发也应该首先考虑县域区域的交通条件，从而把分散的“点”串联起来成为“线”或“轴”，形成县域旅游发展的合力。

4. 网络开发理论

网络开发理论是点轴开发理论的延伸。该理论认为，在点和轴发展到一定程度后，地区的增长极和增长轴的影响范围不断扩大，从而在区域内形成商品、资金、技术、信息、劳动力等生产要素的网络。在此基础上，加强增长极与整个区域之间生产要素的交流，促进地区经济一体化，特别是城乡一体化；同时，通过网络的延伸，加强与区域外经济网络的联系，在更大范围内，对更多的生产要素进行合理配置和优化，促进区域经济的更大发展。

网络开发理论应适用于经济较发达的地区。因为该理论强调城乡一体化，期望逐步缩小城乡差距，促进城乡经济协调发展。这正是我国县域旅游的初衷和出发点所在。

（二）区域经济理论与县域旅游

经济发展是区域发展的需要，要促使区域从贫困状态向可持续增长状态转变，需要旅游业从外界吸收物资、信息、资金等，增加区域的“负熵”。从产业结构上看，旅游业有广泛的上游产业链、下游产业链和侧向产业链。旅游业作为区域的增长极，可发挥极化效应和扩散效应，带动区域的全面发展。

从全国的区域范围看，旅游客源地是增长极，其经济增长后以旅游活动的方式扩散，带动周边地区发展。而旅游业是落后地区接受旅游客源地经济扩散最好的产业载体。从小区域范围看，县域的旅游业在资源禀赋、区位条件和外部环境等方面具有优势，可作为区域经济增长极，并能通过乘数效应推动其他部门的增长，具有较强的产业带动作用，并能促进区域经济的全面发展。

四　旅游经济学理论

事实上，旅游系统也同样是经济系统的一种运行模式，其基本要素是旅游产品的供需和经济效益的获取。也就是说，旅游业是产业经济的组成部分，二者存在从属关系，因此旅游业的发展要在遵循经济发展规律的前提下进行。可见，运用经济理论研究旅游问题，也是十分必要的。

（一）旅游经济学理论概述

旅游经济学（Economics of Tourism）是归属于经济学的一门子学科，该学科具有较强的综合性，与农业经济学、工业经济学两门学科具有同等的地位和性质。旅游经济学这门学科的目的在于，通过运用经济学相关研究理论和方法对旅游过程中出现的旅游经济问题、现象和规律进行研究和探索。

通过旅游经济学的定义可以看出，该学科具有浓厚的经济学色彩，旅游经济学中核心的研究方法和研究目的都具有经济性。作为一门经济性的交叉学科，它运用相关经济理论和方法研究旅游开发以及规划，产生了许多有益成果。旅游经济学之所以具有如此好的研究效果，很大一部分原因在于经济学的应用实证方法较多，属于社会科学中应用实证方法较多的学科。经济学发展的目的在于解释经济现象和规律，通过实证方法验证经济规律和解释经济现象、行为。在旅游开发中，发展旅游经济学的目的在于对旅游经济现象、行为和规律进行研究，其方法与经济学和旅游经济学这两个社会科学中的实证研究方法相统一。

（二）旅游经济学与县域旅游

通过县域旅游相关概念可以得出，县域旅游可以被视为完整的经济发展循环模式，该模式包括经济中的供给和需求这两个基本要素。在县域旅游开发研究中，对影响县域旅游开发的各种因素进行分析和探索，是做好县域旅游开发工作的必要条件，做好影响因素分析工作可以为建设旅游规划路径带来重要的参考。对旅游开发的影响因素的探讨方法主要包括定性和定量两种，这两种方法各有特点。其中，定性研究方法主要是针对具体事物或现象进行性质的判断，这就难免受研究人员主观情绪的影响，存在结果上的差异；定量研究方法主要是以数据为支撑，在经济学中更多是利用计量经济学的实证研究方法，通过这种方法对影响因素进行研究，会使研究结果更具科学性和说服力。

旅游业是一个特殊的服务行业，包含了丰富的福利成分和精彩的社会文化，也是一项重要的经济事业。县域旅游发展不仅具有直接和间接的经济效益，也具有乘数效应，即能够带动县域其他产业的发展，提高县域的经济实力，在县域经济发展中具有重要的地位和作用，所以，县域旅游的发展需要遵循经济学的一些理论。

旅游经济学研究的主要对象是在旅游活动中存在的一些旅游经济现象，而其关注的主要矛盾体现在旅游供给和旅游需求之间。[①] 旅游企业为了满足旅游者的需求，会做一些旅游活动安排的工作，使各个部门与产业之间建立起一定的联系，这些经济方面的关联就是旅游在经济方面的内容。另外，还需要对旅游市场的需求和供给进行研究，了解旅游者的旅游偏好、旅游市场动态、企业经营管理状况等，合理确定各项指标，以维持需求与供给的平衡，对旅游经济的综合效益进行分析和评价。旅游经济的发展模式也是多种多样的，按照不同的分类方法，可以划分出不同的模式，如市场推进型、延伸型等。

旅游经济学认为，在现实的宏观经济背景中，旅游产业的空间结构调整、区域间相互的经济关系、旅游基础设施的打造、经济规模的不断缩小等，都是旅游经济研究的热点问题。[②] 县域经济发展机制与模式在很大程度上影响了县域旅游市场的发展，旅游企业的积极管理是旅游经济运作中的一个重要节点，它可以有效地保障旅游经济市场的有序运行，不过我国在旅游经济管理方面，还有很大的改善和提升空间。[③] 通过了解和熟知旅游经济学的理论和方法，可以帮助县域旅游发展直接面向市场，更好地设计旅游产品和项目，合理优化资源结构，体现旅游经济发展的经济效益、社会效益以及生态效益。

五　消费者行为理论

（一）消费者行为理论概述

消费者行为理论是研究消费者心理和行为模式的理论。18 世纪，英国学者最早开始关注消费者行为。从国内外对旅游者行为研究的内容来看，其主要包括以下三个方面：旅游者的空间行为模式、旅游者的消费行为模式以及旅游者的消费心理模式。旅游者的空间行为模式，主要是指旅游者

① 张辉、厉新建编著《旅游经济学原理》，旅游教育出版社，2004。
② 王青云：《县域经济发展的理论与实践》，商务印书馆，2003
③ 邓飞虎：《广西县域旅游经济发展研究》，硕士学位论文，桂林工学院，2007。

选择旅游目的地时的空间指向。旅游者的消费行为模式，是指旅游者在旅游目的地的消费行为构成。旅游者的消费心理模式，则是对不同类型旅游者消费行为的心理学解读。

对旅游者消费行为规律的研究，传统方法主要包括访谈法、市场抽样调查与统计数据分析、观察法、实验法等。近年来随着信息技术的不断发展，一些新的有关消费者行为研究的方法不断涌现，例如借助 GPS、大数据分析等，对旅游者的行为规律进行分析。随着便携消费电子产品（例如数码相机、手机、笔记本电脑）的普及和网络技术的发展，互联网上存有大量带有地理参考信息的照片，这些由公众自主创造并公开分享的地理信息，为研究旅游者的时空行为提供了大量的数据资源。我国学者李春明等就以 Panoramio 网站收集的 10 年内 447 名游客在厦门市鼓浪屿上拍摄的 2272 张照片为基础数据，成功分析了游客在鼓浪屿景区的时间变化（日变化、周变化和月变化）、游客停留时间、日均游客量、游客流向图和旅游热点区域等。①

（二）消费者行为理论与县域旅游

1. 旅游产品及线路设计

在消费者行为理论的指导下，设计者可以根据旅游者的消费特点以及今后旅游消费者可能的消费行为趋势，设计相关的旅游产品和线路，以适应不断变化的市场需求。旅游者消费心理的相关研究成果，如旅游兴奋度曲线、疲劳度曲线等，能更为有效地指导旅游线路和行程的设计。

2. 市场营销策略的选择

旅游市场营销策略不仅要迎合旅游者的消费需求，更应创新概念引导旅游者的消费心理。因此，在消费者行为理论的指导下，旅游规划可以在市场营销策略的设计方面，针对目标市场中旅游者的心理特征设计出能有效引导消费需求的市场营销策略。

---

① 李春明、王亚军、刘尹等：《基于地理参考照片的景区游客时空行为研究》，《旅游学刊》2013 年第 10 期。

六　竞争力理论

（一）竞争力理论概述

随着全球市场的加速融合，市场竞争日益加剧，关于竞争力（competitiveness）的系列研究也快速发展起来。目前国际上有十余种竞争力的定义，其中较为典型的是世界经济论坛和瑞士洛桑国际管理发展学院以及美国知名竞争力理论专家迈克尔·波特关于竞争力的阐述。

世界经济论坛和瑞士洛桑国际管理发展学院认为，所谓竞争力是指一国或一公司在市场上均衡地生产出比其竞争对手更多财富的能力。竞争力使资产和生产过程结合在一起。资产是固有的（如自然资源）或创造的（如基础设施），生产过程是指资产转化为经济结果的过程（如制造），然后通过市场测试得出竞争力。

知名竞争力理论专家迈克尔·波特则认为，一国产业的国际竞争力主要取决于生产要素，需求条件，相关与辅助产业的状况，企业策略、结构与竞争者，机遇以及政府等六个要素。这些要素共同构成了国际竞争力的概念，一般将波特的竞争力模型称为“国家钻石”竞争力模型（见图2-3）。

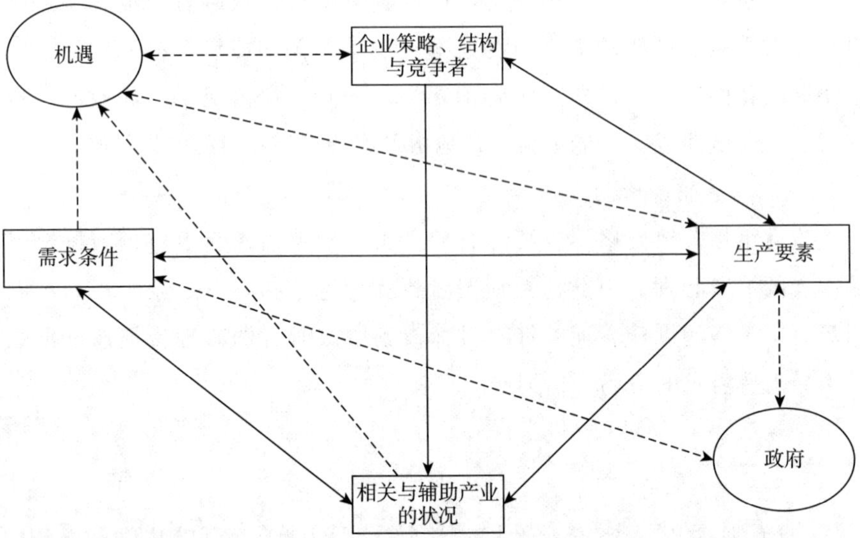

图2-3　迈克尔·波特的“国家钻石”竞争力模型

综合上述两种对竞争力的理解，可以得出以下结论：首先，竞争力作为经济主体的一种能力，与经济主体本身的素质具有较强的相关性；其次，经济主体的这种能力，对外不仅表现为占有具有一定比较优势的生产要素，同时还表现为通过对生产要素的占用创造更具竞争优势的资源和环境；最后，经济主体使用这种能力，目的在于向市场提供具有高效用度和高满意度的产品和服务，并获得较高的收益。

由此可见，旅游竞争力是指经济主体通过占有具有比较优势的资源，并以其为基础，创造更具竞争优势的资源和环境，向市场提供高效用度和高满意度的产品和服务，并获得较高收益的能力。[①]

（二）竞争力理论与县域旅游

1. 为县域旅游发展战略的制定提供了依据

县域旅游发展战略是对县域旅游地今后发展道路的总体指导。因此，县域旅游发展战略的制定应该以实现旅游地可持续发展和综合效益为导向，最终切实提升旅游地的竞争力水平。而调查了解县域的竞争力现状，则是制定以竞争力为导向的规划的前提。因此，在竞争力理论指导下，对县域旅游竞争力开展结构性分析，能够为制定旅游目的地发展战略提供有力支持。

2. 丰富了县域旅游规划的内容

将竞争力理论引入旅游规划，一方面创新了旅游规划与开发的理念，另一方面对旅游规划的内容产生了影响。在规划理念方面，竞争力理论强化了规划编制者的市场观和竞争观，将提升市场竞争力作为县域旅游规划与开发的核心内容。在规划内容方面，竞争力的分析成为县域旅游规划与开发不可或缺的部分。所以，县域旅游规划的目标中应增加提升县域旅游地市场竞争力的内容。

七　可持续发展理论

（一）可持续发展理论的提出

旅游业的可持续发展，最早是在 1990 年加拿大召开的旅游国际大会上

---

① 李玺：《都市型旅游目的地竞争力评价与发展战略研究——以福州市为例》，硕士学位论文，湖北大学，2003。

明确提出。会上通过了《旅游业可持续发展的行动纲领》，该纲领提出旅游业可持续发展的五个目标：增进人们对旅游产生的环境效应和经济效应的理解，强化其生态意识；促进旅游业的公平发展；改善旅游接待地区人民的生活质量；向人们提供高质量的旅游服务；保证未来旅游开发赖以存在的环境质量。1992 年 6 月 14 日，联合国环境与发展大会通过了《21 世纪议程》。随后，世界旅游理事会、世界旅游组织和地球理事会又将《21 世纪议程》转化成关于旅游业的行动纲领——《关于旅游业的 21 世纪议程——实现与环境相适应的可持续发展》。1995 年 4 月 28 日，在西班牙召开的可持续旅游发展世界会议通过了《可持续旅游发展宪章》和《可持续旅游发展行动计划》。

我国于 1994 年在国务院第十六次常务会议上通过了《中国 21 世纪议程——中国 21 世纪人口、环境与发展白皮书》。对于旅游业，该白皮书规定要“开辟新旅游专线，加强旅游资源的保护，发展不污染、不破坏环境的绿色旅游，加强旅游业与交通、机场建设以及其他一些服务行业（包括饮食业）的合作，解决旅游景区污水排放处理及垃圾收集、运输、处理、处置问题，解决好对旅游景区有危害的污染源的治理与控制”。这把旅游可持续发展提到了十分重要的地位。

（二）可持续发展理论的原则

可持续发展理论（Sustainable Development Theory）是指导县域旅游规划与开发的理论依据，其所包含的深层次意义基本上可以表述为以下三个原则。

1. 公平性原则（fairness）

公平性是指人类满足自身需求的机会对每个人都是均等的。在现实中，人类满足自身需求的机会存在许多不公平。因此，可持续发展的公平性要从下列三个方面来理解。

同代人之间的公平性。同代人应该具有相同的机会满足自身基本需要以及获得更好生活的需求。可是，现实的世界却是一部分人十分富足，另一部分人（约占世界人口的 1/5）仍处于贫困状态。这种贫富差距巨大、两极分化明显的情况，对可持续发展造成了极大的阻碍。因此，要将消除贫困作为实现可持续发展的第一个步骤，使地球上的人能共同拥有满足基本需求的机会。

代际的公平性。不同世代的人同样生活在地球上，后代人应该和前代人一样享有满足其需求的机会。然而，地球上的资源有限，采取何种模式开发和利用，才能既满足自身需求又不损害人类世世代代满足需求的权利，这是实现代际公平的关键。

分配有限资源的公平性。地球上的人对有限的资源应该享有相同的使用权，而现实中，却是少数人使用了大量的资源，而多数人只能分配到一小部分。如发达国家对能源、矿藏等有限资源的拥有量和消耗量远远超过多数发展中国家，而世界人口又大多分布于发展中国家，这就产生了不公平。

2. 可持续性原则（sustainability）

所谓的可持续性是指生态系统在受到外界的干扰时，能够保持其生产率的能力。资源和环境是人类社会赖以存在的基础，因而保持其可持续性是人类社会持续存在的前提。资源和环境的可持续，要求人们在生活和生产中对环境和资源进行保护性的开发。具体而言，可持续性原则要求人们放弃传统的高消耗、高增长、高污染的粗放型生产方式，高消费、高浪费的生活方式，主张产品、效率、资源和环境并重。可持续性原则的核心内容就是，人类社会的经济和社会发展要与环境承载力相适应，鼓励实现生态化的生产和适度消费。

3. 共同性原则（common）

可持续发展的共同性包括两个含义：其一，人类社会发展的目标是共同的，即实现公平性和持续性的发展；其二，人类拥有共同的环境和资源，为了实现持续发展的目标，必须采取全球共同的联合行动。

（三）可持续发展理论的内涵

可持续发展的内容包括生态可持续发展、经济可持续发展和社会可持续发展三个方面。

1. 生态可持续发展

以保护自然为基础，与资源和环境的承载能力相适应。在发展的同时，必须保护环境，包括控制环境污染和改善环境质量，保护生物多样性和地球生态的完整性，保证以可持续的方式使用可再生资源，使人类的发展保持在地球承载能力之内。

2. 经济可持续发展

鼓励经济增长，以体现国家实力和社会财富。不仅重视增长数量，更追求改善质量、提高效益、节约能源、减少废弃物，改变传统的生产和消费模式，实现清洁生产和文明消费。

3. 社会可持续发展

以改善和提高人们生活质量为目的，与社会进步相适应。社会可持续发展的内涵包括改善人类生活质量，提高人类健康水平，创造一个保障人们享有平等、自由、受教育等各项权利的社会环境。

从本质上来看，可持续发展理论就是一种观念创新，就是在发展观上从过去人与自然的对立关系转变为人与自然的和谐关系。这种发展观指向一种以知识为内核、以人的全面发展为前提、以社会文明为基础的新型文明发展模式。

（四）可持续发展理论与县域旅游

旅游业是消耗能源和资源的产业，因此，旅游的规划与开发不仅要关注旅游者、旅游业，还需要关注当地社区居民，保护与永续利用自然与文化资源。[①] 可持续发展理论为县域旅游规划与开发、实现上述目标提供了理论支持，即阶段性开发理念。旅游开发要注重经济效益、社会效益和生态效益的结合，要注意开发方式的选择及开发规模的控制，严格防止出现过度开发局面。要在满足当代人需求的同时，考虑后代人对旅游的需求。因此，旅游规划与开发一定要具有弹性，实行阶段性和局部性开发，为旅游地的未来发展预留空间。此外，可持续性的旅游规划，还需要积极引入现代化的科技手段，以支持旅游资源的质量监管和保护性开发。

① 吴承照：《中国旅游规划 30 年回顾与展望》，《旅游学刊》2009 年第 1 期。

第三章
供给体系

县域旅游发展对我国旅游发展至关重要。首先，县域是旅游资源的重要承载地，我国主要的自然和人文旅游资源基本上分布在县域；其次，县域是我国国内旅游和部分入境旅游的主要目的地，也是实现和推动多种旅游类型发展的主要空间；最后，县域是旅游发展方式的最佳实践地，通过发展旅游可以有效带动县域社会经济发展。在我国，大多数县域政府在旅游发展理念认识、旅游经济联系、旅游产业体系、旅游服务水平、旅游管理能力、旅游空间形态、旅游基础设施建设等方面，与城市相比还存在一定差距。

第一节　基础要素

县域旅游是我国区域旅游发展的基本单元和重要组成部分，对区域旅游发展能力的提升起着关键作用。然而，由于影响县域发展的因素众多，县域旅游在发展水平和发展模式上呈现多样性和复杂性。中国已有多个地区先后把旅游业作为县域经济的支柱型产业大力扶持，如江苏的句容市、河南的栾川县、湖南的凤凰县、江西的婺源县、安徽的黟县等，这些县（市）都在不断地完善县域旅游基础设施建设，努力提高当地的服务接待水平。

一 旅游资源

（一）旅游资源概述

1. 旅游资源概念

县域是区域的一种特定形式，是指县级行政区划范围内的地域和空间，由城镇、集镇、县等行政区域单位组成，它在中国行政区划体制中处于第三层次，是一个相对独立的基本的社会和经济单元。[①]

所谓资源就是指自然界和人类社会中一种可以用来创造物质财富和精神财富的具有一定积累量的客观存在形态，如土地资源、矿产资源、森林资源、海洋资源、石油资源、人力资源、旅游资源、信息资源等。根据资源客观存在的发生源，可以将资源分为自然资源和社会资源两大类。自然资源一般是指人类可以利用的自然生成物以及作为这些成分之源的环境功能，通常包括土地资源、矿产资源、水利资源、生物资源、海洋资源等。社会资源又称社会人文资源，是直接或间接作用于生产的社会经济因素。

县域旅游是以县（市、区）为单位，发生在县（市、区）范围内一切与旅游（包括旅游的六要素）相关的活动。它以地方的特色自然资源、人文资源和社会资源为依托，由县域的旅游部门、旅游企业和政府等共同参与，以旅游产品为核心，目的是向游客提供高质量并且完整的旅游体验，是一个集旅游六大要素——食、住、行、游、购、娱于一体的经济系统。[②]在我国的区域旅游发展格局中，县域旅游是一个很重要的部分，它的发展也是一个动态的概念。

县域旅游资源是一切与旅游活动相关的自然资源与社会资源的总称，是县域旅游业可持续发展的物质基础和旅游生产力提高的潜力所在。主要包括目的地旅游资源、旅游设施与服务资源、旅游环境资源、其他资源等。县域旅游资源是县域旅游业和旅游产品的基础和核心，可以对旅游者产生

① 黄中伟、胡希军：《旅游资源释义》，《浙江师范大学学报》（自然科学版）2002 年第 2 期。
② 喻小航：《论旅游资源的内涵与特性》，《西南师范大学学报》（人文社会科学版）2004 年第 3 期。

吸引力，可以被旅游业开发利用，并可产生经济效益、社会效益和生态效益。

县域旅游发展与美丽县域建设的宗旨一致，均是为了广大人民群众的幸福，一切依靠人民、一切为了人民，在促进旅游业发展的同时，解决县域经济发展中存在的诸多问题。

2. *旅游资源特点*

第一，广泛多样性。县域旅游资源既是生产旅游产品的前提和基础，又是旅游产品的核心构成。县域旅游业可以凭借和利用的资源广泛丰富，是其他任何产业无法比拟的。县域旅游业所凭借和利用的资源可分为两大类：一类是与三大产业共享的资源；另一类是旅游业独享的资源，即通常特称的旅游资源。旅游资源包括自然性资源、历史性资源和社会性资源，几乎没有什么事物和因素不可以为旅游业所利用，因而旅游业是一个潜力巨大的产业。

第二，不可移动性。除了现代人造的旅游资源外，旅游资源是天生地设的、先人遗留的或传统形成的，既具有地理位置的固定性，又具有历史时代的传承性，时空内涵是其独有的魅力和价值。这使旅游产品之间不存在相互替代性，与一般产品相比，无论现在还是未来，人们都不能对原生的、最能吸引大众旅游活动的自然性和社会性旅游资源进行移动利用，也无法对其进行传神的仿制。不可移动性进一步表明旅游资源无不是与所处环境相伴而生的。

第三，环境依存性。环境是旅游景观中的大尺度吸引因素，是旅游产品必不可少的大包装。一般产业的资源和产品与环境可以分离，通常也必须分离。消费者消费一般产业资源和产品时通常不用考虑其环境，也不会消费环境。① 旅游资源和产品与环境却不可分离，只有处在原生的自然环境、社会环境或文化氛围中，才能充分体现其价值，赋予人完整的欣赏体验效果。旅游者消费旅游资源和产品时必然要考虑其环境，也必然要消费

① 喻小航：《论旅游资源的内涵与特性》，《西南师范大学学报》（人文社会科学版）2004 年第 3 期。

环境。这是旅游资源与一般产业资源的一个显著差异。它意味着，旅游业的发展比其他产业的发展更需要重视环境保护，越要发挥旅游资源的经济功能，就越应保持和发挥旅游资源的社会、生态和文化功能。

第四，直接消费性。既然旅游资源可直接利用，那么旅游资源就可构成旅游产品的核心部分直接供游客消费。县域旅游资源可以在保持既有品质和形态的状况下，直接供游客消费。一般产业资源本身不是消费者吸引物，而旅游业所仰赖的旅游资源本身就是旅游吸引物，本身就具有可供旅游者消费的价值。旅游消费者最愿意购买或消费的，是旅游资源本身的使用价值。

3. 旅游资源类型

在旅游资源普查时，普查最基本的对象称为资源单体。分类是把资源单体按其天然属性归属于分类体系中的最基本类型或称为基类，也即将单体对应于分类系统中的基类。分级则指将归属于基类的单体按规模大小分成几个级别，其级别称为基类的等级，实际上是单体规模等级。① 由于基类的等级并非指各基类之间存在等级差别，因而只有基类才有规模分级之说。其他高级类型并无规模分级之说。分态是对资源的现存状态进行界定，指明其开发利用状态属性。

县域旅游资源从"能被人类利用的所有事与物都可以称为资源"这个观点出发，把旅游资源的范围从自然性、历史性、社会性资源的总和扩展到旅游服务，即包括自然景观、人文景观和服务景观三大类。表 3-1 是其细分类型。

表 3-1 旅游资源分类

旅游资源	景观类型
自然景观	地文景观（地质现象景观、山岳景区等） 水文景观（湖泊/水库、非峡谷风景河流型、瀑布等） 气候生物景观（气候景观、雾凇景观、风景林景观等）

① 郭来喜、吴必虎、刘锋等：《中国旅游资源分类系统与类型评价》，《地理学报》2000 年第 3 期。

续表

旅游资源	景观类型
人文景观	历史遗产（人类文化遗址、古城与古城遗址等） 现代人文吸引物（特色聚落、主题公园等） 抽象人文吸引物（民间传说景观、特色民俗景观等）
服务景观	旅游服务景观（旅游住宿设施、旅游教育景观等） 其他服务景观

（二）旅游资源整合

1. 旅游资源整合概念

"整合"是将各要素进行重新组合，对原有事物的结构进行调整，使各要素协调统一，使原有事物得到发展和完善。对一个事物内在结构或其内在与外在环境的联系加以调整，会使事物改变原有形态甚至原有性质，从而创造出新的事物。因此，整合过程也是一个创新过程。"资源整合"源于系统论，是指通过合理的配置方式对分散无联系的资源进行组织和协调，以实现资源利用的最大化。资源整合能够更好地优化配置相关资源，根据发展战略和市场需求，提高资源的利用率，凸显组织核心竞争力，增强竞争优势，达到和谐互惠的发展目标。

县域旅游资源整合是指旅游资源的管理者和经营者根据该地区旅游发展的总体目标和旅游市场供求情况，借助法律、行政、经济和技术等手段，把各种相关资源要素组合成为具有统一功能的整体，从而实现县域旅游资源市场价值最大化和综合效益最大化的过程。① 操作步骤是在对无序分散的旅游资源进行分类、分析和评价的基础上，以制度、经济和环境等为依托，按照旅游活动的特点和旅游市场的发展规律，通过综合、合并、合作、调整及一体化的形式，将该区域各种相关的旅游资源整合成统一的整体的过程，实现资源综合效益最大化。在这一过程中，在强调提高经济效益的同时，更要注意提升县域旅游资源的核心竞争力，实现旅游资源质量的提高，

① 程俊峰、宋立杰：《浅析山东省东部海岸带地区旅游资源管理过程中出现的问题》，《海洋开发与管理》2006 年第 1 期。

构建结构合理、功能完善的县域旅游系统。

2. 旅游资源整合原则

县域旅游资源的整合应遵循创新发展原则、突出特色原则、竞争合作原则以及市场导向原则。只有遵循一定的原则，才能保证旅游资源整合目标的实现，使经济效益、社会效益和生态效益同步提高，实现旅游资源整合效益最大化。

第一，创新发展原则。资源整合并不是简单的景点（区）的变动，也不是各种旅游资源简单的堆叠相加，而是在分析区域优势的基础上，结合当地的“文脉”和“地脉”，充分挖掘旅游资源，除传统的以观光旅游为主的自然旅游资源和文化旅游资源外，还应特别注重生态、民俗、购物、商务、会议、休闲、健身、节庆、娱乐等其他旅游资源的挖掘。同时，应注意跟进市场需求趋势，依托旅游目的地资源优势，开发精品旅游线路，构建个性特色鲜明、配置结构合理、区域发展分工明确的旅游格局，创新整合，突出特色，创造新的旅游价值。另外，随着资源和市场的变化，相关旅游产品的设计、包装和营销也要不断创新。

第二，突出特色原则。形象鲜明、特色突出的旅游资源对游客的吸引力会更大，因此，在对旅游资源进行整合的过程中要根据当地自然环境、文化特征以及游客的需求等来突出特色，保证满足和实现旅游者的精神需求和出行目的。扬己之长、避己之短，保持“人无我有，人有我新、我精、我特”的垄断性地位，是突出特色、凸显旅游资源文化差异性、形成鲜明的自我风格、树立独特的旅游资源形象、满足旅游者多样化精神及物质需求的有效路径。同时，旅游资源的整合，不仅要注重保持其原有特色，还应在整合的过程中，让其原有特色有所创新和发展，使其特色更加鲜明，并且结合市场特征，使其鲜明和真实的形象得以展现出来，创造出区域的特色产品，形成鲜明的自我风格。

第三，竞争合作原则。有序的竞争可以使旅游资源的整合利用率得到提高，使各利益相关者的资源和能力得到互补。而标准体系下的合作，有利于保持稳定的合作关系，降低整合过程中的信息、交易费用，形成成本效应。同时，相关利益者通过竞争与合作可以相互学习，对信息、资源等方面的整合创新具有一定的意义，这个过程无形中也为旅游业的持续发展注入了新活力、新思想，增强了其应对外部不稳定环境的能力。

第四，市场导向原则。在进行县域旅游资源整合时，首先，对市场进行调查、分析和预测，研究并掌握市场的需求状况和竞争状况，根据游客的需求和消费规律，对旅游资源进行整合创造，确定整合开发的主题、层次和规模，打造“人无我有，人有我优”的特色旅游品牌，把符合旅游者需求的旅游产品和旅游外延产品推向市场。其次，市场的需求和旅游者的心理处在不断变化的过程中，这就要求旅游资源整合要具有应变性和前瞻性。只有遵循市场规律，以市场需求为导向，不断完善目的地资源整合的市场机制，县域旅游资源整合才能发挥价值最大化作用，才具有长久生命力。

3. 旅游资源整合意义

首先，有利于增强旅游地吸引力与活力。旅游者通过旅游消费体验和相关媒体的宣传，形成对旅游目的地的形象感知。旅游者在旅游过程中通过对该县域的游客接待和服务系统、交通线路系统以及出游线路系统的主观体验，做出系统性和效率性的评估，[①] 形成对县域的直观感知。县域旅游资源的整合就是要对构成旅游系统的相关资源进行整合、改善、创新，打造旅游品牌，提高旅游资源空间的组织效率，进而提升县域旅游的形象，形成游客对县域的良好口碑，实现县域形象经营的良性循环，从而促进当地旅游的发展。另外，打造具有特色的旅游品牌，可以提高县域旅游吸引力和活力，从而增强县域旅游发展的持久力。

其次，有利于优化旅游线路空间布局。旅游线路是旅游产品的空间表现形式，构成旅游系统的各个组成部分的空间布局是旅游线路的具体化表征。按照有关理论将旅游景点、旅游服务设施以及旅游空间依托的城镇进行科学合理的整合优化，可以节约县域旅游建设成本。同时，可以建构适合旅游者观赏游玩的线路系统。从旅游线路的空间布局上来讲，旅游空间

---

① 任唤麟：《核心旅游资源理论与实证研究》，《地理与地理信息科学》2017 年第 3 期。

布局的整合是以城镇为中心，通过确定旅游景点的开发分布与旅游服务设施的协调完善，形成在空间上层级分明、功能明确、管理高效的县域旅游系统。而这一过程是基于对旅游者的空间行为研究进行的。因此，旅游空间布局整合的最终结果，应该是形成有利于旅游者进行空间游览的旅游线路。

最后，有助于产生空间优化联动效应。县域旅游资源整合要在地域生产格局的基础上进行，作为区域内第三产业的组成部分，旅游业发展受到区域分工和本区域现阶段产业格局的影响。旅游业是一项综合性很强的产业，它的发展对区域内房地产业、服务业、交通运输业、商业等具有巨大的带动作用，促进区域格局在旅游业的带动下产生空间整合的联动效应。因此，整合区域内的旅游资源，形成区域旅游发展合力，不仅是区域旅游业发展的内在要求，也是旅游业与区域内其他产业互动发展、实现各地共谋多赢的必然选择。同时，县域旅游资源的合理布局和科学开发利用，可以推进基础设施建设，优化县域旅游空间布局，避免重复建设，节约建设成本。

4. 旅游资源整合形式

第一，空间整合。旅游资源的形成、整合、开发均受特定区域环境的制约，是以点、线、面的外在表象来体现的，这是由旅游资源的空间分布特性所决定的。旅游资源的空间结构或分散，或集聚，或呈现线性的分布状态，或呈现圈层的分布状态等，这些均为区域旅游资源的整合提供了基础和依据。将旅游目的地中同属于一个空间层次的旅游资源整合起来，形成大资源、建设大景区，扩大规模、提升档次，集中力量在更为广阔的空间里开发产品、开拓市场。

第二，文化整合。文化是旅游资源的生命线，是构成旅游资源特色和旅游吸引力的基础。特色是旅游之魂，没有文化就没有特色可言。文化是促使游客产生出行动机的动力和基础所在。在进行旅游资源整合的过程中，要特别注意文化内涵这条生命线对旅游资源的融入，以文化内涵为旅游资源深层次的整合与开发之魂，促进旅游资源的可持续利用。同时，突出的文化色彩能够使景区具有生动活泼的形象和强劲的生命力。区域在旅游资源整合开发过程中，要以文化为牵引，针对自身所具有的优势，将自然景观、人文景观以及文化传统联合包装，重点突出区域文化内涵与特色，吸引更多游客，促进旅游业的可持续发展。

第三，形象整合。塑造生动鲜明的旅游整体形象是进行旅游品牌经营与发展的基础与前提，打造统一的旅游主题形象也有利于区域旅游的对外促销与宣传。在某一个区域内，在掌握市场状况和旅游资源总体特征的前提下，明确制定旅游产业的发展战略和方向，进而确定旅游的主题和形象，以此整合区域内的旅游资源，使其服从于区域旅游的主题，形成生动鲜明的旅游形象，打造最具市场竞争力的核心产品，形成旗帜鲜明的、有巨大吸引力的旅游目的地。

第四，线路整合。旅游线路是指区域内能使游客以最短的时间获得最大观赏效果的，将若干个旅游城市或旅游景点通过交通线合理贯穿连接起来的路线。旅游线路的设计需要根据旅游项目的特别功能、旅游客源市场的需求以及旅游资源的特色，考虑到各旅游要素的时空联系，以实现旅游目的地旅游服务项目的合理组合与配置。线路整合要以旅游资源在交通、区位和功能上的联系为基础，组织区域内分散的旅游资源，并组成旅游线路整体推出。这有利于共享客源市场，丰富旅游内容，提高旅行社运作的可行性和对游客的吸引力。

第五，市场整合。根据区域旅游的目标市场定位，将不同类型旅游产品中核心目标市场一致的旅游资源捆绑开发，打造多类型的旅游产品，增加游客的停留时间和消费额，实现客源的充分利用。例如，到西藏旅游的游客多为中高收入人群，外国游客比例特别高，可以利用这一特点，组织相关资源，开发迎合客源需求的高档次的旅游产品。

第六，交通整合。旅游交通是指旅游者在客源地和旅游目的地的往返过程中以及在旅游目的地的旅游活动中所享受的交通服务。旅游交通将客源地与目的地旅游资源相互联系、贯穿起来。建立完善的交通系统有助于旅游资源的整合与开发，构建完整的旅游目的地空间结构。充分利用旅游交通系统是整合旅游资源的一个重要方面。例如，小浪底水利枢纽工程的建设使运城等地黄河河段得以通航，为沿线诸县（市）旅游资源的整合提供了条件和极佳的历史机遇。

第七，产品整合。将某些不能形成成熟旅游产品或市场竞争力较弱的旅游资源依据某种产品开发理念整合起来，形成新的旅游产品，改善市场形象，提升市场竞争力。如旅游开发组将一些“小、散、弱”的旅游资源整合成具有“综合特色”的旅游产品，以此来优化、创新旅游产品，增强吸引力。

（三）旅游资源开发

1. 旅游资源开发模式

第一，自然类旅游资源开发模式。自然类旅游资源指的是地质、地貌、水体、气象气候和生物等自然地理要素所构成的，具有观赏、文化和科学考察价值，能吸引人们前往进行旅游活动的自然景物和环境。自然类旅游资源以其特有的天然风貌和淳朴本色，对旅游者产生强烈的吸引力。它可供旅游者进行游览、度假、休憩、避暑、避寒、划船、疗养、学习、登山、探险等旅游和娱乐活动。[①] 有些自然旅游资源不经过开发，原汁原味就可以吸引旅游者开展旅游活动，但绝大多数自然旅游资源要经过开发建设才能具有吸引力，才能方便旅游者进行旅游活动。自然旅游资源开发建设的主要内容是交通线路布设、协调配套旅游设施，包括各种基础设施和旅游专用设施等。在建设过程中还要力保自然景观的原始风貌，减少人为因素的干扰和建设中的破坏，突出自然资源的本色，使之源于自然、体现自然。

第二，文物古迹类旅游资源开发模式。文物古迹类旅游资源是人类文明的瑰宝，具有观光游览、考古寻迹、修学教育、学习考察、文化娱乐等功能。既可以供游人参观瞻仰，又可进行考古研究和历史教育，同时可以深入挖掘其历史文化内涵，开展形式多样、参与性强的文化娱乐活动，如文物复制、古乐器演奏等。[②] 文物古迹类旅游资源一般和历史文化名城相伴

① 董平：《我国旅游资源区划初探》，《地域研究与开发》2000 年第 3 期。

② 杨宝：《浅谈乡村旅游资源开发》，《广东蚕业》2021 年第 6 期。

而生，并以历史文化名城为依托。在开发文物古迹类旅游资源时应着眼于历史文物古迹的修缮、整理、保护，并向游人说明和展示其历史价值之所在。此外，还应与县域的总体发展规划结合起来，使历史文化名城既保持其历史性和文化性，又能满足现代社会的需要。

第三，社会风情类旅游资源开发模式。异国风情、风俗习惯能成为吸引旅游者的重要因素。社会风情类旅游资源具有表演性、活动性和精神指向性，体现当地独特的、不为人知的、差异性极强的民风民俗和人文特征。同时，该类旅游资源还具有传播文化、促进交流与合作的作用。社会风情类旅游资源因其观光旅游和愉悦体验的功能，而使其开发方式不同于其他旅游资源，更强调参与性、动态性和体验性，[①] 尽可能地使旅游者参与到旅游地的社会活动和民俗礼仪中去，让他们对当地的社会风情、民族习惯有一个切身的体验。同时，这类旅游资源的开发还要注意保持当地风情的原汁原味，切不可为了商业目的而改变或者同化当地民风民俗的特色。

2. 旅游资源开发评价

首先是资源评价，包括对旅游资源丰度、特色、价值（历史价值、美学价值、科学价值等）和结构进行评价。

其次是旅游客源市场分析。客源市场分析主要是分析市场需求方向和需求量。资源优势能否转化为开发优势取决于市场需求前景。因此，现代旅游开发均侧重于以市场为导向。旅游市场的分析是旅游资源开发的前提，其分析的指标主要有：客源地的地理位置及特征；客源地的社会与经济发展情况；公众对旅游活动的态度和参与兴趣；每年的出游人数和人均消费；主要旅游动机；客流量的季节变化；旅游者的文化层次和经济收入水平；旅游者的年龄、职业等；旅游客源地的风俗习惯、宗教信仰、民族特征和大多数人的爱好等。

最后是旅游资源开发条件分析，主要包括经济基础分析、设施条件分析、环境容量分析和其他分析。经济基础分析包括对所在区域经济现状和

① 张玉峰、叶坤英、张依等：《河南省中医药文化旅游资源发展探析》，《中国中医药现代远程教育》2022 年第 1 期。

潜力的分析，如对资源开发的经济支持、保障的评价，以及对经济影响的评价和对经济影响控制的分析。设施条件分析包括对所在区域的可进入性的分析，基本供给能力的分析，基础设施的最低、正常和应急供应状况的分析，经营设施状况的分析等。环境容量分析包括根据旅游者的感知和自然环境的允许条件，分析旅游目的地所能容纳的旅游活动量，预测经过开发后环境容量的变化。其他分析包括对人力资源、社会文化和对国家及地区政策、法规影响的分析。

3. 旅游资源开发策略

第一，旅游分区规划。首先根据旅游资源的特色和性质，划定其范围和保护带及服务区、娱乐区。其次是规划设计，根据因地制宜、因景制宜的原则，把现存的自然风景资源与人文景观资源恰当地进行组合搭配；根据文化背景设计人造景观或娱乐项目，使之在空间上、层次上、功能上形成一个有机的整体。

第二，确定旅游资源的开发政策。根据本区域旅游资源特色、优势与客源市场的需求，确定主题导向型旅游资源和项目、陪衬型旅游资源和项目，并分层逐级地进行开发，确定资金配置和投资政策以及各阶段的开发重点。对国家或地区的旅游资源开发，还要配合制定有关的地方政策和法规，形成完善的开发体系。

第三，确定环境与旅游资源的保护措施。旅游资源开发应采取一定措施，避免对旅游资源和环境造成破坏，包括自然作用的破坏和人为的破坏。例如，将服务区设置在远离自然景观的地区，减少其对景区的污染；制定一系列的规章制度，约束旅游者以减少其对旅游资源和环境的破坏行为；对已形成的污染和破坏及时治理并建立环境监控系统以便及时发现问题。

（四）旅游资源管理

拥有良好的旅游资源，还需要合理有序的规划管理，才能发挥出其最大效益。发展县域旅游的本意是促进当地经济的发展。[①] 只有保护好旅游资源，才能长久地获益。旅游涉及很多部门，在日常的旅游资源管理中，如

① 金颖若：《旅游资源的羡余现象》，《经济地理》2004 年第 5 期。

果不提前合理规划，各部门可能会从自身利益出发，对县域旅游资源进行开发与规划。资源被各部门分割，旅游部门和其他部门未能取得很好的协调，未能有效地处理旅游资源的开发与管理、发展与保护之间的内在关系，再加上市场失灵、政府失灵等一系列深层次的原因，导致县域旅游资源管理出现许多问题，如旅游资源粗放式过度利用问题、低层次低水平开发利用问题以及污染问题等。这些问题的存在，不仅影响旅游资源的可持续发展，而且会使该县域资源的综合优势和潜力不能得到有效发挥，进而影响到整个县（市、区）的综合效益和可持续发展。

1. 旅游资源管理模式

第一，国有国营模式。这是一种具有行政管理色彩的旅游资源管理模式。对于以保护为首要目的，具备高级别高等级，同时又具有显著唯一性特征的景区，如世界遗产、国家级自然保护区、国家地质公园等，应坚持国有国营的经营管理体制，不能整体出让景区经营权。即使考虑到旅游发展的需要，也只能是部分经营性项目，如餐饮、住宿、交通、娱乐、购物等的特许经营，或在坚持国有股占主体条件下的股份合作经营。根据现行法规，世界遗产、自然保护区、地质公园、湿地、重点文物保护单位等遗产类资源，在文化价值上是独一无二、不可替代的，进行旅游资源管理的首要目的是保护其真实性和完整性。

第二，股份公司经营模式。这种模式能够迅速募集巨额资金为景区发展服务，将现代企业经营机制引入景区经营，促进景区资源的有效利用，其优势是十分明显的。它是在社会主义市场经济条件下，依托证券市场和运作市场，对大型风景名胜旅游资源进行市场化经营的一种有效方式，是旅游资源、资本市场、市场机制有机结合的产物，是制度创新和实践探索的结果。

第三，国有民营模式。在坚持旅游资源国家所有、严格保护、永续利用的前提下，在旅游景区内，经政府统一规划（或政府审批规划）后，把经营开发权剥离出来，政府通过与投资者签订保护、开发建设、经营管理等协议，授权投资者依法有偿取得一定期限（一般是 30 ~ 50 年）的开发建设权、经营管理权及收益权，其核心是“国家所有、政府监管、企业经营”。这种模式实现了国有资源与企业资本的优化组合，促进了资源的优化配置、有效利用，为利用充足的资本和现代企业管理手段打造旅游品牌创造了条件，从而找到了地方发展、企业创利、百姓致富的有效结合点，使景区的经济效益、社会效益和生态效益达到和谐统一。

县域旅游资源的管理可依据资源类型，结合当地政府的发展规划，选择适合的管理模式。

2. 旅游资源管理系统

旅游资源管理系统（Tourism Resource Management System，TRMS）是面向旅游者、旅游经营者和旅游管理者以及旅游规划者，以旅游资源信息数据库为基础，在计算机软硬件支持下，运用系统工程和信息科学的理论与方法，通过使用计算机技术、网络技术和地理信息系统技术，集信息获取、存储、处理、分析、显示和快速传输于一体的计算机系统。[①] 通过对系统进行简单描述，在运用结构化方法的数据流图和数据字典进行用户需求分析的基础上，设计了由用户层、操作层、功能层、服务层和数据层构成的五层软件体系结构。旅游资源管理系统的投入使用对促进旅游资源管理具有重要意义。

县域旅游资源管理系统的设计与使用将会提高整体研究和应用水平，增强信息表达直观性和生动性，使面向用户的功能多样化，增强空间信息的表达和分析功能，提高信息交互性。县域旅游的发展不同于普通的旅游业和景区的开发管理，其是将整个县域作为旅游点进行规划设计。县域拥有众多景点，将这些景点进行统一管理从而避免旅游资源同质化现象，并及时掌握旅游者的反馈信息，需要一个成熟的旅游资源管理系统发挥调度职能，实现旅游目的地的智慧调度需求，进而全面提高旅游企业的管理效率和质量。

旅游业是“低成本、高收入”的产业，这是外界对旅游业的误解，一味地开发索取会破坏当地的生态环境、恶化旅游环境。只有当保护与开发

---

① 佟吉富：《旅游资源管理系统的分析与设计》，《电子测试》2014 年第 16 期。

并行时，才能减缓资源的消耗速度。在资源管理工作中建立资源信息库，采用宣传、法律、技术、行政和经济手段保护县域旅游资源。这样不仅可以对当地旅游资源的保护起到示范和带动作用，而且可为其他地区县域旅游资源的保护蹚出一条路子。

二　旅游市场

旅游市场作为旅游经济运行的轴心，与一般商品市场、服务市场、生产要素市场相比，具有不同于其他市场的多样性、季节性、波动性和世界性等特点。根据地理位置、国境、消费、旅游目的地、旅游组织形式等因素，可将旅游市场进一步细分。[①] 针对不同旅游细分市场，采用不同的市场开发策略。县域旅游市场的开发、营销和管理都有自己的方式和路径，要依据县域自身的政治经济发展条件，分析其周围的县域对第三产业（旅游业）的需求程度和交通便捷度等来合理开发旅游市场。

（一）旅游市场开发

1. 旅游市场开发原则

第一，保护性开发原则。旅游业不仅是一个“无烟工业”，而且是一个“朝阳产业”。旅游市场的开发是一种保护性开发，在开发的同时，一定要注意环境的保护，我们不能以牺牲环境为代价来开发旅游资源。以西安秦陵兵马俑为例，在未找出良好的保护措施之前，可以少开发或不开发，让那些陪葬品在地下先“躺着”，等保护技术完善后再挖掘出来，这样就不会使陶俑们在出土后“红颜褪尽，满目疮痍”。

第二，市场导向原则。没有市场需求的产品开发，非但不能形成有吸引力的旅游产品，反而会造成对旅游资源的不良开发和对生态环境的破坏。只有根据准确的市场定位，开发出适销对路、具有竞争力的旅游产品，旅游产品的生命力才能经久不衰。

第三，效益观念原则。旅游业是一项文化事业，要求在追求经济效益的同时，讲求社会效益和生态效益。世界自然遗产九寨沟被称为人间仙境，

---

① 王瑾：《全域旅游视角下乡村旅游市场营销研究》，《现代商业》2018 年第 5 期。

其经济效益很可观，但若不注意生态效益进行过度开发，将会导致遗产变为遗址，就像如今的楼兰古城遗址一样，那将是人类的悲哀。

第四，产品形象原则。旅游产品是一种特殊商品，拥有旅游资源并不等于就拥有旅游产品。旅游资源要成为旅游产品，必须根据市场需求进行开发、加工、再创造，从而组合形成特色鲜明、适销对路的旅游产品，树立良好的产品形象。例如，四川的剑门蜀道风景名胜区，是一个自然景观与人文景观融合较好、价值较高的旅游区。它地处川陕交通要道，有三国时期张飞等名将亲手栽种的柏树，这些古柏根部看似枯朽，顶部却枝繁叶茂，既有岁月沧桑洗礼的痕迹，又有现代繁荣的气息，游人无不赞叹不已、流连忘返。那些古柏形成绵长的“翠云廊”，树中间狭长的青石板路会让人想起古代皇帝的马车，再加之唐代诗人李白“蜀道难，难于上青天”的诗句以及“一夫当关，万夫莫开”的雄心，谁不为它的雄奇壮美而折服！但遗憾的是，当地旅游市场开发还很原始，没有上档次的宾馆，娱乐设施更是少之又少，甚至缺乏基本的景点标记，致使游人难解其意、游兴大减，游客量大减，旅游收入也甚微。

2. 旅游市场开发过程

第一，规划阶段。主要是确定行业所要达到的生产经营规模、销售与盈利水平。在条件允许的情况下，确立可以实现的目标，并选择与之相适应的目标市场。

第二，搜集情报信息阶段。搜集、分析与市场开发决策目标有关的社会、经济、技术、文化、国际市场动向等方面过去与现在状况的资料。在充分搜集资料的基础上，对所获资料进行加工处理，掌握市场脉络，做到心中有数。①

第三，拟定方案阶段。根据情报信息的分析研究结果，拟定出一定数量的市场开发方案，择优选用。拟定备选方案时，还要分析各方案的优缺点，估计实施的后果，以便决策部门采纳。

第四，论证评选阶段。根据市场现状与发展预测及目标满足，对各备

① 张云霞、许世诚、张明：《旅游市场开发刍议》，《资源开发与市场》2003 年第 1 期。

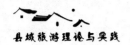

选方案进行综合评价，择优而定。这是市场开发决策的关键阶段，要对各方案进行定性、定量和定向分析，从近期、中期和长期目标角度，评价各方案的优缺点。

第五，执行反馈阶段。将执行过程中发现的问题及时地反馈给决策层，以便对执行中的方案进行修正，实行滚动调整，使决策保持正确。

在对旅游市场开发进行决策的过程中，还必须进行市场开发可行性研究，即对旅游市场开发前期的期望值及其有关因素所进行的分析论证工作。在决策最终制定前，必须进行调查研究，并应用多学科理论与方法，回答提供何种旅游产品、市场行情如何等问题。

（二）旅游市场营销

1. 旅游市场营销策略

第一个策略是旅游产品策略。针对目前旅游产品开发中存在的问题，可采取以下措施：一是加速观光产品的更新换代，满足不断变化的旅游需求；二是积极开发专项旅游产品，适应旅游市场细分需求；三是迅速推出更新迭代产品，加快形成旅游散客市场。①

第二个策略是旅游价格策略。旅游价格可根据市场情况确定，当旅游市场处于卖方市场形势下，可采用以成本为中心的定价方法；当旅游市场处于买方市场形势或市场竞争比较激烈的情况下，可采用以需求为中心的定价方法或以竞争为中心的定价方法。

第三个策略是旅游促销策略。常用手段有广告促销、营业推广、公共关系、人员推销等，也要借助网络杂志、博客、微博、微信、抖音、快手、小红书等新媒体以及 TAG、SNS、RSS、WIKI 等技术工具或平台。

第四个策略是旅游分销策略。旅游产品分销渠道主要有直接和间接两种。针对目前旅游分销渠道存在的问题，应开辟新的分销渠道，利用各类 OTA 分销平台，为不同行业提供特色旅游产品，并积极利用现代化通信手段应对。

---

① 王瑾：《全域旅游视角下乡村旅游市场营销研究》，《现代商业》2018 年第 5 期。

2. 旅游市场营销手段

第一，提高县域旅游工作人员素质。县域旅游发展相关单位是各个县（市、区）的窗口单位，它的形象如何，关系到对该县（市、区）的评价。旅游工作人员素质高，对自己的约束力就大，对县域旅游形象的树立有很好的推进作用，为旅游企业和县域旅游的长远利益打下很好的基础。

第二，综合运用多样化的营销手段。在县域旅游市场营销活动中，可联合使用多种营销手段，把产品功能的开发与研究，与产品价格、产品宣传、销售渠道结合起来。在综合使用营销手段的时候，要谨慎使用价格手段，不能盲目地提价或降价。要把营销活动中的产品、价格、渠道、促销这四个因素进行优化组合，同时要经常变换组合方式，使人们对旅游产品的认识更加深刻，对旅游企业总有新鲜感，使旅游产品对顾客总有吸引力。

第三，树立长远目标。县（市、区）政府要制定五年或十年的县域旅游发展目标，决不能把一年时间内要完成的销售情况或市场占有率定为自己的目标。前几年可以不赚钱，专注于培养市场，后几年再获取较好的经济效益。县域旅游在研制开发新产品的同时，要保护好自然资源与文物。旅游胜地的有些旅游资源是不可再生的，对其的破坏是不可逆的。在开发旅游产品的同时，还要考虑到保护生态环境，做到开发与保护同为一体。

第四，加强旅游产品的售后服务。在市场营销活动中，旅游产品的售后服务是增强目的地竞争力的有力手段，也是营销活动的核心内容。当消费者离开旅游地，其售后感受的反馈很快就会表现出来，旅游产品使用者的良好感受会影响一大批潜在顾客，这些潜在顾客是旅游企业的生命。所以，目的地旅游企业应加强售后服务，如跟踪随访客户、及时提供新产品信息等，使消费者在心理上得到很大的满足。

第五，积极开展网络营销。随着计算机的发展和网络的普及，目的地旅游企业的营销机会增加，企业应把握并利用好这个成本低、宣传效果好的营销方式，把旅游产品用动态的方式、优质的内容、持续的传播展示出来，做到图文并茂，为消费者服务。

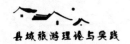

（三）旅游市场管理

1. 旅游市场管理的必要性

第一，旅游业的外部性。旅游业是旅游行业或与旅游行业有紧密关联且又相互独立的其他行业的总称。它设置了经济与非经济两个部门，不仅涵盖了与旅游业有直接联系的行业，而且包含其他与旅游业间接相关的行业。[①] 旅游业的发展能提高旅游景点景区的知名度，对旅游景点景区的交通、基础设施、环境具有极大的改善作用，能促进当地人生活水平的提高。同时，还有利于当地树立优良的道德风尚，促进当地精神文明的建设，加强对当地风土人情的传播，增强旅游景点景区的可欣赏性，同时促进了旅游地的发展。

第二，旅游产品的公共性。旅游产品指旅游者花费金钱实现的消费行为，是旅游过程中的物质产品和服务的总称，是当地旅游经营者利用当地资源生产或开发满足旅游者消费需求的物质产品与服务。旅游产品由三部分组成，即核心、形式、延伸部分。所谓的核心部分是指旅游产品的原始成分，如旅游资源、旅游服务，这是旅游者既基本又重要的需求对象；形式部分，指旅游中构成物质产品的组合要素，如包装、品牌、风格、形象等；延伸部分，指旅游者在购买了旅游产品后，还收获了其他额外的利益，如获得赠品或礼品等。

第三，旅游市场的信息不对称性。旅游市场指在购买旅游产品时产生的一个交易场所，为旅游者和旅游经营者服务。旅游市场的信息不对称性主要表现在旅游企业的所有者和经营者之间、不同旅游企业之间、旅游企业和旅游者之间。其中信息不对称性是引起旅游市场出现恶性竞争的直接因素。为了解决这一问题，政府需要构建科学且具有法律性的旅游产品信息系统，为旅游市场提供真实准确的信息；同时还应履行监督职能，利用立法与司法程序来制止不正当的削价竞争行为，保证旅游产品与服务的质量，确保旅游企业间竞争的公平公正与优胜劣汰，以维护旅游消费者的合法权益，使旅游市场实现健全、和谐的发展。

---

① 王霞：《我国旅游市场管理体制探讨》，《长春师范学院学报》2012 年第 9 期。

2. 旅游市场管理的措施

第一，建立多元管理主体。旅游管理应摒弃传统的以政府为主导的管理模式，建立政府、企业、社会、民众相结合的旅游管理模式。建立多元管理主体，有利于各产业部门发挥自身优势，促进旅游资源合理、有效的优化配置。首先，政府所制定的旅游产业政策应符合当地旅游业的发展趋势。其次，应建立反馈机制，让旅游企业与旅游者能够将旅游政策的真实实施情况反馈给政府或旅游管理部门，确保政府制定出合理、有效的旅游政策，从而促进当地旅游业的发展。再次，应协调旅游管理部门与旅游社会团体间的关系。政府可以制定科学的公共政策，使旅游社会团体清楚自身的权利与义务，进而发挥各自的优势，共同促进旅游业的发展；同时，政府可以借助旅游社会团体来进行治理，让其协助政府完成旅游管理的工作。最后，应处理好旅游社会团体与旅游企业、旅游者间的关系。旅游社会团体为旅游企业与旅游者提供便利，满足两者对旅游产品与服务的需求，这样有利于减小旅游市场信息不对称造成的影响，使旅游企业之间、旅游企业与旅游者之间实现协调发展，避免企业之间产生不良的竞争行为，保障旅游企业、旅游者合法权益不受侵害。当然，旅游企业与旅游者也会反作用于旅游社会团体，利用市场行为、行业自律的手段对其进行监督与规范。同时，旅游企业还可向旅游管理机构提出对自身发展有利的合理需求。

第二，实现多重效益目标。旅游产业的范围影响着诸多方面的发展，如影响着经济利益的增长，对提升人们的物质与精神生活质量、保障社会的安稳与昌盛有重要影响，对旅游资源的合理开发与保护、实现长期持续的发展目标具有较大的影响。因此，创建新的旅游发展模式不仅需要考虑经济指标的提升，还应带动旅游景区其他产业的发展，既要做好旅游景区的整治与改造工作，又要为社会创设更多就业岗位，树立优良的社会形象，尽可能地让旅游者满意。同时，还应注重对自然与历史文化资源进行保护，加强对环境的有效治理，最终实现多重效益的目标。

第三，建立公众满意评价机制。我国近年来提倡以人为本、走可持续发展道路。为响应国家号召，政府旅游管理机制的建立也需遵循此发展原则，以满足公众（指旅游者、旅游企业）的现实需求为目标，为公众提供尽可能多的公共产品与服务。首先，应尽量满足旅游者的需求，如完善旅游景区的基础设施，提高餐馆的卫生质量，根据旅游者的需求制定旅游路线。其次，政府所制定的旅游政策应满足旅游企业的需求，旅游企业可以依据实情提出相关诉求。最后，应确保旅游社会团体、旅游企业通过市场机制促进各自的发展，进而构建一个以公众为主体的旅游管理评价体系。政府旅游管理体制能够保障公众行使反馈的权利，公众通过相关程序可以提出相关诉求，以促进旅游管理的完善与革新。当然，管理主体需要将公众的诉求及时反馈给政府部门，保证其诉求能够得到回应。应建立科学、透明的评价机制，确保政府旅游管理绩效评估的真实性，使评估规则、程序、方法、过程、结果透明化和科学化，以此来检验政府旅游管理政策是否正确、是否能继续施行，进而保证政府制定出合理、科学的旅游政策。

三　旅游产业

旅游业是新时代国民经济战略性支柱产业、新动能产业、创新驱动型产业，具有较强的综合性和广泛的产业关联性，除了包括传统意义上的食、住、行、游、购、娱六大要素外，还涉及国民经济的各个行业，可有效带动一系列相关产业的发展，形成显著的区域经济、社会综合效应。[①] 我国现行的行政管理体制决定了旅游产业发展通常是以各行政区为产业区域边界，县域旅游产业就是在一个县级行政区内发展起来的旅游产业。目前我国县域旅游产业存在散状发展和集群化发展两种形态。

（一）旅游产业融合

1. 旅游产业融合概念

产业融合的思想最早源自罗森伯格对美国机械工具业演化的研究。20世纪70年代以来，以信息技术为核心的高新技术及其相关产业的发展打破了三大产业之间界限清晰、分立发展的产业格局，出现了产业界限日趋模糊、产业融合化发展的趋势。产业融合有利于资源整合和优化配置，创造

① 龚绍方：《县域旅游产业集群化发展规划初探》，《地域研究与开发》2008年第6期。

了许多新产品和新服务，增强了产业创新能力和竞争力，促进了产业结构优化升级，推动了区域经济的一体化。因此，产业融合引起了学者们的普遍关注，逐渐形成了以技术扩散渗透论、产品整合创新论、产业融合过程论、产业边界变化论、产业竞争关系论、产业组织论、产品产业创新或产业发展论等为代表的产业融合理论。产业融合涉及的是两个产业之间的问题。对产业融合界定逻辑的分析需要解决两个问题：一是满足什么条件的两个产业才能进行融合，即两个产业进行融合的前提是什么；二是两个产业真正实现融合的判断依据是什么。

由于旅游产业自身的高综合性及其与其他产业的强内在关联性等特性，县域旅游产业与其他产业之间的融合也相当普遍，逐渐成为旅游产业的重要研究领域。产业边界的模糊甚至消失应该成为旅游产业融合的标志。旅游产业与其他产业相互渗透、相互交叉，最终融为一体，实现融合，其判断依据应该是两产业发生了产业边界的模糊或者产业边界的消失，否则“融为一体”这一概念就无从谈起。

县域旅游产业融合是县域旅游产业内部或者旅游产业与其他产业之间发生相互联系、相互渗透，最终形成新的产业形态的过程。县域旅游产业融合能促进第三产业与第一、第二产业相互融合，从而带动县域经济的发展，提高当地居民的收入。在融合过程中需要考虑融合点，发挥不同产业的优势，以达到产品创新、结构优化、转型升级等目的。

2. 旅游产业融合形态

第一，散状发展。散状发展通常是旅游产业发展的初级形态，表现为在一个区域内，以各个景点为中心的观光旅游产业已初步形成，包括景区、旅行社、旅游酒店、旅游餐饮和旅游购物等各行业。[①] 但是，散状发展的旅游产业存在明显的缺陷：一是市场集中度普遍偏低，即其由众多的小企业构成，由于其进入退出壁垒较低，往往造成县域内旅游企业数量相对较多，企业规模普遍偏小，产生“原子状”的市场结构；二是各旅游行业发展不平衡，突出表现为景区业占据绝对统治地位，其他旅游行业弱小，经济效

① 李旭：《河南省旅游产业融合测度与评价》，《开发研究》2021 年第 2 期。

益普遍低下；三是旅游产品链不全，只有单一的初级观光旅游产品，接待能力有限的旅行社、酒店、餐饮和购物点，往往缺乏专门向游客提供的休闲娱乐产品、特色商品和各种旅游交通产品；四是旅游企业之间没有建立起良好的协作关系，各自为政，信息分散，缺乏稳定的、系统的关联性经营，甚至常发生“内战”和内耗。

第二，集群化发展。集群化发展是区域旅游产业发展的高级形态，其核心内容就是发展旅游产业集群（tourism industry cluster）。旅游产业集群是指在一定区域范围内，围绕该地区旅游核心吸引物而形成的一个以旅游企业为主、以辅助性服务企业和机构为辅的有着共同目标的旅游经济集聚现象和旅游服务体系，以及由此产生的经营联盟、区位品牌、创新旅游服务等旅游价值链。在我国，县域旅游发展有这样一种方式：县政府为了促进县域旅游产业的发展，通常在本县旅游资源丰富而集中、旅游企业品牌突出的区域，采取一系列扶持、推动、治理和创新措施以吸引旅游企业集聚，促使该区域的旅游产业发展，这实际上就具有区域旅游产业集群化发展的特征。只是这种发展方式多数是实际操作层面的结果，只有少数是预先规划的。

与散状发展的县域旅游产业相比，集群化发展的县域旅游产业具有明显的优势和特征。其一，各旅游产业发展较平衡，突出表现为地域集聚性的空间特征，产生了旅游行业“涓滴效应”，即利益流向发展不完善的行业“洼地”。其二，旅游产品链齐全和丰富，突出表现为产品差异化的产业特征。旅游产业呈现资源垄断和市场竞争型经济结构，产品差异化的潜力大。其三，旅游产业具有集聚经济特征，主要表现为县域旅游产业集群内的企业所独享的规模经济、范围经济和外部经济。其四，旅游企业之间建立起良好的协作关系，突出表现为生产性、社会性和竞合性的组织特征。通过适度竞争使县域旅游企业保持市场活力，同时通过互补性合作使得相关旅游企业形成一个利益体系，形成稳定的、系统的关联性经营，实现市场共享、信息共享、联合作战，缓解区域内耗。

3. 旅游产业融合动力

旅游产业融合有两种形态，一种是旅游业与其直接关联产业的融合，主要是指旅游业六要素之间的融合，涉及餐饮业、住宿业、交通运输业、批发零售业、娱乐业等直接关联产业；另一种是旅游业与其间接关联产业的融合，即与第一、第二产业的融合。① 旅游产业的融合发展是以旅游的需求变化为导向的，融合的动力主要来自产业关联、旅游需求、市场竞争、技术和理念创新等。旅游产业在原生动力、内在动力、外在动力和驱动力的共同作用下，形成了与其他产业融合发展的动力机制。旅游产业的发展还要实现相融产业的功能置换与业态创新、形态分化与协同整合、优势互补与最佳组合、区域联动与合作竞争。

第一，产业关联性是旅游产业融合的原生动力。对旅游产业来说，虽然其与国民经济的各个行业在发展阶段、资源配置方式、价值生成模式等方面存在不同，却存在着互动共生、满足消费者消费需求等产业属性，这是旅游产业融合发展的原生动力，它为旅游产业融合发展提供了广阔空间和不竭动力。

第二，旅游需求的变化是旅游产业融合的内在动力。旅游产业的融合业态是随着旅游者消费需求的变化而变化的，旅游产业融合的内在动力在于当前我国旅游者旅游需求的变化，这也决定了我国旅游产业融合的发展方向和进程。当前，随着人们生活水平的不断提高，生活品质得到改善，新的生活方式和消费观念不断涌现，推动了人们旅游消费需求不断变化，呈现出大众化、体验化、多样化、个性化等新的发展趋势。这些旅游消费趋势促使旅游业由过去的传统行业向融合业态发展。例如，旅游者文化品位的提升催生了文旅产业的融合发展，旅游者对旅游信息服务的需求催生了旅游信息和数据产业的融合发展，旅游者对新型住宿方式的需求推动了文旅和房地产行业的融合发展，等等。旅游产业融合在满足旅游需求的同时，又推动了旅游产业的高质量融合发展。

第三，市场竞争的白热化是旅游产业融合的外在动力。随着我国市场整体供求关系的改变，各种竞争日益激烈。为了产业的生存和发展，旅游产业和其他相关产业都要面对这种竞争状态，不断集成相关产业的要素、

① 褚骏超：《全域旅游背景下的旅游产业链延伸探索》，《产业与科技论坛》2021 年第 21 期。

功能、产品等，通过融合产业价值链，优化产业融合形态，对新型旅游产业融合业态进行生产和再生产，借助新的产业融合形态对旅游产品进行有效的传承、开发、利用、激活和增值，从而使产业融合的利益相关方共享日益扩大的旅游客源市场，优化产业间的资源配置，获得产业融合的规模经济和协同经济，使融合后产业形态实现价值的最大化、资源的创新化、产品的多样化和业态的优化升级。

第四，技术和理念创新是旅游产业融合的驱动力。旅游产业融合的本质在于创新，而旅游创新必须以一定的技术手段和理念为依托。任何旅游产业融合的业态无不以技术或理念革新为基础。通过技术变革和理念创新将旅游资源有效整合，促使旅游产品推陈出新、旅游管理模式优化升级、旅游经营理念融会变革，进而引发旅游发展战略、产业格局、要素形态的变革，带来产业体制创新、经营管理创新和产品市场创新，改变旅游产业融合发展的方式，挖掘融合发展的深度，拓宽融合发展的广度，加快融合发展的速度。如积极将网络信息技术、动漫创作技术等引进旅游业，可以创新旅游宣传、营销方式，加快旅游电子商务的应用，促进旅游动漫等新兴产业的崛起。

4. 旅游产业融合路径

县域旅游产业融合的路径是指在产业融合动力机制作用下，旅游业与其他产业融合发展过程中呈现出的各种不同形式的状态。[①] 各种产业因自身的功能作用、技术优势、特征等的不同，以及它们与旅游业关联方式的差异，与旅游业融合的途径或者方式也各不相同，经归纳整理，主要有四条路径。

第一，“模块嵌入式”融合路径。“模块嵌入式”融合路径是指旅游业以价值模块的方式嵌入其他产业链中，成为产业链上的增值点，使其他产业具有旅游功能。混合型业态及旅游服务外包业务的开展，都是对这种路径的诠释。以差旅管理为例，差旅公司针对各类企业的出差旅行、会议展览、奖励旅游和商务考察的需要，提供专业化咨询、系统化管理与全程化

① 史国祥：《论旅游产业整合》，《旅游科学》2005 年第 2 期。

服务，将以往的旅行社业务嵌入其他公司的整体运作当中。模块化的发展模式意味着经济资源的升级，组织、网络、信誉和社会资本等高级资源成了主导因素，超越了以往旅游业发展的推动要素，加强了旅游业与网络社会的紧密联系，实现了旅游业的转型升级。

第二，“横向拓展式”融合路径。“横向拓展式”融合路径主要是指旅游业向其他产业如第一、第二产业以及除了旅游业的第三产业不断拓展融合的方式，“横向拓展式”融合强调旅游产业的拓展方向是旅游产业外的其他产业。旅游产业是需求导向的产业，需求的多变性要求产品的多变性，因此旅游产业要在更广泛的范围内挖掘、打造更丰富的具有旅游价值的要素，并不断把这些要素融入自己的产业之中，使旅游方式、旅游产品不断创新，以多变的盈利模式扩展价值空间。如工业旅游、农业旅游等丰富多彩的旅游形式，就是通过横向拓展把其他产业的资源融入旅游产业中，使得旅游资源的外延不断拓展，旅游资源不断丰富。这种融合方式的主要特点是把其他产业资源不断融合进来，旅游资源不断丰富，而旅游产业链上的其他环节变化不大或者没有改变。

第三，“纵向延伸式”融合路径。“纵向延伸式”融合路径是指在旅游产业内价值链的纵向延伸，与横向拓展的不同之处在于融合的方向。传统的旅游经营模式是旅行社向酒店、景区、航空公司等分别订购单项旅游产品进行打包组合，然后卖给旅游者，而现在旅游者可以从网上直接订购，根据自己的旅游爱好自由选择搭配酒店和航班，携程网、艺龙网、去哪儿网等就是其中的典范。现在这些旅游网络平台不断向产业链的前后端延伸，拓展自己的业务，使得旅游业出现纵向延伸式的融合。旅游产业的最大特点是游客的异地活动。旅游产业的融合还表现在旅游产业链的空间延伸上，如客源地的旅行社与目的地、中转地的旅游资源对接，形成一条无缝衔接的优质旅游线路，在增大对游客吸引力的同时，也可增加旅游经济价值。

第四，“交叉渗透式”融合路径。“交叉渗透式”融合路径可以说既包含旅游业向其他产业的横向拓展又包含纵向延伸，对应不同产业与旅游业交叉渗透形成兼具多个行业特征的新型服务业业态的过程。这种融合表现为相互渗透和交叉，从而使得融合后的产业兼具旅游业和其他产业的特征，与原有的旅游业形成了既替代又互补的关系。更形象的表达就是将旅游业转化为“液态”，灌注到不同产业之中，与相关产业融为一体；或者为不同的行业披上旅游的外衣，并逐渐渗透融为一体。这是旅游产业融合的主要路径，大部分旅游产业融合可以归为这一类。如修学旅游、医疗旅游、会展旅游、邮轮旅游、地产旅游、主题公园旅游、都市休闲旅游等新兴业态，都是不同的产业与旅游业通过不断的交叉渗透，最终融为一体而出现的新的业态。

（二）旅游产业管理

1. 旅游产业管理概念

县域旅游产业管理就是为实现旅游目的地产业发展和地区宏观调控的目标，设计并保持一种良好的环境，对旅游产业进行规划、组织、协调、沟通和控制的一种管理过程。县域旅游产业管理有时又被理解为旅游行业管理。

县域旅游产业管理包含两个层次：第一个层次是通过旅游组织及行业协会来统一规划、协调、指导、沟通各行业的生产经营活动，促进产业的发展；第二个层次是国家政府机构通过制定各种财政、金融等方面的政策来确定旅游业中的各个行业，尤其是重点行业的发展方向和目标，对各行业进行规划、协调和指导。它们之间的协调主要是通过行业协会和跨行业的行业联合会与政府部门的密切沟通进行的。

2. 旅游产业管理特征

县域旅游产业管理的主体是各级旅游行政管理部门和旅游产业组织，因此，县域旅游产业管理有以下四个主要特征。

第一个特征：综合性。县域旅游业是一个关联性极强的行业，旅游业的六大要素食、住、行、游、购、娱使县域旅游产业管理的涉及面非常广泛。县域旅游产业管理不仅涉及旅游行业内部，还涉及其他相关行业。

第二个特征：宽泛性。县域旅游活动是涉及多个地区、多个部门的活动，因此县域旅游产业管理涉及的职能部门广泛。县域旅游行政管理部门协调难度大，在现实中存在较为严重的“政出多门”“多头管理”的现象。

第三个特征：动态性。县域旅游产业管理是一种动态的管理，涉及旅游企业运行的全过程。以旅行社为例，县域旅游产业管理从许可证的审批，到质量保证金的收缴、年检、投诉处理、不合格企业的处理等，形成了一个动态的管理过程。

第四个特征：创新性。随着“互联网+”以及信息时代的到来，互联网、云计算、大数据、物联网等新一代信息通信技术的发展为当下传统产业变革、转型升级带来了新的发展机遇，而智慧旅游正是县域旅游业在当前背景下应运而生的时代产物，为县域旅游产业创新管理提供了新的途径和方法。

3. 旅游产业管理内容

第一，旅游产业规范管理。贯彻落实党的文化工作方针政策，研究拟定文化和旅游政策措施，起草文化和旅游法律法规草案。目前，我国旅游供求存在着总量和结构的失衡，旅游竞争较为激烈、无序，市场处于相对混乱的状态，行业内外对维护旅游行业秩序的要求很强烈。因此，应加快旅游产业法制建设，加大对旅游产业的监督和执法力度，给县域旅游业的发展创造一个良好的环境。

第二，旅游产业服务管理。随着我国市场机制的逐步成熟，旅游行政管理部门对旅游企业的直接干预应逐渐减少，行业管理的重点应向为旅游产业的健康发展提供行业性服务转移。这些行业性服务包括以下内容。一是旅游信息服务，包括旅游信息的收集和发布、旅游信息市场和信息平台的建设等，这是旅游行政管理部门服务整个行业、提供公共产品的重要方面。二是旅游宣传服务，包括旅游产品的促销以及国家和旅游地的形象宣传。三是旅游关系协调服务。旅游业涉及众多的产业部门，旅游管理职能也涉及众多的政府部门，旅游行政管理部门应在这些错综复杂的关系中做好协调工作。四是旅游教育培训服务。对行业的从业人员进行教育培训是一个行业可持续发展的重要保证，因教育培训有较强的外部性和准公共物品的属性，旅游行政管理部门应加大这方面的投入，通过适当的机制鼓励市场主体的参与。五是旅游标准化服务。旅游标准化对于规范旅游企业的经营行为、明确旅游企业和旅游消费者之间的权利义务关系、形成统一的旅游市场等具有重要的意义，旅游行政管理部门和旅游产业协会应加大旅游产业标准的制定和执行力度。

第三，旅游产业规划管理。各国政府都重视旅游规划的编制和实施。①旅游规划是旅游业发展的重要指导文件，是各级政府确定旅游业发展方向、实现旅游业发展目标、完成旅游生产力布局、实施宏观调控、引导企业行为的重要手段。

第四，旅游产业合作管理。区域旅游产业合作包括区域之间的旅游合作和区域内部的旅游合作两个层面。以往的旅游区域合作大多是依靠行政关系人为形成的，缺乏联合的基础与动力源，也缺乏经济利益与市场机制。而真正体现市场机制的区域旅游产业合作，则是坚持“大旅游、大市场、大产业”的指导思想以及平等互利、自愿参加、优势互补、各得其所、逐步发展的合作原则，依据产业和资源联系形成的有机经济联盟形式。确切地说，区域旅游产业合作是指区域范围内不同地区之间的旅游经济主体，依据一定的协议章程或合同，将资源重新配置、组合，以便获取最大的经济效益、社会效益和生态效益的旅游经济活动。

第五，旅游产业监督管理。作为“无烟工业”的旅游业已发展为朝阳产业，旅游产业的高效合理发展不仅能够调整和优化产业结构，也有助于促进社会的协调发展。政府作为旅游产业的主管部门，承担着对旅游产业进行监管的责任。在旅游资源的开发和使用过程中，政府职能部门应对企业的行为进行有效的监督和管制，协调好短期利益与长期利益、个体利益与公共利益的关系，为旅游业的可持续发展打下基础。

4. *旅游产业管理措施*

管理措施是与管理主体相联系的，其具体形式受到管理主体自身性质的深刻影响。县域旅游产业管理主体有政府相关职能部门和民间产业管理组织。政府相关职能部门，主要是以行政手段为中心，建立旅游管

① 李旭：《河南省旅游产业融合测度与评价》，《开发研究》2021 年第 2 期。

理措施体系；民间产业管理组织，主要是以服务为中心，依靠协会章程和规则来建立旅游管理措施体系。具体而言，我国目前的主要产业管理措施如下。

第一，旅游市场准入措施。为了保证旅游经营者和从业人员的基本素质，确保旅游产品质量，我国旅游管理部门制定和实施了相应的旅游政策和法规，建立了旅游市场准入制度，主要有旅行社业务经营许可证制度、导游人员资格证制度、旅游定点制度和旅游饭店星级评定制度。旅游市场准入措施是通过授予相关主管部门行政审批权来实现的。

第二，旅游市场监督管理措施。对于已经进入旅游市场的经营者和从业人员，我国旅游产业管理部门也形成了一套规范监督其行为的机制，如旅游投诉制度、旅行社质量保证金制度、旅行社年检与复核制度、旅游市场专项整治制度等。旅游市场监督管理措施集中体现了政府运用行政权力对市场主体行为的规范和约束。

第三，旅游市场引导和服务措施。除强制性的行政管理手段外，我国还形成了一些引导旅游企业行为、服务旅游市场的制度和惯例，例如，制定出台各级各类旅游规划，开展旅游标准化工作、旅游市场推广和提供旅游信息服务等。旅游市场引导和服务措施体现了政府职能和产业管理方式的转变，更适应我国市场经济体制的发展状况，在今后的工作中应该得到进一步强化。

四　旅游服务

县域旅游服务是发生在县域旅游企业及相关部门和旅游者之间的一种综合性服务，可以从需求和供给两个角度来表述县域旅游服务的概念。①从需求视角看，县域旅游服务是指游客在旅游准备阶段、旅游过程中、旅游结束后的延续过程中与景区发生的互动，这种互动使游客获得了旅游体验和经历，但是没有获得有形产品。从供给视角看，一般来说，县域旅游服

① 胡宏猛、唐港波、张珺：《桂林象山景区智慧旅游服务建设研究》，《焦作大学学报》2020年第3期。

务包括旅游公共服务、旅游接待服务和旅游集散服务等方面。

（一）旅游服务的内涵

从旅游目的地角度来看，县域旅游服务是指县域为游客提供具有一定品质的无形产品，这种无形产品需要一定的设施支撑，但不一定和物质产品相连，因此，县域旅游服务的结果是不可储存的。

基于此，县域旅游服务是指管理者利用计划、组织、领导、控制等管理手段通过人员和设备向游客展示自身的资源和优势并协调旅游者与旅游目的地之间的关系，使游客获得良好的旅游体验和经历，实现持续的游客满意。它主要包括两方面的内涵：第一，县域旅游服务是协调旅游目的地供给与旅游者获得的服务之间的关系；第二，县域旅游服务的目标是持续的旅游者满意。

（二）旅游服务的构成

1. 服务管理主体

管理主体是指具有一定管理能力，拥有相应权威和职责，在管理活动中承担和实施管理职能的人或组织，即管理者，通常由决策者、执行者、监督者、参谋者等人员组成。[①] 在县域旅游服务管理过程中，管理主体起着主导和统率作用，它决定和支配着客体的运动。因此，管理主体作用的大小取决于管理主体的素质。由于旅游目的地性质不同，其管理主体的差异也较大。根据性质的差异，旅游目的地可以分为商业性质的旅游目的地和公益性质的旅游目的地。国内外商业性旅游目的地的管理主体都是旅游目的地经营企业，而公益性旅游目的地的管理主体主要是各级政府部门。

2. 服务管理客体

县域旅游服务管理客体指的是县域旅游服务管理的对象和内容，是旅游目的地主体可以支配并调用的一切资源，主要由人、财、物构成。人主要包括旅游者和旅游目的地居民，财主要指的是旅游目的地资金，物则由旅游目的地的旅游设施、旅游资源、旅游信息、旅游服务等构成。其中，县域旅游服务管理主要包括旅游目的地公共服务管理、旅游目的地接待服

① 张伟轶：《旅行社主体下的旅游供应链运作模式研究》，《物流技术》2015 年第 1 期。

务管理和旅游目的地集散服务管理。只有实现人、财、物的协调管理，才能实现旅游目的地效益最大化。

（三）旅游服务的职能

县域旅游服务职能指的是采用什么样的方法和手段来进行旅游目的地服务管理。通过借鉴管理学的相关理论成果，本书认为在县域旅游服务的过程中应满足以下职能要求。

1. 决策

县域旅游服务决策是为了实现目的地经营管理目标而进行的一种有选择的分析判断过程。具体包括发现问题、提出问题、收集信息、确定目标、拟定方案、评选方案、确定和组织实施目的地服务管理的手段并进行信息反馈等方面，是一个完整的过程。县域旅游服务决策可以分为经营决策、管理决策和业务决策三种类型。

2. 计划

计划是县域旅游服务过程中为实现特定目标而制定的系列任务，包括估量机会、确定目标、确定前提条件、确定备选方案、评价备选方案、选择方案、拟订计划和编制预算、执行与检查等步骤。计划在服务管理实施过程中是动态的，可以随外部环境的变化不断调整。县域旅游服务计划按时间长短可分为长期、中期、短期计划，按性质可分为县域旅游公共服务计划、接待服务计划和集散服务计划。

3. 组织

县域旅游服务中组织管理主要涉及组织结构设计、组织人员配备、组织力量整合、组织文化建设等方面。县域旅游服务组织结构设计一般是按照以目标导向、环境适应、统一指挥、权责对等、控制幅度、柔性经济、分工与协作相结合为原则，根据县域旅游服务性质和管理结构确定组织类型，层层分解服务组织总目标，分析业务流程，确定部门和职务，定编、定员、定岗，确定岗位职责、岗位薪酬的过程进行的。县域旅游服务管理组织机构随着外部环境的变化，可能要进行新的流程设计与组织再造。县域旅游服务管理中组织管理还包括员工招聘、培训、激励、绩效评估、薪酬管理和组织文化建设等内容，以增强县域旅游服务凝聚力。

4. 领导

领导是激励和引导组织成员，以使他们为实现组织目标做贡献的过程。领导工作包括先行、沟通、指导、浇灌、奖惩等内容。先行体现在领导者应先做好组织架构和目标设计，制定战术，并在具体实施时起到带头作用。沟通体现在县域旅游服务管理的领导者通过与员工、游客、公众的双向沟通，增强组织凝聚力、领导亲和力和员工士气。指导是指旅游目的地领导者向下级传达服务管理思想和下达服务管理任务后，为下级创造履行任务的条件，并进行跟踪监督，保证命令执行并修正不合适命令的过程。浇灌是指领导者为了使下级接受并自觉地完成任务而进行的情感培养。奖惩是领导者根据下级履行职责与完成任务的情况而给予的奖励和惩罚，是领导者权力的具体体现。旅游目的地服务管理的领导者应该根据外部环境、上下级关系、职权结构和任务结构等的差异来采取不同的领导风格。

5. 控制

控制是管理者识别当初所计划的结果与实际取得结果之间的偏差，并采取纠偏行动的过程。要想使县域旅游服务管理所涉及的全体成员、资金按照旅游目的地服务管理计划行动、流动，就必须建立控制标准和分析评判考核服务管理绩效的衡量指标体系，通过对比分析方法把实际执行的管理活动与预先确立的各项管理活动的执行标准进行对比，判断其中的差距，并采取相应的措施使旅游目的地的服务管理活动按照计划进行。

6. 创新

当前，旅游产业发展势头强劲，各种新兴业态层出不穷，旅游者消费需求和旅游目的地发展环境瞬息万变，因此，县域旅游服务管理者可能每天都会遇到新情况、新问题，只有不断创新旅游目的地服务管理方法才能适应整个行业的大发展、大变革。创新也是旅游目的地服务管理的动力源泉，是旅游目的地实现游客持续满意和不断提升服务质量的关键。县域旅游服务管理创新包括服务管理观念创新、体制创新、技术创新、组织结构创新、方法创新及环境创新等。其中，县域旅游服务管理方法创新是旅游目的地为旅游者提供高质量的服务体验、提高游客满意度和目的地竞争力的核心要素。

（四）旅游服务的原则

目前，国内外旅游行业的发展竞争十分激烈，县域旅游服务管理者在经营管理的过程中认识到旅游服务质量是目的地管理的生命线。[①] 如何加强旅游目的地的服务管理、提升旅游目的地服务质量和水平、创新旅游目的地服务管理方法、改革旅游目的地服务管理体制机制，关系着旅游目的地的竞争力和生命力。因此，旅游目的地管理者要建立严密的服务管理控制体系，严格遵守旅游目的地服务质量目标的要求，增强旅游目的地从业人员的自主服务意识。

1. 执行严格规范的管理制度

县域旅游目的地应建立起完善的定期与不定期的服务质量监督检查管理体系，由目的地服务管理部门的各级管理人员负责，实施全面的监督指导。

2. 坚持预防为主的管理手段

"预防为主"就是要预先分析出哪些因素影响旅游目的地服务质量，找出主导性因素，采取措施加以控制。以"事前预防"为主，而不是"事后补救"，将可能会使旅游服务质量受到负面影响的因素扼杀在摇篮里，做到防患于未然。

3. 树立游客为本的管理理念

旅游目的地服务的主要对象是旅游者，旅游服务过程的实现也是以人与人之间的互动交流为基础，服务目标主要是实现持续的旅游者满意。因此，旅游目的地服务管理的根本途径除了不断提高目的地从业人员的基本素质以外，更重要的是坚持"游客为本"的管理理念，始终坚持以游客为中心，要求服务管理政策的制定和相关从业人员时刻从旅游者的需求出发，提供能够使旅游者获得愉悦的旅游体验和满意的相关服务。

---

① 胡宏猛、唐港波、张珺：《桂林象山景区智慧旅游服务建设研究》，《焦作大学学报》2020年第3期。

4. 遵循系统管理的原则

旅游目的地服务管理是一个复杂的过程和综合性的系统，由若干相互联系、相互影响、相互制约的因素或单元组成。因此，旅游目的地服务管理要在统一的系统标准指导下，从宏观、微观，人员、物质、管理、环境等多方面进行跟踪和综合管理，充分体现系统管理的原则和方法。

（五）旅游服务的内容

县域旅游目的地服务管理是一项复杂的工作，旅游目的地不同，管理内容也有一定的差异，从目前旅游目的地服务管理的情况来看，本书将旅游目的地服务管理内容概括为三个方面：旅游目的地公共服务管理、旅游目的地接待服务管理、旅游目的地集散服务管理。

1. 县域旅游目的地公共服务管理

县域旅游目的地公共服务管理的内容包括旅游目的地提供的能够满足旅游者公共需求的所有服务和产品，包括旅游目的地公共服务基础设施和旅游目的地公共服务体系，其中旅游目的地公共服务体系包括旅游目的地信息咨询服务、旅游安全保障服务、旅游交通便捷服务、旅游便民惠民服务、旅游行政服务等。

2. 县域旅游目的地接待服务管理

县域旅游目的地接待服务管理主要是旅游目的地的经营管理主体采取计划、组织、协调、控制等手段对旅游目的地相关的咨询与投诉服务、票务服务、入门接待服务与旅游目的地解说服务、旅游目的地商业服务、旅游目的地辅助服务等方面的内容进行有效管理。上述管理直接关系到旅游目的地的经营效果和经济效益，甚至关系到旅游目的地的生存和发展，以及旅游者合法权益的维护。

3. 县域旅游目的地集散服务管理

旅游集散地是参考旅游目的地的区域规模、服务能力等因素设置的，按规模可分为不同等级，是以“集聚、扩散”为主要功能的地理位置概念。从它的服务功能角度来看，旅游集散地是考虑旅游者在长线旅游中的舒适度和便利度，改革多次中转的传统模式，实现散客一次性乘坐交通工具到达旅游景区景点，为他们“一站式”提供酒店、宾馆、娱乐、物资供应、旅行社、旅游产品等多方面的辅助配套服务，并进行管理，满足他们各方面的需求，给他们的外出旅游带来方便，具有中转集散作用的旅游目的地内的主要城镇。

第二节　发展要素

一　旅游文化

县域旅游文化指特定区域特色鲜明、传承至今仍发挥价值的文化内涵，其不仅包含景观等实物，也涵盖了地方人文精神。[①] 在发展县域旅游过程中，要深入挖掘和提炼地方特色文化，避免景观雷同、旅游商品雷同等同质化现象，打好特色“组合拳”，彰显文化内涵和文化魅力，提升县域旅游的品质。

（一）旅游文化概述

1. 旅游文化概念

县域旅游文化是以县域旅游活动为核心而形成的文化现象和文化关系的总和。县域旅游活动是县域旅游文化产生的前提；县域旅游活动本身就是一种文化现象；县域旅游文化是一种融合文化，具有综合性；县域旅游文化是一种冲突文化，具有矛盾性。

县（市、区）是一个民族历史文化的根脉，发展县域旅游，讲好县（市、区）故事，晒出文化“家底”，实现特色文化落地生根。讲好县（市、区）故事，要多问计于民，可在专业人员的组织下，结合县情实际，征求居民尤其是德高望重的老人对县（市、区）故事文案的意见建议，发挥群众的主体作用。在故事呈现形式上，除了采用传统民间戏曲艺术及民间工艺外，还可结合县域旅游发展的总体要求和目标，创新传统节日，为古老节日增添新内涵。

---

① 吕妮：《旅游资源中的文化内涵挖掘》，《现代营销》（下旬刊）2017 年第 7 期。

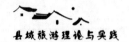

县域文化是吸引游客的重要因素，借助地方志、族谱等史料，挖掘至今仍然盛行的民俗活动，提炼精华，逐渐形成旅游资源。在实施保护的基础上充分挖掘当地文化遗产的潜在价值，把它融入县域旅游中，推动县域旅游和资源保护相结合，对原生态田园风景、文化习俗等加以保护，传承传统村落肌理风貌，延续传统村落空间格局，避免“千县一面”。要善于从资源禀赋、区域特色出发，以文化为引领，科学布局，开发多元化、差异化县域旅游产品。

2. 旅游文化特点

旅游文化渗透在旅游活动、旅游设施、旅游观念的方方面面。作为一种复杂的社会现象和人类文明遗产，它从功能上看，是旅游诸多要素或文化特征建构的稳定体系；从发生上看，则是社会互动与不同个体旅游行为交互影响的结果。[①]

第一，差异性。旅游资源中文化内涵所具备的差异性，在吸引游客方面有着最为重要的作用。人们之所以会选择到不同的省份、不同的国家进行旅游，就是因为各地旅游资源中的文化内涵有着明显的差异性，能让游客对地方独特的风土文化有更加深入的了解。

第二，相似性。各地旅游文化资源中的文化内涵，在具备一定差异性的同时，也存在一定的相似性，这往往能使旅游者感受到一定的亲和力。省内旅游中，省内各地虽然有着当地独特的地方性语言，但就口音和方言的形式来看，省内的语言往往存在一定的相似性，这就给旅游者带来了一定的亲切感。

第三，压力性。就现实层面来看，制度也可被看作一种特定的文化，其往往以传统风俗或道德素质的形式呈现，往往会给人带来一定的压力。在经济飞速发展的当今社会，生活节奏的不断加快，往往会给人带来一定的压力，因此现阶段人们更加向往轻松的旅游。

第四，习惯性。在通常情况下，如果人处在相同的文化背景中，那么

① 夏铭、谭芳、王红兵：《基于地域文化的特色旅游文创产品设计探讨》，《天工》2022 年第 4 期。

人与人之间的生活习惯、生活风俗等就存在一定的相似性。当人们带着这一习惯到不同文化背景的地区旅游时，即便当地的旅游景观与自己地区类似，人们也往往会因为习惯的不同，而产生不同的感受。

3. 旅游文化挖掘

第一，挖掘旅游资源中的饮食文化。所谓“民以食为天”，在旅游过程中尝一尝当地的特色美食已然成为现阶段人们旅游过程中不可或缺的环节之一。近年来，饮食已然成为一种特殊的文化，融入人们日常的生活中，美食不仅能带给人们味蕾的享受，饮食文化也让人们品味到地方独特的风土人情与自然风光。[①] 因此挖掘旅游资源中的饮食文化，显然对提高旅游质量有着较大的帮助。我国共有八种独具特色的菜系，且不同地区有着各自的饮食特色，如四川以川菜闻名，而成都独具特色的“串串香”或者是自贡的“冷吃兔”都更能凸显地方特色。在旅游资源中充分挖掘地区内的特色饮食文化，让游客不仅能充分地享受美食，更能对地方的传统文化特色有深入的了解。

第二，挖掘旅游资源中的器艺文化。旅游资源中的器艺文化指的是开发地方特色旅游商品。就目前来看，在旅游过程中购买当地的特色商品作为伴手礼，已然成为人们人情往来的重要方式，而人们在选择商品时首先考虑的就是商品是否具有地方特色，是否能充分反映当地的地方文化，如景德镇的陶瓷、苏州的丝绸与绣品等就符合这一要求。因此，挖掘旅游资源中的器艺文化，对促进地方旅游的发展也有着重要帮助，比如成都蜀锦和蜀绣是地方的特色商品，随着大熊猫旅游特色的发展，当地开发了与熊猫相关的特色旅游商品，这也成了当地绝大多数旅游者会购买的商品之一。

第三，挖掘旅游资源中的名人文化。就我国一些著名的旅游景点来看，其中部分与历史名人之间有密切的关联，是反映历史名人精神及事件的重要资源，其在我国各类旅游资源中有着一定的特殊性。如成都的武侯祠是纪念三国时期蜀汉丞相诸葛亮的祠堂，南京的中山陵是为纪念伟大的革命

① 吕妮：《旅游资源中的文化内涵挖掘》，《现代营销》（下旬刊）2017 年第 7 期。

家孙中山先生而建的。为促进地方旅游产业的发展，各地的旅游部门也应重视地方旅游资源中名人文化的挖掘，并充分做好相关的宣传工作，以为地方吸引更多的游客资源，并确保人们在旅游休闲的过程中还能充分感悟历史名人的文化精神。

第四，挖掘旅游资源中的民俗文化。在人们生活水平日渐提高的当今社会，人们对旅游提出了更高层次的精神需求。现阶段，越来越多的人在旅游时更愿意深入当地的传统风俗民情中，感受独具特色的风土人情。就民俗文化来看，其所涉及的内容非常广泛，包括地方典型的戏曲、服饰、艺术表演、饮食等。就旅游资源中的民俗文化来看，其已然不仅仅是感受那么简单，而更多的是让旅游者切身进入民俗文化中，并充分地对各文化风俗进行体验，这也是让旅游者更深入地了解地方文化特征、风俗民情最主要的方式，逐渐成为现阶段最受人们欢迎的旅游方式之一。因此，挖掘旅游资源中的民俗文化，对提高地方旅游产业的质量也具有重要帮助。

（二）旅游文化重构

罗康隆在《族际关系论》中对文化重构是这样解释的："在族际关系互动中，一种文化受到来自异种文化的一组文化因子持续作用后，将这组因子作为外部生境的构成要素去加以加工改造，从而将其中有用的内容有机地置入固有文化之中，导致了该文化的结构重组和运作功能的革新，这种文化的适应性更替就是我们所说的文化重构。"① 县域旅游文化重构经常发生，当地政府可以整合旅游资源，丰富和提升县域旅游的内涵和品质。

1. 旅游文化重构的机制

文化重构是文化产生、发展、运行的原理。文化重构机制在社会学中的内涵，可以表述为"社会运行'带规律性的模式'"。

首先，需要国家权力的引导与规范。县域旅游的所有景区要统一管理，统一实行收费制度，这将会在一定程度上形成有效的管理系统。旅游景点的投资人重新组建、正式注册成立的县域文化旅游发展有限责任公司，与县政府签订《具景区整合经营协议》，最终形成县内的景区门票委托服务公

① 罗康隆：《族际关系论》，贵州民族出版社，1998。

司统一经营、统一管理的局面。服务公司按照“统一游客组织、统一门票管理、统一市场营销、统一售后督导”的总体原则，搭建统一管理服务平台，负责对进入县域旅游的游客进行统一组织、统一售票，为他们统一安排交通工具进入景区，并提供统一的售后服务。对于乡土文化的管理，资料由乡镇综合文化站统一收集、整理，并上报到县文化广电和旅游局，对非遗传承人的管理也是由文化站统一进行，把握国家出台的相关政策促使县域旅游的发展。

其次，需要乡土社会的文化自觉。随着县域旅游的发展，各县（市、区）政府和旅游主管部门可参照当地特有的民俗，注册一系列特色商品商标。这些县域风情浓郁的商标，备受游客青睐，有些甚至已成为当地永久性的地名和街名，可见县域文化旅游开发挖掘的重要性。县域旅游的发展不仅提高了当地的经济水平，而且使得当地人参与到旅游规划中，文化意识和文化自信逐渐增强，从而在旅游的开发中得到话语权。

最后，需要市场机制的刺激。西方著名人类学家霍默·巴尼特认为，创新是所有文化变迁的基础。发明是创新里四个基本变种之一。随着社会的变革，人们越来越关注文化问题。传统文化要想在社会变革中得到保护和传承，就要创新。县政府和镇政府以及相关的文化部门，对县域开展多样化的科学宣传活动，不仅对相关的科技人员进行培训，而且重视科学技术的推广，取得了一些成效。领头人、游客和商业资本对文化重构也有一定的影响。领头人引导县域文化良性变迁，并解决县域旅游开发所引起的问题，让旅游深深地嵌入社会文化空间中。游客和商业资本是带来外来文化的重要因素，其会提出与旅游发展相关的意见或建议，使得县域文化的重构过程发生变化。

2. 旅游文化重构的意义

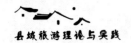

县域旅游文化重构具有积极意义。首先，使人们了解到传统文化的重要性。媒体对县域旅游的宣传，使很多人加深了对县域的认识，成为现实或潜在的县域旅游者。其次，对传统文化遗产起到了保护和再造的作用。县域旅游促进了日趋消亡的地方传统民间艺术的保护和发展，是对传统文化的“再创造”。为开展县域旅游，各县（市、区）保护、发掘和“再造”了当地的传统文化资源。许多传统艺术已经从濒危走向重生，并焕发出新的活力。最后，对县域传统社会结构起到了重建作用。由于城镇化和产业化的冲击，县域社会结构发生较大的变化，文化重构可以增强当地居民对县域文化的认知和保护意识，唤起对民族、地方的自我认同。

县域旅游对县域文化重构也存在一定的消极作用。首先，过度开发破坏了传统文化的生境。独有的自然环境和社会环境构成了传统文化的生境。然而，在开发县域旅游的过程中，一度仅把旅游作为振兴地方经济的手段，出现了一些片面追求经济效益的现象。其次，加速了传统文化的嬗变。相对于城市现代文明而言，县域传统文化是所谓的“低文化”或者“弱势文化”，旅游开发深入一些偏远县域地区，加快了县域的城镇化、现代化进程，从而加速了传统文化的嬗变。最后，一些新兴的县域旅游忽视传统文化。县域开始城镇化和现代化，新的服务于旅游和娱乐休闲的产业越来越多地取代了传统的县域生产生活。许多年轻人已不再对县域的传统文化感兴趣，这一问题已经引起越来越多的关注。

各县域都有自己的文化，它们不断生长、壮大，体现一种共生共荣的文化生态美。旅游业是最强调“异地性”“地方性”的产业。在发展旅游的地方，传统文化不是趋同和消亡，而是被重构和再创造，成为最具特色和吸引力的资源。

（三）旅游文化注入

1. 旅游文化注入的意义

文化是人类在社会发展过程中创造出来的所有财富的总和，其中较重要的是精神财富。传统上，多从历史发展的角度去定义文化，而今天把现实的、活的生活方式列入文化范围。旅游活动是一种社会现象，是特殊群体（旅游者）的社会活动及其影响的总和。世界著名旅游未来学家约曼（Ian Yeoman）曾经提出，“旅游是世界上重大经济成功的故事之一，这个故事就像时光一样，既没有开头，也没有结尾。这是一种被创造出来的现象，它难以限定，因为它的复杂性。一言而蔽之，时光开始的时候，旅游也开始了”。[1] 文化和旅游活动都有着模糊的外延，内涵似乎是无所不包。

县域旅游文化加深了旅游者对社会历史的认识。这种深层的认识进一步促进旅游者去了解更多的社会历史风貌，以求得对社会历史本真面目的认识，这样旅游主体求真的文化人格就慢慢确立了。县域旅游文化促进了旅游者对社会风情的体验。旅游者有强烈的想了解其他民族生活习惯和人文环境的求知欲望，通过对其他民族或地区风土人情的考察来反观自身的生活状态，从而感受生活的意义，获得对生活本真的认识。县域旅游文化加强了道德品质的熏陶，县域旅游是旅游者修身养性的绝好途径。文化旅游活动中众多先人的文化遗迹、异族他乡的淳朴民风，容易使旅游者将平素的琐屑、狭隘的心胸抛之云外，使灵魂得到净化，使道德水平得以提高。

县域旅游文化的注入有利于旅游地区树立文化形象，提高知名度；有利于增强旅游地居民的自我认同，增强凝聚力；有利于不同文化之间相互学习和吸收对方的优势，取长补短；有利于促进不同文化群体成员之间的理解，增进人民之间的友谊。

2. 旅游文化注入的类型

第一，创意策划包装的艺术开发模式。以实景演出为代表的创意策划包装的艺术开发模式，已经成为中国文化旅游开发的新模式。2004 年 3 月，《印象·刘三姐》在桂林阳朔公演，这是世界演艺舞台上第一个以自然山水为舞台的超大规模表演，是中国实景演出的滥觞，随后实景演出成为中国文化旅游开发的“时髦”模式，开始在多地上演。[2] 政府可充分结合县域自身的自然、历史文化遗存，在山清水秀的自然环境中，吸收民族文化要素，以创意驱动，结合悠久的历史、经典传说以及农业和林业传统生产习俗等，通过高科技的表现手法策划优秀的实景演出，通过实景演出把文化与旅游进行良好的结合。同时，实景演出中没有太多工业化改造，大量运用当地群众演员，也间接解决了劳动力就业问题。

第二，基于文化保护的文化（文物）展示模式。此种模式主要是结合

---

① Yeoman, I., *Tomorrow's Tourist: Scenarios and Trends* (Oxford: Elsevier, 2008).

② 刘卫英、王立：《旅游文化三大层面与基本要素略论》，《济宁师专学报》1998 年第 1 期。

当地特色历史文化遗存、民族文化、民族手工艺开展特色旅游。应充分结合这些文化遗产的历史底蕴，通过建立博物馆等方式就地保护，在充分保护的前提下向游客进行展示。

第三，文化主题公园型开发模式。文化主题公园型开发是指围绕某一特定文化进行旅游开发形成主题公园旅游产品，包括主题文化型开发、整合提升型开发、复原历史型开发三种。首先，主题文化型。县域旅游可以围绕特定文化主题，与旅游相结合进行深度开发。其次，整合提升型。整合一个区域的旅游文化资源或者多个区域的多种旅游文化资源，集中包装、提炼，采用人造景观开发方式进行场景再现。最后，复原历史型。按照历史记载，挖掘题材，恢复历史面貌或其中一方面，此种开发以杭州宋城等为代表。

第四，高科技模拟创新模式。高科技模拟创新模式主要是指应用数字仿真模拟和动画合成等创新技术进行旅游开发，把 3D 等先进技术应用到县域自然风光、历史等的展示中，增强对各类游客的吸引力。

第五，文化旅游地产模式。该模式主要是以文化和旅游打造品牌，凝聚人气，由此抬升地产市值。将文化产业同旅游产业、康养产业、生态产业紧密地融合，在传统旅游产品中融入新的文化元素，提升县域旅游文化品位，增强文化体验，引进餐饮文化、休闲文化、健康文化等新型文化。

二 信息技术

（一）信息技术概述

随着旅游业的不断发展和升级，在信息技术、网络技术、虚拟现实技术等新技术的推动下，其行业加快了多元化、集群化、信息化与国际化的发展和品质提升。网络时代到来之前，旅游目的地的形象塑造，多是通过口耳相传及人们固有的印象完成的。随着计算机技术的发展和网络时代的到来，网络平台越来越成为人们获取旅游信息、交流旅游体验和旅游资源对外宣传的窗口，特别是虚拟现实技术得到更加广泛的应用和长足发展，使借助计算机技术和网络来获取更具沉浸感的景区信息和游览体验逐渐成为可能。随着多种传媒新技术及手段的不断涌现，虚拟现实技术与增强现实技术也作为重要的传媒技术，在不断发挥着重要的传播作用。

移动信息技术的参与，使旅游体验价值共创在时间和空间两个维度上得到了极大拓展，驱动了旅游体验价值共创活动更加活跃和密集地发生。这既增强了传统的旅游体验，也创造了全新的旅游体验类型。

1. 信息技术增强游客体验

信息技术在县域旅游中的使用可以给游客带来新型的旅游体验，主要包括服务改善体验、社会联系体验、心理收获体验、精神休闲体验和分享共生体验。

第一个方面是服务改善体验。移动信息技术使传统的旅游服务流程得到了极大的改进和优化，从而改善了旅游者的出游服务体验。作为旅行活动的核心工具，移动信息技术直接增强了旅游者能力，改进了旅游企业提供旅游服务的方式，提升了旅游服务的选择多样化和便捷程度。如旅游 App 服务为旅游者提供了新型旅游信息获取方式，改进了传统的旅游产品购买途径，提升了出行效率，增加了口碑传播的渠道，增强了分享意愿，为旅游活动的顺利进行提供了保障，从而改善了传统的旅游服务体验。

第二个方面是社会联系体验。旅游者使用移动信息技术获取新信息，满足自身交流、联络等需求的体验，发生在技术参与程度较低的层面。联络功能和信息资源的整合，使旅游者增强了社会联系感，化解了远离惯常居住地所带来的消极情绪，保障了日常生活的信息更新和日常工作的进度。通过在社交媒体发表评论，旅游者可以获得广泛的社会声援，从而保障了投诉问题的解决，这也属于社会联系体验的内容。

第三个方面是心理收获体验。发挥移动信息技术的功能，可以使旅游活动的内容更加充实，游玩效率得以提升，从而为旅游者创造了收获感、满意感等积极体验，也即心理收获体验。移动信息技术通过提供丰富的和深层次的目的地文化信息，使旅游者在目的地造访更多的景点景区，并带来知识增益和收获感。由于移动旅游信息技术的支持，旅游活动可以进展得更加顺利，从而制造了更多的体验和更高的满意度以及幸福感，这些都是心理收获体验的表现形式。

第四个方面是精神休闲体验。在旅游过程中，旅游者使用移动信息技术暂时脱离现实旅游环境，转向虚拟世界休闲，从而创造了精神休闲体验。通过使用移动设备连接网络，旅游者将身心移动到“虚拟领域”，暂时在精神上与周围的环境断开连接。在这个过程中，移动信息技术赋予了旅游者自由选择参与或不参与旅游活动的权利，避免了不良互动，保障了旅游者舒适的心理边界，满足其从旅游活动中休息的需求。与精神休闲内涵比较接近的心理学术语是精神超脱（mental detachment）——一种帮助个体平静处理高度情绪化环境的刻意心理态度，可以使旅游者在保证边界感的同时保持心理联系。

第五个方面是分享共生体验。通过建立线上联系，旅游者可通过分享行为“邀请”社交网络联系人参与自身的旅游活动，创造了一种在旅途中拥有“虚拟伴侣”的安全感，以及“共同旅游”或“共同生活”的体验感，这被称为分享共生体验。旅游者渴望与其他人分享他们的旅游活动和体验，对分享旅游体验的时刻有生动的记忆。可见，体验分享是提升目的地旅游体验的重要方式，对分享共生体验的诉求是旅游者参与价值共创的重要动机，这与将旅游活动视为一种逃离日常生活的传统观点形成了鲜明的对比。

2. 信息技术优化旅游服务

信息技术对县域旅游服务的积极影响主要表现在以下几方面。

第一，实现旅游服务的个性化。旅游产品一直以来以标准化产品替代个性化服务，然而，标准旅游线路、标准客房已经无法吸引大多数旅游消费者的兴趣。信息技术的进步使双向互动式的信息交流方式成为可能，并为个性化旅游的实现提供了先决条件。依托便捷的网络信息沟通渠道，旅游者根据自己的要求和偏好提出各种条件，而旅游企业在了解其真实需求的基础上对旅游产品和服务进行整合。因此，旅游服务出现了生产者和消费者共同设计旅游产品的情况，以此来满足消费者的个性化要求。

第二，促进旅游服务的市场化。随着个人电脑的普及，互联网的商业应用使旅游电子商务进一步发展起来，造成了旅游产品或服务购买的直接性。旅游者通过与酒店、景区、交通等旅游企业直接接触，实现旅游产品和服务的在线预定和购买，降低旅游企业的运营成本；同时，也要求旅游企业必须充分地了解旅游者的需求，创新旅游服务，迎合旅游市场的需求，推出适销对路的旅游服务和产品。

第三，推动旅游服务的知识化。信息技术的飞速发展，使旅游服务从劳动密集型、低科技含量的模式向知识密集型、高科技含量的模式转变，主要表现在以知识、高科技为基础的工作岗位的增加，电脑设备、网络技术、多媒体技术以及各种软件工具、数据库和旅游管理信息系统在旅游服务中得到广泛使用。旅游服务的知识化趋向越发明显。

第四，加速旅游服务的智能化。由于最新的科技知识为旅游服务不断注入新鲜活力，智能化、自动化的旅游设施、工具软件层出不穷，智能酒店、数字景区已成为信息时代的旅游业新宠。这些智能化的设施、管理手段不仅使旅游服务更趋于舒适和方便，而且带来了服务效率的极大提高，促进了旅游服务水平的提升。

3. 信息技术推动业态升级

关于县域信息技术在旅游中的应用研究，一类旨在讨论信息技术在旅游业中的应用形式、存在的问题以及解决对策，主要体现在电子商务方面，包括旅游目的地信息系统、旅游电子商务和旅游网站、旅游规划和旅游专家系统、旅游市场和旅游统计信息系统等方面。旅游电子商务的研究主要体现在其与信息技术相结合和旅游网站方面。

另一类则结合某一传统的信息处理方法或新兴的信息技术工具，探讨其在旅游业中应用的可能性和实现途径。旅游信息化的主要目的在于：向外界大力宣传旅游资源，吸引各界人士前来观光旅游；为旅游企业提供新的经济增长点；加强并改善旅游行业、企业集团及企业的管理；增加旅游企业的服务项目，提高服务水平；为游客提供一种方便快捷的获取旅游信息的方式。目前旅游游客体验信息化中被提及的技术工具或方法包括神经网络技术、图像变形技术、虚拟现实技术、赛博空间技术、数据挖掘技术、遥感技术、GIS 技术、GPS 技术等。

（1） AI（Artificial Intelligence） 技术

AI 技术即人工智能技术，是研究、开发用于模拟、延伸和扩展人的智能的理论，并把这些理论、方法、技术应用到各个学科领域的科学技术。人工智能是计算机科学的一个分支，它企图了解智能的实质，并生产出一种新的能以与人类智能相似的方式做出反应的智能机器，该领域的研究涉及机器人、语言识别、图像识别、自然语言处理和专家系统等。

（2） VR（Virtual Reality） 技术

虚拟现实（VR）是指借助计算机及最新传感器技术创造的一种崭新的人机交互手段。VR 技术主要包括三大关键技术：动态环境建模技术、实时三维图形生成技术、立体显示和传感器技术。VR 技术让人们的眼界超脱于现实，所见的虚拟景象更加生动，改变人们看世界的方式和社交、生活方式。VR 技术是指在计算机软硬件及各种传感器的支持下，生成一个逼真的、三维的、能带来一定视听触嗅等感知的环境，使用户在这些软硬件设备的支持下，能以简捷、自然的方法与这一由计算机生成的“虚拟”世界中的对象进行交互作用。它将模拟环境、视景系统和仿真系统合而为一，并利用头盔显示器、图形眼镜、数据服、立体声耳机、数据手套及脚踏板等传感装置，把操作者与计算机生成的三维虚拟环境连接在一起。VR 技术能够让使用者完全进入虚拟环境中，观看并操纵计算机产生的虚拟世界，听到逼真的声音，在虚拟环境中交互操作，有真实感觉，可以讲话，并且能够嗅到气味。它有三个最基本的特征，即沉浸（immersion）、交互（interaction）和构想（imagination）。

按照 VR 技术所制作的虚拟旅游目的地，可在浏览器上进行多视点、多场景浏览，让人们真正感受该旅游目的地的风光和三维物体带来的逼真的体验。VRML、Java 和 HTML 等语言技术为新的媒体创作提供了新奇而灵活的解决方案。因此，VR 技术的发展潜力是极大的。VR 技术在旅游目的地的应用价值主要体现在以下几个方面。

首先，虚拟旅游体验。VR 技术提供了虚拟的体验机会，从而满足那些没到过或没有能力到达该旅游目的地的游客的游览需求，游客身在家中即可攀登雪山、乘飞机或热气球飞行。

其次，旅游体验预演。在用户欣赏旅游区美丽景观时，旅游目的地多媒体系统（Tourism Destination Multimedia System，TDMS）同步提供旅游目的地的各种信息，如各条精品旅游线路，详尽的分级景点介绍，周围酒店预订、餐厅菜谱，旅途机票火车票等信息。在 VR 技术的帮助下，潜在游客能够方便地制订旅游计划，可以按照时间表安排自己的旅游日程，从而节省旅游时间和旅游成本投入。

（3）AR（Augmented Reality）技术

增强现实（AR）技术是在虚拟现实（VR）技术的基础上发展起来的一种现代信息技术，是通过计算机技术把虚拟的信息应用到真实世界、真实的环境中，并将虚拟的物体实时地叠加到同一个画面或空间内，构成交互式的 3D 图像画面，给用户带来更加真实的体验及感受。AR 技术包含了多媒体、3D 建模、多传感器融合、实时视频显示及控制、实时跟踪及注册、场景融合等新技术和新手段。AR 提供的信息在一般情况下不同于人类能够感知的信息。AR 技术在旅游目的地信息管理方面的应用主要有如下几方面。

首先，设计旅游特色明信片。运用 AR 技术可以设计介绍旅游景区、历史文化的一系列旅游特色明信片，游客们能够免费下载相对应的手机 App，再通过手机 App 扫描明信片，便能够在手机上再现旅游景区的 3D 模型和介绍其历史文化背景的动画短片。

其次，实景导航解说。游客手持移动终端设备（如手机、平板电脑等）在景区游览时，能够随时通过手中设备的摄像头欣赏景物，手持设备的显示屏上将会出现摄像头所拍摄到的与景物相关的文字和数据信息，同时还有虚拟导游及语音多媒体讲解。

最后，情景再现留影。利用 AR 技术，从移动终端设备的摄像头看到的是一幅特殊的画面，不仅场景逼真，还有一些虚拟的人物、角色和游客互动，游客可以选择一帧有纪念意义的画面保存下来并打印带走。

（4）区块链（Blockchain）技术

区块链技术从狭义上来讲，是一种按照时间顺序将数据区块以顺序相连的方式组合成的链式数据结构，一种以密码学方式保证其不可篡改和不可伪造的分布式账本。从广义上来讲，区块链技术是利用链式数据结构来验证与存储数据、利用分布式节点共识算法来生成和更新数据、利用密码学的方式保证数据传输和访问的安全、利用由自动化脚本代码组成的智能合约来编程和操作数据的一种全新的分布式基础架构与计算方式。

中国旅游行业的一些从业者正在引入区块链技术，通过区块链的激励手段对景区进行价值重塑。区块链是去中心化的，基于此，他们首先实现了对消费者的“点对点”服务。比如，以往消费者通过中介平台购买门票需要一二百元，可能实际能到景区手中的仅几十元，景区也只能提供几十元级别的服务，消费者就会觉得“货不对板”甚至上当受骗。通过直接连接旅游商家（景区、航空公司等）与消费者，可节省掉中介平台费用，既提升交易效率又降低游客成本。通过区块链技术，搭建全新的旅游服务平台，提高透明度，无法篡改的分布式数据库可使旅游行业中虚构事实的行为无处藏匿。将区块链运用到交通、保险、通信等相关产业中，将有助于推动“大旅游”产业和智能旅游发展。

（5）移动互联网技术

移动互联网技术是指利用一定的技术将其他设备与互联网进行连接，在无线的情况下获取需要的信息技术，此技术的发展可以让无线终端的网络全面地为人们所使用。比如利用移动互联网技术将互联网与手机进行连接，可以让使用手机的用户及时通过网络获取大量的信息，同时，移动互联网技术不仅可以将互联网与手机连接，还可以将无线通信与互联网的资源紧密地结合在一起。

随着互联网技术的发展与普及，互联网已经渗透到旅游业的各个环节，“旅游＋互联网”的新业态即将出现。在“移动互联网＋”时代下，旅游产业融合依赖旅游产业自身的高度关联性，这是旅游产业融合的前提与基础。旅游产业具有很强的综合性和高度关联性，使得旅游行业难以脱离其他行业而孤立发展。在“移动互联网＋”时代下，旅游行业凭借互联网与大数据的优势，促进了旅游产业融合，使融合成为一种普遍现象。在不同阶段、不同时期，旅游行业与其他行业的融合程度不同，这种普遍融合现象受旅游产业高度关联性驱动。

（二）信息系统

一个成熟、完善的旅游信息管理系统应该包含多层次、多方面的综合信息，能满足不同用户的需求。旅游者通过该系统查询各类信息、安排出游活动；旅行社通过系统提供的客源市场信息进行旅游产品开发；旅游管理部门和政府部门采用该系统调查、评价旅游资源，动态监控旅游资源利用情况；学校、科研机构的旅游科研人员通过该系统获得可靠的旅游活动各项数据，进行规划、开发、评价、预测等研究工作。

1. 框架设计

县域旅游信息管理的理念是：从旅游活动的食、住、行、游、购、娱等基本要素出发，采用信息技术与旅游地相结合的方式，实现智慧旅游服务、旅游管理与旅游营销，从而提高旅游业务的综合管理与运营能力，创建优质的旅游生态环境，提升旅游的服务品质，进而推动地区旅游相关产业的快速、健康发展。县域旅游信息管理建设体现了纵向能贯穿、横向能融合、外围能扩展、整体可对接的特性。纵向能贯穿指的是能充分挖掘旅游信息资源，全面覆盖游客、旅游经营者、旅游管理者三类主体的需求，提供完整的旅游应用服务。横向能融合指的是为三类主体提供的服务功能上相互配合和补充，数据最大限度地共享，执行上协同联动。外围能扩展指的是扩展和融合来自相关行业（交通、商贸、卫生等）的信息，并与其他指挥系统进行数据交换和共享。整体可对接指的是旅游目的地信息管理能无缝对接到层次更高的智慧化体系，如智慧城市。

县域旅游信息管理系统的整体架构包括核心层与外围保障层。核心层包括基础层、物联感知层、数据层、服务支撑层、应用层五个部分，是旅游目的地信息管理功能得以实现的核心。基础层是指现有旅游系统的基础条件和设施，包括软设施与硬设施；物联感知层主要指信息的采集与上传；

数据层涉及旅游信息的汇集与初步处理；服务支撑层包括数据的处理与服务的开发；应用层主要指用户层，即旅游目的地信息管理功能实现层。而外围保障层主要指信息安全保障体系、信息化旅游标准体系、运营管理保障体系。

2. 核心层

（1）基础层

基础层是旅游目的地信息化管理的基础，主要有信息资源层、公共服务层和网络通信层。信息资源层是旅游发展的基础，同时也是旅游目的地信息管理建设的基础。公共服务层主要指现有公共基础设施、现有公共服务和现有信息建设情况，通过这些信息的收集和整理，确定旅游目的地信息管理的硬件设施升级及建设方案。网络通信层是物联感知层和旅游目的地信息管理应用的通道基础。没有网络建设这一基础，旅游信息难以传达，旅游目的地信息管理无从谈起。目前，有的架构理论认为网络通信层作为旅游目的地信息管理架构的一个重要部分，凸显了网络信息传达的重要性。就旅游目的地信息管理的核心结构而言，网络通信是核心技术应用得以实现的基石，网络通信时刻存在于旅游目的地信息管理中，因此是旅游目的地信息管理系统能“智慧”起来的基础，其主要包括以下几个方面。

一是资源基础，包含目的地景区、酒店、交通、旅行社等现有旅游要素系统。二是公共服务基础，包括公共基础设施、网络通信基础、旅游服务信息发布与收集系统，还包括旅游目的地网站、旅游营销与运营中心、应急中心等。三是网络通信基础，包括网络、硬件设施和软件设施。以硬件设施为例，旅游目的地信息管理需要智慧地感知采集各种信息资源，而为信息资源层的建设提供信息采集手段，则需要各种感知设备的建设。因此，需要在酒店、景区、旅游企业、监管部门等区域设置无线传感器、RFID 标识摄像头、电子标签等末端感知设备，建立全面的感知体系。感知体系采集的各种信息需要通过网络通信传输至相关的信息资源库进行存储和处理，网络通信的传输主要是通过互联网、通信网、物联网等方式，硬件基础设施层主要是进行数据的采集和传输，为上层应用提供资源。

（2）物联感知层

物联感知层又称为信息采集层，主要是物联网技术等在旅游系统内的运用，包括基础设施支撑、技术运用、旅游应用、信息采集方式。

第一，基础设施支撑。从世界各国的信息化发展历程看，一个共同的规律是在整个信息化的过程中，不断完善综合信息基础设施，构筑适应未来信息传输需求的通信网络，在此基础上广泛开展信息技术应用和信息资源的开发利用。物联网是继互联网之后发展起来的新型网络，它和互联网的一个重要区别是所连接的东西多了，理论上讲，所有的物体都可以连进去。物联网的一个重要特征是把实时嵌入系统和传感网紧密结合起来，传感网是物联网的基础，是物联网的组成部分。因此，物联网是由自我标识、感知和智能的物理实体基于通信技术相互连接形成的网络，这些物理设备可以在无须人工干预的条件下实现协同和互动，为人们提供集约和智慧服务。物联网的未来将是由具有唯一标识的物理实体通过标准协议形成的全球性网络。只要在物理世界的实体中部署具有一定感知能力、计算能力的各种信息传感设备，然后通过网络即可实现信息获取、传输和处理，从而实现大范围或广域的人与人、人与物、物与物之间信息交换和共享需求的互联。可见，传感网的功能主要是实现传感器的互联和信息的收集，而物联网则是一个或多个基础网络的融合，可实现对所有物品的智能化识别和管理。所以，在旅游目的地信息管理的物联感知方面，物联网基础设施的铺建将是本层架构的基础。

从物联网的架构来看，物联网是集传感、通信、存储、计算、控制于一体的数物复合系统，相对于传统的信息系统，物联网更强调信息物理系统的融合以及从信息感知到反馈控制的一体化，从而实现以信息为中心的精细化管理。

物联网通过感知、通信和智能信息处理，可实现对物理世界的智能化认知、管理与控制。物联网的基础架构可以概括为三层：感知层、网络层和应用层。感知层的功能就是让“物”成为“智能物件”，以便对其进行识别或数据采集。网络层的功能就是通过传感器网络以及现有的五花八门的有线和无线通信网络对信息进行可靠的传输。应用层的功能就是对采集到的数据进行智能处理和展示。

综上，物联网在旅游目的地信息管理方面的运用就是使与旅游直接或者间接相关的“物”的信息得以被感知，并对其进行网络上传存储，从而构建旅游目的地信息管理这一复杂系统的信息数据库。因此，本层在基础层的支撑下，凭借物联感知的方法和技术，借助网络基础设施，使感知到的信息得以上传到旅游目的地信息管理单体数据库，进一步构建旅游目的地信息管理信息资源池，为其最终应用奠定基础。

第二，技术运用。物联网是物联化、智能化的网络，它的技术发展目标是实现全面感知、可靠传递和智能处理。虽然物联网的智能化体现在各方面，但其技术发展方向的侧重点是智能服务方向。

从物联网的三层基础架构来看，它的关键技术包括传感器技术、RFID技术、EPC技术、低功耗蓝牙技术、无线传感器网络、移动通信技术、M2M、云计算、人工智能、数据挖掘、中间件等。

第三，旅游应用。从应用角度看，物联网在旅游目的地信息管理方面的运用主要有以下方面。

首先，实时信息采集。感知层利用传感器技术、视频监控技术、RFID技术、全球定位技术进行旅游类各种数据和时间的实时测量、采集、事件搜集、数据抓取和识别。

其次，物联网信息上传。物联网是互联网的进一步升级，因此，物联本身就包含了网络上传的功能。网络是信息得以汇聚的通道，是物联网感知信息库得以建立的必要条件之一，因此，物联网在旅游目的地信息管理方面的运用还应该包含信息上传这一模块。

第四，信息采集方式。物联网感知的信息类型有数字信息、原始类信息以及相关信息等，所以旅游目的地信息采集方式可以分为四类。

一是身份感知。通过条形码、RFID标签、智能卡、信息终端等对物体的地址、身份及静态特征等进行标识。

二是位置感知。利用全球定位系统和无线传感网络技术对物体的绝对位置和相对位置进行感知。

三是多媒体感知。通过摄像头等视频以及音频输入设备对物体的表征及运动状态进行感知。

四是状态感知。利用各种传感器及传感网对物体的状态，如温度、湿度等进行感知。

（3）数据层

信息和数据被认为是城市物资、智力之外的第三类重要的战略性资源。而旅游目的地信息管理的智慧体现之一就是凭借对旅游信息庞大数据的搜集和处理能力，实现实时动态的智能化信息处理和反馈功能。大量旅游数据信息的汇集、融合及共享，是实现旅游智慧化的重要前提，能为旅游智慧应用的建设提供信息和数据支撑，因此本层在旅游目的地信息管理系统的建设中占有关键地位，重要性不言而喻。

数据层，又称数据库层，主要进行旅游信息采集之后的上传、数据的初步汇集、数据的最终汇集以及数据的协同处理与最终交叉分类处理，包括单体数据库、信息资源池、协同数据中心三个子层，依赖的技术为大数据和云计算，依赖的平台是信息数据库。

（4）服务支撑层

服务支撑层主要是信息资源池在旅游要素方面的运用的体现与支撑，涵盖景区系统、酒店系统、旅行社系统、交通系统、运营系统、营销系统、信息发布与反馈系统。主要表现为云服务平台的建设，主要方法和工具是云计算和SOA。云计算在服务支撑层的运用主要包括服务开发、服务提供、服务消费。云计算重视标准体系建设，云架构提供了一个开放的平台，所以开发者、软件供应厂商、服务供应厂商可以在统一的架构体系中进行服务开发、服务发布、服务维护。各种服务按照建设标准规范和安全管理要求，有序接入服务管理体系中。云服务基于标准规范体系和安全保障体系建设，包括IaaS、DaaS（将数据作为服务）、PaaS、SaaS等不同种类。不同的服务由专业厂商提供，同时由具备该领域专业管理能力的机构来运营维护。服务定价、使用计算、运行管理、体验申请等环节通过服务运营体系来进行。云服务的消费者可以是个人或用户单位，他们直接使用 SaaS 层提供的智能办公、智能监控、智能服务、智能决策等各种业务功能；可以是一个信息系统，它调用 PaaS 平台提供的各种 Web Service 接口服务，实现系统间的互联互通；可以是业务开发厂商，通过 PaaS 平台的基础开发框架或基础中间应用中间件，快速构建业务系统；也可以是系统集成厂商，通过 IaaS、DaaS、PaaS、SaaS 的各种服务，集成、组装出用户需求的业务应用。

（5）应用层

旅游目的地信息管理系统的应用层是旅游目的地信息化功能的最终体现，它以满足用户的需求为主要特征。一般而言，旅游目的地信息管理系统应用层的用户主要包含三类群体，即游客群体、企业群体、管理层群体。旅游目的地信息管理系统是一个开放的复杂系统，其活动牵连之广、业务跨度之宽、关系之复杂都是前所未有的。因此，旅游目的地信息管理系统在多种技术的基础上完善旅游便捷功能和实现旅游智能化的成果必定也会与其他行业有所交叉，所以旅游目的地信息管理系统的外围扩展和二次开发潜力巨大，其对促进公共服务的发展和完善作用明显。基于以上考虑，用户群体除了以上三类群体之外，应该还包含其他行业，其应用价值具体如下。

其一，游客群体。旅游者是旅游活动的主体，是旅游市场需求的主要表达者和旅游质量评价者。旅游目的地信息管理系统的建设首先应该满足的是旅游者的旅游活动便捷化、智能化需求。旅游目的地信息管理系统通过大数据、物联网、云计算等技术，实现针对性的旅游信息综合查询服务，为游客出行提供决策依据，并通过实时信息的传达，使得游客能依据现实情况对原本的计划进行调整，帮助游客解决旅途中的各类旅游需求和生活需求问题，从而提高旅游体验质量，实现旅游“智慧”。

面对游客群体的应用主要有移动终端应用、虚拟旅游应用等，主要以智能终端，如手机、平板电脑、车载智能设备等为载体，通过网上下载与主动推送等服务提供多样化的旅游目的地信息管理体验。从旅游者的旅游过程来看，旅游目的地信息管理系统应用主要有以下几种。

一是旅游咨询服务。在传统服务的基础上实现的住宿、餐饮、购物、娱乐、交通等方面的咨询在智慧城市和旅游目的地信息化作用下将会进一步智能化。对游客而言，旅游目的地信息化就是利用智能终端设备，主动感知旅游相关信息，并及时安排和调整旅游计划，一般而言，就是实现游客与旅游信息的实时互动。在咨询服务中，信息查询不再局限于图片、文字，基于 Web 2.0 技术的信息推介、地理信息系统的虚拟实景等将会极大地丰富和完善旅游信息类型，从而为旅游决策提供辅助。

二是旅游预订预购买。由于旅游业自身的特征，旅游的咨询和预订或者购买经常是同步完成于旅游消费之前的，因此，旅游目的地信息的咨询和预订（甚至购买）都能在同一平台上连贯进行。

三是旅游信息化接待。旅游目的地信息管理系统的接待服务对旅游者而言，是实现所谓的“四导”，即导航、导游、导览和导购四个基本功能。旅游目的地信息管理系统的接待是以信息化城市公共基础设施为依托，以各级旅游集散中心为枢纽，以旅游云平台为信息中枢，以旅游目的地信息管理技术产品应用为媒介，为旅游者提供包括“四导”在内的全程式旅游服务的旅游目的地信息管理科技环境享受的过程。在这一过程中，游客还可以通过 3D 实景虚拟旅游平台足不出户提前感知旅游目的地风貌，同时，游客还可以通过信息化景区的环境监测系统接收当时当地的信息化景区内一系列的环境指标系数，获得安全、放心、舒畅的旅游体验。

四是旅游信息化售后。凭借强大的旅游信息平台，通过社区交互网站和网络实时通信技术，游客能分享自己的旅游体验，实现信息实时交互。例如，借助 Web 2.0 技术的旅游网站互动平台可以实现旅游者之间以及旅游者与旅游供应商、旅游接待方甚至旅游管理部门之间的意见和建议沟通，还有旅游投诉的及时合理处理等。

其二，企业群体。旅游企业群体是旅游目的地信息管理系统建设的重要力量，也是旅游目的地信息管理系统建设的受益者。旅游企业搭建旅游目的地信息管理平台，一方面满足了旅游者对旅游目的地信息管理的需求，另一方面也有利于自己的管理。旅游目的地信息管理系统在旅游企业群体中的应用主要有客户关系管理、人才服务、旅游支付、信息化办公以及公共服务优化等方面。

首先，旅游目的地信息管理系统为旅游企业营造“宽渠道式”旅游营销，即针对旅游市场的特色和旅游企业的自身情况，旅游目的地信息管理系统利用“信息化城市”平台使旅游企业能够开展广覆盖、多样化、多维化、针对性、联通式、节约式的营销活动，将营销活动贯穿于旅游企业之间以及旅游企业与旅游者、旅游企业与旅游组织、旅游企业与其他相关企业或部门之间的沟通渠道中。

其次，旅游目的地信息管理云（云计算技术在旅游中的应用）实现旅游信息和旅游资源的共享，使旅游信息和旅游资源实现统一集中收集，旅游企业将自己的各类信息及时上传至旅游目的地信息管理云数据中心，无须再自己购买服务器和维护信息；使用端根据自己的要求，从数据中心提取信息，需要服务时可以与服务端进行交换，直接向服务端付费。这样极大地节省了旅游企业购置服务器等设备和维护系统的成本。

其三，行业群体。应用是旅游目的地信息管理系统建设的重中之重，必须紧密结合旅游业发展的现实需要，以“旅游信息化服务系统”“旅游信息化商务系统”“旅游信息化管理系统”“旅游信息化政务系统”的开发和应用为重点，积极开发和优化各类业务系统，形成全方位、多角度的应用体系。其中的旅游信息化商务系统，突出地表现在旅游目的地信息管理系统行业群体的应用上。旅游行业信息化应用主要包括信息化景区、信息化营销、信息化旅游衍生行业及相关行业等，还包括不同行业间的信息共享等。

信息化景区。目前而言，信息化景区建设主要包括信息化博物馆、信息化文物保护类景区、信息化风景名胜区建设三种。这三类信息化景区建设的共识是运用现代科技手段建设能对环境、社会、经济三大方面进行最透彻的感知，能建立更广泛的互联互通和更科学高效的可视化管理的创新型景区管理系统。信息化景区建设有三个重要特征：一是实现数据管理统一化和集成化；二是业务管理信息化，业务系统不断完善；三是资源环境保护智能化。

信息化营销。信息化营销在旅游目的地营销方面作用明显。对旅游目的地而言，信息化旅游背景下，游客需求的变化会使其营销途径出现变革。信息化营销是一种整合信息化旅游体系的核心能力后，区别于单纯的网络电子营销，集合不同营销理念以达到旅游目的地与游客关系营销等目标的营销模式。理念上，旅游目的地信息化营销应该包括注意力营销、精准营销、关系营销等思维方式，旅游目的地在思考营销策略时，一方面应该以注意力营销为基础，设计对游客有吸引力的旅游产品、事件活动、旅游形象等，利用信息化旅游体系中的营销类应用平台，将它们传递到目标客源市场；另一方面借助信息化旅游的核心技术能力，旅游目的地可以实现精准营销，从而将那些在注意力营销下的感知者们变成潜在的游客和现实的游客。

信息化旅游衍生行业及相关行业。信息化旅游与其他相关行业的交叉使得有关信息化旅游的行业增多，其中的代表就是信息化旅游背景下的移动智能终端软件的开发与扩展。如沈红在其硕士学位论文中研究了信息化旅游背景下手机 App 的旅游应用情况。①

其四，管理层群体。信息化旅游管理部门具备经济调节、市场监督与控制、公共服务及旅游系统运行管理等功能，因此，应推进旅游电子政务建设，实现旅游管理部门办公智能化；通过先进技术加大对市场的监测与管控力度，完善公共服务，提高对游客投诉与旅游违法违规行为的快速处理能力，同时实现对资源的保护与管理，维护和促进旅游经济健康发展。旅游信息化在管理层群体方面的应用主要体现在信息化旅游公共服务平台、信息化旅游应急指挥平台和信息化旅游违法违规处理平台三个平台上。信息化旅游公共服务平台，就是通过一系列旅游资源与旅游信息的整合，凭借云计算、云服务、大数据、物联网等技术建立的综合性信息服务平台。信息化旅游应急指挥平台，就是依靠 RFID 技术、传感器技术来预知突发的

① 沈红：《智慧旅游背景下智能手机 App 的旅游应用研究》，硕士学位论文，福建师范大学，2014。

危机并预测其后果，依据即时信息的掌握情况来调度指挥以应对突发状况的平台。信息化旅游违法违规处理平台，就是在应对旅游者的投诉和旅游违法违规行为等情况时的智能化处理方式，以使旅游者的投诉得到及时处理，使旅游违法违规行为得到及时制止，提高旅游公共服务水平。

3. 外围保障层

按照整体可对接的设计原则，县域旅游信息管理系统架构的外围保障层需从信息安全保障体系、信息化旅游标准体系及运营管理保障体系三个方面，实现信息化旅游的顺利运行，同时使旅游信息管理系统能顺利实现多个信息化系统间的对接与合作。

第一，信息安全保障体系。信息安全保障体系贯穿整个旅游信息管理系统建设过程，需从管理安全、技术安全、信息安全、服务安全等多方面保障旅游信息管理系统的安全。信息化旅游是旅游信息发展的必然趋势，信息安全不可避免地将成为信息化旅游建设成果的衡量标准之一。信息安全保障体系需从国家等级保护的要求角度出发，采取“主动防御为主、积极防范并重”的安全保护策略，建立起从物联感知层、数据层、支撑层到应用层，从核心层到外围层的贯穿架构始终的多维防护体系。针对物联感知层节点伪造与失效、网络拥堵和攻击、信息泄露、恶意代码、内存溢出等安全隐患，数据层数据的隔离性、完整性和一致性难题，云计算服务上虚拟机的隔离性、完整性和逃逸等问题，键盘输入信息被窃取、非法访问文件系统、终端被非法刷机、系统后门漏洞等问题，积极开展信息安全保障体系的建设工作。建立信息化旅游物联感知层安全测评体系，完善云计算服务的指标体系和系统测评体系，加强互联网信息安全建设，建立移动终端软件的权限管理系统等。

第二，信息化旅游标准体系。信息化旅游标准体系是指在信息化旅游范围内，将现有标准、正在制定的标准及规划制定的标准，按照标准体系框架结构的形式，有层次、分系统地进行有机整合形成的有序结构。信息化旅游标准体系既涉及旅游类标准又涉及信息化类标准，标准主要指各类电子政务领域及各类相关领域开发建设的技术规范等。首要的是信息化技术领域，信息化旅游作为社会信息化的一部分，必然离不开各种技术的应用，从物联网感知到互联网通信、从信息资源建设到信息共享、从系统开发到信息安全等，这些都需要技术的支撑。

第三，运营管理保障体系。运营管理保障体系主要是为了保障旅游信息管理系统在落实建设和服务升级方面顺利进行。在建设模式方面，建立政府、企业和市场三方参与的运作平台，构建政府引导、企业主导、其他社会资金共同参与的多渠道信息化投资模式。同时，针对标段变化和升级的服务需求，遵循“多方融合、共同建设”理念，以市场化的运作方式，鼓励各类技术开发商和中介服务机构参与到旅游信息管理系统的建设过程和服务升级过程中来，建设专业化、市场化、网络化、信息化的旅游服务体系，形成在信息化需求诊断、系统升级、方案设计、咨询论证与实施、人员培训等方面的协同作用力，降低信息化旅游建设的风险，保障信息化旅游体系的落地实施和系统升级。

（三）信息技术创新

1. 信息技术创新途径

县域旅游信息技术创新主要是指在服务过程中应用新思想和新技术来改善和变革现有的服务流程和服务产品，提高现有的服务质量和服务效率，扩大服务范围，更新服务内容，增加新的服务项目，为顾客创造新的价值，最终形成企业的竞争优势。同时，信息技术创新作为县域旅游发展的技术源泉，强有力地推动了县域旅游业的发展。

第一，在宾馆酒店中的服务创新。早在 1963 年，美国的希尔顿饭店就安装了一台 IBM 的小型计算机，用于酒店客房的自动化管理。如今，信息技术在宾馆酒店中的运用范围扩大，普及程度大大提高，大量用于前厅接待、收银、问询、客房预订、销售、餐饮、保安、报表、汇总、门锁等各个方面。随着旅游电子商务的兴起，在线预订和购买旅游产品变得越来越普遍。利用互联网技术，一些信息服务提供商（ISP 和 ICP）建立起大型的旅游资源网站等旅游服务设施，提供旅游信息的查询服务和开展电子商务活动，各地的旅游者不仅能方便地实现客房的在线预定，而且可以通过网站购买航班机票和景点门票，并有安全的在线支付支持，从而可以完整地完成网上交易过程。

第二，在旅游交通中的服务创新。美国航空公司在20世纪60年代就用计算机作为预订系统，旅游者利用该系统可以预订美国航空公司所有航线上任一航班的飞机座位。如今，车用电话系统、自动车辆监控系统、全球定位系统、电子地图系统等，正在为旅游交通的准确、及时和高效管理提供着可靠保障。航空公司电子机票也是信息技术推动旅游交通服务创新的体现。电子机票（electric ticket）是纸质机票的电子形式，航空公司依托电子商务平台，将普通纸质机票数字化，电子机票的票面信息存储于订座系统中，可以像纸票一样进行出票、作废、退票、换开、改转签等操作。对于游客来讲，它的使用与传统纸质机票并无差别，游客只要凭身份证和电子机票订单号，在飞机起飞前1小时到机场专门的柜台，就可以直接拿到登机牌，这给游客带来了诸多便利。

第三，在旅游餐饮中的服务创新。美国的餐饮服务商早就认识到信息技术是改善饭店的经营、管理和服务的重要工具，在拉斯维加斯的一些饭店，顾客甚至可以通过视频亲眼看到厨师制作菜品的过程。如今，光电账单扫描仪、无线点菜系统等已运用到餐饮管理和服务当中，不但简化了服务程序，提高了服务效率，也为顾客创造了良好的就餐环境，提高了他们的满意度。

第四，在景区景点的服务创新。信息技术在旅游景区景点得到广泛应用，主要是在信息服务、辅助经营管理、旅游景区（点）设施设备管理以及内务管理等方面，例如景区门票的网上预订、景区多媒体展示、景区智能娱乐设施、景区数字化监控、景区LED显示屏信息发布等。

2. 信息技术创新前景

首先，人工智能提升旅游目的地信息管理系统运行效率。人工智能将极大改变旅游、酒店及相关产业。在旅游社区的路线设计，酒店的云端系统技术，OTA的在线搜索、酒店收益管理等方面，人工智能都已有很大进展，未来还将极大改变以人力投入和客户服务为核心的全球旅游产业运行模式，人工智能可以提高旅游企业和酒店的顾客识别和预订效率。人工智能时代的酒店高度依赖云端系统进行精准营销吸引顾客，简化预订流程，提升顾客体验，提高预订决策效率。尤其是使用人工智能软件可有效识别处于选择期的游客，通过在线预订引擎推送产品，提高购买率和流量的转化率。人工智能可以深化数据分析，提升管理水平，改进旅游企业和酒店的市场营销、客户服务、收益管理、产品设计等各个环节。人工智能的数据深度分析能提供口碑管理，提升产品服务水平，进行市场预测和竞争分析，影响战略布局决策，介入收益管理环节，帮助酒店和旅游企业完成价格与渠道策略制定、分发库存等收益管理活动。人工智能能提升客服效率和服务质量，旅游业的呼叫中心、客服中心将广泛采取智能客服技术。

其次，区块链技术改变旅游目的地信息管理体系。区块链将改变旅游业的支付体系、信用体系和服务体系，打通旅游产业链支付的各个环节，能够有效提升旅游业支付效率和改进结算模式。区块链可以用于解决旅游产业链各个环节的支付问题，有效避免结算滞后、支付欺诈、“三角债”、质量保证金沉淀等问题，从而大大提高交易流程的资金使用结算的质量和效率。区块链带来全新的身份识别模式，构建旅游产业链新型信任体系。利用区块链进行数字化身份管理，结合生物识别技术与区块链可以提供比传统方法（如护照）更安全的数字身份证明。以区块链为基础的分布式记账使得整个产业链公开透明，结合身份识别的各个环节的结算和支付，可构建旅游产业链新型信任体系。区块链为旅游预订和营销提供了精确数据，而同样地，酒店和航空公司的忠诚度计划可能会过渡到区块链，以简化跟踪忠诚度积分以及激发客户转换和兑换积分的过程。此外，利用区块链技术还能监控全行业的客户数据，进行宏观市场分析和微观消费者行为分析，有利于整个业态营销策略的制定。

最后，物联网技术改变旅游目的地信息管理的流程和话语结构。物联网技术能够协助旅游目的地或者旅游相关企业提供智能服务，提升服务品质。例如，荷兰航空推出了改良版的智能座位，收集乘客的心率、疲劳值和体温数据等，使得航空公司能够关注乘客的需求，提升服务质量。此外，物联网还可以被应用于机场的追踪寄存行李服务当中，同时在机场候机楼给予游客必要的指引，提醒他们登机口变更或航班延误。物联网将优化和提高全球旅游业的服务流程和效率。物联网通过电子门票、监控设备提高了运营效率，降低了人工成本，提高了景区的安全管理水平，并且给游客出行带来了极大的便利。物联网技术重构全球旅游业模式，改变了全球旅游目的地信息管理的话语结构和权力关系。可让游客的分享更加智能，充分满足旅游服务个性化需求。这些变化也会对旅游目的地信息管理的模式结构产生深远影响。

三　形象品牌

（一）形象品牌的含义

县域旅游形象，是人们对该县域旅游产品、旅游设施、旅游服务功能等的总体的、抽象的、概括的认识和评价，是对县域的历史印象、现实感知与未来信念的一种理性综合。

县域旅游形象来自两个方面。首先是县域形象的塑造者（主要包括县域的管理者和县域居民）对旅游景观的开发、旅游基础设施的完善配套和旅游管理以及旅游文化的建设，这形成了旅游地具体的、客观的和可描述的形状和姿态。其次是旅游者作为旅游形象的评价主体对形象的感知，这种感知主要有两种来源：一种是县域旅游形象通过媒体的宣传推介，以图、文、声、像形式进行的传播，这是旅游县域进行形象营销的结果；另一种是旅游者到该县域旅游的亲身感受。

县域旅游品牌是指县域旅游经营者凭借其产品及服务确立的代表其作品及服务的形象的名称、标记或符号或它们的相互组合，是目的地企业品牌和产品品牌的统一体，它体现着旅游产品的个性及消费者对此的高度认同。狭义的旅游品牌是指某一种旅游产品的品牌，而广义的旅游品牌具有结构性，包含某一单项产品的品牌、旅游企业品牌、旅游集团品牌或连锁品牌、公共性产品品牌、旅游地品牌等。

县域旅游品牌能给存在历史、地理、人文等方面差别的县域带来鲜明的区分，塑造良好的形象并且带来超过期望的价值承诺，从而能够吸引县域居民和县域以外的人口游览、观光，促进县域旅游和县域社会经济的全面发展。因而，县域旅游的竞争要求塑造具有自身鲜明特征的县域旅游品牌，充分反映县域的个性和特色。

（二）形象品牌塑造原则

1. 理念识别原则

县域旅游理念，即依托县域旅游资源、县域旅游功能，提出的旅游业发展的指导思想。县域旅游理念具有统一和独立二重性。统一性是指县域居民、旅游者以及目标旅游市场上的宣传应该是一致的；独立性是指理念一定要突出本地的特色，力求旅游理念的唯一性，不能搞千篇一律。

2. 行为识别原则

县域旅游的行为识别主要涉及代表旅游县域的个体的行为，它以县域旅游理念为指导准则。也就是说，县域旅游行为识别是旅游县域理念识别的具体化。县域旅游形象通过县域人群的行为识别，体现出县域旅游的个性和精神，这是区别于其他县域旅游的关键，也是旅游者识别其特色的主要评判要件。县域旅游行为识别的设计主要是对旅游县域人员行为的设计，设计内容包括从业人员的行为准则、公务员行为规范、居民行为规范、群体行为规范、媒介行为规范五个方面。通过旅游行为识别系统，可以看到旅游县域的精神风貌。

3. 视觉识别原则

县域旅游的视觉识别是通过旅游县域的标识物表现出来的，是对县域旅游理念的进一步具体化、可视化的传达方式。县域旅游必须通过一定方式把抽象的理念加以形象化、视觉化，以标语、口号、图案、景观标识或标志性雕塑等浅显易懂的形式表现出来，使旅游者或目标市场的人群对其产生良好的印象。例如，中国旅游的形象用了“马踏飞燕”的象征性标志物，北京以长城为其标识，桂林以象鼻山为县域标志，这些标志不管是取自古代文物，还是取自某一旅游景观，都有一个共同点，就是唯一性。其形象是旅游县域独有的，是其他旅游县域形象不可替代的。

（三）形象品牌打造方法

1. 依托区域旅游协作背景，塑造县域旅游大品牌

许多旅游县域发展现代旅游业具有地域、资源、市场、产业、观念等诸多方面得天独厚的优势和持续发展的潜力及前景。譬如广州各县域旅游品牌的建立必须依托被誉为“一江珠水，三颗明珠”的粤港澳，立足泛珠三角区域一体化协作，才能实现资源互补、产品错位、市场共享。广州有2200多年的悠久历史，文化底蕴深厚，古迹名胜众多，其历史遗址、风景名胜、岭南建筑、百越风情等都是吸引游客的旅游资源。

2. 强化旅游精品线路和品牌企业建设，完善县域旅游品牌体系

旅游精品线路是县域旅游业综合优势的体现，是食、住、行、游、购、娱六大要素的最优化组合，它的每一个环节都要求精益求精、极富感染力和吸引力。旅游精品线路是县域旅游品牌的具象化和载体，通过这个载体，游客可看到县域的优美风景，感受到县域的淳朴民风，体验到县域的独特习俗。当然，精品线路也代表着县域旅游业最新发展成果，符合旅游市场发展需要，能吸引大量旅游者，促进县域旅游业繁荣发展。

3. 优化县域环境建设，塑造可持续发展的县域旅游品牌

优化县域旅游环境，营造宜人宜游的氛围。这主要包括以下三个方面。第一，搞好县域的绿化美化，提升县域品位。在县域绿化美化中，要保障有一定面积和数量的绿化空间，如在主要街道两旁种植花草，或创建大型街心花园、县域广场，扩大住宅区的绿化面积等，形成带有标志性的新景观，供游人观赏。第二，解决旅游交通问题。要大力发展便捷交通体系，方便游客聚散，比如公共交通快速系统（BRT）、轻轨等；要完善旅游观光穿梭巴士的营运，将县域旅游网络线各景区（点）连接起来，为游客提供快捷便利的服务；完善县域旅游标识系统；配备高档、豪华的旅游巴士，使巴士在色彩、图案上易于识别，并为游客所喜爱；司乘人员要通过上岗培训，达到较高的素质和专业水准。第三，加强市容市貌建设。要花大力气整治乱摆乱卖现象，尤其是接近旅游景区大门的公路两侧要杜绝这种现象；解决旅游车辆停车难的问题，对于停车场严重不足的景区，要加强停

车场的建设；要建设好县域景观道路，为游客提供干净、美观、休闲的游览环境。

4. 强化旅游品牌传播，助推县域旅游经济高质量发展

县域旅游品牌塑造要借用整合传播理念，不仅要多种传播途径并用，而且要综合利用政府公关、广告宣传活动、教育引导等多种方式，以求实现最大的传播效果。首先，要精心设计县域旅游品牌传播的载体。要针对客源市场的需求，编辑推出内容翔实、设计新颖、可读性强的宣传资料。其次，要广泛利用县域旅游品牌传播的各种途径。比如，定期到主要客源地举行说明会、推荐会；与其他省份或地区联合起来进行宣传，向旅游者推销联合旅游线路；加强与国内相关省份旅行社、旅游代理商的联系和协作；经常性地邀请知名记者、摄影家、美术家、电影编导、旅游节目或栏目主持人等到县域考察、访问、采风，然后通过他们的作品宣传县域；组织或参加有积极意义的公益活动，举行各种形式的庆祝活动、演出活动等。

第三节　保障要素

县域旅游保障要素是一个由各种保障性措施构成的相互关联、相互作用的开放动态的有机体系。县域旅游是旅游业发展创新化、多样化、特色化、文化化的代表，极大地丰富了旅游业的内涵，提高了当地居民和外来游客的参与性和体验性，是文化传播和发展的重要途径，它的发展离不开一个完整的保障体系。保障体系的构建是为了保障县域旅游更快更好地发展，助力文化事业和文化产业繁荣，提高国家文化软实力。

一　体制机制

体制是指规则、制度。“机制”一词最早源于希腊语，原指机器的构造和工作原理，现多指各要素之间的结构关系和运行方式。体制机制即指按照一定的规则和制度，以一定的运作方式把事物的各个部分联系起来，使它们协调运行进而发挥作用。因此，县域旅游体制机制即可定义为按照一

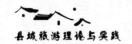

定的规章制度，以一定的运作方式把县域旅游各相关部分联系起来，使它们协调运行进而促进县域旅游的发展。

（一）体制机制的类型

科学的体制机制是与县域旅游发展相适应的。一般情况下，体制是较为统一、稳定的因素，而机制可以根据不同的依据进行分类。根据机制运作的形式一般分为三种：第一种是行政－计划式的运行机制，即以行政、计划的手段把各个部分统一起来；第二种是指导－服务式的运行机制，即以指导、服务的方式去协调各部分之间的相互关系；第三种是监督－指导式的运行机制，即以监督、指导的方式去协调各部分之间的关系。

（二）体制机制的功能

根据功能，体制机制可分为激励机制、制约机制和保障机制。

1. 激励机制

激励机制是调动管理活动主体积极性的一种机制。提高县域旅游发展绩效，需要绩效评价机制，要建立包括县域旅游发展效率指标、效益指标和群众满意度指标的综合评价体系，在此基础上发展出年度考核制度，体现长效化管理的要求。县委、县政府要对县域旅游实施科学管理，提高管理绩效。监督参与方对发展绩效进行外部评价，通过媒体等方式将结果反馈给政府。政府对发展绩效进行内部评价。根据内外部综合评价结果，政府对县域旅游发展各主体进行绩效评价和奖惩。

2. 制约机制

制约机制是保证管理活动有序化、规范化的一种机制。县域旅游的发展演进受制于经济和社会发展，如人口规模和素质的变化、技术进步、产业结构调整、城镇化进程等对系统的演进起着重要作用。监督机制也起着制约的作用。法律监督机制通过法律手段对破坏县域旅游的行为进行惩处。行政监督机制把现有旅游发展绩效作为考核管理部门的主要指标。社会监督机制通过投诉电话、信箱和群众接待等渠道，使县域旅游发展随时接受群众监督。舆论监督机制利用报纸、电视、互联网等媒体，使县域旅游发展接受社会监督。另外，市场是县域旅游发展的平台。县域旅游的管理不仅要依靠政府加强规划建设、制定法律法规、创新技术等，而且要按照市场规律进行组织管理，强调经营户、行业协会的市场主体地位，这样才能提升管理水平。

3. 保障机制

保障机制是为管理活动提供物质和精神条件的机制。县域旅游发展仅靠市场机制，在处理资源、环境问题及产品安全性等方面显然不足，无法协调系统中的个人行为、社会行为及其形成的人与自然、人与人之间的关系。这就需要政府介入并在这些领域发挥作用。政府调控主要体现为宏观战略性的制度安排，调控机制的重点在于协调人与自然、人与人、经济利益与产品安全之间的关系，其主要作用是为发展县域旅游创造条件，引导县域旅游科学、规范发展。

（三）体制机制的运行

体制机制具有标准统一、管理规范、可操作性强的特点，是县域旅游持续健康发展的依据。决策部门通过授权、委托等方式，将各项管理职能授权、委托于县文化旅游领导小组，县文化旅游领导小组会定期向决策部门汇报县域旅游发展情况，并根据县域旅游发展的实际需要，进一步争取决策部门的相关支持，按照经营管理、环境管理、服务职能，依法对县域旅游发展实施管理。同时，县文化旅游领导小组和监督参与方县文化旅游行政部门，对发展绩效进行评价，县文化旅游领导小组根据评价结果进行内部奖惩，决策部门根据评价结果对县域旅游发展各主体进行外部奖惩，利益相关组织和个人对发展绩效进行监督。而决策部门、县文化旅游领导小组及现代信息技术确保县域旅游高效运转。体制机制保障体系的整个运转过程实现了县域旅游发展的动态有效运行。

二　发展资金

资金问题一直困扰着县域旅游企业，银行很难对地域偏僻、规模狭小的县域旅游企业给予关注；金融企业会因为涉农中小微企业及农户信用水平低、缺乏担保等问题，拒绝向其提供资金支持。① 目前，县域旅游企业的营运资金获取和经营发展大多离不开政府部门的支持。抓住机遇，加快转型，获得融资，加强营运资金管理，从而形成县域旅游产业发展优势是解决问题的关键。

（一）资金保障机制

资金保障是县域旅游发展的重要条件，通过对中国旅游经济现有筹措资金机制的分析，县域旅游发展资金主要来源于政府拨款和自有资金。在目前的开放市场中，财税体制和投融资体制的改革、金融服务的创新、市场准入的放宽，使得资金保障机制呈现一种多元化、可持续的局面。

1. 供给领先型资金保障机制

供给领先型金融的目的就是使企业能够创造出先导性产业或至少能创造出先导性产品，特别是先导性消费品，找到新消费领域，找到经济上新的增长点，从而刺激经济增长。目前，我国正处于经济转型升级和行业供给侧结构性改革的深化时期，旅游业、文化事业的发展也面临着巨大的挑战和机遇。所以就金融和经济增长间的关系而言，目前更适合采用供给领先型资金保障机制。

2. 需求追随型资金保障机制

需求追随型金融是以现存消费（消费需求）为经济启动的出发点和原动力，此时经济增长或发展实际上本身就比较顺利，金融只是顺应实体经济对其的要求而已。此时金融领域的任务就是提供正常经济运行所需的资金，特别是消费领域所需的资金更应优先提供。国家的引导、政府的支持、相关参与方的落实等，为县域旅游的后续发展创造了和谐稳定的大环境和有利的条件，未来长久的发展更适合采用需求追随型资金保障机制。

3. 银行与资本市场相结合的资金保障机制

我国当前现有的金融体系中，无论是从业务范围、资产总量还是从市场占有率和总体实力上看，以国有商业银行为中心的间接金融仍占有主导

---

① 亓彩霞、曲琳琳：《乡村旅游企业供应链营运资金管理》，《合作经济与科技》2022 年第 5 期。

地位。2019 年 3 月 11 日，中国银行与文化和旅游部在北京签署《推动文化和旅游高质量发展战略合作协议》时，文化和旅游部部长雒树刚表示，近年来，文化和旅游部坚持以习近平新时代中国特色社会主义思想为指导，深入推动文化旅游与金融合作，助力多层次、多渠道、多元化的产业投融资体系建设。中国银行作为唯一持续经营超过百年的银行，为文化和旅游改革发展工作提供了有力支持，为金融机构支持文化事业、文化产业和旅游业发展起到了很好的示范带动作用。因此，我国的金融系统有明显的银行主导型特征。针对我国金融体系的现状，以银行为主导、与市场结构取向相结合、融入民间资本的兼容模式成为县域旅游发展的辅助资金保障机制。

4. 以市场配置为主、政府调控为辅的资金保障机制

市场在资源配置中起决定性作用以及更好地发挥政府作用，是市场经济的一般规律。以政府调控为主，金融机构只能直接调配转移资金，而不能提供对债务期限、规模和风险的控制机制和自动的资金流动机制，更不能控制或防范由其自身活动产生的风险。同时，在以政府调控为主的金融模式下，金融机构更多为财政部门的延伸，也谈不上承担经济风险带来的责任，其投资扩张很难取得良好的经济收益，有时甚至背离经济发展的方向，造成负面影响。因此，以市场配置为主、政府调控为辅的资金保障机制是顺应经济发展规律、符合县域旅游发展资金需求的资金保障机制。

（二）资金保障内容

旅游业在我国是政府主导型发展产业，国家对旅游业的资金保障主要是旅游扶持资金，包括旅游国债、旅游发展基金、旅游发展专项资金、政策性银行贷款、国际金融组织和外国政府贷款、国家扶贫资金六大类[①]，主要用于加强旅游基础设施建设，改善旅游发展的基础条件，重点支持资源品位较高、发展潜力较大的国家级或省级旅游景区项目，以及旅游宣传促销、行业规划发展研究、旅游开发项目补助等；少量用于弥补旅游事业经费的不足。

① 《旅游政策资金》，豆丁网，https://www.docin.com/p-2639161117.html。

1. 旅游国债

2000 年，国家首次将旅游基础设施建设纳入国债投资计划，重点支持资源品位较高、发展潜力较大、所依托的主要交通干线建设已基本完成的国家级或省级旅游景区项目，重点解决这些旅游景区最为突出的“卡脖子”问题，如景区与交通干线之间的连接道路问题，主要是“断头路”问题和道路改扩建问题等。其意义在于直接推动旅游基础设施的建设，从而间接促进旅游业的发展。

2. 旅游发展基金

1991 年，国务院决定建立旅游发展基金，由此开创了财政专项资金重点扶持旅游业的先河。在此基础上，旅游发展基金从国家、省份、城市三个层面逐步得到确立和发展。旅游发展基金属中央财政资金，纳入文化和旅游部部门预算统一管理，主要用于旅游宣传促销、行业规划发展研究、旅游开发项目补助等，少量用于弥补旅游事业经费的不足。县域旅游发展过程中的规划设计、宣传促销活动等所产生的费用，均可从旅游发展基金里支出。

3. 旅游发展专项资金

旅游发展专项资金即政府部门为促进旅游发展，划拨一定资金专门用于完善旅游基础设施建设，改善旅游发展的基础条件。旅游发展专项资金分为国家级、省级、市级、县级等不同级别。另外交通、文物、林业、环保、经贸、水利等方面都有部门资金或专项资金，可直接或者间接地支持旅游开发项目。国家级旅游发展专项资金包括国家红色旅游专项资金、国家“十一五”历史文化名城名镇名村专项保护资金、国家文化和自然遗产地保护资金等。省级旅游发展专项资金是指在中央的带动下，各省、自治区、直辖市也纷纷将旅游作为经济发展重点，从省级财政拨出一定资金建立旅游发展专项资金，推动旅游基础设施的建设。设置旅游发展专项资金的市、县主要集中在那些具有高品位旅游资源、旅游发展潜力较大的地区，它们都将工作重点转向旅游开发和建设，不仅积极争取中央和省级旅游发展专项资金，也从地方财政拨出一定资金设立本地旅游发展专项资金。

4. 政策性银行贷款

政策性银行贷款由各政策性银行在中国人民银行确定的年度贷款总规模内，根据申请贷款的项目或企业情况按照相关规定自主审核，确定贷与不贷。政策性贷款是目前中国政策性银行的主要资产业务。我国的政策银行体系由国家开发银行、中国进出口银行和中国农业发展银行三家银行组成，自1994年成立以来，在执行国家产业政策、完善基础设施建设、推动基础产业和重点领域发展等方面发挥重要的作用。其广泛的信贷支持一方面推动了宏观层面的国家发展战略和经济政策的实施；另一方面满足了微观层面的农业农村建设、中小微企业以及对外经贸合作的金融需求，对补充和完善商业性银行的功能具有重要意义。此外，政策性银行的贷款决策兼顾政策性与商业性，除考虑借款人的经营业绩和风险以外，还会考虑一些政策性因素，即政策性银行贷款一方面明显有别于可以无偿占用的财政拨款，而是以偿还为条件，与其他银行贷款具有相同的金融属性；另一方面又具有指导性、非营利性和优惠性等特殊性，在贷款规模、期限、利率等方面提供优惠。

5. 国际金融组织和外国政府贷款

国际金融组织又称国际金融机构，是指通过开展金融业务、协调和管理国际金融事务，维系国际货币和信用体系的正常运作，促进世界经济的稳定和发展的国际组织。根据我国《国际金融组织和外国政府贷款投资项目管理暂行办法》的规定，国际金融组织主要是指世界银行、亚洲开发银行、国际农业发展基金会、欧洲投资银行等。国际金融组织和外国政府贷款是指财政部经国务院批准代表国家统一筹借并形成政府外债的贷款，以及与上述贷款搭配使用的联合融资。贷款类型包括四种：一是软贷款，即政府财政性贷款，一般无息或利率较低，还款期较长，并有较长的宽限期，这种贷款一般在项目选择上侧重于非营利的开发性项目，如城市基础设施建设等；二是混合性贷款，由政府财政性贷款和一般商业性贷款混合形成，比一般商业性贷款优惠；三是由一定比例的赠款和出口信贷混合组成的贷款；四是政府软贷款和出口信贷混合的贷款，被称为“政府混合贷款”，这是最普遍实行的一种贷款。我国已经有了比较完善的国际金融组织和外国政府贷款政策及管理办法，县域旅游可以充分利用各种国际金融组织和外国政府贷款资金。国际金融组织和外国政府贷款对我国旅游开发及相关产业的发展起到了积极的推动作用。

6. 国家扶贫资金

国家扶贫资金是指中央为解决农村贫困人口温饱问题、支持贫困地区社会经济发展而专项安排的资金，包括支援经济不发达地区发展资金、“三西”农业建设专项补助资金、新增财政扶贫资金、以工代赈资金和扶贫专项贷款。国家对以上各项扶贫资金的使用要求比较严格，规定必须全部用于国家重点扶持的贫困县，并以这些县中的贫困乡、村、户为资金投放、项目实施和受益的对象。

除了上述提到的旅游扶持资金外，还有通过开拓资本市场吸引投资等多类型的资金筹措渠道。投资者一般将债券视为安全的、低风险的资产类型，所以开发股票市场和发行旅游债券也是可以尝试的渠道。

三 土地利用

麦克默里在20世纪30年代发表的《游憩活动与土地利用的关系》中讨论了土地利用与消遣娱乐的关系，提出旅游业是一种独特并且重要的土地利用方式。土地是产业发展的基础，县域旅游发展与土地利用息息相关。旅游产业的繁荣及土地资源的不可再生特性，导致土地资源更加稀缺，用地矛盾愈加凸显。

（一）土地特性

土地的自然特性主要包括以下几点。第一，位置固定性。土地的空间位置是固定的，不能移动，土地的这一特性决定了人们只能就地利用土地。第二，面积有限性。总体上来说，土地资源是不可再生的。土地面积的有限性，迫使人们必须节约集约利用土地资源。第三，质量差异性。土地自身条件的差异造成了土地较大的自然条件差异。土地的质量差异性是土地级差生产力的基础。这一特征要求人们因地制宜地合理利用各类土地资源，确定土地利用的合理结构与布局，以取得土地利用的最佳综合效益。第四，功能永久性。在合理使用和保护的条件下，农业土地的肥力可以不断提高，非农业土地可以反复利用。

土地的经济特性主要包括以下几点。第一，供给的稀缺性。由于人口的不断增加和社会经济文化的发展，对土地的需求不断增加，而可供人类利用的土地是有限的，因而便产生了土地供给的稀缺性，并且这一稀缺性日益增强。土地供给的稀缺性日益增强，土地供求矛盾日益尖锐，导致了一系列的土地经济问题。第二，利用方向变更的相对困难性。当土地投入某项用途之后，欲改变其利用方向，往往会造成较大甚至巨大的经济损失。第三，报酬递减的可能性。土地供给的稀缺性要求人们节约集约利用土地。由于“土地报酬递减规律”的存在，在技术不变的条件下对单位面积土地的投入超过一定的限度，就会产生报酬递减的后果。第四，利用后果的社会性。土地资源具有外部性，其利用会产生外部效应，带来土地利用后果的社会性。

（二）县域旅游用地特性

县域旅游对土地市场的影响主要体现在地价、地租等方面，旅游业的发展使当地经济水平得以提高，高强度的旅游开发加强了土地资源的稀缺性，由此促使土地价格与租金的上升，在旅游区的核心区域，地价、地租一般非常高。

在县域旅游发展的过程中，随着旅游投资的增多，宾馆、客栈、家庭旅馆、商业中心、旅行社、旅游商铺等均需要占用土地，由于某一区域土地总量有限，加之某些区域严格的土地管制政策，土地价格、地租将随着旅游开发的强度增大而大幅度提升。按照与中心区域距离的远近，级差地租的空间格局表现得较为明显。由旅游的发展导致的地租、地价的攀升提高了当地居民的居住成本，土地价格超出了当地人经济的承受能力，一些旅游区的社区居民的生活水平与质量并没有因为旅游经济的发展而得到较大提高。从政府管制政策来看，严格的土地管制政策降低了旅游区土地市场的活跃程度，同时使得土地价格较高；而较为宽松的土地管制政策则使旅游区土地市场较为活跃，土地价格也较低。

（三）县域旅游用地类型

由于依附在土地上的建筑以及资源的特殊性、历史的遗存性、文化的传承性，旅游用地兼具旅游系统中的客体与媒体两大性质。这种旅游用地类型在广义上主要包括旅游接待设施用地、旅游交通用地、旅游资源用地、旅游产品用地等。这些用地类型在空间上表现为隶属于景区的建筑用地、资源用地与设施用地以及连通景区的旅游交通用地等。

1. 风景名胜区用地

风景名胜区用地是旅游用地的一种形式，它是风景名胜资源和环境的载体，是包括旅游活动在内的社会经济活动的基础，而且与其所支撑的地上附着物一起构成极为珍贵的自然与文化景观。相比于一般的城镇与县域土地资源，风景名胜区土地资源在外延上得以扩展，其潜在价值得以提高，从而形成不同的土地特征。相比一般的土地资源来说，风景名胜区土地资源具有生物多样性价值、历史文化价值、科研价值、美学价值、健身价值、社区发展价值、持续发展价值、游览价值等多种价值，由此也衍生出自然珍稀性、历史真实性、科学性、观赏性、保健性、社区性、持续性等特性。

2. 度假区用地

度假区用地类型可以包括在城市建设用地类型之中，也属于旅游用地的一种类型。度假区的建设与开发是旅游用地类型变化较为剧烈的土地利用过程之一。直接为旅游者服务的用地，占旅游度假区用地的比重最大，其构成如下。第一，游览、娱乐用地及各种绿地，包括自然景观游览用地、人文景观游览用地、文化娱乐设施（如演出广场、展览馆、影剧院、博物馆等）用地、体育运动设施（如球类运动场馆、水上活动设施、跑马场、射击场、冬季运动设施等）用地及营造良好度假环境的各种绿地。第二，旅游度假设施用地，包括住宿设施用地，如宾馆用地、度假别墅用地、度假山庄用地；野营用地和旅游餐饮设施用地，如各种餐厅和酒吧设施用地。第三，商业服务设施用地，包括商业服务中心、网点和集贸市场用地。别墅、公寓用地是旅游度假区内发展房地产业的土地，可采取批租、转让等方式给投资者使用。

3. 县域旅游商业用地

县域旅游商业用地包括饭店、餐厅、酒吧、宾馆、旅馆、招待所、度假村等及其相应附属设施用地。但此分类下并没有包含旅游商品购物用地在内的用地类型。在旅游城镇、旅游古镇，多数店铺、餐馆、宾馆等面向旅游者，用地的功能较为单一，用地类型以及依附于土地之上的建筑以旅游商业服务为主，这种用地类型可视为旅游商业用地。

四　政策保障

改革开放以来，我国旅游业的蓬勃发展受到全世界的瞩目，这与我国有效实施的旅游政策密不可分。因为我国实行的是政府主导的旅游发展战略，而政府对旅游业的宏观调控或矫正以政策性调节为主，即制定各种有关的旅游政策，并围绕一个或几个主要的政策目标加以实施。① 旅游政策的正确与否直接关系到旅游业的兴衰成败。县域旅游发展要在国家和省级旅游局制定的相关政策下，合理发布合适的县域旅游政策，以促进当地的旅游业发展，从而辐射带动其他产业的竞争力增强，获得经济效益、生态效益和社会效益。

（一）宏观产业政策

一方面，制定宏观政策不仅要着眼于旅游业自身也要考虑旅游业的发展背景。因旅游业的综合性及依赖性，实现县域旅游高质量发展必须加强与其他部门的合作，政策制定要体现出部门之间的联动性。一是旅游部门与财政、税收部门的联动性。旅游部门与财政、税收部门合力出台发展县域旅游的财税政策，加大对县域旅游的财政投入和税收优惠力度，通过财政投入、税收优惠和绿色贷款等政策支持县域旅游发展。二是旅游部门与教育部门的联动性。旅游部门与教育部门联合出台关于旅游专业人才引进的政策，吸引旅游专业知识型人才和技能型人才进入行业，为县域旅游的长久发展贡献力量。三是旅游部门与科技部门的联动性。旅游部门与科技

---

① 沈姗姗、苏勤：《中国旅游政策研究综述》，《资源开发与市场》2008 年第 8 期。

部门联合出台旅游行业专业技术的研发和推广政策，促进信息技术在县域旅游中的运用，提高智能化水平。四是旅游部门与设施设备等部门的联动性。旅游部门与设施设备等部门联合出台相关后勤保障政策，为县域旅游的发展提供稳定的基础环境。

另一方面，县委、县政府需要出台相关政策措施，将县域旅游发展规划与城乡建设、土地利用以及农业、林业等规划有机衔接，明确县域旅游产业的发展政策、财政政策、投融资政策、价格政策，构建完善的县域旅游发展政策体系。

（二）相关法律法规

我国现行的《中华人民共和国旅游法》是 2013 年 10 月 1 日起实施、2018 年 10 月 26 日进行第二次修订的，它的实施保障了旅游者和旅游经营者的合法权益，规范了旅游市场秩序，促进了旅游业持续健康发展。

县委、县政府也可在国家政策方针的指导下，出台一些地方政策、标准，为创建省级全域旅游示范区、省级旅游强县提供依据。这样，县域旅游就会有法可依、有章可循，必会在合规范围内健康、有序、科学发展。

（三）行业规范

目前，我国的旅游行业组织及学术团体很多，它们与政府部门、社会团体组织、旅游企业等协作，充分发挥着桥梁和纽带作用，从事各类旅游管理和服务、旅游研究、旅游实践等活动，为中国旅游业的全面发展做出贡献。

（四）法律关系

县域旅游中的法律关系不仅包括公法上的权力义务关系，还包括私法上的权利义务关系。

1. 公法上的权力义务关系

公法上的权力义务关系主要是指县域旅游中的各级政府及其职能部门依据法律法规授予的权力行使管理职能时，与其他参与主体之间的权力义务关系，一般来说包含以下几种关系。一是行政许可法律关系。行政许可是指行政机关根据公民、法人或者其他组织的申请，经依法审查，赋予其从事某种活动的法律资格或者实施某种行为的法律权利。政府或政府的职能部门依照当事人的申请，对旅游从业人员、旅游经营者的资质进行认证，并规范其具体行为。二是行政处罚法律关系。行政处罚是指行政主体对有行政违法行为的公民、法人或者其他组织实施的行政制裁。当当事人触犯了相关法律法规时，政府机关就要行使行政管理职能，对违法行为进行纠正，以保证县域旅游健康发展。对于经处罚仍不改正的，则可以动用行政拘留等限制人身自由的方式对违法者进行惩戒，以维护社会法纪。三是行政监督检查法律关系。行政监督检查是指行政主体依法定职权对公民、法人或者其他组织遵守法律、法规、规章，执行行政命令、决定的情况进行核查、了解、监督的行为。国家颁布了《中华人民共和国行政监察法》，其目的就是避免过去只注重事前审查而忽视事后监督的做法。要监督县域旅游开发的全过程，不能有所偏废。四是其他行政法律关系。在县域旅游发展过程中，还有可能涉及行政裁决、行政奖励、行政征收等其他行政法律关系，公权力的正当行使是县域旅游发展的关键，不管是对资源使用权的行政裁决，对保护资源的行政奖励，还是出于公共利益考虑对私人财产的征收、征用，特别是对市场秩序的维护，都是政府机关不能推卸的责任。

2. 私法上的权利义务关系

在私法上的权利义务关系中，合同法律关系是最典型的一种。一是政府机关在招投标过程中先发出要约邀请，即招标公告，经营企业感兴趣就会发出要约寄出投标书，政府机关根据预先确定好的规则对各个标书进行审查，最后发出承诺确定中标方，双方在其后的一定时间内对招投标内容进行确认，签订正式的书面合同，至此这一阶段的订立合同过程结束。在其后的具体实施阶段，政府机关要对中标方的履行情况进行监督，中标方要按照合同的要求保质保量地完成工作。二是县域旅游经营者与从业者之间的劳动合同关系。经营者有义务对从业者进行培训，为其提供必要的生产条件，按期支付劳动报酬。从业者要按照劳动合同的要求提供劳动并尽到竞业禁止义务，合理保护经营者的商业秘密，不私底下损害经营者的利益。三是经营者与旅游者之间签订的旅游合同，经营者需要按照合同要求和一般的注意义务向旅游者提供服务，对于员工与旅游者之间发生的冲突要及时予以解决。还有一些其他的平权法律关系，比如消费者与餐饮店之间的关系，这些法律关系都属于私法的范畴，应用民法加以调整。

五 人才支撑

人才是指具有一定的专业知识或专门技能，并进行创造性劳动且对社会做出贡献的人，是人力资源中能力和素质较高的劳动者。旅游人才是指发展旅游业所需要的具有某种工作特长的人员，尤其是指旅游管理部门和旅游企业中的各类管理人员和技术工人、服务人员。[①] 人才是县域旅游业可持续发展的第一资源，培育人才是县域旅游业长期的发展使命。2021 年，文化和旅游部发布《“十四五”文化和旅游发展规划》，指出要“加强党对文化和旅游工作的全面领导，强化组织实施，健全体制机制，完善政策法规，夯实资源要素保障，推动规划落地见效”，强调要建强人才队伍。因此，全面发展旅游业、促进文旅融合，人才是关键保障和动力支撑。

（一）旅游人才素质构成

在旅游人才素质结构中，身心素质是最基本的素质，是旅游人才素质的基础；政治素质是最根本的素质，在旅游人才素质结构中起着方向性和灵魂的作用；职业思想素质是基础性的素质，是旅游人才素质的思想道德基础；职业能力素质是最重要的素质，是旅游人才素质的知识和技能基础，是旅游人才素质结构中的核心素质。

1. 身心素质

身心素质是指旅游人才的身体和心理素质，是旅游人才应具备的基本素质。健康、良好的身心素质是从事旅游服务工作的基本条件。从身体素质看，旅游服务工作既是一种脑力劳动，也是一种体力劳动，旅游行业的员工要完成好本职工作，必须有一个健康的身体作为保证。根据旅游行业旅游服务工作实际，健康的身体一是要精力充沛，二是要体力充足，三是要掌握健身和锻炼的科学方法；健康的心理一是要有良好的心态，二

① 范德华：《论旅游人才素质结构》，《学术探索》2013 年第 5 期。

是要有稳定的心理素质，三是要有乐观的心理品质和活泼的性格。对于旅游人才而言，培养自己良好的身心素质就显得十分重要。

2. 政治素质

政治素质是指旅游人才在社会化过程中所获得的对其政治心理和政治行为产生长期稳定的内在作用的基本品质，是社会中传播的政治理想、政治信念、政治态度和政治立场在旅游人才的心理中形成的并通过言行表现出来的内在品质。对于旅游人才而言，政治素质主要包括以下几个方面的内涵。一是马克思主义、毛泽东思想和中国特色社会主义基本理论的基本知识。旅游事业是中国特色社会主义事业的重要组成部分，旅游人才必须掌握马克思主义、毛泽东思想和中国特色社会主义基本理论的基本知识。二是正确的世界观、人生观和价值观。不树立正确的世界观、人生观和价值观，是不可能成为真正意义上的高素质人才的。三是基本的政治品质，主要包括爱国主义精神、中国特色社会主义的共同理想、坚定的社会主义信念、热爱中国共产党的感情等内容。四是社会主义荣辱观。社会主义荣辱观不仅对旅游人才做好旅游服务工作有重要作用，而且对旅游人才的可持续发展具有重要的作用。培养旅游人才基本的政治品质，既是促进旅游产业科学发展、可持续发展的需要，也是促进旅游人才全面发展、健康发展的政治保证。

3. 职业思想素质

职业思想素质是指与职业相关的思想道德素质的总和。职业思想素质主要包括以下几个方面的内涵：一是职业意识，包括敬业精神、职业责任、职业道德等内容；二是职业品质，包括职业良心、耐心细致、爱心、理解和沟通、团队精神和大局意识等；三是职业习惯，职业习惯是在职业生活中养成的、与职业生活紧密相关的日常行为规律，良好的职业习惯是旅游人才不可缺少的基本素质；四是旅游职业道德，即劳动者在职业生活中应遵循的基本的道德规范，作为旅游人才，在旅游服务工作中，要保证旅游服务的质量，还必须遵守旅游职业道德的基本规范和具体要求，旅游人才只有具备了基本的职业道德，才能在做好本职工作的过程中，使自己的事业和人生得到发展，成为高素质的旅游人才。

4. 职业能力素质

职业能力是指职业劳动者从事职业劳动的能力，是职业劳动者从事工作所需的知识和技能。职业能力素质主要包括以下几个方面的内涵。一是与旅游相关的基本专业理论，必须具备基本的旅游专业理论，才能更好地完成旅游服务工作，提升旅游服务的质量，也才能为自身的发展奠定良好的理论基础。二是精湛的职业技能，即要有会“做事”的本领。三是与旅游相关的基本知识，旅游业是一个涉及的知识面比较广的行业。旅游服务工作需要有比较广的知识面，特别是导游的讲解，涉及的知识更多。不掌握相关的知识，是无法提升旅游服务质量的。不掌握与旅游相关的基本知识，不是合格的旅游人才。

职业能力素质是人才实现人生发展和事业发展相关素质的总和，是支撑人才可持续发展的基本素质。主要包括以下几个方面的内涵。一是交流、沟通的能力。要有较强的交流、沟通能力，要善于和游客交流、沟通，在和游客交流、沟通中，了解游客的感受和需求，求得游客对自己工作的理解和支持，在心理上拉近和游客的距离。二是团队精神和协作能力。旅游服务工作的涉及面比较广，涉及交通、公安、商业、文化等很多部门，旅游人才必须具备团队精神和协作能力，才能在完成本职工作的过程中使自己得到发展。三是形象和气质。旅游行业作为为游客提供服务的行业，对人才形象和气质的要求比其他行业要高一些。良好的个人形象、优雅的气质，会给游客一个比较好的第一印象，会使游客在心理上更容易接受其提供的服务。

（二）县域旅游人才培养

1. 人才培养方法

加强学习。认真学习科学文化知识，学习旅游的专业理论和旅游的基本知识，是旅游人才提高自身素质的基本方法。旅游人才必须掌握基本的科学知识、文化知识和历史、自然、地理、社会等多方面的知识，必须掌握旅游的基本理论和基本知识。缺乏相关理论和知识的支撑，旅游人才的文化素养和职业能力素质就得不到提高。

提升修养。旅游人才要获得基本的政治素质和职业思想素质仅通过学习还不行，还必须提升理论修养和道德品质的修养。理论修养是旅游人才在学习的基础上，在深刻领会马克思主义和中国特色社会主义基本理论，并把马克思主义和中国特色社会主义基本理论同实践工作结合起来，用马克思主义和中国特色社会主义基本理论指导实际工作的过程中获得的。提高理论修养，需要以高度的自觉性和责任感，下苦功夫、真功夫、长功夫。

习惯养成。良好的习惯是旅游人才的基本素质。旅游行业的员工，要做好旅游服务工作，必须具备良好的习惯，而一个人的良好习惯是在学习、工作、生活中逐步养成的。旅游行业的员工，要提高自身的素质，成为名副其实的旅游人才，必须注重在学习、工作、生活的过程中养成良好的习惯。一是在语言和行为上养成的尊重他人的习惯，文明用语，礼貌待人。二是耐心细致的习惯。旅游服务工作，不仅需要服务者心细，而且需要服务者有足够的耐心。三是自觉遵守法律法规、规章制度的习惯。在工作中做到依法服务，遵章守纪。

行业实践。知识和理论的学习、基本理论和道德品质修养的提升、良好习惯的养成都离不开实践。在实践中学习、在实践中锻炼、在实践中提高，是旅游人才提高自身素质的基本方法。离开了实践，旅游人才的素质是不可能真正得到提高的。一是要善于在实践中学习，要注意理论和实践的结合，在实践中加深对书本知识和理论的理解，在实践中拓宽自己的知识面，丰富自己的知识；二是要善于在实践中总结、提高，通过对实践的总结，发现自己的不足，及时进行修正和完善；三是要注重创新，要把理论知识和工作实际结合起来，根据工作实际的变化，创造性地开展工作，成为创新型的旅游人才。

2. 人才培养模式

(1) 梯度培养模式

院校教育、继续教育、企业培训三者互为补充、有机结合，完善学历教育和成人培训机制。各教育体系充分利用自身特点和优势，明确培养对象、培养目标和培养重点。

旅游院校是人才培养的主力军，在人才培养中发挥着基础性作用。高校旅游专业人才是旅游业未来的中流砥柱，对口引进高校旅游专业应届人才是旅游业储备人才、培养人才的核心手段，这类人才将对旅游业的发展愿景、文化价值观高度认同。相关培训中心是继续教育的重要环节。对于职工学历层次普遍较低的旅游行业来说，继续教育是旅游人才培养的一个不可忽视的组成部分。企业培训是提升员工效率和减少员工流失的重要手段，能帮助员工适应市场变化、提升核心竞争力，其对象可以是管理人才、技术人才，也可以是销售人才、优秀的操作工等。

（2）职业化建设模式

首先，使用职业化的工作模板是培养县域旅游发展各岗位员工事半功倍的方式。它可以使员工在短时间内吸取间接经验进而很快投入工作，这样的工作模板不仅是一种行为标准，更是一个企业内部知识传承的载体。

其次，开展系统化职业培训是迅速提高员工职业化水平的首要途径。县域旅游员工职业化程度不高是由很多因素造成的，其中职业化思想和技能的缺乏是主要原因，开展职业化培训向员工灌输这些知识技能可快速影响员工的思想和提升相关技能。

最后，建立职业化管理体系是持续提高员工任职能力的系统方法。职业化管理体系的基本思路是根据不同岗位的业务特点及企业文化和组织战略，提炼出不同岗位员工的职业化模型，并最终形成职业化工作模板，以此为标准来规范和培训员工，提高其职业素养，改进其工作行为，提升员工的个人工作业绩，实现组织目标。职业化管理是通过定期的职业素养评价，使员工的任职能力不断由较低的水平向较高的水平提升。

第四章
需求分析

改革开放40多年来，随着经济、社会的快速发展，旅游产业持续壮大，特别是以“黄金周”为主的集中式休假模式的形成，更激发了全国各地的旅游开发热潮，县域旅游产业迅速崛起，成为推动县域经济增长的重要力量。面对多元化、个性化、差异化的文旅市场需求，能在文旅产业发展中脱颖而出的县域，无一不是跳出了围绕少数名山大川或历史文化遗迹进行开发的惯性思维、打破销售门票的传统模式依赖，从市场需求出发，以文化和创意为导向，以运营能力为基础，最终开辟出一条新的发展路径。

第一节　需求概述

县域作为我国重要的旅游目的地，是旅游资源的重要承载地，我国主要的自然和人文旅游资源基本上分布在县域范围；县域是我国国内旅游和部分入境旅游的主要目的地，也是实现和推动多种旅游类型发展的主要空间；县域是旅游化发展方式的最佳实践地，通过发展旅游可以有效带动县域社会经济发展。县域旅游的发展，能带来更丰富的旅游产品，满足人们的精神文化需求。因此，从需求角度分析县域旅游至关重要。

一　需求概念

（一）需要

需要是指没有得到某些基本满足的感受状态，是人类与生俱来的，如人们为了生存，对食品、衣服、住房、安全、归属、受人尊重等的需要。这些需要存在于人类自身生理和社会之中。

（二）欲望

欲望是指想得到上述基本需要的具体满足品的愿望，是个人受不同文化及社会环境影响表现出来的对基本需要的特定追求。如为满足“解渴”的生理需要，人们可能选择（追求）喝白开水、茶、汽水、果汁、绿豆汤或者蒸馏水。

（三）需求

欲望作为人们内心想法的表现是无穷无尽的，但在无尽的欲望之中，能够真正实现的往往只有少部分，这些能够实现的欲望就是需求。因此，需求有两个核心要件：一是有购买意愿，二是有支付能力。

（四）旅游需求

当作为需求对象的商品为旅游产品或服务时，这种需求被称为旅游需求，即在一定时期内，在各种可能的旅游价格下，消费者愿意并且能够购买的旅游产品和服务的数量。旅游需求和一般的商品需求有明显的不同之处。

其一，一般的商品被购买之后，所有权就转移给了购买者，商品的移动伴随需求的满足。但旅游产品和服务被购买之后，购买者不一定拥有所有权。旅游包括食、住、行、游、购、娱六大要素，购买了旅游景区的门票并不意味着消费者拥有了景区的所有权，消费者只是拥有使用权而已，而且使用权是通过人的移动来实现的。因此，旅游需求的实现不仅要有收入的支撑，还要有时间的投入，闲暇时间构成了旅游需求被满足的必要条件。

其二，旅游需求同时还受到旅游供给的影响，供给可达性一方面能刺激与引发旅游需求，另一方面能反映旅游供给保障。旅游资源、旅游基础设施、旅游服务的供给量和供给结构，都能对可达性造成影响。例如，如果道路交通状况不能达到潜在旅游者的预期，旅游可达性不足，就会影响旅游需求。

县域旅游需求将旅游活动的场所基点放在了县域区域单元，游客利用闲暇时间参与度假旅游、乡村旅游、研学旅游、养生旅游、低碳旅游、探险旅游等活动，满足悦目、养神、怡情、求学等需求。

二　需求类型

（一）按照主体动机划分

基于旅游消费主体的差异性，不同的群体在动机上存在多样性。可以根据主体动机将需求分为身心健康需求、文化追求需求、人际关系需求等多层面需求。

身心健康需求，主要指为了健康或寻求精神上的乐趣而产生的需求。长期的紧张工作、城市喧嚣的环境、繁杂的家务，使人精神疲惫、心理压抑。人们迫切渴望暂时远离工作环境和家庭环境，摆脱工作的枯燥与压力、日常生活的烦闷乏味，寻求身体和心灵的放松与闲适。如四川金堂县毗河湾旅游度假区、广西平南县的山地旅游、贵州龙里县的体育旅游、广东丰顺县的温泉旅游度假区等均能满足这种需求。

文化追求需求，指人们为了增加知识积累、拓宽视野而产生的需求。有对心灵慰藉的需求，满足自身的好奇心，追求刺激感和精神信仰、怀旧追昔等感受；也有对享受与成就的需求，希望参与各种有趣的活动，积累知识与经验。如山西吉县县域民俗旅游、湖北郧西县的文化旅游、四川梓潼县的“中国两弹城”等均能满足这种需求。

人际关系需求，又称为交往需求，是人们为了保持社会交往和社会接触而产生的需求。通过与孩子、家人、亲友、同事的同游，加强彼此的沟通，深化感情，结交不同类型的朋友。如位于四川省平昌县板庙镇境内的大石童话小镇，素有“千年古蜀驿站，炫彩童话世界”之称，是进行亲子游乐、红色教育、农事体验、研学旅行的休闲乐园，无疑是小孩子学习娱乐的天堂。

（二）按照需求层次划分

按照马斯洛的需求层次理论，需求可以分为低层次需求和高层次需求。

低层次需求是就目的地而言，县域要满足游客对交通设施、通信条件、住宿、餐饮等的基本需求。县域旅游资源为核心吸引物，而在游客抵达目的地后，对这些基础需求的满足，尤其是对夜游需求的满足，才能为留住游客创造条件。高层次需求是游客对感情和归属、尊重及自我实现的需求。游客旅游正从观光式向体验式发展，游客不再满足于大众化旅游产品，更加在意旅游带来的个性化、体验化、情感化的经历，希望能够见证旅游地生活，感受不同地域的生活体验，得到精神的洗礼。在大众旅游由观光游向体验游过渡时期，景区景点不能只提供观光游服务，更需满足游客深度体验需求。

三　需求特征

（一）指向性

旅游需求的指向性包括时间指向性和地域指向性。①

旅游需求的时间指向性是指旅游需求在时间上具有较强的季节性。季节性是旅游业最重要的特征之一。旅游业作为国民经济的重要组成部分，长期受到季节性波动的影响。旅游需求具有很强的季节性，分为淡季、平季和旺季。造成旅游需求季节性波动的原因可以分为两种。第一，从旅游客源地来看，不同地区具有不同的社会风俗习惯和休假制度，闲暇时间的分布区别比较大；第二，从目的地来看，一年四季气候不同，使得大部分自然景观和一部分人文景观呈现出季节性特征，如江西婺源县 3～4 月最美的油菜花，西藏米林县 8～10 月的雅鲁藏布大峡谷，四川 9～10 月的九寨沟，云南 11 月至次年 4 月的元阳梯田等。

旅游需求的地域指向性是指旅游需求在空间上具有较大的冷热差异，形成旅游的“冷点”和“热点”地区。因此，旅游目的地应根据“淡旺季”“冷热点”的不同特点做出合理安排，努力开发淡季和温冷点的市场需求，使供给和需求在季节和地域上向均衡化方向发展。以位于江西省上饶

① 黄和平：《我国旅游季节性的区域差异与开发策略研究》，博士学位论文，华东师范大学，2016。

市婺源县石耳山的婺源篁岭旅游度假区为例，每年阳春三月，篁岭万亩梯田油菜花海迎春开放，花海随山就势，从海拔700米的深山古村延绵至平坦的大墉源，壮观的篁岭梯田被誉为“全球十大最美梯田”。面对油菜花期短、淡旺季需求不均衡等现状，篁岭景区通过打造二期梯田花海和加大文化产业投入、丰富旅游产品，构建春“晒”百花、夏“晒”生趣、秋“晒”果蔬、冬“晒”年俗，白天逛古村、夜晚赏灯秀的全天候旅游产品，较好地解决了旅游需求的不均衡问题。

（二）异地性

为了满足旅游需求，旅游者需要到旅游产品生产地进行消费。因此，旅游消费具有异地性及时效性的特点。在旅游消费的过程中，位置、交通、服务等空间性因素，与气候、温度、假期长短等时间性因素，无不对旅游者的决策和参与程度产生影响，致使旅游产品购买既有一定的规律性，又有较大的随机性，这些都增加了旅游市场预测的难度，给旅游营销带来不便，也促使旅游企业更重视对旅游产品的宣传和促销。

（三）敏感性

旅游需求的敏感性主要表现为对政治社会条件的敏感性和对经济环境的敏感性。对政治社会条件的敏感性，主要是针对旅游目的地而言的。根据马斯洛需求层次理论，安全需求的重要性仅次于生理需求，当旅游目的地发生社会动荡或与客源地关系紧张时，旅游者出于安全考虑，会放弃旅游计划。因此，旅游目的地稳定的政治社会环境，对旅游需求的产生至关重要。对经济环境的敏感性，则是指客源地的经济状况、客源地与目的地之间的汇率变动等情况。此外，旅游需求是在基本生活需求得到满足之后的高层次需求，且旅游产品的可替代性很强，这就决定了旅游者对价格敏感，旅游需求一般会随着个人收入、旅游商品价格的变化而波动。

（四）主导性

需求是在外部刺激影响下，经过人的内在心理作用而产生的，是人类各种行为发生的内在动力。旅游需求的产生，虽然受旅游产品的吸引力影响，受经济、社会、政治、文化及环境等各种因素的影响，但最根本上还是人的心理所决定的。人们的价值观、生活方式、生活习惯、消费特点等都会直接决定和影响旅游需求的产生。我国社会主要矛盾已经转化为人民日益增长的美好生活需要和不平衡不充分的发展之间的矛盾，旅游业正是满足人们美好生活需要的幸福产业，越来越成为人们重要的日常生活方式。文化和旅游部财务司发布的《2021 年度国内旅游数据情况》中，根据国内旅游抽样调查统计结果，2021 年国内旅游总人次 32.46 亿，比上年同期增加 3.67 亿，增长 12.8%（恢复到 2019 年的 54.0%）。其中，城镇居民 23.42 亿人次，增长 13.4%；农村居民 9.04 亿人次，增长 11.1%。因此，旅游需求是一种主导性的需求，特别是随着人们收入的增加、生活水平的提高和对生活质量的讲究，旅游需求已成为人们积极主动追求的一种消费需求。

（五）多样性

旅游市场需求由个体需求组成，而个体旅游者在职业、社会地位、消费习惯、年龄、性别、国籍、旅游经历、旅游偏好等方面存在差异，即便是出于同一种旅游动机，个体需求在旅游地选择、旅游方式、旅游时间、旅游类型等方面也存在差异，从而导致了旅游需求的多样性。[①] 如受新冠肺炎疫情影响，“周边游”“乡村游”日益受到人们的青睐，以及凭借悬疑感、趣味性、娱乐性、社交性、沉浸式体验等特征，“剧本杀 + 文旅”深受年轻人喜爱。

四　影响因素

（一）客源地因素

1. 经济状况

经济状况是决定能否进行县域旅游的重要限定因素，旅游者的经济状况或家庭的富裕程度，决定着能否实现县域旅游和旅游消费水平的高低。经济状况取决于个人收入水平和已有资产量。根据经典的旅游需求理论，可自由支配的收入才是产生旅游需求的基础经济条件。当然，在很多情况

---

① 程瑞芳主编《旅游经济学》，重庆大学出版社，2018。

下，人们用于旅游的消费支出并非完全取自其当年的可自由支配收入，而是部分甚至全部取自其过去的积蓄或利用信用方式进行支付。但是，所有这些费用，最终都需从其可自由支配收入中偿付。正因如此，各国研究旅游问题的学者都将可自由支配收入作为实现个人旅游需求的首要经济前提。所谓可自由支配收入是指个人收入中扣除支付应缴纳的个人所得税和日常衣、食、住等必需的生活消费开支和必要的社会消费开支之后，仍有剩余的部分。旅游活动发展的实践也表明，在其他因素不变的情况下，人们的可自由支配收入越多，对旅游的需求也就越大，尤其表现为外出旅游次数或在外旅游天数的增加。反之，对旅游的需求便会减少，表现为缩短外出旅游的距离和减少在外旅游的天数。

2. 人口因素

旅游是人的行为活动，人口因素是影响旅游需求的重要因素之一。人口的总数、结构、分布状况等统计特征，对旅游需求的产生有明显的影响作用。①

人口总数。这里所说的人口总数，是指客源地的人口总数。虽然没有数据表明，人口总数多的国家游客需求就一定多，但是，一个国家或地区产生游客的数量，必然受到该地区人口总数的限制。一般来说，人口总数多的国家，在出游率不高的情况下，出游的人数依然可能较多。而且从长远的角度来看，人口总数多的国家或地区，其潜在的旅游需求也大，在客观条件具备的情况下，转化为现实旅游需求的数量也比较多。因此，人口总数对一个地区的旅游需求规模有很大影响。

人口结构。人口结构是指人口的年龄、家庭、性别和职业等的构成情况。游客年龄及家庭结构对旅游参与有直接影响。从人口年龄构成上看，不同年龄段的人，其经济收入、兴趣爱好、身体健康状况、消费需求等各不相同。青年旅游市场中有不可忽视的潜在旅游需求。青年人精力充沛，好奇心强，虽然消费水平不如成年人，但外出旅游愿望强烈。中年人年富力强，收入稳定，带薪节假日多，出游的比例较高，中年旅游市场是当今

---

① 朱孔山主编《旅游市场营销》，中国海洋大学出版社，2010。

旅游市场的主体。这一年龄段的人外出旅游的最多，既有度假旅游，又有商务会议旅游，这部分人多已结婚成家，对这一部分人来说，有无小孩、孩子年龄大小对旅游需求影响很大。因此，要特别注意将其家庭结构与年龄结合起来进行考察。老年人收入稳定且有经济积累，又很少有子女的拖累，旅游时间比较充裕，是拥有可自由支配收入和闲暇时间非常多的群体之一。老年人外出旅游的目的多是健康养生、探亲访友和参观历史古迹。他们旅游的特点是：行程较远，在外停留时间较长，能在旅游淡季出游，可弥补淡季客源不足问题，出行更多依赖旅行商和旅行代理人的安排。

旅游需求的性别差异是很明显的。一般来说，男性游客独立性较强，更倾向于知识性、运动性、刺激性较强的旅游活动，公务游、体育游较多；女性游客更注意旅游目的地的选择，注意财产安全因素，喜好购物，对价格敏感。随着女性就业及个人收入水平的提高，女性旅游市场有了较大发展，女性公务旅游、观光旅游，尤其是未婚女青年和独身女子的旅游，呈上升趋势。2022 年 3 月，携程发布的《2022“她旅途”消费报告》显示，2021 年女性为旅游支付的人均花费高出男性 33%，超四成女性选择入住四星级以上酒店。花得多、买得多、省得多，是当代女性的旅游消费三大特点。

不同职业、不同工作性质，意味着不同的收入、不同的受教育程度、不同的闲暇时间和不同的消费需求等。一般来说，企业家、商人、医生、律师等收入水平较高，产生旅游需求的可能性较大，进行远距离旅游的可能性较大，对食宿和旅游设施的要求也较高。商务人员、公务人员、管理人员出差的机会比较多，通常在公务旅行中兼顾旅游，旅游消费比较高。科技工作者、教师、研究人员进行学术交流的机会较多，会议旅游是他们常见的旅游方式。而一般的个体工商业者、工人和农民，经济收入较低，闲暇时间较少，外出旅游的条件不充分。此外，他们的受教育程度往往较低，不容易产生旅游需求，或者旅游需求层次不高。

3. 社会因素

闲暇时间。在影响人们旅游需求的因素中，闲暇时间占有举足轻重的地位。没有时间，旅游活动就不能实现。[①] 人们的闲暇时间可以分为四种基本类型：每日工作之余的闲暇时间、每周末的闲暇时间、法定假日的闲暇时间和带薪假期。每日闲暇对现实旅游需求的形成基本没有什么实际意义，周末闲暇可促进短时近距离的旅游需求，法定假日的闲暇可促进时间更长、距离更远的旅游需求，带薪制度是旅游真正走向大众的必需的配套制度。闲暇时间的长短，除了影响到人们旅游的地域范围，还对人们旅游方式的选择产生重要影响。闲暇时间的分布将影响到人们旅游需求的集中程度，如果闲暇时间过于集中，则会造成旅游需求的爆炸性增长。旅游消费行为实际上是对可自由支配时间的消费。时间特别是连续性的可自由支配时间，是旅游活动得以实现的条件。只有当闲暇时间较均匀地分布在全年中时，才可以有效地利用旅游这种休闲方式，同时减轻旅游对旅游目的地的压力。

教育与阶层。受教育程度的高低，影响到旅游消费者对旅游产品、旅游服务乃至旅游品质的要求，从而影响旅游营销活动。处在不同教育水平国家和地区的人们，对旅游的需求是不同的。通常文化教育水平高的国家或地区的旅游消费者，对旅游产品的内涵、质量和特色有更高的要求；而对于教育水平低的国家或地区的旅游消费者，在进行宣传时，就不仅要设计文字说明，还要配以更多的简明图像说明、现场演示等。

家庭。家庭是基本的社会单位，每个家庭都有自己独特的家庭文化，这种文化主要体现在购买观、购买倾向、爱好、信仰和价值观等方面。每个家庭成员的行为决策都会受到自己家庭文化的影响，尤其是来自家庭中权威成员的观点的影响。家庭对旅游购买行为的影响最强烈，因为每一个家庭都有各自不同的旅游决策模式。此外，家庭所处的不同发展阶段，也会对旅游活动产生重大影响，如无子女的青年家庭往往会对旅游十分感兴趣；旅游对孩子的价值教育，也往往是家庭出游的主要动机。因此，有人提出，家庭出游的促销对象主要是核心家庭，即仅仅包括父母和未婚子女的家庭。

消费习俗。消费习俗是指一个地区或一个民族的消费者，受共同的审

---

① 王磊：《影响旅游需求的因素分析》，《河北广播电视大学学报》2006 年第 5 期。

美心理支配，共同参加的人类群体消费行为。它是人们在长期的消费活动中，相沿而成的一种消费风俗习惯。在习俗消费活动中，人们具有特殊的消费模式。它主要包括人们在饮食、婚丧、节日、服饰、娱乐消遣等方面物质与精神产品的消费。不同的消费习俗具有不同的商品要求，了解目标市场消费者的禁忌、习惯等，是企业进行市场营销的重要前提。

心理因素。所谓旅游动机，就是使人们外出旅游的直接内在动因。人们之所以想购买某一旅游产品，是为了满足其某种需要。如果没有这种需要，或者说没有意识到这种需要，一个人便不会有意于购买旅游产品，对旅游产品的需求也就无法产生。而一旦意识到这种需要，它便会以动机的形式表现出来。在这个意义上，人们通常把旅游动机视为产生旅游需求的主观条件。但实际上很多外界的客观因素对人们旅游动机的形成具有重大影响，甚至可以构成旅游动机赖以形成的基础。在这些外界客观因素中，最具普遍意义的因素是社会历史条件、经济发展状况和社会环境因素。时代的差异和社会经济发达程度的不同，是制约或促进人们产生旅游动机的基础性的客观因素。社会经济方面的诸多外部因素都会影响人们的需要，从而影响着人们旅游动机这一内因的形成。国内居民的旅游动机是多样的，可以归纳为休闲、观光、游览、度假、探亲访友、就医疗养、会议公务、商务、交流或专业访问、宗教朝拜等。导致旅游动机产生的因素很多，这缘于人们需要的复杂性和目标的多样性。

（二）目的地因素

1. 社会经济发展

县域旅游的经济社会发展程度，是制约县域旅游发展的决定性因素。县域良好的经济发展水平，能够提供稳定的资金支持、良好的社会环境，成为旅游发展的基础保障和强劲动力。旅游产业作为县域国民经济系统中的一个环节，其开发建设不可能也不应当是孤立的，而是牵涉广泛的社会经济架构，涉及社会、经济、环境各部门的多领域的综合性系统工程。县域社会经济发展对县域旅游发展的影响，不仅体现在县域经济发展水平的影响上，而且体现在县域经济结构的影响上。如果说县域经济发展水平对县域旅游发展模式是量的影响，那么县域经济结构对县域旅游发展模式则是质的影响。良好的经济发展水平，为县域旅游的发展提供资金支持与物质保障；合理的经济结构，则为县域旅游的发展提供一个高的起点，而这样的经济结构往往是县域经济所欠缺的。整体而言，发达的旅游经济，为旅游业的发展提供必需的基础设施、财力资源和服务管理条件；强大的旅游经济实力和旅游需求，能够有力地推动旅游地的发展，促使县域旅游开发的范围扩大、县域旅游系统的空间结构层次提升以及对外围地域的影响扩大。

2. 旅游产品价格

西方经济学经典需求价格理论仍然适用于国内旅游市场需求。这一需求规律之所以成立，主要是基于两方面的原因。

第一，旅游产品同其他商品或服务之间、旅游产品内部之间，存在某种替代关系，旅游产品同这些商品或服务价格的比例变化，会导致人们对旅游产品需求量变化；旅游产品内部价格变化，会影响到平均旅游消费水平。以外出旅游和当地娱乐为例，如果旅游产品的价格下降，而当地娱乐服务的价格保持不变，则意味着外出旅游比当地娱乐价格便宜，使消费者得到更大的满足，从而使人们减少对当地娱乐的需求，而代之以外出旅游。反之，如果旅游产品的价格上升，而当地娱乐服务的价格维持不变或相对下降，人们则会减少对外出旅游的需求，转而扩大对当地娱乐服务的购买规模。这种以价格下降的商品或服务取代其他商品或服务的结果，被称为价格变化的替代效应。

第二，由于人们的收入是有限的，所以当旅游产品的价格上升时，人们往往会减少对外出旅游的需求，这就是价格变化所导致的收入效应。这一效应的原理在于，尽管人们的收入表面上没有发生任何变化，但旅游产品价格的下降无异于使人们的实际收入得以增加，从而使人们有能力以原有水平的收入提高对旅游产品的需求。换言之，价格下降同消费者的货币收入增加有着同样的效果。当然，如果旅游产品价格上升，旅游需求量仍然保持不变或上升，那么说明其他因素的影响强于价格，尤其是时间和心理因素等，这也成为旅游需求区别于其他需求的一个特征。

3. 县域旅游资源

旅游资源是旅游活动的吸引物，是县域自然、社会、历史、文化及民俗特色的体现，对生活在其他国家或地区的人会产生强烈的吸引力。县域虽然地理空间有限，但在资源分布、特色旅游资源等方面，存在诸多优势。旅游资源的规模、地域分布的集中与分散程度、资源类型的齐全程度、资源集群效应是否凸显，直接影响县域旅游市场发展潜力。丰富的县域旅游资源，是吸引游客的关键。从产业链角度来看，县域旅游是县域经济的一部分，是基于现有旅游资源，带动食、住、行、游、购、娱相关产业发展，以推动当地经济整体水平提升的经济活动。但是，由于我国县域旅游普遍起步较晚，而且我国的县域经济发展的总体状况决定了县域旅游发展必然受到交通条件、资金条件、人才条件、基础设施条件和特殊的自然条件等多种因素的制约，县域旅游资源开发利用的总体水平还很低，产业规模较小，旅游产品开发的深度还不够，旅游品牌还没有形成，县域旅游发展在总体上仍处于初级阶段，大部分县（市、区）的旅游开发所带来的经济、社会和生态效益，与其自身所拥有的丰富的旅游资源优势极不相称。从另外的角度看，这也给我国的县域旅游留下了较大的发展空间，县域旅游资源深度开发的潜力依然很大。①

4. 基础设施水平

基础设施作为一项公共产品，由县域政府提供。完善的基础设施及配套设施，能够为当地旅游活动的开展提供有力保障。而县域城镇多属于经济相对落后地区，基础设施建设相对落后，这在一定程度上成为县域旅游发展的瓶颈。

（三）媒介因素

1. 旅游交通

旅游交通是为旅游者由客源地到目的地的往返，以及在旅游目的地各

---

① 张河清：《广东县域旅游竞争力评价研究——基于旅游经济统计视角（2010—2013年）》，中国经济出版社，2015。

处旅游而提供的交通设施及服务，它帮助旅游者实现从某个地点到达另外一个地点的空间转移，是连接客源地和旅游目的地的桥梁和纽带。旅游交通同整个交通运输体系联系在一起，是旅游产品的一部分。

旅游交通可分为外部旅游交通以及内部旅游交通。外部旅游交通是从客源地到旅游目的地及旅游景区（点）的交通设施、服务和线路的总称。

外部交通的通达性是旅游者进行出游考虑的重要因素，同时也直接影响目的地旅游的整体发展。通常情况下，旅游地距离主要的客源地越近，客源地在旅游地周边的城市区域分布越多，则该旅游地的旅游客源越丰富，旅游业的发展效益相对越好，这也是距离衰减规律的主要体现。如安徽省池州市的石台县，坐落于“天下第一奇山”黄山以及“中国四大佛教名山”之一的九华山两山之间，2010 年 4 月被 30 国驻华大使节联合授予“最值得驻华大使馆向世界推荐的‘中国原生态最美山乡’”的称号。这里有着人称“西黄山”的牯牛降、唐代“诗仙”李白前后五次游历的秋浦河、安徽省首批地质公园蓬莱仙洞风景区、被游客称为“皖南第一漂”的怪潭漂流、远近闻名的长寿村富硒村，还有堪称“仙人居住的地方”的仙寓山等景点。但该县地处山区，交通不畅通，导致游客无法走进。

内部交通是旅游景区（点）内部的交通设施、服务和线路的总称，是指存在于旅游地内部的旅游景点与内部客源地之间的位置关系以及旅游点和游览点的分布、接待服务设施的完备程度及地域分布条件、旅游内部交通的联系。一般来说，旅游地距离旅游地内部客源地越近，交通越方便，内部区位条件就越好，旅游发展的程度就越高。我国的内部旅游交通，长期以来由于缺乏科学规划，状况不甚理想。许多景区内的旅游交通建设容易趋向两个极端：第一，不重视景区内的交通，景区内交通建设处于停滞状态，游客易对景区造成破坏；第二，缺乏科学规划，没有充分考虑景区内的生态环境和原始风貌，在景区内不适宜地修建宽广的公路或索道、电梯等交通设施，不仅破坏了景区生态环境，而且将景区的原始风貌彻底改变。

2. 营销手段

一些县域资源禀赋独特，但由于经济不发达、观念落后等制约因素的存在，旅游资源“养在深闺人未识”，生态农业资源、森林资源、民俗风情、美食文化、特殊地貌、农家乐休闲场所等优质资源未能转化为现实的经济优势，无法带动县域经济的强劲增长。营销是带动旅游产品走向市场的必要条件，宣传促销是旅游市场竞争的主要手段之一，是开拓客源的重要途径。“酒香不怕巷子深”的时代已经远去，现在是一个需要宣传推广的时代——互联网时代，采取合理的营销手段，让“酒香”传出深巷子，这也对县域营销的思维、方法、手段提出了新的要求。

第二节　市场分析

旅游发展的根本在于市场，县域旅游的发展以需求为导向。游客的群体社会特征，影响着县域旅游业的发展规模；客源市场的分布特点，影响县域旅游业的产品价位、游客的消费结构，并在很大程度上决定县域旅游业的经济效益。因此，需要对旅游市场进行细分，进而选择恰当的目标市场，针对目标市场进行旅游开发，以促进县域旅游市场的大发展。

一　市场细分

（一）市场细分概念

市场细分的原理和概念是温德尔 · R. 史密斯（Wendell R. Smith）于1956年最先提出的。旅游者的欲望、购买实力、地理环境、文化、所处社会、购买习惯和购买心理特征的不同，决定了旅游者的需求存在广泛的差异。因此，企业可以根据旅游者特点及其需求的差异性，将一个整体市场划分为两个或两个以上内部成员具有类似需求特点的旅游者群体，即划分为具有不同需求、不同购买行为的消费者群体。旅游市场细分不是从产品出发，而是从不同旅游者的不同需求出发来分析并划分市场，每个具有类似需求特点的旅游者群体都是一个细分市场。可见，旅游市场的细分不可能精确到每一个旅游者，但相对于大众化营销精细很多。

（二）市场细分原则

为了确保旅游市场细分的质量，旅游地在进行市场细分时，应该坚持以下原则。①

第一，可衡量性。旅游市场细分依据必须明确清楚，细分后的市场之间有明显的区别和不同的市场特征。

第二，可进入性。细分后的市场，是旅游地可以进入和占领的。

第三，可获利性。细分后的市场具有占领的价值，要有一定的开发规模和发展潜力，符合旅游地发展的需要。

第四，稳定性。细分后的市场能够确保营销策略的开展，旅游地能够长期有效地占领该市场。

（三）市场细分类型

依据不同的标准，旅游地客源市场可以细分为不同的类型，如表4-1所示。

表4-1 旅游地客源市场细分

划分依据	划分结构	具体内容
地理因素	地区	国际、国内，城市、农村，沿海、内地等
	地理方位	东、南、西、北、中
	客源地	国际旅游市场、国内旅游市场和出境旅游市场
时间分布	时间结构	春夏秋冬；淡季、平季、旺季
	旅游者流向	一级市场、二级市场、三级市场
旅游类型结构	消费者人口特征	年龄结构、性别结构、职业结构、文化层次结构、宗教类别、收入结构等
	旅游者流向	一级市场、二级市场、三级市场
	心理行为	生活方式、性格、习惯、价值观
	行为细分	购买动机、价格敏感程度、购买状态、购买频率、广告敏感程度、品牌信赖程度、服务敏感程度

资料来源：笔者整理。

如福建泰宁县将县域旅游市场分为一级市场、二级市场、三级市场三类，并有针对性地制定旅游线路。在一级市场（以福州、厦门、泉州为主

① 董倩、张荣娟主编《旅游市场营销实务》，北京理工大学出版社，2018。

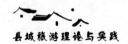

的地区），采取深耕细作方式，稳定原有旅行社获客渠道，稳定线路价格，增大线路吸引力；在二级市场（即江西、浙江、广东、上海等地），建立驻外办事处，发展福建专线商或批发商，着力吸引大企业、社团及街区（乡镇）家庭等客群；在三级市场（远程市场，包括重点省的一些冷僻市场），寻找合适旅行社，实行独家采购代理制，最终在江西、北京、湖北等地，选择 16 家旅行社采购金湖、寨下景区门票超过 1.2 万张。

（四）市场细分作用

旅游企业对旅游市场进行细分和实行目标营销，对其市场营销活动具有积极的指导作用。①

1. 有利于发掘市场机会

旅游企业通过市场细分，可以了解每一个细分市场的规模、旅游者满足程度和市场竞争状况，从而找到最佳的营销机会。市场细分对知名度不高的中小企业尤为重要，可以使其"见缝插针"地在竞争中求得生存和发展。

2. 有利于开发新产品

通过不断研究细分市场的情况，旅游企业可以及时发现和掌握旅游者需求的变化状况，改良现有产品和开发新产品，以满足旅游者不断变化的需求。

3. 有利于制定营销方案

通过市场细分，旅游企业可以针对目标市场消费者的需求和愿望，制定适当的营销组合策略，适时调整产品或服务的方向、价格、促销方式等。

4. 有利于获取最佳效益

市场细分可使旅游企业的营销预算集中用于选定的目标市场，集中人、财、物等资源，发展特色产品或服务，从而使营销费用的投入更为有效，产生更大的经济效益。

二　市场定位

1972 年，艾·里斯（A. Ries）和杰克·特劳特（J. Trout）提出了"定

---

① 杜靖川主编《旅游市场营销学》，云南大学出版社，1996。

位”的概念。他们指出：“定位从产品开始，那产品可以是一件商品、一项服务、一家公司、一个机构，甚至是一个人，也许可能是你自己。但定位并不是要你对产品做什么事。定位是你对未来的潜在顾客心智所下的功夫。也就是把产品定位在你未来潜在顾客的心中。……定位并不牵涉改变，它确实在改变。但改变的是名称、价格及包装……所有的改变，基本上是在做着修饰而已，其目的是在潜在顾客心中得到有利的地位。”[①] 从此“定位”这一概念得到广泛应用，产生了较大影响。

所谓市场定位，就是确定企业在目标市场上的位置。具体地说，是要在目标顾客的心目中，为企业的产品或服务创造一定的特色、树立一定的市场形象，以求在顾客心目中形成一种特殊的偏爱。[②] 这种特色和形象可以是实物方面的，也可以是心理方面的，或二者兼而有之。实际上，定位就是要设法建立一种竞争优势，以便在目标市场上吸引更多的顾客。就人类的本性而言，旅游就是一种求异动机所驱使的行为，新异刺激能带给旅游者更多的满足。所以，越是富有特色和地域性的旅游产品，越能满足旅游者对新异刺激的需求。

（一）目标客源市场定位

目标客源市场的定位，指旅游产品的供应方确定将产品指向什么样的目标市场，并针对目标市场确定相应的营销策略。目标市场的定位要以市场细分为基础。一般而言，目标客源市场的定位有以下四种类型。[③]

1. 无差别市场定位

无差别市场定位指在旅游产品的策划和营销中，不对市场进行细分，而将市场作为一个整体，采取无差别市场策略进行营销。这一方法只强调共性，在当今游客个性化需求不断增加和市场竞争越来越激烈的背景下，此方法的局限性越来越大，在实践中运用极少。

---

① 〔美〕艾·里斯、杰克·特劳特：《定位：争夺用户心智的战争》，邓德隆、火华强译，机械工业出版社，2017。

② 黄浏英编著《旅游市场营销》，旅游教育出版社，2007。

③ 杨振之、周坤编著《旅游策划理论与实务》，华中科技大学出版社，2019。

2. 广泛性市场定位

广泛性市场定位是供给方已对市场进行了细分，但其策略是指向所有的目标市场，并针对每一个细分市场进行相应的营销，其市场营销缺乏针对性。由于每个细分市场都成为目标市场，其结果与无差别市场定位没有太大区别。

3. 选择性市场定位

将客源市场划分为若干细分市场，供给方只选择其中一部分细分市场作为自己的营销目标。选择性市场就是有差别的市场，供给方会针对细分市场的不同需求，采取相应的营销策略，销售适销对路的产品。这样，旅游产品的个性将更加鲜明。

博雅方略在《旅游大数据时代红色旅游营销突围之路——以宁都、婺源、遵义、瑞金为例》一文中，以红色旅游为研究内容，选取了宁都、婺源、遵义、瑞金四个典型县（市），依据百度指数大数据分享平台 2011 年 1 月至 2018 年 1 月“人群画像”的相关数据，进行客源市场细分。宁都客源市场细分如表 4－2 所示。

表 4－2　宁都客源市场细分

宁都	客源地（省份）	一级客源省，江西省、广东省；二级客源省，东部沿海各省份；三级客源省，其他省份
	客源地（区域）	一级客源地区，华东地区；二级客源地区，华南地区；三级客源地区，华北地区和华中地区；四级客源地区，东北地区、西南地区、西北地区
	客源地（城市）	一级客源城市，赣州、南昌；二级客源城市，深圳、广州、上海、厦门、北京、杭州、泉州、东莞等；三级客源城市，其他城市

资料来源：笔者整理。

4. 单一性市场定位

供给方将目标市场确定为一个特定的市场。其优点是指向明确、市场集中；缺点是旅游产品单一，虽有特色但不能形成组合优势，市场风险大。但在实践中，若针对某单一市场采取行之有效的营销策略，仍是可行的。康养旅游主要针对的是有一定经济实力和闲暇的老年群体、亚健康群体和病患群体。以广西巴马县为例，作为著名的“世界长寿之乡”和“中国长寿之乡”，巴马2017年被列为国家级旅游业改革创新先行区，依托良好的生态优势和长寿资源，大力发展康养旅游。2020年，该县接待国内外游客644.12万人次，实现社会旅游总消费66.62亿元，在《中国县域旅游竞争力报告2020》和“2020年度中国旅游产业影响力风云榜”中，分别被评为“2020中国县域旅游发展潜力百强县”和“2020年度中国康养旅游目的地”，还先后获得“国家卫生县城”“全国绿化模范单位”“广西高质量发展先进县”等荣誉称号。

总体来说，无差别市场定位和广泛性市场定位已经越来越不符合当代旅游的发展趋势，它们的适用范围在不断缩小。而选择性市场定位和单一性市场定位因指向明确、可以发展出有针对性的营销策略，在实践中备受重视。尤其是选择性市场定位，已成为目前旅游策划和规划中使用最普遍的一种市场定位方法。

（二）目标市场定位

1. 突出自身优势定位

这是最为常见的一种定位方法，即根据自己产品的某种或某些优点，或者说是根据目标顾客所看重的某种或某些需求去进行定位。一项产品可以从多个方面提供和展现其对消费者的价值，但无论是哪一个县域旅游业的产品或服务项目，都不大可能在各个方面尽善尽美，甚至在消费者所看重的所有价值方面都优于竞争产品。之所以如此，是因为对于几乎所有的县域旅游业来说，无论是出于经济效益的考虑，还是囿于开发能力的限制，其都难以提供在各个方面均具领先价值的旅游产品。因此，一个县域旅游业只能利用自己在某些方面的优势，为其产品或服务创造某种突出的形象，以形成消费者对本县域旅游业或本县域旅游产品的知觉。以贵州施秉县为例，其明确将休闲生态漂流作为优势产品，并抢先确立“中国漂城”的形象定位，以此使自己的产品区别于其他众多的漂流产品。

2. 价格－质量关联定位

根据不同市场层次，确定对应的价格。旅游目的地将其产品的价格作为反映其质量的标识。价格的重要作用之一，便是象征产品的质量。产品越具特色，即产品的性能越高或者提供的服务越周到，其价格也就越高。这在餐饮业表现得非常明显。对于一个提供全方位供应服务的高档饭店来说，为自己的产品制定高价，本身就会对顾客起到一种知觉暗示的作用，即他们可在这里得到周到的高等级服务。

3. 根据产品用途进行定位

可根据产品的某种特别用途去进行定位。如云南武定县立足资源优势，形成具有代表性的复合型乡村旅游产品，包括城郊休闲型、农业观光休闲型、避暑度假型、乡村体验型等旅游产品，以满足游客休闲娱乐、游玩度假、愉悦体验的需求。

第三节　营销推广

县域旅游产品的消费主体是城市居民，其形成的市场包括近程客源市场和远程客源市场。对于近程客源市场，休闲游憩是城市居民的主要旅游需求，因此可以通过开发一些休闲类的旅游项目来满足城市居民本身的游憩需求，承载其所带来的密集、高频的出行和空间活动，如常熟模式面向的就是本地的客源市场。而要吸引远程客源市场的城市居民，需要具有高品质的旅游资源，并且要有较大的营销力度，才能扩大其吸引力的辐射范围。

一　营销载体

（一）传统媒体营销

传统媒体营销即利用传统大众媒体、旅游分销商等进行营销，通过宣传册、传单等印刷品，音像制品，媒体广告等媒介，将产品信息向消费者传播。这种方式运营成本高、效率低、人力成本高，难以准确及时地传递信息。[①]

---

① 程金龙主编《旅游目的地管理》（第二版），中国旅游出版社，2021。

传统大众媒体包括电视、广播、杂志、报纸。电视媒体在消费者中的可信度一般比较低，但电视媒体的视觉质量很高。可根据目标市场人群的所在地域，选择适合投放广告的电视台、专栏节目，通过专题片、专题报道的形式进行宣传。广播广告的总成本和人均成本都很低，广播媒体在消费者中的可信度以及广告干扰度基本上与电视媒体相仿，但在播放时间方面，其灵活度要比电视媒体高得多。由于杂志的读者选择性很强，所以杂志广告的目标市场选择性较强，有些地区性的杂志也具有一定的目标地域选择性。杂志的信息寿命比较长，并且传阅率比较高。报纸广告的总成本和人均成本都很低，报纸作为信息源的可信度需视不同报纸的具体情况而定，有的报纸可信度很高，有的则很低，不过报纸媒体的视觉质量普遍偏低。

旅游分销商中最主要的是旅行社。在实际运作过程中，旅游地通过与旅行社联系，将旅游产品纳入旅行社采购的范围，然后旅行社对旅游地进行包装销售。在该营销渠道中，旅游产品的销售与旅行社的经营能力直接挂钩。依靠旅行社进行营销虽具有可操作性，但也具有一定的风险。

2021 年，搜狐旅游发布的“2021 二季度县域旅游影响力 100 强”榜单中，浙江淳安县位居榜首，这与淳安县十分注重对旅游的营销宣传密切相关。2020 年，淳安县发布了《千岛湖，不止于湖》的全域旅游宣传片，并在 2021 年发布了《2021 年淳安县全域旅游营销奖励政策》，大力促进千岛湖及淳安县的旅游宣传。

（二）新媒体营销

新媒体是相对于传统媒体而言的新型媒介形式。科技的飞速进步、人类的不断探索、技术和内容的不断充实孕育了新媒体。新媒体的范畴可以概括如下：以计算机信息处理技术为基础，通过无线网络、有线网络、卫星网络等多种现代传播方式，以数字化手段传播文字、声音、图像等信息的媒体。一般意义上，当今所指的新媒体，实际为广为流传的第四媒体与第五媒体。①

① 董晓燕：《旅游目的地新媒体营销策略研究——以福州市为例》，硕士学位论文，福建师范大学，2018。

新媒体营销有两个主要特点：一是营销过程不再受时间约束，新媒体的互联网技术，将单向传播变为双向交流，为传播赋予交互性，每个受众都将从单纯的接收者变为信息制造者，信息传播效率大大提高，营销内容广泛的同时，也不再受到时间限制；二是传播过程不再受空间局限，移动设备与移动网络的普及，使得信息传播的地点更加灵活，即时发布信息变为现实，营销不再局限于报纸、电视、广播，而成为伴随人们生活点滴的信息。由此，新媒体营销实现了信息的随时与随地传播，营销效率大大提高。新媒体营销不仅提供了更丰富的传播内容与更广泛的传播渠道，还对营销管理提出了更高的要求，并在此基础上带来了对营销新模式的探讨。在营销效率提高的同时，营销效果的及时反馈也得到了实现。以新媒体技术为基础的管理，大大降低了产品投放市场前所面对的风险，基于大量消费者建议而塑造的产品与品牌，必将在市场上长盛不衰。

1. 新媒体营销主体

由于旅游目的地是行政区内旅游产品、形象、服务的集合，具有公共和综合属性，而单独的个体营销容易出于自身利益的考虑，只做针对自身产品的营销，不可能从城市层面或整体层面考虑营销，因此，在我国的县域旅游营销过程中，旅游目的地的行政主管部门承担了营销的主体责任。在新媒体时代，作为旅游目的地的营销主体，为了实现旅游目的地营销的最佳效果，旅游目的地的行政主管部门除了整合自身资源外，还通过综合协调旅游目的地中各利益主体的营销资源，包括协调动员其他关联政府部门、旅游行业社团组织、旅游企业及旅游关联企业、旅游者、旅游目的地居民等力量，进行共同营销。

2. 新媒体营销渠道

新媒体营销渠道包含官方旅游网站、旅游网络中间商、网络社区、微博和微信、短视频、视频直播、360°视频等。①

官方旅游网站。在旅游业发展较快的地区，一些县级的旅游行政管理

---

① 张倩：《旅游目的地新媒体营销及其应用研究》，硕士学位论文，华中师范大学，2012。

部门为推广本地旅游整体形象、介绍当地旅游以及生活服务信息建立了相关的网站。官方网站本身的权威性使公众对其产生了较高的信任度，而其推广内容，如重点介绍的景区景点，往往会被受众以旅游目的地整体形象的核心代表而接受。在做出旅游决策或出游前，旅游者往往会对酒店、旅行社等的信息加以核实，官方旅游网站因其权威性成为旅游者的不二选择。就此而言，官方旅游网站是旅游目的地新媒体营销中尤为重要的渠道，应受到重视。在丰富目的地官网内容的前提下，保证官网信息的权威性、准确性、及时性，是巩固目的地官方网站地位的重中之重，也是目的地新媒体营销尤为关键的一步。以河南栾川县为例，该县建成开通的“栾川旅游资讯网”（lcly. luanchuan. gov. cn）分为“栾川风光”“玩转栾川”“自助自驾”“乡村旅游”“旅游资讯”“门票信息”等板块，为游客提供全面、贴心、细致的旅游服务。

旅游网络中间商。旅游网络中间商作为旅游目的地新媒体营销的重要渠道，把目的地旅游产品按照类型、地理区位、发展水平等进行分类，直观地呈现给旅游消费者，并通过网络这一平台与消费者产生交易活动。随着互联网技术的发展与线上交易的兴起，旅游网络中间商的发展成果十分显著，具有代表性的中间商有携程、艺龙、去哪儿、途牛、驴妈妈等。旅游网络中间商的迅速发展使其行业竞争异常激烈，目前主要竞争的方面为价格与服务，而品牌战略的展现与作用则略显不足。旅游网络中间商在以低廉价格吸引游客的同时，服务的滞后、品牌的淡化都会为其今后的发展埋下隐患。因此，只有加强品牌建设、提高服务的附加值，才可能实现旅游网络中间商的长期健康发展。

网络社区。网络社区的营销核心是“让客户参与”，更加注重网民的情感交流，并且在互动中形成口碑传播，网民在整个网络社区中扮演着重要角色。有特殊喜好或共同消费体验的人群，一旦通过网络社区建立起某种经常性的联系，就会长期附着于此。[①] 因此，网络社区的用户黏性很强。网

① 张静、吴静瑜：《网络社区营销中社区平台的选择》，《中国市场》2009 年第 1 期。

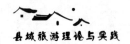

络社区以兴趣爱好为纽带，使有共同旅游兴趣的人进一步聚集，凝聚而成的用户群是一个相对集中的分众群体，每一个社区都是一个真正的人际圈。当旅游者通过网络社区进行信息搜集的时候，不但旅游者会得到旅游企业信息，旅游景区也可大幅度提升口碑，增加潜在消费者数量。即使发现问题，旅游景区也会在第一时间进行补救，这更能够保证旅游企业总体网络营销策略的顺利进行。网络社区有综合性社区如豆瓣和天涯等，专业性社区如游侠客，以及网站上的旅游博客等，如新浪旅游论坛（travel. sina. com. cn/bbs/）分为国内游、出境游、户外极限、酒店论坛、航空论坛、特色旅游六大板块。

微博和微信。微博和微信是当下主流消费群体使用频率较高、互动性较好、覆盖面较广、便捷性较强、交流方式较全的社交媒体平台，是当下能形成关注热点的重要的平台。越来越多的旅游目的地营销组织通过建立微博账号、微信公众号做信息推广，吸引粉丝关注，维持关注热点。另外，以微博、微信运营商广告的形式，对目标客源地定点投放，也成为当下最有效的旅游营销方式之一。如福建泰宁县积极借助微信公众号进行营销，先后推出“泰宁旅游”“微泰宁”等微信公众号，积极开展客源市场微信推广增粉活动。在各景区景点开展“扫一扫，送美食”推广活动，大力开展“越关注，月有礼”每月抽奖活动，面向全国招募微信“通讯员”，出台600人以上微友转发宣传景区免门票政策，促使“泰宁旅游”官方微信公众号粉丝在2017年6月突破14万人。

短视频。2022年发布的《第49次中国互联网络发展状况统计报告》显示，截至2021年12月，在网民中，短视频用户使用率达90.5%，用户规模达9.34亿。随着短视频平台的迅猛发展，短视频正从单纯的信息载体变成传播手段和营销方式。短视频即短片视频，时长一般控制在300秒以内，是一种新型互联网内容传播形式，具有传播速度快、交流方式多样、社会互动性强等传播特征，可在社交媒体平台上实时创作与分享。短视频融合了文字、视频、语音，有效补充了图文广告，迅速捕捉社会热点、紧跟时代潮流，使得信息呈现方式更加立体化。此外，短视频制作门槛低、娱乐性强、碎片化的天然属性，迎合了当下人们对信息阅读的快感的追求。[①] 借助抖音、快手、小红书等平台的短视频进行营销，已成文旅市场主流。文旅部门官方账号、旅游产品供应商账号、旅游达人账号、游客个人账号等众多传播主体涌入各大短视频平台。2020 年 11 月 11 日，在理塘县下则通村采风的摄影师胡波，将为丁真拍摄的一组全长 7 秒的短视频上传至抖音，约 2 小时后这条 7 秒的短视频已有 1000 万播放量，随后经过官方媒体推动，迅速带动理塘出圈成为全网顶流。在丁真走红后的一年里，理塘仁康古街几乎没有空房出租，民宿收入从几千元变成十几万元，当地的旅游业、农业、文化也迎来飞速发展。仅 2021 年“十一”黄金周期间，理塘县就接待游客 137967 人次，实现旅游总收入 1.52 亿元。短视频为县域旅游营销提供了新思路与新方法。

视频直播。随着移动网络的提速、智能手机的普及以及流量资费的降低，视频直播逐渐被带火，这种营销方式以直播平台为载体，实现事件发生、发展过程的同时制作与同时播出。这种营销模式能传递最真实、最及时的信息，让受众发弹幕吐槽、用“鲜花”打赏，实现信息与受众的互动，使得“直播 + 旅游”的营销模式成为现阶段旅游品牌营销与推广的趋势，如新浪旅游的“网红 + 直播 + 旅游”模式，途牛的“明星 + 直播 + 旅游”模式，艺龙的“主播 + 旅游 + 直播”模式。时任新疆伊犁哈萨克自治州昭苏县副县长贺娇龙，一袭红衣策马踏雪，为当地旅游项目做宣传，迅速火遍全网，成功地将全国人民的目光吸引到了昭苏县。她曾在直播间中大显身手，近 3 个小时带货 30 万元。从天马之乡到彩虹之都，从全疆唯一一个没有荒漠的县到百万亩油菜花之乡，贺娇龙详细介绍了昭苏的特色。“玩抖音”不到一个月，贺娇龙就已通过账号“贺县长说昭苏”开展了 18 场直播带货，销售了 2000 余单价值 97 万元的昭苏农副产品。而在她一袭红衣策马奔腾的视频火了之后，昭苏旅游团排期已经排到 2021 年元旦。

360°视频。思科发布的视觉网络指数（Visual Networking Index）报告指

---

① 张静、王敬丹：《新媒体时代下的短视频营销传播——以抖音为例》，《杭州师范大学学报》（社会科学版）2020 年第 4 期。

出，到2022年，82%的消费者互联网流量将来自视频。与传统的视频营销不同，360°视频营销能让用户自行控制和操控视角，甚至不需要借助虚拟现实设备，就能从任一角度——上、下、左、右、前、后，身临其境地浏览旅游目的地。Expedia于2016年与澳大利亚旅游局发起名为“How Far”的360°视频营销活动，发布了一个360°视频，截至2017年7月，这一视频获得了350万的点击量，Expedia上预订澳大利亚旅游产品的人数猛增，也使该公司收入同比增长22.3%。Hurricane的董事总经理Jon Mowat认为，360°视频营销注定会掀起旅游营销的“新革命”。

（三）融媒体营销

媒体融合不是新媒体完全取代传统媒体，传统媒体和新媒体有各自的优势，同时也需弥补自身的短板，促进新旧商业模式、价值网络的互相渗透、互相碰撞、互相推进、互动融合，从而在日益激烈的竞争中持续发展。

以河南中牟县为例。为了提高目的地知名度、美誉度，中牟县推出河南旅游手机报中牟版，在中牟电视台开辟《文创旅游》栏目；拍摄旅游形象宣传片《大美中牟·吾乡吾城》，在全国348个高铁站和郑州地铁、新郑机场航站楼不间断、高密度投放；编制涵盖全县旅游资源的系列丛书和汇集古今名胜的《中牟揽胜》；印制旅游宣传折页、扑克牌，在连霍、郑民高速中牟下站口、城市主要道路和旅游景区（点）新设计安装100余块旅游交通标识牌和30余块大型中牟旅游导览图；在《河南日报》、《郑州日报》、新华网、中国网、大河网、凤凰网等媒体发稿500余篇，不断加大在主流媒体上的宣传推广力度。曾经的“瓜蒜之乡”一跃成为远近闻名的旅游胜地，“田园中牟·乐享时尚”开始叫响，“最美中国·时尚创意文化旅游胜地”“最美中国·推动全域旅游示范目的地”“中国最美乡村旅游目的地”“河南省乡村旅游示范县”等荣誉纷纷落户中牟县，中牟已从“养在深闺人未识”变成“天下谁人不识君”。

二　营销策略

（一）促销策略

旅游促销的实质就是旅游营销者通过合理的方式，将旅游区理念、产品及服务等相关信息传递给旅游产品的潜在购买者及其他公众。旅游促销方式一般有广告宣传、营业推广、人员推销及公共关系四种。其组合策略可以分为推式策略和拉式策略两类。[①] 前者着眼于说服顾客采取购买行为，在促销方式上以人员促销为主，辅之以营业推广和公共关系；后者则强调产品特色和消费者的利益，在促销方式上多采用广告宣传和营业推广。促销的主要方式是旅游形象广告。

1. 广告宣传

美国市场营销协会对广告的定义是："广告是广告的发起者以公开付费的方式，以非人员的形式，对产品、劳务或某项行动的意见和想法的介绍。"可以说，旅游广告是旅游营销主体采用付费的方式，使用适当的媒体，向目标群体传递旅游信息的促销手段。如 2022 年，河南商城县开展"寻梦红色大别山　豫见美好商城县"形象广告宣传，通过中央电视台财经频道（CCTV－2）《第一时间·城市天气预报》栏目，大力宣传商城县厚重的红色文化、良好的绿色生态，展示"大别福地·康养商城"品牌形象，助力该县旅游产业高质量发展。

2. 营业推广

营业推广，又叫销售促进，是指企业运用各种短期诱因，以吸引顾客购买本企业产品或服务的促销活动。它是与广告宣传、人员推销、公共关系并列的四大基本促销手段之一，是构成促销组合的一个重要方面。美国市场营销协会对营业推广的定义是"人员推销、广告宣传和公共关系以外的、用以增进消费者购买和交易效益的那些促销活动，诸如陈列、展览会、展示会等不规则的、非周期性发生的销售努力"。可以说，旅游营业推广是一种在既定时间内，刺激鼓励目标群体购买旅游产品的一系列手段和措施。如 2020 年，四川眉山组织"天府旅游名县"洪雅县，参加了第八届澳门国际旅游（产业）博览会、四川省第二批天府旅游名县（澳门）推介会，多渠道、多维度展示了眉山全新形象。

---

① 李卉婷：《旅游景区的营销管理研究》，硕士学位论文，天津大学，2009。

3. 人员推销

人员推销指推销人员与消费者直接交流、促成买卖交易的手段。旅游人员推销是指由政府、旅游企业派出人员，直接与目标群体接触，传递旅游产品信息，促成购买行为的活动。旅游人员推销是现代旅游企业最常用、最直接、最有效的一种促销手段。2020 年出现了“现象级”景象——县长带货直播。“贺县长说昭苏”、“向县长说古丈”、“唐县长爱太湖”、“李县长说蒙阴”、“金县长爱山阳”、“蔡县长说金寨”和“80 后”县长（市长）组合“大山乐涛淘”等一批活跃账号出现。在直播间里，县长（市长）以接地气的方式，与“粉丝宝宝”们及时互动，推荐当地特色产品，如陕西商洛市副市长为洛南核桃、豆腐特色农产品代言，四川通江县县长为银耳“带货”等。截至 2021 年 1 月，110 位市长、县长走进“县长来直播”直播间，帮助销售农产品价值达 1.23 亿元。他们在推荐当地土特产的同时，介绍了当地的地理位置、风光资源、文化特色等。

4. 公共关系

世界公共关系协会对公共关系的定义是“公共关系是一门艺术和社会科学”。我国公共关系专家、学者结合我国实际提出，“公共关系就是一个企业或组织为了取得内部及社会公众的信任与支持，为自身事业发展创造最佳的生活环境，在分析和处理自身面临的各种内部、外部关系时，采取的一系列政策与行动”。① 可以说，旅游公共关系意在向目标群体传递积极有效的信息，树立旅游目的地以及旅游企业良好形象，建立良好关系。公共关系能够吸引旅游产品购买者和消费者，刺激购买旅游产品以巩固和提高市场占有率。公共关系可分为针对消费者、中间商与二者兼顾三种方式，具体内容如下。

第一，针对消费者。一是发放优惠券。对老顾客以及其他重要的客户，采取提供优惠价或者折价券的方式。如 2021 年，中国青旅集团曾在“学习强国”App“强国城”中推出景区门票券，游客可按照操作说明兑换景区门

① 中国社会科学院新闻研究所公共关系课题组编著《公共关系学概论》，科学普及出版社，1986。

票。二是进行减免优待。不少旅游酒店规定，对某一人数以上的团队，可以在饮食、住宿和交通费用上，给予不同程度的减免。在旅游淡季，有时旅游企业为了推销产品，甚至会减免50%的费用，这对于对价格较为敏感的新老顾客有较大的吸引力。2022年，河南226家景区首道门票在2月16日至3月31日对游客免费，以提振文旅消费。三是赠送礼品。向游客赠送旅游纪念品、节日礼品、生日蛋糕以及提供一些优惠的服务项目，使旅游消费者增强对本企业的信赖和好感，达到促销的目的。如2021年中秋节时，张家界景区曾在张家界大峡谷玻璃桥（位于张家界市慈利县）向这天到达景区的前1000位游客朋友赠送月饼，表示节日的问候。

第二，针对中间商。一是交易折扣。例如企业可规定只要在一定时期内购买本企业的某种产品，就可得到一定金额的折扣，购买量越多，折扣越多。这种方法可鼓励中间商更多地经营本企业的产品和服务。二是津贴，包含广告津贴和陈列津贴两种。广告津贴是指中间商出资为本企业产品和服务做广告时，给予一定的资助；陈列津贴是指中间商陈列展出本企业产品时，给予一定的资助。

第三，二者兼顾，融合了消费者与中间商。一是竞赛。这种方式既可针对消费者，也可针对中间商和推销人员。在针对消费者时，可让消费者进行某种比赛或游戏，向优胜者发奖。在针对中间商和推销人员时，可让其进行销售竞赛，即让中间商或推销人员展开产品和服务的竞赛，向优胜者发奖。二是展销会。通过参加各种形式的旅游博览会、展览会、交易会等，促进产品和服务的销售。

（二）整合营销

整合营销也称合作营销，是指两个或两个以上的营销组织在资源共享、共担共赢的原则下，通过共担费用和共享资源，合作开展营销活动，创造竞争优势，实现组织的经济和社会效益目标。[①] 依据区域合作范围的不同，整合营销模式可以分为同区域整合营销、跨区域整合营销两种。

---

① 周君志：《新媒体背景下南宁市旅游整合营销研究》，硕士学位论文，广西大学，2019。

1. 同区域整合营销

同区域整合营销是指同一区域的不同景区之间捆绑营销，以期获得“1+1>2”的效果。利用不同景区的优势，通过合理的组合和搭配，实现优势互补，从而在整体上提升区域的旅游形象。2020年，河南栾川县各大景区针对游客不同需求，推出各类精彩活动。重渡沟音乐啤酒节已举办到第12届，人气从未降低；天河大峡谷“哪凉快哪待着去”的避暑季活动，让广大游客获得周周不同的避暑体验；鸡冠洞景区内，霓虹闪烁，电音持续，如梦如幻的泡沫更是让游客如临梦境；伏牛山滑雪度假乐园的清凉界内，青青草原上传来了帐篷露营游客的阵阵欢声笑语……一系列丰富多彩的活动，为来栾游客献上了丰盛的文化大餐。仅8月15日至16日这一个周末，栾川县就接待游客22.1万人次，实现旅游总收入1.5298亿元。

2. 跨区域整合营销

跨区域整合营销是指处于不同区域的同类型景区，为创造更广大范围内的旅游热潮、吸引更多游客的关注和参与，通过信息互通、资源共享，利用各自品牌优势，打造统一的特色旅游品牌而采取的一系列营销活动和方式。跨区域整合营销引导政府、企业、社会组织及公众等营销参与主体，通过广告、公关、旅游目的地主题活动、节庆活动、形象推广活动和网络营销，传达旅游目的地信息，合力促进旅游目的地发展和旅游目的地营销效率最大化。如2020年12月23日，四川省文化和旅游厅与甘孜州人民政府共同发起的“大贡嘎”文化旅游发展联盟成立。该联盟将成都、雅安、甘孜3市（州）的10个县（市）和海螺沟景区管理局纳入“大贡嘎”区域，形成全新的“10+1”抱团发展模式，推进“大贡嘎”资源共享、品牌共创、客源共济、市场共拓、人才共育、基础共建、区域共治，合力建设“大贡嘎”世界旅游目的地。

（三）体验营销

体验经济被称为继农业经济阶段、工业经济阶段和服务经济阶段之后的第四大经济生活发展阶段，工业、农业、计算机、互联网、旅游、商业、餐饮、娱乐各个行业都在上演着体验或体验经济。[①]

旅游体验营销是伴随体验经济出现的一种新的营销方式，是指旅游企业根据旅游者情感需求的特点，结合旅游产品的属性，策划有特定氛围的营销活动，让游客通过观摩、聆听、品尝、试用等方式参与其中，使其获得愉悦的感受，满足其情感需求，从而扩大旅游产品销售规模的一种新型营销方式。旅游的本质就是追求愉悦的体验，是一次逃逸、一次缓解或者对生活的补偿，也是一次追求、一次自我实现。因此，旅游营销活动实际就是出售体验活动和体验经历。旅游所具有的典型的“体验性”特征，决定了在旅游活动中开展体验式营销会比其他营销方式收到更好的效益。利用企业优势，针对不同的旅游者设计差异化的旅游体验产品，是旅游业发展的方向。

2021 年 5 月 20 日，成都宽窄巷子景区推出全国首款以城市人文为题材的大型沉浸式实景剧本杀《十二市》。该剧本杀采用剧情游戏的方式，融合并升级打造成一个 20 万平方米的实景互动真人 NPC 游戏世界，邀请游客深入游戏、尽情演绎、自主开启可选型全新沉浸式游园互动嗨耍体验，以此让大众关注民俗、谈论民俗、了解民俗、传承民俗。

（四）关系营销

关系营销的哲学基础是关系哲学观点和系统论。关系哲学认为，系统地看，世界上以人为核心衍生出四种关系，即人与自然的关系、人与社会的关系、人与人的关系和人与自我的关系。把世界上的关系引入营销，就产生了关系营销的概念。广义的关系营销是指企业通过识别、获得、建立、维护和增进与客户及其利益相关者的关系，经过诚实的交换和可信赖的服务，与包括客户、供应商、分销商、竞争对手、金融机构、政府及内部员工在内的各种部门和组织建立起一种长期稳定、相互信任、互惠互利的关系，以确保各方的目标在关系营销中得以实现。而狭义的关系营销是指企业和客户之间的关系营销，其本质特征是企业与客户、企业与企业间的双向信息交流，是以企业与客户、企业与企业间合作协同为基础的战略过程，

---

① 杨艳蓉主编《旅游市场营销与实务》，北京理工大学出版社，2016。

是关系双方以互惠互利为目标的营销活动，是利用反馈控制的手段不断完善产品和服务的管理系统。①

旅游关系营销是指旅游企业通过与旅游者、供应商和分销商等建立长期满意关系而形成的稳定信任的业务往来的实践活动。旅游关系营销的核心是保持客户忠诚度、提高客户的重复购买率和企业销售额。如 2021 年 4 月 21 日，四川省甘孜藏族自治州文化广播电视和旅游局与快手科技签署战略合作协议。双方将秉持共同发展、互利共赢的原则，充分发挥各自优势，深化合作，建立联动宣传长效机制，为广大网友提供有价值、有温度的旅游资讯和大数据服务，为甘孜文化旅游发展营造良好的宣传环境。

三　营销方式

（一）节事营销

县域作为国家结构的基本组成单位，其经济活动既有城市经济的特征，又有农村经济的特色。节事活动是围绕节庆、事件等精心策划的各种活动的简称。举办节事活动是为了达到节日庆祝、文化娱乐和市场营销的目的，提高举办地的知名度和美誉度，树立举办地的良好形象，促进当地旅游业的发展，并以此带动当地经济的发展。②

县域节事活动是现代节事理念在乡土经济上产生和发展的结果，是发展县域旅游的载体。县域节事活动是节事旅游研究的一个新领域，是在县域举办的有组织、有主题的节日庆典、会议、展览、赛事、演艺等活动，以当地县域文化和旅游文化资源为依托，注重邀约当地及其周边县域和乡镇的消费者积极参与，体现目标消费者与当地人文景点的互动交流，具有浓郁的地域特色。县域节事营销是指在县域范围内开展的，利用消费者的

---

① 戴光全：《旅游关系营销：旅游营销创新的一个概念性框架》，《桂林旅游高等专科学校学报》2003 年第 4 期。

② 谷园园：《节事营销战略对城市品牌塑造的影响研究——基于城市游客视角》，硕士学位论文，天津理工大学，2018。

节事消费心理，综合运用广告、公演等营销手段进行的产品或品牌的推介活动。[①]

1. 营销主体

节事营销主体的情况主要分为四类：其一，由当地政府主办；其二，由当地某行政部门主办；其三，政府仅对节事活动进行引导，由相关协会或企业进行承办；其四，由企业完全市场化运作，政府不参与。县域节事营销要充分发挥政府、企业的协同作用，发挥政府的协调配置资源作用以及企业的自主创新作用，促进二者相互补充与完善，扩大县域节事活动的影响力。

如山西县域节事活动的典范——平遥国际摄影大展，已经被山西省人民政府列为山西省五大重点展会之一，而且是其中唯一属于县域层次的活动。平遥国际摄影大展从创立伊始，便受到了其主办单位——山西省委宣传部、山西省文化厅、山西省人民政府新闻办公室、晋中市人民政府、平遥县人民政府等各级政府部门的大力支持。政府的积极作为使其不仅拥有了较高的起点，而且具备了更为宽广的视野，为该活动的成功奠定了基础。此外，为弥补政府主导型节事活动的缺陷、提升平遥国际摄影大展的持续造血能力，2019 年，平遥出台了“三年扶持”计划，扶持大展公司进行市场化运作。2019 年，仅摄影展展位租赁收入及图片、摄影器材等交易额就达 160 万元，该大展迈出了市场化运作的第一步。

2. 营销受众

县域范围内的节事活动的参与主体有当地居民与外来游客，节事活动主要为本县域及其周边县域群众服务。县域节事营销面对的主要是县域内的人群，这样的定位无法满足县域节事活动支持当地经济发展的需要。因此，县域营销范围要拓展到拥有更庞大人群的地区。如此一来，新媒体在传播广度、传播力度、传播影响力等方面的优势便突显出来。新媒体可以较快地进行信息收集和导出，有效满足节事营销的需要。参与节事活动的

① 何佳淇：《县域节事活动运营创新研究——以潜江龙虾节为例》，硕士学位论文，湖南师范大学，2020。

群体偏向年轻化，由于该群体使用新媒体更频繁，节事组织方通过新媒体渠道进行节事品牌宣传，往往能产生事半功倍的效果。

3. 营销意义

相对于城市节事活动而言，县域和大城市相比，资源类型不同，节事发展方向也不同。县域节事活动更多服务当地产业、经济发展，能更直接地改变当地社会、经济面貌。依托节事活动，县域经济发展势头迅猛，节事活动已经日渐成为服务地方产业的重要推动力。节事活动的举办不局限于一线、二线城市，不需要完全依赖经济投入，经济不发达地区依然可以依靠优秀的节事活动策划、准确的目标人群选择、良好的节事活动体验，实现经济的“弯道超车”。同时，县域节事活动覆盖面广，参与的人数多，调动的资源更丰富，影响力大。县域是国内经济建设的基础性单元，县域范围内的节事活动是县域经济活力的催化剂和引擎，对推动县域经济发展发挥着重要的作用。

4. 营销类型

旅游节庆。立足地方特色文化，考虑全国旅游市场和本地旅游季节，举办具有特色的民俗风情节庆活动，并针对市场热点和游客需求，不断开发新的旅游节庆活动。

假日游。节假日是游客出行的高峰期，在法定节假日来临之前，有针对性地开展市场营销活动，做好假日旅游市场营销活动，就能吸引更多的游客在节假日来景区游玩，提高市场份额。

主题游。针对特定主题，集中推广与直接吸引具有相同旅游倾向的游客参与。

（二）品牌营销

美国市场营销协会 1960 年对品牌的定义被广为接受，其认为品牌指“一个名称、术语、标志、符号或设计，或者是它们的结合体，以识别某个销售商或某一群销售商的产品或服务，使其与它们的竞争者的产品或服务区别开来”。一个完整的品牌包括品牌名称和品牌标志，它不仅代表着一种产品的属性、名称、包装，而且向消费者传递着价格、声誉、文化观念等潜在信息。[①]

在现代市场经济中，品牌的作用越来越大，杰弗里·兰德尔将品牌的功能归结为识别、信息浓缩、安全性和附加价值四个方面。企业可在同类产品差异性变小的背景下，利用品牌展现自己独特的产品形象和企业形象，从而加强与消费者的沟通，提高消费者的识别能力。消费者能够通过品牌获取有效的信息，使自己独特的消费需求得到满足。而且，选择一种声誉好的知名品牌能够降低不确定性，提高消费的安全性。品牌的这种功能和魅力被营销专家和营销人员广泛地应用到现代市场营销中，逐渐形成了一种新的营销理论和营销行为——品牌营销。品牌营销就是企业通过一系列的营销活动将品牌的实体层面与精神层面联系起来，培养品牌差异，建立品牌个性，并获得消费者认知、青睐，最终提高品牌的知名度与美誉度。旅游品牌是能给旅游者带来独特精神享受的一种利益承诺，它建立在旅游资源或旅游地域的独特性之上，同某个具体旅游产品或旅游产品群相关联，并且表明了此项承诺的来源与标准。

旅游品牌营销可以达到以下效果：第一，吸引旅游者，出于对旅游高水平身心享受的追求和对旅游产品增值消费的期望，旅游者对旅游品牌的要求和呼声越来越高；第二，增强竞争力，旅游品牌营销可以提高旅游目的地知名度和美誉度，增加客源和经营收入，从而增强竞争力；第三，挖掘持续发展的潜力，旅游品牌营销可以提高旅游者的忠诚度，使他们的“言传身教”发挥强于广告的功效，进而获得潜在的客源。[②]

以“5A 嵩县”品牌营销为例。首先，在形象上进行整体营销，嵩县县域范围内所有景区都以“真山真水真空气，5A 嵩县欢迎您”为主题，全县域统一策划、打包营销、整体宣传；其次，通过系列活动进行品牌打造，通过开展节庆活动，推介“5A 嵩县”；再次，利用名人效应进行品牌宣传，邀请知名演员、知名作家、文学评论家、经济学家、旅游专家等名人体验、评论、宣传“5A 嵩县”；最后，运用新媒体进行营销，组建了由 86 个微博

① 王玉华：《品牌营销的理论分析与对策研究》，《经济与管理》2011 年第 9 期。

② 谭小军、黄勋：《旅游品牌营销研究》，《江西科技师范学院学报》2007 年第 6 期。

实名认证账号组成的“微之博动队”，为满足游客在旅游咨询及投诉，了解免票区域及时间、到达景区线路、各景区的客流情况等方面的需求提供了便利。2015 年 9 月 19 日，“洛阳白云山号”列车从洛阳首发，将“5A 嵩县”的品牌再一次推向了全国。一系列精彩而有效的旅游营销，推动了“5A 嵩县”品牌的打造，也把嵩县旅游推向全国。

（三）口碑营销

“口碑”这一概念源于传播学。最早将口碑作为一种营销手段进行研究的是阿施（B. E. Asch），他在 1956 年用科学实验揭示了以口头传播为基础的“三人成虎”的社会从众心理。1957 年，Brooks 和 Robert 发表了第一篇与口碑相关的论文，从营销学角度阐述了口碑传播在新产品发售中的重要作用。[①] 口碑营销（word-of-mouth marketing）是指通过消费者间的相互交流来传播产品与品牌信息的营销方式。旅游口碑营销是由个人或组织通过一定的方式，不经过明显的第三方处理加工，传递关于特定的某一个或某一种类的旅游产品、旅游品牌、旅游企业、销售者的，以及能使人联想到上述对象的信息，引起利益相关者的强烈注意并使其能加以宣传的一种营销方式。

网络口碑营销是网络口碑与营销实践的结合，是借助网络口碑进行的营销活动。[②] 消费者借助网络媒体，可以在网络环境中产生、创建和分享口碑，同时企业可以使网络口碑成为营销的工具。网络口碑营销由于具有波及范围广、传播速度快、非面对面接触、来自自身体验等特点，被营销学者称为“具有病毒特色”的营销模式。对于知名度不高但自然风光或者旅游资源较丰富的县域旅游目的地而言，让旅游达人、明星、摄影爱好者等先来体验，并在各大旅游网站等网络媒体上进行旅游体验分享，再配合一定的事件营销，用户就会搜索、相信进而完成旅游消费行为。同时，营销者还要着力构建一个面向游客的评价平台，以在线评论的方式形成在线口

---

① 周常春、高晶、车震宇：《旅游口碑营销研究综述》，《资源开发与市场》2012 年第 4 期。

② 陈慧莎：《基于 5T 理论的旅游目的地网络口碑营销策略研究》，《科技经济市场》2015 年第 7 期。

碑，完成在线声誉和品牌的打造。

（四）影视营销

影视营销指利用电影和电视节目的制作地点、环境、过程、相关节事活动，经过营销策划宣传，将旅游目的地推向市场，以取得旅游需求满足和旅游目的地利益相一致的结果的营销类型。①

以重庆武隆为例。2006 年，《满城尽带黄金甲》剧组来到武隆拍外景，让这个名不见经传的旅游景区出现在观众面前，实际上当时地方政府仅仅为拍摄团队提供了住宿和相关配套服务，但带来的影响是巨大的，影片上映后 2007 年武隆地区游客量较 2006 年增长了 20% 以上。拍摄电影留下的天福官驿也成了景区唯一的永久性建筑，里面每天在循环播放在武隆拍摄的电影片段，源源不断地吸引着前来一探究竟的游客。《满城尽带黄金甲》宣传的成功让当地政府尝到了甜头，也意识到了影视作品对景区知名度提升的推动作用，之后又邀请了《爸爸去哪儿》节目团队前来拍摄，让明星来这个世外桃源体验生活，该综艺节目也让武隆这个地方再次回到人们的视线中。《爸爸去哪儿 2》再次来到武隆景区，这一次体验更有深度，当地政府顺势推出了《爸爸去哪儿》亲子旅游线路，同时建造了两个亲子游基地，满足了亲子旅游的需求。与此同时，武隆景区还联合旅行社、淘宝、旅游百事通和途牛网等主体，设计了别具特色的亲子旅游产品线路，景区亲子游产品的销售渠道多元化。一方面，影视营销能够利用明星和影视作品的流量效应，赢得更高的游客关注度，宣传目的地美景；另一方面，拍摄留下的景观也是景区内的另一种旅游资源，如天福官驿、《爸爸去哪儿》亲子游基地等，也会不断吸引很多影视爱好者前来旅游。

（五）网络游戏营销

网络游戏营销是借助虚拟游戏开展的营销活动。② 网络游戏的趣味性和

---

① 葛鑫：《浅谈旅游目的地营销——以重庆武隆为例》，《现代营销》（经营版）2020 年第 8 期。

② 王兰红、赵瑞君、袁志超：《互联网 + 视角下河北省县域旅游营销模式创新初探——以河北省邢台县为例》，《农业经济》2018 年第 10 期。

社交性以及庞大的游戏群体，无疑让营销者更为重视这种营销方式。热门的网络游戏如社交游戏、移动游戏等成为营销者虚拟游戏营销的主要选择。无论是植入游戏营销还是定制游戏营销，营销者都很注重将营销信息与游戏内容结合。如2014年2月4日，江苏水乡周庄旅游股份有限公司借农历春节之机，推出了中国首部旅游景区网络游戏《我在周庄迎财神》，该游戏以周庄财神文化为背景，通过新奇有趣的玩法，让游戏玩家在轻松进行游戏的同时，对周庄财神文化有一定的了解。同时，该游戏还巧妙地在游戏场景中植入周庄游产品，并将线上与线下结合，玩家在游戏中获得的积分，可以直接在线上平台兑换景区门票、各景点优惠券及抵用券等。这些虚拟的优惠券可到景区实地兑换使用，也可以直接在周庄天猫旗舰店使用。这种积分兑换模式，成功地将游戏玩家转换为游客，也标志着周庄旅游打破了传统的旅游营销模式。

（六）搜索引擎营销

搜索引擎营销是使用搜索引擎优化、付费广告、内容关联广告和付费链接等形式，提升网站在搜索结果页面的可见度和排名的一种网络营销方式。尤其是搜索引擎优化，它不需要向搜索引擎服务商付费，却具有较高的可信度。在模糊搜索和个性化搜索推荐方面，融合人工智能匹配算法使搜索引擎能够理解内容，针对模糊需求提供搜索结果，并可围绕用户属性、习惯和兴趣爱好进行更加个性化的主动推荐。

第五章
规划设计

县域经济作为国民经济的元素，县域是国家政策实施最主要、最直接的操作平台，国民经济深受其影响。很多县域拥有大量颇具当地特色的旅游资源和优美的生态环境，但有一些县域，盲目追求经济效益，对自然资源和当地的风俗习惯造成了极大的破坏。[①] 一些县域的旅游发展仍旧缺乏合理的政策引导、科学的规划设计和规范的运营模式。因此，县域旅游的规划设计需要深刻理解其内涵、了解其要点、把握规划核心内容以及规划的组织和管理，进而形成合理、高质量的顶层设计。

第一节　规划概述

了解县域旅游规划的概况，是县域旅游规划的首要前提。只有学习县域旅游规划的概念、类型、原则和特点，才能更好地理解县域旅游规划。

一　规划概念

“县”作为行政区划名称始于春秋时期，在《辞海》中，“县”被解释为中国省级以下的一种行政区划。“县域”在城市规划学科中是一个较为常见的概念，它是区域的一种特定形式，是以县级行政区为地理空间的区域，

① 李永强、冯淑慧：《旅游产业与县域经济耦合协调发展研究——来自桂林阳朔县的经验证据》，《技术经济》2020 年第 9 期。

由城镇、集镇、乡村等行政区域单位组成。县域作为我国行政区划的一个基本单元，作为一种介于市域和镇域之间的特殊地域空间类型，具有相对独立性和完整性，是经济、社会和物质建设的三位统一体。县域是一个整体的、有限的地域空间概念，是一个带有鲜明行政层级色彩的、相对独立的社会单元和经济单元。[①]

县域旅游作为县域旅游业持续发展的支撑点，在我国旅游业发展格局中处于一个非常重要的层次，从旅游活动的产生和客源市场来看，县域是旅游的源泉；从旅游产品的组织来看，县域是旅游业最集中的接待地；从市域乃至更大区域的旅游发展整体格局来看，县域是旅游业发展的核心动力。目前，全国2000多个县级行政区中，有相当一部分的地方政府认识到发展旅游业的比较优势，对旅游业的发展前景充满信心，部分地方政府更是将旅游业定位为产业发展的支柱和主导、经济提升的优势和先导。

县域旅游规划是指在对县域旅游系统发展现状的调查评价的基础上，结合县域社会、经济和文化的发展趋势以及县域旅游系统的发展规律，以优化总体布局、完善功能结构以及推进旅游系统与社会和谐发展为目的的战略设计及实施的动态过程。其实质就是根据县域市场环境的变化情况和可持续发展的要求，对与县域旅游业发展有关的生产要素进行科学合理的优化配置。

县域旅游规划的核心问题是如何优化县域旅游资源的配置，寻求旅游资源对人类幸福和环境质量的最优贡献。同时，县域旅游规划的目的是增强旅游资源可持续开发与利用的能力，使县域旅游业发展获得最佳的经济效益、社会效益和生态效益。

在县域旅游规划中，需要确定发展目标，提高吸引力，平衡旅游体系、支持体系和保障体系的关系，拓展县域旅游产业的广度与深度，优化旅游产品的结构，保护县域旅游赖以发展的生态环境，保证县域旅游地获得良好的效益并实现促进地方社会经济发展的基本目标。因此，县域旅游规划除了在物质空间层面的规划外，也要关注在规划过程中资源的优化配置及

---

① 李蕾：《西藏山南地区的县域旅游规划研究》，硕士学位论文，西南交通大学，2012。

供应和需求的共同满足，构建旅游系统，优化旅游结构，架构物质空间。

县域旅游规划是一种较小尺度的区域旅游规划，是指以县级行政区为界线，编制旅游业发展总体规划，通过对县域内的旅游资源进行优化配置，完善县域旅游结构和旅游体系，优化旅游产品和旅游内容，提升县域吸引力，指导县域旅游业的发展。县域层面旅游规划不仅要协调好省域和市域层面旅游战略规划、旅游总体规划所关注的宏观问题，更要解决好具体项目实施、项目建设、项目市场营销及推广、项目运行的保障措施等方面的可操作性问题。

通过县域旅游规划，可提高旅游资源吸引力，形成良好的旅游目的地，促进县域内经济效益、社会效益和生态效益的协调发展，推动旅游业的可持续发展。

二　规划类型

县域旅游规划按照不同的标准可以分为以下类型。

（一）按时间尺度分类

就时间阶段和内容而言，县域旅游规划可分为旅游开发战略规划（远期规划）和旅游地或旅游项目开发建设规划（中期和近期规划）。近中期的县域旅游规划一般指修建性详细规划、控制性详细规划，根据发展情况不同进行修编。远期的县域旅游规划又称为总体规划或发展规划、概念规划等，规划期限为 10 ~ 20 年。

（二）按空间尺度分类

就空间范围和规模而言，县域旅游规划可以分为县域旅游综合规划和旅游地或旅游景点规划。县域旅游综合规划是对整个县域内的旅游相关产品进行规划和统一宣传等，旅游地或旅游景点规划是针对县域内的某个景区进行单独规划。但这两种规划方式是可以共存的。例如，某个县域在旅游中采取了统一宣传、统一促销的协调行动，但在景区内部仍然采用旅游地或旅游景点规划。

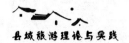

（三）按内容和层次分类

1. 综合规划

综合规划的编制主要是为县域旅游业发展提出明晰的思路，为申请政府旅游专项资金和招商引资提供规划支撑，为下一层次的旅游规划提供依据。从规划性质分析，综合规划属于侧重于战略规划的总体规划，以发展战略、旅游策划为重点，辅之以物质空间规划。规划重点内容包括县域旅游发展的区域地位和旅游业的产业地位，县域旅游发展的条件与主要问题，县域旅游发展目标与战略，县域旅游发展性质定位与规模预期，县域旅游形象塑造、产品开发、项目策划，县域旅游发展的空间结构与布局，县域旅游业发展的支撑体系等。

2. 总体规划

总体规划的编制是为了“严格保护、统一管理、合理开发、永续利用”旅游资源和环境，在发展旅游业的同时，促进县域内社会经济与资源、环境的协调发展。从规划性质分析，总体规划是以旅游创意策划和产品开发为特色，以县域用地布局和配套旅游功能优化为依托的总体规划，属于旅游开发策划与物质空间落实并重的旅游规划。规划重点内容包括县域类型特点，主管部门和国家有关政策、法规、条例与规范的要求，县域资源环境特点及开发建设条件，县域开发建设主要问题与发展目标，县域旅游发展创意策划，县域功能配置与用地布局，县域开发模式与规划实施对策。

3. 详细规划

详细规划是对县域内基础设施建设进行规划，根据发展方向、客源层次和类型、游客的消费水平等，提出控制指标和规划管理要求，为综合开发和规划管理提供依据。详细规划一般以总体规划或综合规划为依据，重点是对用地功能和景观环境的规划。[①]

三　规划原则

县域旅游在规划设计上，要坚持环境、资源和规划设计的可持续发展，

① 马勇、李玺编著《旅游规划与开发》，高等教育出版社，2002。

要体现地域文化符号和地域色彩的特色，坚持人本主义，紧密结合客观现实，挖掘旅游潜力，满足旅游者的需求，将县域打造成旅游目的地发展的标杆和样板。

（一）可持续发展原则

1. 环境与资源的可持续发展

中国的县多位于中西部、农村、边境、山区、远郊和少数民族地区，有些旅游县域自然和生态资源品位很高，民俗风情浓烈，已拥有良好市场声誉和目的地形象，但也需要突出环境保护、文化保护和适度发展原则，加强对旅游开发负面影响的对策研究，为旅游业可持续发展提供保障。旅游业比任何行业都更依赖自然、人文环境的质量。保护好生态环境，就是保护好旅游业自身。可持续旅游发展的中心和实质就是处理好旅游、自然景观、人文资源和生态环境之间的关系。

坚持可持续发展，应关注旅游开发对当地社会发展的带动作用。旅游开发必须为当地社会及农村的发展带来好处，努力提高地方居民参与旅游发展的积极性与主动性，同时对居民及旅游者进行环境保护意识宣传与教育，树立可持续发展观念。这样的县域旅游规划与开发，才能建立在比较扎实的基础上，才能有一个更广阔的前景。

2. 旅游规划设计的可持续发展

规划是一个持续的过程。县域旅游规划的政策，必须根据外界环境的变化而重新评估。根据巴特勒的旅游地生命周期理论，旅游地总要经历停滞阶段及衰落或复苏阶段，因此在旅游项目策划过程中，一定要有长远的思想及规划，也就是坚持旅游业的可持续发展，使旅游地的发展阶段及巩固阶段尽量延长，延缓其衰退期的到来，并有遏制旅游地的衰落使其转向复苏的机制。对于脆弱的旅游业而言，旅游规划的回顾与评估、实施与监控，显得尤为重要。这也是县域旅游可持续发展的根本保障。①

① 杨瑞霞：《我国县域旅游发展规划的实证研究——以河南省淇县旅游发展规划为例》，《商业研究》2006 年第 9 期。

（二）突出特色原则

1. 突出地域文化符号特色

凸显建筑形式。在对县域旅游进行规划设计时，应注意尽量保持地区原有的传统风貌，传承地域文化，然后从现代新科技角度出发，提升硬件设计水平，以此来丰富旅游景区的娱乐活动。旅游景区建筑需要具有时代性与地域性特征。对于县域内旅游建筑设计，可以采取因地制宜的原则，有保留地采取拆除、改建、修复的方法进行设计。对于传统建筑材料，应尽可能选择与自然环境协调的本地材料，通过具有地域风貌的材料，形成风格统一的建筑。对于旅游规划范围内，设施比较落后、环境较差的区域，在尊重文化传统的基础上，结合实际情况，通过对建筑物和构筑物的保留、整治、更新，增添与当地建筑特色相符的基础设施，在传承民族文化遗产的同时，展现出旅游景区应有的服务设施。在景区特色历史建筑保留、修复的过程中，可以找权威的、具有代表性的建筑团队进行修缮，这样才能在取得最大效益的同时保护传统建筑，这也是对历史印记的延续。

体现地区特征和标志。在旅游景区空间设计中，景点特征和标志至关重要，如特色建筑、开阔水域、古树名木等。可以尝试将这类标志性景观元素应用其中。如在云南省西双版纳地区，傣族人民建设的干栏式竹楼与周边景观元素结合，通过用途以及造型差异区分建筑功能，适应当地气候，贴近自然，展现傣族民俗风情。

合理布局景观植被。植物作为地域文化特色重要的元素之一，在旅游规划设计当中扮演着不可或缺的角色。在旅游景区合理布局的过程中，要对景观植物类型进行现场观察布局，应用“加减法”相关原则，设计出具有景区特色的植被景观。可结合实际需要，把不同种类的植物搭配管理，打造出稳定的植物生态系统。还可根据当地植物的季相变化，将不同花期的植物进行搭配种植，通过感官沉浸式体验，打造具有当地独特时序性的自然植被景观。①

① 万艺玮：《浅析地域文化在县域旅游规划中的表达——以西藏自治区山南市琼结县为例》，《四川建材》2020年第11期。

2. 突出地域色彩特色

旅游景区的颜色，对人们的视觉感知有很大的影响。因此，应该创造良好的色彩环境，如藏式建筑中常出现红色、白色、黄色和蓝色。在生态农田景区和自然景观中，利用植物不同季节的颜色特征，可为游客营造出不同的色彩感受。比如，花海牧场在四季展现不同的色彩景观，农野梯田用层层叠叠的梯田使地域色彩更有层次感。各个地区在发展进程中，都会形成具有当地特色的民俗色彩，色彩会对人们的视觉感知产生较强的冲击力，民俗色彩所形成的景观，具有使人们产生共鸣的亲和力，能够有效展现旅游景区独特的魅力。①

（三）人本主义原则

吴必虎先生指出："旅游规划师不仅要为旅游者建造楼房以供入住，提供车位以供泊车，更重要的还在于为旅游者寻找或创造一个充满人文关怀的旅游社区。"应通过有效的规划和引导，使游人在旅游过程中体验到身心愉悦，同时强调旅游者与旅游区居民的和谐相处。人文关怀要顺应当今世界"以人为本"和"可持续发展"的主题和趋势，在旅游项目策划过程中，应以旅游者为核心，为旅游者提供快乐的体验，创造娱乐和享受的价值。旅游项目策划是策划者的创意，是主观产物，策划者的思想观念对旅游项目的开发起着重要的作用。这就要求策划者换位思考，尽量以不同的旅游者身份和喜好来策划旅游项目，充分体现对旅游者的人文关怀，尽量避免个人喜好影响整体的旅游项目策划。②

（四）深度开发原则

随着现代经济、现代旅游的蓬勃发展，旅游需求量增加，需求面正逐步扩大。大众化、多样化、个性化的旅游趋势，引起了越来越明显的旅游开发层次的划分。县域旅游由于受到经济实力的制约，资源开发形式往往较为单一，仅停留在资源的观光旅游层面，档次不高、重复建设的现象普

① 万艺玮：《浅析地域文化在县域旅游规划中的表达——以西藏自治区山南市琼结县为例》，《四川建材》2020 年第 11 期。

② 吕建华、徐淑梅：《县域旅游项目策划原则》，《商业经济》2005 年第 12 期。

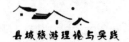

遍，旅游吸引力不足。在县域旅游规划中，要尽可能避免低层次重复建设项目，提倡景点的深度开发，而不是景点外延的扩大。要将纯粹的观光型旅游资源，进一步深化为与度假型旅游相结合的方式开发。度假旅游是各个旅游发达国家或地区旅游产品的半壁江山，但在我国始终处于薄弱环节。县域旅游由于经济、资金、客源的种种限制，更应坚持深度开发，深挖资源潜力，以不断扩大和提高当地旅游业的规模和档次。①

旅游商品的深度开发，也应成为县域旅游规划中的重要组成部分。旅游商品是旅游收入的重要来源。大部分县域旅游商品的开发，目前仍处于粗加工和简单模仿复制阶段。认真规划好各地的旅游商品深度开发，是发展当地旅游的重要突破口。如河南信阳地区的市县在发展旅游的过程中，充分利用当地的茶叶资源，深度挖掘资源内涵，利用丰富的茶文化，让游客亲身参与种茶、采茶、茶叶加工、品茶等一系列活动，不但增加了游客的兴趣，同时也扩大了产品的影响力，取得了很好的旅游发展效果。

（五）可操作性原则

编制县域旅游规划，要深入了解当地的政治、社会、经济、文化、民俗、地理等各方面情况，因地制宜，制定可操作性强、能体现可持续发展原则的规划。规划中应着重突出县域旅游的突破口、旅游产品、营销、优质服务等。另外，县域旅游规划的可操作性还应该体现在规划之后的咨询服务方面，让规划变成现实，这是规划工作的真正重点和实现可操作的途径。

在做县域旅游项目策划时，也应充分研究区域资源特色和旅游市场需求，尽量照顾游客的体验和感受，充分考虑地区经济条件，设计开发新、奇、特的旅游项目，突出地方特色，为县域旅游业的可持续发展和县域和谐社会的创建，画好重要一笔。②

---

① 杨瑞霞：《我国县域旅游发展规划的实证研究——以河南省淇县旅游发展规划为例》，《商业研究》2006 年第 9 期。

② 杨瑞霞：《我国县域旅游发展规划的实证研究——以河南省淇县旅游发展规划为例》，《商业研究》2006 年第 9 期。

四　规划特点

（一）综合性

县域旅游规划把旅游的所有要素，包括需求、供给、营销等，都集中在一个规划框架内，是一项综合性很强的系统工程，使得多层次、多部门实现整合。县域旅游规划要综合考虑这些与旅游业直接或间接相关的产业，使之协调发展。由于规划本身涉及的学科门类众多，需要规划者具有较强的综合能力，还要有丰富且合理的学科背景配合。[①]

（二）依赖性

县域旅游的规划开发是一项依赖性很强的经济活动。旅游业发展水平在很大程度上取决于区域经济发展水平，县域旅游的发展依赖很多行业系统的支持，没有这些相关行业的支持，旅游活动就难以维持。这些支持行业除了满足县域旅游运行的需要，也要满足自身及其他产业的正常运行需要。因此，县域旅游规划必须协调这些行业与旅游业的关系，需要规划者认真研究相关规划，如社会经济发展规划、区域产业规划、城乡规划等，使得县域旅游规划能够较好地配合和依托其支持行业，同时也需明确县域旅游规划的权限和职能。

（三）动态性

县域旅游规划不是一成不变的，要在动态变化中调整。旅游市场的需求随着经济、政治、社会环境的变化而变化，决定了县域旅游规划是一种动态的规划，要适应旅游市场的发展，尤其是旅游项目的选择和旅游产品的开发要具有弹性。编制县域旅游规划要充分掌握市场变化信息，分析及预测市场发展趋势，做好提前调整的准备，创造满足甚至引导市场需求的产品。

（四）层次性

层次性是指县域旅游系统是由若干个子系统构成的，而各个子系统又由更低一级的子系统构成。不同层次的系统，其规划目标、任务和特点都

① 邹统钎主编《旅游目的地管理》（第二版），高等教育出版社，2019。

不相同。县域旅游系统主要包括吸引物、基础设施和服务系统，县域旅游规划可以分为旅游吸引物规划、旅游基础设施规划和旅游服务规划等具体规划。县域旅游规划中，除需要综合性的战略规划，还需要具体项目和设施的规划，并提出控制性的要求，有时甚至还需要对重要景点做出具体的建筑设计。[①]

第二节　核心要点

县域旅游的规划设计要考虑到当地的发展机会和阻力，找准机会对县域内的资源进行整合，重视产品开发，优化旅游线路，做好市场营销，增强旅游体验，完善保障体系，开辟县域旅游发展的新业态，将不利因素转化为有利因素，促进县域内旅游经济的发展。

一　资源整合是基础

县域旅游资源整合实际是县域旅游目的地系统结构的重组，通过这种重组，县域旅游目的地将获得更大的发展空间和发展能力。通过对县域旅游资源的整合，能够强化旅游主题，彰显旅游形象，增强县域的整体实力，提升产品竞争力，防止恶性竞争，优化发展环境，维持旅游资源的共生基础。可以从以下几个方面对旅游资源进行整合。

空间层次整合。将县域内同属于一个较高空间层次的旅游资源整合起来，形成一个大资源，建设一个大景区，扩大规模，提升档次，集中力量在一个更广阔的空间里开发产品，开拓市场，如苏州园林群能够整合出规模大、档次高的旅游系列产品，形成精品旅游路线。

共生整合。将县域内具有共生关系的旅游资源整合起来，协调利益关系，调整开发行为，限制开发力度，实现资源与环境的可持续利用，保障旅游产业的长远发展，如由于太湖周边几个地区的度假村共生于太湖，保护太湖的生态环境这一共同要求必将促进这些度假村的资源整合，实现共

① 邹统钎主编《旅游目的地管理》（第二版），高等教育出版社，2019。

同生存、共同发展。

主题整合。在某一个县域内，根据旅游资源的总体特点和市场状况，确定旅游产业的发展方向和战略以及县域旅游的主题和形象，借此整合县域内旅游资源，使其服从或服务于县域旅游的主题，形成鲜明的旅游形象，打造最具市场竞争力的核心产品，形成有吸引力的旅游目的地。

产品线路整合。将某些不能形成成熟旅游产品或市场竞争力较弱的旅游资源，依据某种产品开发理念整合起来，形成新的旅游产品。利用旅游资源在区位、交通和功能上的联系，将分散的旅游资源组织起来，将旅游资源进行合理的搭配，组成旅游线路整体推出，使其共享客源市场，丰富旅游内容，提高其对游客的吸引力和旅行社运作的可行性。

市场整合。根据县域旅游的目标市场定位，将不同类型旅游产品中核心目标市场一致的旅游资源捆绑开发，打造多类型的旅游产品，增加游客的停留时间和消费额，实现客源的充分利用。

产业链整合。利用某些旅游消费链条上的承接关系进行整合，完善旅游产业链，带动旅游经济的发展。

保障系统整合。旅游资源的开发有赖于保障系统，即交通、通信、电力、金融、卫生等构成的社会经济体系。充分利用旅游保障系统，是整合旅游资源的一个重要思路。伴随交通线路的形成和完善，其作用往往最为明显。①

旅游资源要从各方面进行整合，需要经过以下实施途径。

临时联盟。在一般情况下经营主体独立开发经营，各自享有产权，只是在必须统一行动的时候，政府或企业之间结成临时联盟。例如，县域内相关企业在政府组织下或自发地联合起来，进行旅游产品的联合推介。另外，不同县域的政府也可以临时联合起来举办促销活动等。这种形式较为灵活，成本较低，亦可根据形势的需要达成长期合作。但是这种形式约束力较差。

契约合作。一种是由政府牵头，在县域之间达成县域旅游合作契约。

① 邹统钎主编《旅游目的地管理》（第二版），高等教育出版社，2019。

这种模式是区域间旅游合作较好的模式，充分利用了政府的行政管理能力，而这种能力是企业所不可能具备的。另一种是由政府和一个或几个龙头企业牵头，在相关旅游企业或单位之间签订契约，组成战略联盟。

行政划拨。由政府将隶属于不同部门和单位管理的旅游资源，划拨给一个部门或国有企业统一开发经营。这种模式由于行政力量强大，通常实施得快、产权清楚且固定、资本雄厚、后续支持有保障。但是，这种模式克服条块分割的成本较高，产权和经营权也往往不能分离，经营灵活性差。

企业兼并。企业在市场规则的作用下，优胜劣汰，自行重组兼并。这种模式产权清楚、操作灵活，但是在中国的现实背景下，资产评估体系还有待完善，一旦涉及国有单位或国有资产，往往会出现比一般企业更复杂的情况。纯粹的市场作用也容易暴露市场的弊端，恶性竞争不易避免。

改造所有制。在政府的引导下，国有资产和其他资本通过股份制改造，共同注入新成立的公司，所有资源归其统一组织开发。这种模式符合现代经济发展潮流，产权明晰，国有资本得到盘活，而且组织稳定，有利于长远发展。对于一般情况，这可能是一种较好的旅游资源整合模式，但整个改造工作难度很大。①

二　产品开发是重点

旅游产品开发的本质是发现游客需求、提高游客体验感、根据游客行为反馈完善方案。这种开发方式对于提高旅游服务质量、提升旅游产业整体竞争力具有重要的意义。

旅游产品的开发应该在产品形式、产品功能、产品内容和服务质量上下功夫。

产品形式创新。县域旅游产品是以游览活动为基础的有形和无形要素的组合，它一般由六个要素构成，即县域形象、县域景物及环境、县域的设施及服务、县域的可进入性、具体活动安排和提供给游客的价格。旅游区变换以上任何一种组合要素都能使产品形式发生变化，如改变交通工具、

① 邹统钎主编《旅游目的地管理》（第二版），高等教育出版社，2019。

增加旅游景点等。产品形式创新往往不需要额外的支出，却能给旅游者带来耳目一新的感觉。

产品功能提升。产品功能指旅游产品能带给顾客的利益和效用，是吸引旅游者的关键。从旅游需求的角度来分析，产品功能提升主要包括两层含义：一是随着专项旅游的发展，旅游产品趋于专业化，以满足旅游者的特定需求；二是现代旅游活动向主题式、参与式方向发展，这要求旅游产品在拥有核心功能的同时，尽可能多地带给旅游者其他利益。

产品内容扩充。这里的产品内容指的是旅游产品的有形部分，即县域内旅游区在宣传册或报价单中标明的正式提供的产品，如旅游景点、地方风味食品、文娱表演等。旅游产品内容扩充即旅游区通过合理安排时间和控制成本，在同样的行程里，以相同的价格为顾客提供更多、更好的旅游要素。

服务质量提升。无形服务是旅游产品的重要组成部分，高品质的服务有助于旅游区提高顾客的满意度，从而建立起他们对县域的品牌忠诚。提升旅游服务质量，主要通过旅游区信息提供、服务表现、售后服务等环节体现出来，其目的是提高旅游者旅行的便利性、安全性和愉悦性。①

以上四个方面是旅游产品开发的内容，旅游产品的开发也要遵循以下要求。

旅游产品的开发需要个性化、创新化。目前，旅游市场发展到了一个新的阶段，游客群体更加多元化，不同的游客群体对旅游的需求也各不相同。由于游客个体之间的差异性，县域旅游要想实现进一步的发展，在对旅游产品开发过程中，需要重视对游客心理需求的分析，根据不同游客群体的特点以及心理特征，制定不同类型的旅游主题，通过开发富有特色的、个性化的旅游产品，满足不同类型游客的旅游需求，从而改善旅游服务质量，达到提升旅游体验及满意度的目标。

应分清旅游产品规划开发的层次。对度假型旅游产品来说，娱乐设施是核心产品；对观光型旅游产品来说，景观是核心产品。旅游产品的层次

① 马勇、李玺编著《旅游规划与开发》，高等教育出版社，2002。

是站在消费者的角度来划分的，认识到旅游产品的层次性，有助于规划者更好地认识现有旅游资源的现状和发展趋势。只有动态地把握旅游者的需求变化，才能在旅游产品规划创新上有所作为。①

旅游产品的开发要差异化。只有确保所开发的旅游产品能够充分利用当地的旅游资源，同时具有较大的竞争力，才能发挥当地的旅游优势，进一步促进当地旅游行业的发展。通过进行详细的环境分析，分析周围县域的竞争者，确认开发同样的资源有没有竞争力，如果没有，那么确认现在市场有没有可填补的空白。比如四川的蒙顶山尽管有宗教旅游资源，但凭规模和知名度无法和附近的青城山、峨眉山相比，所以宗教旅游无法成为其卖点。而蒙顶山离成都较近，气候舒适，加上茶文化的点缀，开发生态性茶叶保健疗养基地产品较为可行。有时忽视自身比较醒目的资源，从市场和竞争的角度去思考一些差异化的竞争优势，往往会取得更大的效益。②

三　线路是纽带

旅游线路是根据旅游需求和旅游供给两方面因素设计的综合性产品，将旅游者在旅游中享受的食、住、行、游、购、娱等各种旅游要素串联起来，是县域旅游规划的纽带。

旅游线路设计需考虑四类影响因素，即旅游资源（旅游价值）、与旅游可达性密切相关的基础设施、旅游专用设施和旅游成本（费用、时间或距离）。旅游线路的设计大致可分为四个步骤：首先确定影响因素；其次根据游客的类型和期望确定线路的基本空间格局；再次对旅游的相关设施进行分析，设计出若干可以选择的线路方案；最后选择最优的一个或几个旅游线路方案。

设计旅游线路时不仅要考虑到县域本身的资源，也要关注游客在游览

① 张倩倩：《体验经济时代的旅游产品开发探索》，《旅游纵览》2021 年第 23 期。

② 杨瑞霞：《我国县域旅游发展规划的实证研究——以河南省淇县旅游发展规划为例》，《商业研究》2006 年第 9 期。

过程中的心理、体力状况等。所以，应该遵守以下原则。

市场导向原则。设计的关键是适应旅游市场的需求，即必须最大限度地满足旅游者的需要。旅游者行为的基本规律是最大效益原则。旅游者对旅游线路选择的基本出发点，是以最小的旅游时间和旅游消费之比，获取最大的有效信息量与旅游享受。故游览时间长短、游览项目多少以及在途时间和花费比值的大小，将影响游客对线路的选择。因此，在一条旅游线路中，应包括必要数量的知名、有价值的旅游景点。但是，如果将旅游资源最精华的部分都组织在有限的旅游线路中，其他旅游资源将被冷落，县域旅游将难以获得综合效益。因此，目前倾向于将旅游热点、温点和冷点搭配起来设计旅游线路，加大温点和冷点开发力度，提高文化品位。

突出主题原则。每一条旅游线路应具有自己独有的特色，以形成鲜明的主题。此特色或主题的形成，主要依靠将内容和形式有内在联系的旅游点串联起来，在“食、住、行、游、购、娱”“商、养、学、闲、情、奇”等方面，选择与此相应的表现形式。此外，为了更好地突出旅游资源主体，应注重旅游者游览时间的安排，以便在最合适的时间让旅游者观赏到最佳景观。例如，以水体为主要景物的景点以安排在清晨游览为宜；如果是以观赏性植物为主的景点，则多以下午游览更佳；以山体为主的景点，一般以傍晚游览比较好。

游程多样原则。旅游线路应设计成一些旅游依托地和尽可能多的不同性质的旅游点串联而成的环形回路，以避免往返路途重复；有时表现为环形主线路上连接以重要旅游依托地为中心的多个小环形支线或多个放射形支线。

合理搭配原则。在旅游路线的设计中，必须充分考虑旅游者的心理和体力、精力状况，并据此安排其结构顺序与节奏。同样的旅游项目，会因旅游路线的结构顺序与节奏的不同，而产生不同的效果。如果把质量品位最高的景点安排在前，相对较差的景点安排在后，那么，游客在沿这条路线进行游览时，虽然第一印象颇好，但随后其在旅游过程中不断地付出更多的时间、体力，却因有前面的高质量的景点作参照，而感到后面游览的景点不如最初的景点，就会产生一种得不偿失的“失望感”。所以，一条旅游路线应体现序幕—发展—高潮—尾声的过程。①

另外，旅游线路设计，应注意人体生物节律对游览心理的影响。就人体的生物规律来说，经一夜充分的睡眠休息后，每天上午是精力最为充沛的时段。旅游者上午的猎奇、求知欲望比较强烈，心理上希望并能在实际上收集和感知的环境信息量最大。因此，上午的旅游线路安排，最好是沿途及景点中景观比较丰富的景区，以满足此时游客求知的心理需求。而中午进餐之后旅游者大多进入了“饭饱神虚”的状态，此时旅游者感知环境信息的欲望大为减退。因此，午后的游程安排应分散淡化，待旅游者重新进入兴奋状态后再逐渐丰富游览内容。总之，游览内容的丰度应尽量与游客一天中对旅游环境感知欲望的强弱相吻合，恰到好处地为游客提供适量的感知景物对象，以满足旅游者的求知需求。

机动灵活原则。在设计旅游线路时，不宜将日程安排得过于紧张，应留有一定的回旋余地；在执行过程中，也必须灵活掌握，以保证落实原旅游路线行程的基本项目为原则，同时也能局部变通以应对紧急情况。此外，旅游线路设计还要考虑如何推出多条具有不同旅游时间、不同价格档次的路线来适应和满足不同需求的旅游者，如何使路线的运作有利于旅游地食、宿、停车等接待工作的安排等一些实际操作上的问题。②

河南省洛阳市栾川县在旅游线路的开发中颇具特色。栾川县是一个资源丰富的县域，坚持“生态立县，创新活县，旅游富县，产业强县”，打造全域旅游模式，将栾川县的资源核心区域分为“一心二区三带八组团”，打造国家级山地旅游度假试验区。“一心”主要是指栾川县城，“二区”是指县城和潭头镇两个产业集聚区，“三带”包括九龙山—重渡沟—金牛湖南北景观带、合峪县界—老君山—鸡冠洞—滑雪场—陶湾红崖岭东西景观带、栾川县城环城观光带，“八组团”包括养生养老组团、山地运动组团、旅游特产组团、休闲度假组团、休闲农业组团、矿山游组团、温泉疗养科考组

① 马勇、李玺编著《旅游规划与开发》，高等教育出版社，2002。

② 马勇、李玺编著《旅游规划与开发》，高等教育出版社，2002。

团以及高山避暑组团。栾川县通过对旅游资源的划分，将旅游线路分为不同的类型，这带领栾川县从原来伏牛山腹地的贫困县城变成了旅游强县，现在的栾川是中国旅游强县、国家生态县、国家园林县城、全国休闲农业与乡村游示范县、全国魅力新农村十佳县、世界十大乡村度假胜地。

四 市场营销是关键

旅游市场营销是县域旅游规划的关键，通过制定市场营销策略，可以适应市场环境的变化，充分利用市场机会，促进县域旅游的发展。

市场营销首先要对市场进行细分，通过市场细分，可以准确定位目标人群，设计具有针对性的旅游产品，获得更大的经济效益。比如，按照年龄，可将游客分为儿童、青年人、中年人、老年人；按照收入，可分为价格敏感度高的和价格敏感度低的，相对来说提供的产品会有所不同；按照家庭阶段，可分为单身、新婚、带孩子等类型，为其提供不同的旅游产品；按照目的，可以分为商务旅行者、探亲访友者、短途旅游者和传统度假者等类型。

确定好目标市场后，就要进行信息宣传。旅游者决定出游前，必须感知到有这样一个县域旅游目的地的存在，这一点对于一个新开发的县域旅游目的地来说尤为重要。当然，只提供告知类信息还不足以吸引旅游者，它必须和其他类信息共同作用才能达到好的效果。说服类信息是向旅游者介绍一个旅游目的地的价值，或者说其可以提供给旅游者的好处。如一个县域把当地建筑特色通过极其优美的图片展示给潜在旅游者，让潜在旅游者惊叹于当地建筑物的美感和历史特色。说服类信息的目的是在情感上揭示旅游者选择此县域旅游产品的原因，激发旅游者的旅游动机，并促使旅游者选择此旅游目的地。提醒类信息的目标是提醒旅游者一个县域旅游产品的存在，这是针对已经来访过这个县域的旅游者群体。这类信息能够唤起旅游者在此地旅游时的一些美好回忆，并强化旅游者对当地旅游产品特色的记忆，从而鼓励旅游者再次选择此旅游目的地进行旅游。①

---

① 邹统钎主编《旅游目的地管理》（第二版），高等教育出版社，2019。

市场营销的方式在前文已经提到过，这里再简单介绍一下，营销方式主要包括节事营销、品牌营销、口碑营销、影视营销、网络游戏营销、搜索引擎营销和新媒体营销。

例如，市场营销比较成功的栾川县的老君山景区，凭借“老君山金顶”的景色成功出圈，大量摄影师、旅游博主、网红来到老君山就是为了拍下云海雪景和老君山金顶的景观，雾凇、云海、金顶日出等自然风景奇观接连出现，为老君山不停地制造话题，助力其不断抢占冬游市场。在“爆红”的基础上，老君山景区不仅有高质量的景色，还为游客提供高质量的服务，为游客提供免费的汤和茶，第一时间清理游览线路上的浮冰、积雪，增强了游客体验，保障了游客安全，可以说，老君山的“爆红”是天时地利人和的结果，也是流量和质量“两手抓”的结果。

五　增强体验是核心

县域旅游规划需要增强游客的体验感。我国正处于体验经济时代，对于旅游企业而言，为实现景区高质量发展，不仅需要关注旅游者的“游”，还需关注旅游者的体验。旅游者已经不满足于传统的观光游览方式，而更希望在旅游过程中感受不同的地域文化，从而达到情感上的满足。旅游者在旅游过程中花费金钱和时间，获得与日常生活不同的体验感受。所以，在旅游规划开发过程中，需要关注游客的主观感受和情感需求，并以此为核心进行旅游规划开发。增强体验感，旅游者对县域才会“流连忘返”。

根据派恩和吉尔摩的观点，根据旅游者在旅游体验的过程中参与的主动性和投入程度不同，可将旅游体验分为以下四种类型。

娱乐体验。消遣是人们最早使用的愉悦身心的方法之一，也是最主要的旅游体验之一。游客通过观看各类演出或参与各种娱乐活动使自己在工作中紧张的神经得以松弛，或会心地微笑或开怀大笑，排解心灵的种种不快，从而达到愉悦身心、放松自我的目的。娱乐体验渗透到游客体验的整体过程中，无论是景区动物一个滑稽的动作，还是美丽景观带给人的视觉冲击，都会起到愉悦身心的作用。被誉为中国投资规模最大的主题乐园的深圳欢乐谷，用不同的娱乐主题满足游客多样化、个性化的旅游需求，使游客感受不同的娱乐经历：过山车让人体验穿越矿区的惊险与刺激，四维影院让人感受全方位的视觉冲击，卡通城让人沉迷于童年的回忆，魔术晚会则让人在瞠目结舌中体验超凡的感受。不同的娱乐主题为不同年龄的人塑造了属于自己的娱乐经历。

教育体验。旅游也是学习的一种方式，尤其是县域内的人文类景点，如博物馆、历史遗迹、古建筑等，其深厚的文化底蕴、悠久的历史传统、高超的建筑技术，都会令旅游者有耳目一新之感，学习也因此融入旅游者旅游的全过程。近年来在我国各地兴起的“农家乐”项目，也成为许多父母教育子女的方式，让孩子亲自种植蔬菜、水果，亲自管理，体会种植的乐趣和收获的快乐，在潜移默化中，将节约、勤劳的教育理念灌输进孩子的意识中，寓教于乐。

逃避型体验。工作的压力、日常生活事务的烦琐、人际交往的复杂，令现代人在生活中很少有时间摘下戴在脸上的层层“面具”来审视自己内心的真正需求。因此，他们更渴望通过旅游活动暂时摆脱自己在生活中扮演的各种角色，抛却大堆的日常琐事，把工作置于脑后，在优美、轻松、异于日常生活的旅游环境中，获得一份宁静、温馨的体验，寻找生活中另一个摆脱束缚和压力后的真实自我。到农家体验田园生活，可以使旅游者在相对淳朴的人际关系中放松自我，在恬淡的、与平常生活相隔绝的田园世界中，把自己从日常的紧张状态中解脱出来，从而获得解脱后的舒畅、愉悦；探险旅游、极限运动，则使旅游者在极度的刺激中、在不断的自我超越中冲破心理障碍，跨越心理极限，在获得巨大的成就感和舒畅感的同时，忘却生活中的种种琐事、压力和不快，进而实现自身的精神解脱。

审美体验。对美的体验贯穿旅游者的整个活动中。旅游者首先通过感觉和知觉，捕捉美好景物的声、色、形，获得感官的愉悦，继而通过理性思维和丰富的想象，深入领会景物的精髓，身心俱沉迷其中，心驰神往，从而获得由外及内的舒畅感觉。自然景物中的繁花、绿地、溪水、瀑布、林木、鸟鸣、动物、蓝天等，人文景物中的雕塑、建筑、岩绘、石刻等，都是旅游者获得审美体验的源泉。此外，景区合理布局营造出的天人合一的整体环境氛围以及旅游从业人员、景区居民的友好、和善、热情，也是游客获得审美体验的途径。如碧峰峡景区集幽谷、飞瀑、清溪、珍禽于一体，森林覆盖率达95%，游客在景区中可以享受与温驯的野生动物零距离接触的乐趣，也可以在晚上租一顶帐篷，体验野居的滋味。景区的住宿设施设计为竹木结构的低层建筑，与周围的自然环境十分协调，掩于丛林之中，保证了游客视觉感受上的完美性。主体建筑——游客接待中心，以其优美的几何造型，使游客无论从哪个角度看都可体会巨大的美感。[①]

旅游者获得体验的类型是多种多样的，但不仅要在旅游产品的设计与开发上增强体验感，也要增强整个旅游过程的体验感。

第一，在旅游产品的设计和开发上增强体验感。首先，旅游产品需要个性化，并要依托当地的旅游资源。在旅游产品开发、创新过程中，以消费者为主体进行个性化打造，能够实现帮助消费者获取独特、新颖体验感的目的。在旅游产品开发过程中，也需要根据不同区域的特点以及旅游资源，进行体验式项目的开发。要确保所开发的个性化旅游产品能够充分利用县域内的旅游资源、发挥当地的旅游优势，在给游客提供更为丰富的旅游体验的同时，进一步促进当地旅游行业的发展。以“深圳情旅”旅游产品为例，其由《深圳晚报》与深圳国旅联合推出，不同于常规旅游模式，该产品在旅游过程中增设社交环节，一方面为旅游者提供秀美的风景，另一方面则是通过开设“竹筏山歌对唱”“问候语”“榕树下面抛绣球”等活动为旅游者创造交流、互动的机会。旅游产品整体表现出热烈的氛围，经宣传后产生较为显著的社会效应。[②] 其次，可以运用一些科技增强旅游产品的体验感。在主要景点及博物馆、展览馆，可以运用声光电等手段展示和演示文物细节、重现场景，也可用光学原理和水雾打造虚幻梦境；可以利用数字模拟技术及装备实现虚拟旅游和现实旅游相结合、网上游戏体验旅

① 旅游体验，MBA 智库·百科，https://wiki.mbalib.com/wiki/%E6%97%85%E6%B8%B8%E4%BD%93%E9%AA%8C。

② 张倩倩：《体验经济时代的旅游产品开发探索》，《旅游纵览》2021 年第 23 期。

游和实地探索旅游相结合，增加旅游的趣味性和文化性。如承德避暑山庄打造 AR 体验游戏，和实地旅游相映成趣、互为补充。

第二，增强整个旅游过程的体验感。在互联网技术如此发达的今天，通过智慧旅游技术和智慧景区的建设，能够大大增强体验感。首先，对于旅游者来说，通过手机应用，便可满足“食、住、行、游、购、娱”等体验需求，网上购票、扫码入园、刷脸入住、购买特产、在线预约、排队等候、自助点餐等，都能在互联网上完成。旅游地通过信息技术可以为游客提供个性化、全方位的智慧服务，实现“食、住、行、游、购、娱”“商、养、学、闲、情、奇”业态的全域覆盖，提升旅游体验和旅游品质。游客在旅游信息获取、旅游计划决策、旅游产品预订支付、享受旅游和回顾评价旅游的整个过程中，都能感受到智慧旅游带来的服务体验，也能更加方便快捷地获取旅游信息，更好地安排旅游计划并形成旅游决策，这让游客的旅游过程更顺畅，提升旅游的舒适度和满意度，为游客带来更好的旅游安全保障和旅游品质保障。其次，对于管理部门来说，可以对旅游市场进行全过程监管，监测景区人流和车流动态，跟进游客投诉处理情况，通过与公安、交通、工商、卫生、质检等部门进行信息共享和协作联动，结合旅游信息数据，形成旅游预测预警机制，提高应急管理能力，保障旅游安全。通过管理部门的监控，实现对旅游投诉以及旅游质量问题的有效处理，维护旅游市场秩序，并依托信息技术，主动获取游客信息，形成游客数据积累和分析体系，全面了解游客的需求变化、意见建议以及旅游企业的相关信息，实现科学决策和科学管理。

六　党政统筹是保障

现代旅游业是一个开放的综合性产业系统，涉及面广、关联度高，仅靠市场机制或旅游行政主管部门的努力，难以实现其健康、稳步发展。

党政统筹需要建立领导小组进行统一的指挥，县党委的宣传部可以负责县域的宣传工作，组织部负责县域旅游人员职数和编制的确定，政法委负责领导县域旅游规划中的立法和法律工作，纪检委负责检查规划过程中是否有贪污腐败问题。县政府的经济局、财政局和审计局可以对规划的支出和预计收入进行计算，国土资源局负责土地的合理利用等，其他部门可以分别负责旅游规划中的资源分配、人才引进等各项工作，最后形成党委领导、政府组织实施并起主导作用的保障模式。

县域旅游发展规划是一项政府工作，必须发挥政府的主导作用，规划应对政府负责，而不仅仅是对旅游行政主管部门负责，必须站在政府的立场，从全局的高度研究县域旅游发展的问题。为实现县域旅游的可持续发展，政府首要任务是从社会资源分配，旅游资源开发和保护，旅游产业的社会、经济和生态效益出发，编制一个科学、合理的旅游发展规划。但是，由于政府在旅游规划决策中的有限理性和经济效益最大化目标，会对县域旅游发展规划产生重大的战略性影响，因而在县域旅游规划编制中，既要考虑县级政府的发展目标，又要避免决策失误，避免将不切实际的项目和设想写进规划中，降低规划的科学性。①

通过党政统筹规划，县域旅游规划应完善县、区旅游局的行政管理职能，提高其机构的信息获取、融资与市场营销决策能力，致力于提高机构现代化管理能力、市场监管能力，特别要提高机构对旅游景区、旅游服务基础设施、旅游企业的评估与监督管理能力。要建立并全面推行现代旅游企业制度，成立旅游协调领导小组，并适度强化其协调与宏观管理职能，把发展县域旅游与文化传承、乡村振兴、共同富裕等结合起来，与农田水利基础设施、交通通信、电力等网络型产业结合起来。

第三节　主要内容

县域旅游规划是一项涉及产业、空间、文化、生态等多个领域的系统性工程。县域旅游规划内容包括规划目标的确定、特色定位的明确、功能分区、旅游项目的策划以及可行性分析等。应从这些方面多角度、全方位进行规划设计。

---

① 包惠、祝影：《县域旅游规划中应注意的问题》，《宏观经济管理》2003 年第 6 期。

一　确定目标

（一）市场分析

旅游市场从狭义上来说，是指旅游产品交换的场所；从广义上来说，是指一定时间、地点条件下的旅游产品交换关系的总和。其中包含旅游市场的主体——旅游者、旅游市场的客体——旅游吸引物、旅游市场的媒介——旅游业。因此，对旅游市场进行分析，可以尽快确定县域旅游规划的目标。

市场分析是为了明确县域发展所能带来的经济效益，从而了解现实和潜在的消费市场，明确旅游市场类型和范围，确定其目标市场。通过市场分析，县域可以提高自己的竞争能力，充分发挥优势，有效避开劣势，选择最适合自己的目标市场，制定有效的经营策略，做到扬长避短，在竞争中赢得优势；同时，制定有针对性的营销策略，发掘市场机会，开拓新市场，更好地适应市场的需求。

结合现代市场和旅游市场的发展态势，县域旅游的市场分析要以区域经济理论、城市经济理论、市场需求理论、供给理论、旅游者行为差异理论、旅游者行为决策理论和旅游地生命周期理论等为指导，为县域旅游的发展提供科学合理的政策建议。运用市场细分理论探讨县域旅游开发建设的总体规划，根据目标市场制定营销和宣传策略，使旅游目的地真正成为景观的亮点、投资的焦点、旅游的热点和商业的旺点。市场调查与分析的主要内容包括旅游市场宏观环境分析、旅游市场需求分析、旅游市场供给分析、旅游营销运行状况调查、市场竞争对手分析和县域竞争优劣势分析等。主要使用的分析工具为交叉分析法、归纳演绎法、多变量分析法和 SWOT 分析法等，主要使用的调查方法有文案调查法、询问调查法和抽样调查法。

在对旅游市场进行分析的同时，也要对旅游市场做出预测，对未来旅游市场供需发展趋势以及有关的各种变化因素进行分析、预测、估计和推断，为旅游组织制定正确的市场营销决策提供依据，主要是对市场需求、供应和运营状况进行预测。预测的程序一般是确定预测目标、收集预测资料、选定预测方法、建立预测模型、分析评价并确定预测值、得出预测结果报告。主要采用的方法为时间序列模型法、回归模型法和德尔菲法。

（二）资源评价

旅游资源是指能够吸引顾客产生旅游动机，具有一定旅游功能和价值，可被用来开展各种旅游活动，并能产生各种经济、社会和生态效益的各种自然、人文客体或其他因素。旅游资源评价就是基于旅游开发的目的，依据旅游资源的分类标准和统一的评价体系，对旅游资源本身进行评价，从而确定开发的机会和限制。

县域旅游规划开发中，其周围的环境资源是分析的重点。在开发设计之初，就要从当地的地形、气候、周边环境等方面进行分析，设计出一套与本地环境资源相适应的方案，从而进行适当开发建设。旅游资源评价分析是为了确定某一项旅游资源在本县域范围内的价值和地位，为县域旅游的开发计划提供依据，为国家和地区对本县域进行分级规划和管理提供资料和判断的标准，有助于确定本县域的旅游地性质，从而拟定未来旅游资源利用结构和开发规划。因此，资源的评价分析极其重要。

旅游资源评价分析分为以下几部分。首先是对县域内旅游资源品位、品质的评价，主要评价其性质、状态、组合、价值，关注景观环境与景物审美特征，价值的外部表现和内在蕴含，旅游资源的历史久远性、独特性、保存完好性和历史价值性，旅游资源的自然科学和社会科学价值等。其次是对旅游资源系统的评价，包括对各旅游资源在本县域旅游资源系统中的重要程度、类型组合（资源内部的关联性和功能互补性）及县域内空间的集聚性、分散性和交通的可达性的评价。最后是对旅游资源开发条件的评价，主要分析县域内旅游资源的地理区位优劣、交通便捷程度、基础设施条件、经济发展水平和环境容量大小等。所以，县域旅游资源的禀赋和区位条件是旅游资源吸引力的核心，旅游资源吸引力的强弱是确定旅游资源开发规划的主要依据。主要采用的方法有“三三六”评价法、“六字七标准”评价法、多途径综合评价法、因子综合评价法等。①

---

① 范保宁：《旅游资源评价与旅游景区定位》，《商业研究》2001 年第 1 期。

（三）环境分析

对县域旅游规划的环境分析主要包括国家政策导向、当地经济政策、现有的旅游开发规划、当地人的意愿等。随着我国城镇化发展水平的不断提升，我国各个城市逐渐呈现多元化发展特征，若进行合理化、规范化的规划设计，必须在原有发展基础之上，结合当地的实际现状进行分析。

根据国家经济政策导向的研究，应在资源条件相对较好、交通更为便利、旅游发展更具潜力的地方进行规划开发，从而建设较为适宜的县域旅游区。规划者需要从县域当地的政府部门了解相关政策，掌握这个县域所在区域的社会文化和经济状况，内部的自然环境、人文环境，土地利用情况，旅游承载力，现有的开发政策和规划，政府的旅游组织结构和旅游投资政策，旅游法律法规等，通过对这些方面的了解，设计出最适合当地发展的旅游规划。同时，每个县域都有自己原有的开发设计，比如某个景区的开发状况、某些道路环境的设计，通过对这些方面的了解，在原有设计的基础上进行改造，在了解当地实际的基础上对此县域进行进一步的规划。在县域旅游的规划中，要以人为本，这个以人为本不仅涉及旅游者的意愿，也涉及原住民的意愿。县域本身就是当地人生活的地方，因此，只有保留当地的文化特色，做到以人为本、主客共享，才能不断推动当地县域旅游的发展。主要采用的方法有文献收集法、咨询当地专家和实地考察等。

二　明确定位

对县域旅游进行定位，就是对县域内旅游资源的价值、特色、吸引力等方面进行全面审定，以确定其在同类型县域中的地位，并实现有特色的差异化。对县域的开发定位不同，开发战略就不大一样，县域内的规划、广告宣传、投资规模、资金投向重点也就不同。准确定位可以大大降低开发的盲目性；而错误的定位不仅会造成巨大的浪费，也会使县域旅游规划的生命周期大大缩短。县域旅游发展要在定位上走好差异化路子，突出独特性，从众多相似的区域中分离出来，形成和发展旅游者心目中的形象阶梯，走出替代阴影，打破认知局限。因此，县域旅游的定位要做到以下几个方面。

（一）以资源为基础

现代旅游资源的含义有了较大的扩展，涵盖了自然、人文、城市、乡村等方面的资源，涉及经济系统中的各个行业。凡是人们感兴趣的、想了解的，都可以成为旅游吸引物。通过对县域内旅游资源的分析，找出当地最具特色的旅游资源，找准自身定位；认清其在相关区域内的位置，确定形象定位；然后将定位理念准确地体现出来，通过领先定位、比附定位、逆向定位、空隙定位、重新定位等形象定位的一般技巧，进行有效的旅游形象定位，从而进行个性鲜明且富有吸引力的县域旅游形象策划，围绕特色资源，提出口号并建设一系列的特色设施，提高县域的知名度、识别度。

（二）以战略为引领

定位代表了发展方向，是一个系统性工程。县域旅游定位应对行政区划内的全部旅游资源起到约束和导向的作用。不同于商品品牌的快速反馈，旅游定位的正确性需要经过长期的验证。这就要求定位的确定必须具有前瞻性的战略眼光，在全方位调研环境、政策、资源和消费倾向的基础上，综合专家、政府、民众各方意见，形成目标定位、发展定位、市场定位、产品定位、形象定位。

定位需要符合县域的真实情况。旅游定位需要深挖县域内在价值，是对县域文化的批判性继承与创造性发展。只有传承县域固有的特色，汲取其历史和文化的营养不断塑造和美化自己，县域旅游目的地才会具有真正魅力。县域旅游定位是县域本质与消费者联想结合的产物，定位偏离现实，将使苦心维护的城市形象毁于一旦。①

（三）以需求为导向

县域旅游定位应体现出功能差异，寻求资源特色和市场需求的对接。随着经济收入的提高，旅游者价值取向和消费意识呈现多元化趋势。个性化消费要求越来越高，从过去简单的观光旅游需求，向深度游、休闲游、

---

① 刘文涛：《县域城镇旅游形象的个性化定位分析》，《广东技术师范学院学报》2007 年第 11 期。

度假游、探险游、自由游等多元化方向发展。县域可以以功能差异为出发点进行定位，使开放性与封闭性、动感与恬静、被动观光与积极参与、刺激运动与舒适休闲协调共生。因此，满足旅游者需求的关键是发掘自身特色，对接市场需要，形成功能差异，产生较强的吸引力。

（四）以品牌促发展

县域旅游定位确定后，最终要以形象口号的形式表达出来。形象口号反映了地方旅游品牌形象，成为旅游者认知旅游地的桥梁。县域要树立鲜明的旅游形象，确定一个好的形象口号是非常关键的。总体来说，形象口号设计要符合“新颖独特、准确科学、简洁明快、响亮优雅”的原则。从县域自身情况来看，形象口号要注重所表达的内容。

首先，表达的内容要明确。县域感知与大城市存在差异，形象口号设计不能简单模仿大城市的口号，如杭州的“休闲之都”、大连的“浪漫之都”、香港的“万象之都”等创意口号。这些城市的本底感知形象突出，旅游者已经具有一定的认知，如大连有美丽海滨，杭州是“人间天堂”，香港的中西合璧，这些城市的创意口号是在本底感知基础上的升华，所以显得并不空泛。但是。县域本底感知形象薄弱，如果也跟着采用“逍遥之旅”“休闲之旅”等空泛的形象口号，就会由于缺乏内涵的支撑，显得信息单薄，不易被旅游者感知和认同。县域形象口号应该以内容为根本，言之有物。其次，形象口号应体现文化内涵。文化是旅游的核心要素，在当前文旅融合的背景下，文化内涵丰富的旅游形象口号具有较强的传播效应。县域在资源等级上并不一定突出，但与现代化城市相比，在经济、政治、文化、自然、人文方面呈现出明显的差异，如果将山水田园、风土人情、村庄古迹用文化理念进行包装，设计出富有文化内涵的口号，则能对旅游者产生较大的吸引力，实现形象感知，激发旅游者的旅游兴趣。[①]

① 刘亚秋：《县域旅游品牌的定位策略研究——以沂南县为例》，《商场现代化》2016 年第 27 期。

三　功能分区

功能分区是旅游规划与开发过程中的一项重要工作，它不仅有利于旅游区的规划和开发，更有利于今后旅游区建设和经营过程的管理。对县域进行功能分区，就是根据县域本身的资源特点，将整个县域按照功能划分成不同的区域，以此来促进整个县域的协调发展。

在进行功能分区时，要在协调自然生态系统和经济社会系统发展的前提下，使公共服务在空间上均衡分布，各资源空间组合综合效益达到最优，达到区域均衡。区域内部各要素要和谐共生，与外部空间实现良性互动，使该区域有良好的区域协作机制、畅通的信息共享平台和开放的区域网络空间。

在进行功能分区时，要注意坚持突出分区原则、协调功能分区、合理规划线路、保护旅游环境，通过功能分区加深游客印象，促进县域内效益最大化。

（一）游憩功能

具有游憩功能的区域，一般具有良好的生态环境、优美的自然风景以及众多的文化古迹，可以让游客在闲暇时间里观光游览、度假娱乐、放松身心、陶冶性情。具有游憩功能的区域，根据县域内的要求，在规划中一般会设置自然风光旅游区、休闲度假区、生态度假区、观光游览区等。

（二）文化功能

具有文化功能的区域，一般有深厚的文化底蕴和独有的民俗文化。在人文旅游景区中，各种文物古迹、历史遗迹、神话传说等相互渗透，可以让游客体会到别样的文化风情和浓厚的历史气息。因此，一般会在这些区域设置民俗文化风情区、历史文化区等。

（三）服务功能

具有服务功能的区域，一般基础设施会非常完善，交通便利，此区域可以大量接待游客、为游客提供问询和就餐住宿等服务。此区域地形比较平坦、面积大，因此，一般会设置综合服务区等。

（四）教育功能

中华文明有着五千年的历史，留下了许多财富，很多地区流传着美丽的神话传说、民间故事、名人轶事，保存着大量的文学艺术作品。许多区域由于气候环境独特，是大、中、小学生进行野外动植物考察知识学习、标本采集、野营实习的理想地区。在这些区域，可以设置生态科普教育区、文化科普教育区等。

（五）其他功能

每个县域会有自己独特的旅游资源，比如温泉、火山、溶洞等，可以相应地设置温泉疗养休闲区、溶洞观光区等。

四　项目策划

旅游项目是借助县域旅游资源开发出的以旅游者和旅游地居民为吸引对象，并为其提供休闲消遣服务，具有持续旅游吸引力，以实现经济、社会、生态效益为目标的旅游吸引物。这里所说的旅游吸引物，既包括了旅游线路、旅游景点，也包括了节庆活动、文化氛围及旅游商品等。因此，旅游项目的策划是整个县域旅游规划的核心，各种旅游项目组合成了整个县域旅游的框架。

（一）策划特点

1. 地域特性强

旅游项目作为吸引旅游者的核心载体，其独有的地域特征越明显，在旅游目的地与旅游客源地之间产生的梯度力越大，对旅游者的旅游动机激发力越大，促使县域获得的经济效益、社会效益和生态效益越大。

2. 创意要求高

旅游项目的最终消费者是旅游者。旅游是一项求知、求乐、求异、求新的活动，旅游者之所以愿意花费经济和时间代价离开常住地到县域内游玩，为的是获得一种独特的经历，获得常住地没有的信息。因此，只有具有较高创意水平和表现出新、奇、特特征的旅游项目，才会满足旅游者的消费需求，才会吸引旅游者。

3. 文化内涵丰富

旅游业是具有文化性质的服务行业，旅游者花钱、花时间购买并消费的产品是具有观赏性、知识性的旅游产品，是为了满足求知、求乐、求奇、求新心理需求的旅游产品。通过旅游不仅要获得一定的物质享受，更重要的是获得精神文化享受。无论是自然旅游产品还是人文旅游产品，都主要是为了满足旅游者文化生活的需要，具有明显的文化性质。从某种程度上说，旅游是一种带有艺术性的活动，所以旅游产品一方面是商品，另一方面又应该是艺术品。随着旅游者鉴赏层次的提高，旅游活动的艺术性越来越强，因此，旅游项目的文化内涵，决定了旅游产品的吸引力和生命力。①

（二）策划原则

1. 以人为本原则

旅游者是旅游项目的最终消费者，以人为本不仅仅指旅游项目的策划要以旅游者为中心，将旅游者放在第一位，也指要关注当地人的意见。当然，旅游项目的检验员和评判员仍然是旅游者，在将县域的旅游资源转化为旅游项目时，策划者应注意与旅游者进行角色互换，努力使项目策划方案符合旅游者的心理活动。

2. 市场导向原则

旅游市场的变化，是旅游项目策划的重要依据。在进行旅游项目策划时，要善于把握市场变化，以现实的和潜在的市场需求为导向，以旅游者需求为研究和策划的目的和出发点，策划出适销对路的项目种类和与市场需求相适应的项目档次和规模，从而真正占有和不断拓展旅游市场。否则，县域旅游市场会萎缩、消亡，旅游地的使用价值将无法实现。

3. 创新特色原则

策划的灵魂在于创新，创新是旅游得以发展的动力，是开拓旅游市场的重要途径。因此，只有在特色化原则指导下策划出来的旅游项目才会有新意，才会有广阔的市场和强大的吸引力，才会产生轰动效应和规模效应。特色就是吸引力，创新特色就是提升本县域旅游产品的吸引力。

---

①　张述林主编《旅游项目策划：理论与实践》，重庆出版社，2004。

旅游项目策划要求优化生态环境、呼应发展动态，创新特色原则与之最为契合。精心策划的旅游项目一定能产生巨大的吸引力，让旅游者心生向往。

4. 效益统一原则

效益统一原则是指旅游项目策划在体现经济效益、社会效益、生态效益的前提下，要统筹区域全局与局部发展、统筹国民经济各部门与旅游业发展、统筹当前与未来的发展。

旅游业是一种零散的综合产业，受多种经济部门的制约和影响。在进行旅游项目策划时，策划者要统筹全局，将各种制约和影响因素考虑在内。旅游项目策划的着眼点，不是眼前和局部，而是未来和全局。

旅游项目策划的直接目的是更好地满足人们不同层次的旅游需求，促进县域内经济的发展。但在追求经济效益时，不能忽略社会效益和生态效益；没有良好的社会效益的旅游项目，是不可能长久的；而生态效益对人类生存、经济发展的影响，是长期的、潜在的。因此，在策划旅游项目时，必须坚持效益统一的原则。

5. 客观现实原则

旅游项目策划必须在现实分析的基础上进行科学的设计，以提高项目的可行性。实践是检验真理的唯一标准，一些异想天开的主意在现实中可能会顺利实现，也可能遇到不可克服的困难而半途而废。在策划之初，策划者密切关注的往往是旅游项目，容易忽视创意本身的不足或缺点。因此，旅游项目的策划要立足现实，多考虑其可行性。策划者在对某旅游地进行项目策划时，要在对该县域的现实状况进行深入全面的调查分析，取得尽可能全面、准确的客观资料的前提下进行，把客观、真实的问题及正确的分析作为策划的依据，在策划中努力寻找、把握项目的定位，以提高策划的可行性。①

（三）策划内容

旅游项目的策划，需要综合利用县域内各种资源，开发出能吸引旅游者的旅游项目。因此，旅游项目策划具有繁杂的内容，主要包括以下几个

① 张述林主编《旅游项目策划：理论与实践》，重庆出版社，2004。

方面。

1. 旅游项目名称

设计旅游项目名称是旅游项目策划的一个重要内容。旅游项目的名称，是连接旅游项目和旅游者的桥梁。因此，在对旅游项目命名后，要仔细揣摩旅游者的心态，力争通过一个有新意的名称来吸引旅游者的眼球。

2. 旅游项目风格

确定旅游项目风格的工作重点是对旅游项目进行创意设计和总体安排。因此，在旅游规划开发中，工作人员要将该旅游项目的特色或者风格描述出来，使得人们能够感受到和把握其中所描绘的民风民俗和文化氛围，从主要建筑物的规模、外观、装修风格以及相关基础设施方面进行风格设计。

3. 旅游项目位置

一般说来，旅游项目是一个有形的实体，因此它就有时间和空间的特征，如旅游项目的具体地理范围，旅游项目中建筑的整体布局、各个建筑物的位置以及建筑物之间的距离，旅游项目所提供的开放空间的大小和布局。

4. 旅游项目产品

旅游项目中必定存在一个综合性的产品体系，这些产品要么是一些关于民风民俗的节庆活动，要么是一些参与性较强、娱乐性较强的游乐产品。但是，不管是哪一类的产品，都不可能单一地供给旅游者，必定是有多种多样的产品供旅游者选择。所以，在旅游项目的创意设计中，要明确该旅游项目的主导产品或主导品牌，明确该旅游项目的支撑项目和品牌等。旅游项目产品策划具体可以分为规定旅游项目所能提供的产品类型和确定主导产品或活动两部分。

5. 项目实施管理

从系统论的角度出发，旅游项目策划应该具有全程性特征，即交接了旅游项目设计文本和图纸并不是旅游项目策划结束的标志，它还应涉及项目实施建成后的日常经营管理以及项目在新的市场环境下如何调整等问题。[①]

---

① 马勇、李玺主编《旅游规划与开发》，高等教育出版社，2002。

（四）策划方法

1. 情景实化法

情景实化法就是根据当地的特色资源或者民俗风情，将特色融合到县域的旅游项目设计中。例如，山东沂源县的织女洞以“爱情之乡，男耕女织；天上织女，地下牛郎，银河阻隔”来包装建设景区，以传说故事情景实化为开发重点。如在东南山地上建连理宾馆，让新人居住；在牛郎居所建瓜棚豆架，让游客在农历七月七日的夜晚，听见牛郎织女的悄悄话。

2. 突出差异法

突出差异法就是旅游项目的策划要有特色，不要有同质化的内容。如四川的蒙顶山尽管有宗教旅游资源，但凭规模和知名度无法和近处的青城山、峨眉山相比，所以宗教旅游无法成为其卖点，而蒙顶山离成都较近，气候舒适，加上茶文化的点缀，开发生态性茶叶保健疗养基地产品较为可行。

3. 愿望填充法

愿望填充法是旅游产品和景区项目围绕满足人们的愿望进行开发，如山东青州市的云门山。人们常用“福如东海，寿比南山”的祝福语给老人祝寿，其中南山指的便是云门山。云门山周围生态环境优良，气候宜人，当地以养生保健、延年益寿为卖点，策划打造系列产品。

五　可行性分析

（一）确定开发目的

究其实质，可行性分析就是考察县域内一个项目能否达到预期的目的。因此，预期所能达到的目的，是衡量旅游开发与规划是否可行的一个基本指标。有的旅游规划与开发是为了获得更大的经济效益，有些项目不完全是为了获得经济效益，而是为了经济、社会、文化和生态等综合效益。因此，必须明白规划与开发的目的是什么。

（二）分析资源特色

旅游资源是开发活动的载体，因而资源的赋存状况和特色将决定旅游开发的潜力。一般来说，旅游资源数量越多、越丰富，所具备的开发潜力越大；旅游资源在空间上集中程度越高，开发后的影响效益越大；旅游资源所蕴含的文化底蕴越深厚，开发后对游客的吸引力也会越大；旅游资源特色越明显，开发后该县域的旅游竞争力就越强。因此，在对旅游资源的赋存状况和特色进行评价分析后，可以大致估算出资源开发后的效益，这为县域旅游规划与开发提供了一定的评价依据。①

（三）调查市场情况

旅游规划开发的最终目的是获取经济利益，而经济利益必须在市场中获得。因此，在对旅游市场进行调查、分析的基础上，预测该县域旅游规划与开发后市场对其产品和服务的需求量，以确定县域旅游规划与开发的规模、程度和提供的产品、服务。

（四）研究开发条件

研究该县域的宏观经济状况、金融市场的开放性、融资成本和利率水平的高低、政府对旅游规划与开发是否有指导性的优惠政策，以及该县域所处的地理位置，气象、水文、地质、地形等自然环境条件，该县域的交通运输状况，供水、供电、供热、供气等市政基础设施和配套设施。投资环境和建设环境越优越，那么旅游规划开发的成本相应就越低，资源开发的可行性就越高。

（五）研究时间周期

旅游规划和开发可以是一次性进行的，也可以分批次、分段进行，这取决于旅游资源的状况和开发规模的大小。一般来说，对县域旅游资源的开发要分段进行，这样做的目的在于对建设和营业后所出现的问题进行分析，从而对开发规划进行调整，使之更加适用于现实情况。开发时一般首先选择示范性质的项目，即县域旅游中必需的服务项目。

（六）研究开发资金

旅游业中的不同部门对资金的需求是不同的。因此，对不同部门的建

① 《旅游规划的编制》，百度文库，https://wenku.baidu.com/view/fc6b8f63f042336c1eb91a37f111f18583d00c05.html。

设项目，需要对资金数额进行针对性的分析，并确定资金筹措的渠道，以保证县域旅游规划过程中的资金供应。

（七）确定物资来源

人是生产力中最主要的因素，因而在旅游规划与开发后要有一定的人力资源才能保证整个县域旅游业的正常运转。从某些方面来说，旅游业是以服务业为导向的行业，同时也是资本密集型行业，因为其提供的服务需要一定的物质基础才能实现。然而，旅游业所需要的人力资源并非普通的简单劳动力，而是有一定职业素养、接受过专业训练的从业人员。所以，在对旅游规划与开发进行可行性分析时，对所需的旅游人力资源供应情况和提供服务过程中所必需的原材料及辅助设施供应情况要加以评估，保证整个县域内旅游业的正常运营。①

（八）研究环境影响

虽然在前文提到过旅游业对旅游资源的开发要追求经济效益，但在追求利益的过程中，难免会出现一定的盲目性，会对生态环境及社会造成一定的不良影响。所以，在进行可行性分析时，要确定旅游规划与开发对周围的环境是积极影响还是消极影响，充分考虑这一影响，以免造成对资源环境的破坏性开发。

（九）研究开发收益

对于所制定的方案，要说明能够带来的收益。这里所说的收益，表现为开支费用的减少或避免、差错的减少、灵活性的增强、动作速度的加快和管理计划的改进等，包括一次性收益、非一次性收益、不可定量的收益、收益投资比、投资回收周期、敏感性分析等方面的内容。

（十）编制可行性分析报告

可行性分析报告是旅游规划与开发可行性分析的主要成果形式，同时也是旅游区向地方旅游主管部门进行项目申报立项的必要条件。在可行性分析报告中，编制者应该对旅游规划与开发项目的背景条件、发展目标、

① 《旅游规划的编制》，百度文库，https://wenku.baidu.com/view/fc6b8f63f042336c1eb91a37f111f18583d00c05.html。

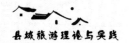

市场预测、风险因素及财务状况衡量指标等内容进行系统说明。①

第四节　组织管理

县域旅游规划需要进行组织和管理，这里的组织是指整个规划编制的程序，管理是指在规划前、规划中以及规划后的管理。了解组织与管理，可以更好地把握县域旅游的规划设计。

一　组织程序

（一）工作准备

在工作准备阶段，首先要明确旅游规划的任务、范围，然后进行组织准备，成立以旅游规划专家为核心的专业化的多学科队伍，召集来自不同领域的专家组成一个协作团体。团体主要包括市场与财务分析家、建筑师、管理顾问、工程师、土地规划者、地理学家与环境学家、旅游经济学者、旅游市场营销专家、交通规划师、社会学者、人类学者以及旅游人力资源培训学者等。在工作的准备阶段，要初步确立县域旅游开发的主要目的、类型、规模等。

同时，要准备好基础资料和专业资料。基础资料包括地质地貌勘测资料、气象资料、水文资料、历史资料、社会文化资料、基础设施资料、各类有关规划和图件等；专业资料包括外部环境的相关资料，如国内外局势、发展动态、研究成果、旅游供求情况、相关案例等。

（二）调查分析

在做好预研准备和目标确定之后，就要采取相应的调查技术，制定相应的调查方案和内容，通过实地调查，对本县域开发的现状和特征进行充分掌握。一般采取的方法有现场调查、问卷调查、旅游者访谈、专家咨询等，调查内容包括市场调查、社区调查、资源调查等。

---

① 《旅游规划的编制》，百度文库，https://wenku.baidu.com/view/fc6b8f63f042336c1eb91a37f111f18583d00c05.html。

通过对旅游客源市场的综合分析、形势分析、发展机会和风险分析，对县域旅游规划与县域经济发展规划、城市规划和其他规划的关系进行研究，并研究旅游发展政策、管理机制。在客观、全方位把握现状的基础上，通过优势、劣势、机会、风险分析，确认目前所具备的优势与可能、劣势与阻力，为县域旅游规划格局的确定奠定坚实的基础。

（三）确定目标

在确定目标阶段，要确定旅游系统的性质、指导思想、发展目标、主要指标、发展战略。明确县域旅游在社会发展中所处的地位和发挥的作用，找到指导规划工作的方针，确定旅游系统发展的预期方位，将规划的目标具体化为一组量化的数据。在全面综合考虑的基础上，确定发展方针、战略举措和发展模式。

（四）规划部署

在规划部署阶段，应在上述调查和分析的基础上，提出具体的有针对性的开发政策。应拟定一系列可供选择的政策和战略，并对县域旅游规划所涉及的旅游业发展优劣势、发展定位、发展特色、竞争优势及其与总体规划和政策的协调程度加以评述说明。然后在政府主管机构的参与下，选定最终的战略和政策方案，并根据对方案中规划目标和各方面的意见反馈，对战略和政策方案做出相应的改进。

县域旅游规划，需要各项设施和框架达到能够保障旅游者需求的水平。应通过旅游客源市场分析，确定旅游系统的主体消费市场；通过旅游产品体系规划，建构起旅游系统运行的主体结构；通过支持体系规划，将本地社会经济体系中已有的服务设施、基础设施协调提升到能够支持旅游系统合理运行的水平；通过保障体系规划，使原本保障本地社会发展、经济发展的组织体系，提升到能保障旅游者旅游需求的水平。

（五）修改评审

规划方案初稿完成后，要在征询各方意见的基础上，运用方案列表比较法、目标与关键成果法、投入产出法、综合平衡法等方法，进行各系统之间的综合平衡协调与规划优化工作。

因为旅游规划涉及各部门、各社区和各个利益团体，而这些组织又必须自我约束、共同遵守旅游规划，所以旅游规划需要取得广泛理解和支持。在修改完成后，要广泛征求专家和各部门意见，鼓励公众积极参与，接受社会评判与修改，报政府有关部门审查，或经政府修改定稿后报人大审批，公布旅游规划文件。

（六）监管修编

在旅游规划审批以后，规划工作远远没有结束。要使合理的旅游发展理想成为现实，必须进一步通过行政、经济、法律、技术等方面的手段，实施旅游规划和规划修编；也需要根据市场需求的变化，对开发进程和方式以及宣传促销做出必要的调整。① 但并不是走完最后一个阶段，整个规划就结束了，规划总体上是按循序渐进、不断反馈、反复调整的顺序推进的，是一个动态循环的工作流程。

二　管理程序

县域旅游规划管理可定义为旅游目的地的管理者通过合理配置人力、物力、财力等资源，对规划编制、审批、实施和调整、修编工作等进行有效的前期、中期、后期管理，从而高效率地实现既定规划管理目标的过程。县域旅游规划的管理不仅是规划完成后实施的管理，而且是对规划的全过程进行有效的管理，是一个连续不断的过程。随着县域旅游规划的进程分阶段展开，对县域旅游规划的管理可以分为规划前管理、规划中管理和规划后管理。

（一）规划前管理

规划前管理是在旅游规划编制前所进行的管理，这是编制好规划的第一道保障。县域旅游规划在规划编制前的管理包括两个方面：一是广泛适用的基础管理，包括规定性文件的确定、规划标准与规范的制定、规划单位资格的认定、规划人员资格的认定；二是针对某些特殊类型规划的前期

① 《旅游规划的编制》，百度文库，https://wenku.baidu.com/view/fc6b8f63f042336c1eb91a37f111f18583d00c05.html。

管理，规划单位的选择和资格的审查以及其他规划前的准备。

1. 基础管理

基础管理是制定若干普遍适用的方法，形成旅游规划基础管理体系，这项工作往往由国家及地方管理机构负责。但是县域旅游的资源众多，造成多种管理体系并行的局面，给县域旅游的管理带来一定的局限性。管理体系中比较突出的有文化和旅游部、自然资源部各自制定的管理体系。

确定规定性文件。规定性文件是旅游规划基础管理的纲要，统领旅游规划基础管理体系，各项管理办法都必须遵照该文件来制定和实施。2019年6月，文化和旅游部发布的《文化和旅游规划管理办法》（以下简称《办法》）正式开始施行，提升了旅游规划工作的科学化、规范化、制度化水平，充分发挥规划在文化和旅游发展中的重要作用。《办法》的颁布实施有助于进一步统一规划体系、完善规划管理、提高规划质量。

制定标准与规范。为保证旅游规划质量、提高规划水平、统一规划内容，在县域旅游的规划管理上，一定要执行规划标准和规范。规划的标准和规范分为强制性和指导性两种，强制性的要求必须遵守，指导性的则作为参考。一份标准和规范，也会同时包含强制性和指导性的内容。标准和规范会在内容、技术、方法、规划过程、成果表达等方面提出要求。目前有《旅游规划通则》《旅游资源分类、调查与评价》等相关标准。①

单位资格认定。2021年8月，文化和旅游部贯彻落实深化“放管服”改革、优化营商环境的要求，发布《文化和旅游部办公厅关于不再开展旅游规划设计单位资质认定和备案工作的通知》，决定不再开展甲级、乙级旅游规划设计单位资质认定和复核工作，同时不再受理丙级旅游规划设计单位资质备案工作。自此，旅游规划资质暂别历史舞台。但不能因此否定旅游规划业务的存在，旅游规划业务系专项咨询类规划，系指导性、建议性的规划，需融入总的国土空间规划或城乡专项规划。

① 《旅游规划管理教案》，百度文库，https://wenku.baidu.com/view/53a1bbe29889680203d8ce2f0066f5335a81676f.html。

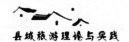

人员资格认定。县域旅游的规划人员，要由相关专业和具有技术称职的人员来担任。同时，在相关专业人员的指导下，可吸收多学科、多层次、多方面的人员参加，从不同角度对旅游规划提出意见，集思广益。

2. 前期管理

保证部门之间协调。为保证县域旅游规划编制的顺利进行，在规划前需要各相关部门进行协调与合作，成立由相关部门领导组成的规划协调临时机构，避免由多头管理、多方利益差异等造成的县域旅游规划的片面性和局限性。

落实规划资金。规划的质量与深度同规划资金是相对应的，要保证有充足的资金，找寻有实力且愿意投入人力和精力的规划编制单位或规划人员。对县域旅游规划资金的管理，一是要筹措到足够的专项资金；二是专款专用，不得挪用；三是按合同要求，及时支付。

明确责任机构。无论是政府还是投资机构，也无论是自己编制还是委托编制，县域旅游规划的委托方都必须指定具体责任机构和负责人来组织规划的推进，履行委托方应有的义务和职责，维护委托方的权利和利益。责任机构和负责人，应该对县域旅游规划具有一定的知识储备，了解规划的一般程序，掌握规划基本要求，能够协调各部门之间的关系。

准备相关资料。资料准备关键在于重要资料的可取得性，包括基础资料和专业资料。基础资料包括地质地貌勘测资料、气象资料、水文资料、历史资料、社会文化资料、基础设施资料、各类有关规划和图件等；专业资料包括外部环境的相关资料，如国内外局势、发展动态、研究成果、旅游供求情况、相关案例等。

选择编制单位。选择一个合适的规划编制单位，是编制好规划的关键。无论是通过招标还是委托，选择规划编制单位都要考察或审定规划完成的可能性，包括考察其实力、时间保障、处事态度、以往业绩等。[①]

① 《旅游规划管理教案》，百度文库，https://wenku.baidu.com/view/53a1bbe29889680203d8ce2f0066f5335a81676f.html。

（二）规划中管理

规划中管理包括招投标管理、编制管理、评审管理。

1. 招投标管理

明确招投标方式。委托方应根据国家旅游行政主管部门对旅游规划设计单位资质认定的有关规定，确定旅游规划编制单位。明确科学的招投标方式，可以降低工作量，通常有公开招标、邀请招标、直接委托等形式。根据旅游目的地的实际情况，采用科学合理的招投标方式，并及时发布招标广告，尽可能多地让潜在投标单位获得招标信息。

科学编制规划任务书。委托方应制定规划任务书，并与规划编制单位签订旅游规划编制合同。旅游规划任务书是对旅游规划内容的认识，可以由竞标方编写，也可以由招标方编写。规划任务书必须规范，应包括项目名称、规划范围、工作内容、主要任务、规划期限等。

规范招投标流程。招投标文件需要根据标准进行规范，在投标时，要本着公开、公平、公正的原则，对投标方投标文件内容等进行综合分析评分，评标委员会要接受有关行政监管部门的监督，在中标结果确定前成员名单要保密。

把控招投标关键环节。要严格执行招投标的基本程序，国有资产投资的旅游项目必须严格依法确定招标方式，严禁以任何方式规避招标，不能弄虚作假。

2. 编制管理

深化资源调查分析。对旅游资源进行调查分析后，需要进行全方位评价，判断哪些资源能开发，效益如何，对旅游资源的特色、价值和功能、数量和布局以及旅游资源所处的自然环境、社会环境和经济环境进行评价，通过对区位条件、客源条件、投资条件和施工条件等开发条件的判断，确定开发的方向。

精准定位细化市场。对旅游市场进行细分，根据旅游者特征及行为特点、旅游消费模式、对该地旅游接待的满意程度，明确主要竞争者，识别竞争者战略和判断竞争者的目标，并评估竞争者的优势与劣势。通过定位细化，旅游市场更加准确，有利于更有针对性地制定推广策略。

深入研究政策法规。[①] 很多因素都会对旅游市场产生影响，其中国家政策法规是不可或缺的影响因素。对国家和本地旅游及相关政策法规进行系统研究，全面评估规划所受到的社会、经济、文化、环境及政府行为等方面的影响，对科学编制旅游规划意义重大。

突出核心竞争优势。通过 SWOT 分析，可以确定县域旅游发展的优势、劣势、机会和威胁，在确定县域优势的基础上制定策略，突出核心竞争优势。

科学确定核心内容。通过前期的准备和调研，确定县域内的旅游主题，提出旅游产品及设施的开发思路和空间布局，确立重点旅游开发项目，形成规划区的旅游发展战略。

3. 评审管理

在县域旅游规划编制过程中，要征求并充分吸纳城市、交通、文化、文物、环保等相关部门的意见。重点旅游城市和重点旅游地的县域旅游规划，还应进行中期论证，以便及时发现问题、补充完善。

规划的最终评审，是对规划的科学性、可行性和指导性进行技术把关。规划的评审应采取会议审查的方式，评审专家一般由规划委托方征得上级旅游行政管理部门同意后，进行书面邀请。评审专家根据国家有关法律法规及技术标准，结合自身专业知识，对规划内容进行技术评定，提出参考性技术意见，并围绕规划的目标、定位、结构、内容和深度等方面，进行重点审议。

评审的重点包括：①旅游产业定位和形象定位的科学性、准确性和客观性；②规划目标体系的科学性、前瞻性和可行性；③旅游产业开发、项目策划的可行性和创新性；④旅游产业要素结构和空间布局、旅游设施和交通线路布局的科学性、可行性；⑤旅游开发项目投资的经济合理性；⑥其他各项指标的合理性。

对评审专家应进行有效的管理。专家应具有比较高的专业知识水平、

---

① 程金龙主编《旅游目的地管理》（第二版），中国旅游出版社，2021。

较强的责任感、客观公正的态度。[①]

（三）规划后管理

规划后管理是指规划编制完成之后进行的管理工作，包括规划审批、规划保障、规划实施、规划调整等几个方面。

1. 规划审批

县域旅游规划通过专家评审并得到进一步补充修改后，本级旅游行政管理部门要全面审查规划文本、附件和图件，确认无误后，按照规定进行报批。规划审批应采取以下措施。

一是部门会审。凡是规划，在审批时须经旅游、计划、规划、国土、环境等部门会审，在综合各部门意见的基础之上，出具审批意见，审批同意后方可向有关部门申请报建和规划红线。二是分级审批。各级旅游总体发展规划由各级旅游部门报各级政府批复实施，并向上级旅游管理部门备案；重点项目和地段规划，由各级政府部门批复实施；特别重要的项目规划由相应等级的政府部门审批实施。

2. 规划保障

为提高旅游规划的权威性，需要为旅游规划提供必要的保障。旅游规划的保障有两个方面：一是总体规划争取人大审议通过后，由政府给予批复、赋予法律效力，使规划由一般意义上的“指导性文件”上升为“法律性文件”；二是制定相应的法律法规，保障规划的实施。在规划范围内的一切建设项目都要有法可依，否则将追究法律责任。

3. 规划实施

规划经批复后，应组织部门机构实施。实施规划要制定年度发展和建设计划，安排必要的资金，制定相应的政策。由各级行政主管部门负责协调有关部门，将县域旅游规划纳入国土规划、土地利用规划、城乡规划和省市总体规划等相关规划。规划所确定的开发建设项目，应当按照国家基本建设程序的规定，纳入国民经济和社会发展规划。同时，应明确规划实施的监督管理部门，由它负责监督规划实施是否符合要求。

---

① 程金龙主编《旅游目的地管理》（第二版），中国旅游出版社，2021。

4. 规划调整

由于旅游产品本身固有的生命周期问题及旅游市场不断发生变化、政策变动等，规划在实施过程中，需要不断地进行动态修订。[①]

经过一定周期后，县域旅游规划需要进行调整。调整后的规划，应报所在地政府和上级旅游行政管理部门备案。若涉及产业定位、发展方向、发展目标和空间格局的重大变更，须报原单位审批，调整的时间间隔视具体情况而定，一般为 5 年或 10 年，情况特殊的也可以为 2 ~ 5 年。

① 《旅游规划管理教案》，百度文库，https://wenku.baidu.com/view/53a1bbe29889680203d8ce2f0066f5335a81676f.html。

第六章
产品开发

县域旅游产品是县域旅游发展的物质基础。其产品开发成功与否，是县域旅游能否成功开展的关键，直接关系着县域经济的长远发展。县域旅游产品开发不仅是对现有旅游资源的改造、重组，而且包括挖掘新的旅游资源、开发新的旅游产品。成功的县域旅游产品开发，对促进对外交流、提升县域形象、改善产业结构、增强县域活力、带动农民致富、平衡县域发展有巨大的推动作用。因此，县域旅游产品在县域旅游发展乃至县域发展中，具有决定性作用。

第一节　开发概述

随着县域旅游的提出和发展，县域旅游产品开发已然是亟待完善的重要一环。如何适应县域经济、县域旅游的发展现状及未来趋势，成为县域旅游产品开发必须考虑的问题。本节从县域旅游产品开发的相关概念、理论基础、影响因素、开发原则及意义出发，为后续县域旅游产品开发更加深入的研究奠定基础。

一　概念界定

市场学将产品定义为“能够提供给市场并引起人们的注意、获取、使用或消费以满足某种欲望或需要的任何东西，包括各种有形物品、服务、地点、组织和想法”。旅游产品是旅游学中的一个基本概念，由于旅游产品在要素构成方面的广泛包容性和开放性特征以及不同学科或学者对旅游产品考察角度的不同，学界对旅游产品概念存在着不同的理解和认识（见表6－1），至今也没有定论。因此，本书暂定县域旅游产品为县级行政区范围内的旅游产品。

表6－1　学界对旅游产品概念的不同理解和认识

分类	代表学者或组织	观点
旅游产品 整体－要素观	1. 林南枝和陶汉军 2. 王大悟和魏小安 3. 申葆嘉	1. 从目的地角度出发，旅游产品指旅游经营者凭借旅游吸引物、交通和旅游设施，向旅游者提供的用于满足其旅游活动需求的全部服务 2. 旅游产品是由实物和服务综合构成的，向旅游者销售的旅游项目 3. 旅游产品指从全社会角度考察的旅游产品，即以接待地社会为供方，以一定时间内（如一年内）所接待的全部外来游客为需方，由接待地社会有关的各类资源、因素和条件构成旅游产品，满足游客在旅游过程中生活和心理的全部需求
旅游产品 经历观	林南枝和陶汉军	从旅游者角度出发，旅游产品指旅游者花费一定时间、费用和精力换取的一次旅游经历
旅游产品 整体观－ 经历观融合论	1. 厉新建和张辉 2. 曲玉镜	1. 从两个有关联的生产过程来看待旅游产品：（1）旅游相关供给厂商作为生产主体生产出“产品A”，即整体产品，这个产品是旅游者和旅游相关厂商进行交换的对象；（2）旅游者作为生产主体产出“产品B”，即旅游经历。在这一过程中，旅游者既进行消费活动也进行生产活动，是作为消费与生产“同株体”出现的 2. 旅游产品指旅游者在旅游活动中或以旅游活动为基础自己创造的产品
旅游产品 核心利益观	谢彦君	旅游产品是指为满足旅游者审美和愉悦需要而在一定地域上生产或开发出来的以供销售的物象与劳务的总和
旅游产品 层次观	1. 世界旅游组织 2. 任朝旺和谭笑	1. “旅游特征产品”及“旅游相关产品”合称为“旅游特定产品” 2. 旅游者在旅游过程中购买诸如衣服、防晒霜、啤酒等物品或服务，这些物品或服务的需求主要来自非游客身份的人，被称作“非旅游特定产品”

资料来源：林南枝、陶汉军主编《旅游经济学》（修订版），南开大学出版社，2000；王大悟、魏小安主编《新编旅游经济学》，上海人民出版社，1998；申葆嘉：《关于旅游发展规划的几个问题》，《旅游学刊》1995年第4期；厉新建、张辉：《旅游经济学——理论与发展》，东北财经大学出版社，2002；曲玉镜：《旅游产品新论》，《辽宁师范大学学报》（社会科学版）2002年第2期；谢彦君：《基础旅游学》，中国旅游出版社，1999；世界旅游组织：《旅游统计数据的收集和编纂（技术手册之二）》，中国国家旅游局译印，1996；任朝旺、谭笑：《旅游产品定义辨析》，《河北大学学报》（哲学社会科学版）2006年第6期。

产品开发一般指改进旧产品或开发新产品，使其具有新的特征或用途，以满足市场的需求的流程。由于人们的需求经常变化，目的地只有不断改进旧产品或开发新产品，增加产品特色和功能，提高产品质量，改进外观包装等，才能适应消费者不断变化的需求。

县域旅游产品开发即在县级行政区范围内，开发或改进当地旅游产品，以满足旅游市场需求的过程。

二　理论基础

（一）旅游地生命周期理论

旅游地生命周期理论是市场营销学中的产品生命周期理论在旅游研究中的演化，最早可追溯至20世纪30年代末爱德华·吉尔伯特（Edward W. Gilbert）以英国海滨胜地为研究对象进行的其成长过程的研究。60年代，瓦尔特·克里斯塔勒（Walter Christaller）对欧洲旅游地产生了浓厚的兴趣，以此为对象进行了研究与分析。而最具权威性的旅游地生命周期理论是1980年加拿大学者巴特勒提出来的，他将旅游地生命周期分为6个阶段，分别是探索期、起步期、发展期、稳固期、停滞期和衰落期（或复兴期），经过复兴以后的旅游地又会重新开始前面某几个阶段的演变。巴特勒认为旅游吸引物具有有限的并且可能是不可更新的特征，不存在可以永远满足旅游者需求的旅游地。因此，关于旅游区的开发要考虑到它的容量限制，以保持其较长的生命力。

在县域旅游产品开发过程中，最希望出现的情景就是尽可能延长旅游地生命周期，以此来获取更大的利润。那么，县域旅游产品开发就需要不断地顺应时代和市场的需求，通过深度挖掘县域旅游资源，不断创新开发新的旅游产品，改造、整合已有的旅游产品，细化市场需求，充分发挥自身优势，提高自身的竞争力和市场占有率，从而延长旅游地生命周期，实现县域旅游健康、长效、可持续发展。

（二）产品层次理论

20世纪80年代前，人们认为产品是实体有形的物品，即产品的实体部分代表了它的全部含义。随着研究的深入，菲利普·科特勒（Philip Kotler）提出了产品三层次理论，将产品分为核心产品、有形产品和附加产品。他认为广义的产品应该是指人们通过购买而获得的能够满足某种需求和欲望的物品总和，它既有物质形态的产品实体，又有非物质形态的利益。后来，Kotler 通过不断对产品三层次理论进行修正和完善，最终形成了如今的产品五层次理论。它表示产品由五个层次构成，从消费者需求角度出发，包括核心产品，即顾客真正购买的基本服务或利益；形式产品，即产品的基本形式，由品质、式样、特征、商标及包装特征构成；期望产品，即购买者在购买产品时期望得到的与产品密切相关的一整套属性和条件；扩大产品，包括增加的服务和利益；潜在产品，即现有的包括所有附加产品在内的、可能发展成为未来最终产品的潜在状态的产品。

产品层次理论能完整地解释消费者购买旅游产品的全部心理过程，即从核心产品层次开始向外逐层递进。县域可以依据产品层次理论，主要开发涉及消费者核心利益的旅游产品，依次向外围展开，从消费者心理需求角度更细致地分析县域旅游产品开发目标与现状，从而开发出更能满足消费者心理需求的旅游产品。

（三）可持续发展理论

1980 年发布的《世界自然保护战略：为了可持续发展的生存资源保护》，首次使用了可持续发展的概念。可持续发展是既能满足当代人需要，又不损害后代满足其自身需要的能力的发展。可持续发展理论是在人们对经济发展和环境保护关系深刻认识的基础上提出来的，是关于人与自然协调发展的理论。可持续发展概念包含了两个层面的含义：一是经济社会发展的可持续，二是支撑经济社会发展的资源、环境的可持续。而旅游可持续发展就是要处理好旅游资源保护与利用的关系，要保证社会、经济和环境的可持续发展、永续发展。从旅游业角度来说，充分挖掘旅游资源从而设计旅游产品是设计者的直接目的，但是在实际开发中必须有一定的限度和规则，不能以经济利益为主要目的而去破坏当地生态环境，甚至对其造成毁灭性打击。要本着可持续发展的思想，争取实现经济与环境的共赢。

因此，在县域旅游产品开发过程中，需选择与可持续发展理念相适应的旅游产品开发模式，在以美好的自然环境提升县域旅游发展质量的基础上，反过来使县域旅游促进自然环境的美化和保护，最大限度地减少对自然环境的污染和破坏，提高县域的生态环境质量和促进旅游客源的增加。

三 影响因素

（一）客观因素

1. 县域旅游资源

县域旅游资源是县域旅游产品开发的物质基础和动力，是县域旅游业赖以存在和发展的基本条件。第一，县域旅游资源是县域旅游产品的原材料。县域旅游产品是加工以后的产品，对游客具有现实吸引力，这种吸引力的大小与县域旅游资源的潜在吸引力大小有关。第二，县域旅游资源的质量和品位影响县域旅游产品的质量和品位。县域旅游资源价值越高，县域旅游产品开发级别越高，质量越高，县域旅游产品开发的空间就越大。第三，县域旅游资源的特色影响着县域旅游产品开发的方向，独特的县域旅游资源可以开发出垄断性县域旅游产品。第四，县域旅游资源的文化底蕴是县域旅游产品的源泉。文化的竞争才是旅游市场最根本的竞争，缺乏文化内涵的旅游产品难以在市场中立足。第五，县域旅游资源的美学特征影响着县域旅游整体形象的确立。第六，县域旅游资源多样性能拓宽和丰富县域旅游开发的空间和方式，拉长旅游线路，提高开发建设的灵活性，实现产品、项目的多样化。第七，县域旅游资源地域差异性是旅游者向旅游目的地移动的原因，影响着县域旅游整合开发的方向。第八，县域旅游资源的空间组合和分布直接影响产品空间整合的结构形态、难易程度。只有密度较大、类型丰富、搭配协调、形成一定规模的县域旅游资源，才具有较高的开发价值。

2. 空间集聚与竞争

县域旅游产品的竞争是由区域产品可替代性导致的，县域旅游产品各自的吸引力往往会导致市场结构的变化和再组合。因此，县域旅游产品的开发一定要避免空间替代效应，要发挥区域旅游联合开发的优势，化竞争为合作，互惠互补。一方面，在对同一区域不同县域旅游资源进行开发时，一定要异常慎重，防止因县域旅游产品过于密集而导致的恶性竞争；另一方面，对不同县域旅游资源进行开发时，要突出重点，打造具有特色和新意的产品，避免形成“千里同质、万里同景”的现象。此外，在开发不可替代产品时，也要精心策划，避免粗放式开发和经营，造成资源浪费。

3. 县域环境

一是经济环境。首先是县域旅游目的地的经济环境。如果该目的地经济发达，对外联系密切，居民到访率就高，县域旅游产品销售率就高。反之，县域旅游产品销售率就低。其次是国家的经济环境或者说是经济政策环境。从宏观层面看，对县域旅游消费者影响最直接的是国家经济体制和政策。在计划经济体制下，我国呈现低工资、低福利、低消费的特征，消费者长期采用和限于被动式、无选择的消费方式，消费观念也停留在初级阶段，重实物消费、轻精神消费，不愿意“负债消费”“超前消费”。在市场经济体制下，我国消费市场向卖方市场转变，国家积极引导消费者转变观念，逐步完善以个人消费为主体的消费体系，消费者消费信心逐渐增强。

二是县域旅游目的地的社会政治环境。如果县域旅游区域内安全不能得到保障，偷盗、欺诈事件多发，居民冲突不断，社会动荡不安或者出现严重的社会政治事件，因财产和人身安全无法得到保障，游客消费信心势必会剧烈减弱，消费需求将会受到严重抑制。反之，县域旅游产品销售量自然增加。

三是县域旅游目的地的自然生态环境。无论是地域性的自然生态环境还是全球性的自然生态环境，都在很大程度上影响人类的消费行为。如果县域旅游目的地生态恶化、气候恶劣，那么游客到访率就低，县域旅游产品可持续开发将受到威胁。反之，如果县域旅游目的地山清水秀、环境优美，产品消费市场开拓成本低，那么县域旅游对游客的吸引力就大，游客的到访率就高。

4. 可进入性

可进入性是指游客在进入和离开县域旅游目的地时的方便、快捷、通畅程度，具体表现为进出旅游目的地的难易程度和时间长短。影响可进入性的因素主要是地理位置、交通基础设施状况、通信条件、县域旅游政策等。可进入性不但是县域旅游产品的主要内容，也影响县域旅游产品的成本、质量和吸引力，是县域旅游产品构成的重要内涵。在县域旅游产品消费过程中，游客对县域旅游目的地的到访率随可进入性的降低而下降。

5. 客源市场

县域旅游产品的客源市场可以分为国内客源市场和国外客源市场，也可以划分为第一客源市场、第二客源市场和机会客源市场。距离客源市场的远近和客源市场的大小，是影响县域旅游产品开发能否顺利进行的重要因素，也是决定客流的重要因素。空间跨度大，意味着地理和文化差异大，这一方面对旅游者构成了强烈吸引，另一方面也意味着交通费用高、交通占用时间长，给旅游者旅游活动造成障碍。所以，各国各地区均首先将周边地区作为主要客源地，由此构成了客源市场的圈层结构。县域旅游也是如此，一个县域如果距离发达国家或地区较近，特色鲜明，旅游产品开发就比较顺利，容易取得成功。反之，即使县域旅游资源特色鲜明，县域旅游产品开发也将受到制约。吴必虎等人的研究早已表明，中国大城市居民的出游中有80%集中在距城市500公里以内的范围内，随着空间旅游距离的增加，游客出游率递减现象越来越明显，500～1500公里的出游率低至5%～30%。[①]

6. 基础设施

旅游设施如旅馆、餐厅、交通工具、娱乐场所，以及供水、供电系统，通信系统，道路系统等，是游客进行县域旅游活动的凭借物。旅游者的活动，需要住宿设施、娱乐设施等来保障。旅游设施的完善与否在很大程度上影响旅游地的可进入性，高质量、现代化、特色化的旅游设施，是县域旅游产品开发的必需品。

此外，县域的知名度、旅游形象等因素也是影响县域旅游产品开发的

---

① 吴必虎、唐俊雅、黄安民等：《中国城市居民旅游目的地选择行为研究》，《地理学报》，1997年第2期。

重要因素。

（二）主观因素

1. 开发者

县域旅游产品的开发者是一个整体，包括地方政府、规划设计人员、投资经营者和当地居民。地方政府的职责是提供政策支持和县域旅游产品的基础设施，维护市场秩序，提高当地形象等。规划设计人员在整个县域产品开发群体中居于核心组织地位，主要是结合县域旅游资源的特色和市场需求，进行科学规划设计与产品创新，创造、加工、提炼旅游资源的艺术成果，形成旅游“意境”。投资经营者的目的重在追求经济效益最大化，主要提供住宿、餐饮和旅游商品、旅游项目等服务及设施。当地居民则是县域旅游产品开发的幕后受益者，或是得益于经济收入增加，或是得益于生态效益，精神上获得愉悦感。

2. 消费者

从理论上讲，县域旅游产品具有生产与消费的同步性，与消费者密不可分。产品只有被购买，才能算完整的旅游产品。因此，县域旅游产品开发，必须从多角度研究消费者行为。如果没有消费者行为的差异，就不会有形式多样、内涵丰富、富有竞争力的县域旅游产品。

从主体因素方面看，个体能否成为县域旅游者，即能否产生县域旅游产品需求与行为，取决于多种社会、经济和心理因素。一是可随意支配收入。可随意支配收入的存在是旅游活动的基础，决定旅游者的旅游消费水平。社会经济越发达，人们可自由支配的收入越多，旅游产品的消费就越多。二是可随意支配时间。游客须支付一定的时间成本才能完成县域旅游产品消费行为。三是旅游动机，其与游客受教育程度、偏好、回归自然的意愿有关。四是健康状况。每个居民都向往健康的生活方式，希望享受健康带来的幸福和欢乐，但是体质虚弱或者有严重疾病者，即使拥有大量的闲暇时间和金钱，并具有强烈的旅游动机，也会因难以适应旅途劳累而无法进行县域旅游，消费内容、活动范围和消费方式也受到限制。此外，旅游消费也与游客性格、性别、职业、年龄等有关。

3. 旅游形象

（1）形象

形象是在人脑信息处理基础上形成的一种内在的信念和印象，来自认知，是公众对某一个知觉对象总的印象和评价。这里的知觉对象可以是企业、城市、地区和国家。公众为知觉者，可以是个体，也可以是群体。形象是一个抽象概念，因此不同的人会由于文化知识、经验阅历、情感等因素，对同一对象形成不同的形象。即使是同一知觉者对不同时期的同一对象也可能产生不同的形象评价。

（2）旅游形象

旅游形象也叫旅游地形象。Mackay 和 Fesenmaier 认为，旅游形象是由各种旅游产品（旅游吸引物）和要素组成的总体印象。[①] 彭华认为，旅游形象是旅游资源（包括人造景观）的本体素质及其媒体条件（服务环节）在旅游者心目中的综合认知印象。[②] 马勇和舒伯阳认为，旅游形象是在一定地理范围内公众对旅游目的地的总体认识和评价，是旅游目的地的历史、现实与未来的一种理性再现。[③] 白凯认为，旅游形象是全体旅游者对某一旅游目的地所持有的一种认知，该认知随着个人的旅游经历、价值观念和外界信息刺激的方式与程度等因素而发生相应的变化。[④] 何春萍和李萌认为，旅游形象是旅游产品的“外壳”，是一种具体而强劲的旅游吸引力。[⑤] 窦开龙认为，旅游形象是旅游地通过总体旅游产品及其开发条件与环境所构成的对游客具有吸引力的总体印象，是游客心目中对旅游目的地历史形象、现实感和未来发展趋势的一个感性与理性的认知，包括有形形象（服务质量、旅游资源、人员行为、接待设施）和无形形象（精神面貌、社会风气、社

---

① Mackay, K. J., Fesenmaier, D. R., “Pictorial Element of Destination in Image Formation,” *Annals of Tourism Research* 24 (1997): 537 - 565.

② 彭华：《关于旅游地文化开发的探讨》，《旅游学刊》1998 年第 1 期。

③ 马勇、舒伯阳：《区域旅游规划——理论 · 方法 · 案例》，南开大学出版社，1999。

④ 白凯：《旅游目的地意象定位研究述评——基于心理学视角的分析》，《旅游科学》2009 年第 2 期。

⑤ 何春萍、李萌：《论旅游地形象建设的内容与方法》，《商业研究》2002 年第 13 期。

会治安）。[1]

（3）县域旅游形象

县域旅游形象这一概念从更广的角度考虑形象对旅游产品开发的意义。一般认为，县域旅游形象是游客对某个县域旅游目的地的产品及其开发条件的总体、抽象、概括的认识和评价，是对旅游产品开发地的历史影响、现实感与未来信息的一种理性思考，有助于增强区域凝聚力、优化旅游产品开发环境、发挥区域优势。

对于旅游产品开发者而言，县域旅游形象有两方面意义。一方面，旅游产品具有无形性，消费者在消费之前只能通过图片或介绍了解其特性、想象其外观与品质，因此旅游产品的形象和声誉比其本身重要，良好的形象能够大幅提升其价值和档次，增加心理附加值。因此，旅游产品开发者有了明确的开发目标和市场开拓方向，即策划与开发旅游形象。另一方面，可以通过树立形象对消费者进行心理诱导，这比单纯进行产品广告宣传效果要好。

对于旅游区居民而言，研究表明，旅游形象塑造存在“皮格马利翁效应”[2]，即旅游地形象评价和期待越高，东道主旅游区成员越能产生自豪感和使命感，越倾向于为自己作为旅游区成员感到光荣和自豪，反之则不然。因此，鲜明的形象可以帮助旅游区居民更好地了解本区域旅游产品开发的潜力和前景，增强产品开发和建设意识，自觉珍惜和维持良好旅游形象。

对于产品消费者而言，县域旅游形象起到两种作用。一是诱导作用，旅游经济的繁荣、产品信息的日益丰富，使消费者能够选择的产品越来越多，但由于市场信息的不对称性、隐蔽性，消费者尝试、判别、选择的能力相对降低，常常会犹豫不决。鲜明的县域旅游形象能够有效提高消费者对产品的认同感和识别度，从而使消费者做出购买计划，让自己旅有所值。二是规范作用，一旦旅游目的地建立某个形象或者“形象穹”，游客就不得

① 窦开龙：《民族旅游形象概念及其定位原则》，《消费导刊》2008 年第 14 期。

② 张安：《论旅游地形象发生发展中的几个“效应”问题及其实践意义》，《旅游学刊》2001 年第 3 期。

不在“形象压感”的作用下约束自己的行为。

对于旅游目的地而言，形象是在整合旅游产品和市场的基础上提出的，把县域作为一个整体旅游地进行推广销售，能够形成合力，有助于整合县域旅游竞争力。

四　开发原则

由于县域旅游的发展对县域经济、文化、生态等都会产生直接的影响，发展规模越大影响越大，因此县域旅游产品的开发要坚持一定的原则，有章可循、有序开发，走科学开发、全局开发、长远开发之路，充分发挥县域旅游产品开发的作用。

（一）有序开发原则

有序开发原则指在开发空间与范围的选择上实施“非均衡战略”。鉴于县域经济发展基础薄弱，基础设施较不配套，旅游产品开发不能急于求成、全面开发，必须实事求是，从实际出发，分阶段、分步骤进行。在开发目标上，首先以规模为主，增加产品数量，开拓市场；然后追求县域旅游产品的升级，注重产品研发和创新，出精品、出绝品、出极品、出特品，扩大客源市场。

（二）市场导向原则

市场机制下的旅游产品开发模式首先要关注市场需求，而潜在的需求比现实的需求更为重要，对潜在需求的研究和预测，也是旅游规划极为重要的环节和组成部分。县域旅游产品开发，要以县域旅游资源禀赋状况为基础，高度重视市场的需求状况、游客的消费特征及其变化趋势，游客的需求是设计县域旅游产品的根本。因此，县域旅游产品开发过程中，一定要明确旅游产品的市场定位，以市场取向为参考依据。通过准确把握县域旅游市场的定位，做到有的放矢，同时要根据对旅游市场需求的内容、饱和状况、发展走向等要素的分析，把握旅游市场需求，做到按需设计。政府或旅游规划部门要根据市场需求变化，不断创新县域旅游产品体系。

（三）突出特色原则

旅游资源特色是县域旅游产品产生和保持吸引力的关键和源泉。失去特色，县域旅游也就失去存在的基础。因此，县域旅游产品的开发，不能只停留在简单模仿和重复层面而放弃特色和优势，一定要在认识本地旅游资源特色和发展条件的基础上，正确把握国内外旅游市场需求和旅游产品变化趋势，对县域旅游产品开发的目标、所面向的市场做到科学定位，突出重点，突出特色，突出县域资源的不可替代性、差异性、代表性特点，发展有特色的县域旅游产品体系。县域旅游产品开发，要坚持“人无我有，人有我优，人优我特”原则，树立鲜明的县域旅游形象，尽量避免与其他旅游产品的雷同与冲突，使旅游者产生难以忘怀的印象，提升县域旅游产品市场竞争力。

（四）资源保护原则

旅游产品的开发与自然环境是一对矛盾的统一体，是相互影响、相互作用的。开发旅游产品，既可以促进自然环境的美化和保护，也可以加速自然环境的污染和破坏。因此，在旅游产品开发时，应注意不能只考虑经济效益而忽视生态效益，应使旅游产品开发有利于美化大自然、美化环境，如此才能在更好地为旅游者提供服务的同时，促进当地人民生活质量的提升。资源保护原则就是要求旅游产品的开发要与当地的自然环境相适应，有利于环境保护和生态平衡，避免建设性的破坏和破坏性的建设。

五　开发意义

（一）丰富产品内涵

旅游产品是旅游的吸引力因素，也是旅游赖以生存和发展的物质基础和条件。当今旅游市场竞争激烈，旅游业发达区域都在千方百计地开发、利用和保护最具特色的旅游产品，打造最具魅力的旅游吸引物，以招徕源源不断的旅游者，由此可见旅游产品的重要性。县域旅游作为一种重要的旅游形式，旅游产品充满独特的县域风情，种类繁多，这在很大程度上丰富了旅游产品的内涵。

（二）满足发展需要

县域旅游产品作为县域旅游发展的核心，它的开发关系到县域旅游未来的发展，甚至影响到整个县域的发展。县域旅游产品以合理、合适的模式开发出来，可满足游客对县域旅游产品的需求，在县域内营造出浓郁的旅游氛围，提升县域旅游形象，推动县域旅游在更高层次上取得良好的效果。

（三）促进效益提升

自20世纪80年代以来，中国的旅游业迅速发展，各种旅游产品的开发与营销不仅为旅游业创造了巨大财富，同时也带动了与之相关的各行各业的发展。旅游产品开发的意义已不仅局限于旅游业本身，其对旅游目的地的经济、社会、生态环境同样意义深远。开发县域旅游产品，能把游客从客源地吸引到旅游目的地，形成大规模的消费集聚。游客进行县域旅游时，可以带动很多行业，如当地的餐饮业、住宿业、交通运输业、零售业等的发展，还可为县域带来招商引资的机会。另外，旅游业是劳动密集型产业，就业的成本相对较低，市场辐射面广，能够大量吸收劳动力。发展县域旅游，可以提高就业率，增加当地居民的收入，为县域的经济社会发展注入新的活力。开发县域旅游产品，提升县域旅游产品知名度，可以更好地创造经济效益、社会效益和生态效益。实现经济效益、社会效益、生态效益相统一，是一个国家或地区旅游业发展成功的标志，也是全人类所关注的旅游业可持续发展的焦点。

第二节　开发模式

县域旅游发展为了实现旅游经营目标，必须选择适当的旅游产品开发模式和经营项目，提供相应的旅游服务，充分发挥自身优势，吸引目标客户群体。因此，研究旅游产品开发模式，具有重要的意义。

一　分类型开发模式

（一）自然类旅游产品开发模式

县域自然类旅游产品由地文景观、水域风光、生物景观和天象与气候景观组成，涵盖县域所有的自然环境要素。县域地文景观主要包括综合自然旅游地、沉积与构造、地质地貌过程形迹、自然变动遗迹等，如五岳名山、火山熔岩；县域水域风光主要包括河段、天然湖泊与池沼、瀑布、泉、冰雪地等，如黄果树瀑布、四川海螺沟冰川；县域生物景观主要包括花草树木及动物栖息地等，如四川卧龙自然保护区、陕西黄帝陵的轩辕柏；县域天象与气候景观主要包括光现象、天气与气候现象形成的景观等，如海市蜃楼、极光。县域自然类旅游产品具有自然性、原始性特点。

（二）产业类旅游产品开发模式

县域产业类旅游产品以县域适宜开展的农业、林业、养殖业、加工业、服务业及交叉行业资源为基础开发，这些资源包括农业生产地、休闲娱乐地、研学旅行地和综合开发地。县域农业生产地主要包括农作物基地、花卉苗木种植基地、水产畜牧养殖基地和加工制造基地等，可提供如菊花文化节、花卉婚庆服务等旅游产品；县域休闲娱乐地主要包括休闲农庄、县域文创园、民宿酒店、露营地和竞技活动地等，可提供如团队拓展训练、中医药养生等旅游产品；县域研学旅行地主要包括展览场馆、文博院馆和农事体验地等，可提供如农事体验、田园课堂等旅游产品；县域综合开发地主要包括特色小镇和田园综合体等，可使旅游与农业、林业、渔业等有机融合，构建多要素的县域旅游产业链。县域产业类旅游产品是旅游者休闲、度假、进行康乐活动等的物质载体。

（三）历史遗存类旅游产品开发模式

县域历史遗存类旅游产品主要以历史遗址、红色旅游地和文物古迹为基础开发。县域历史遗址包括史前人类遗址、历史事件发生地、农耕遗址和工业遗址等，可提供如研学旅行、历史教育等旅游产品；县域红色旅游地的资源包括革命人物、革命历史事件、革命活动遗址遗迹以及革命故事与精神等，发展红色旅游是近年来政府主导的重点工程，《2016—2020 年全国红色旅游发展规划纲要》强调要突出红色旅游的理想信念教育功能、脱贫攻坚作用、文化内涵三大重点；县域文物古迹主要包括历史文化遗物、各时代艺术品等，如重点文物保护单位、古旧图书资料。县域历史遗存类旅游产品是铭记历史、不忘初心的重要符号。

（四）聚落建筑类旅游产品开发模式

县域聚落建筑类旅游产品主要由宗祠建筑、地方民居建筑和特色建筑组成。县域宗祠建筑主要包括祠堂、祭祀场所和书院等，如山西太原市晋源区的晋祠、河南商丘市睢阳区的应天书院；县域地方民居建筑主要包括传统民居群、特色街巷和名人故居等，如乔家大院、鲁迅故居；县域特色建筑主要包括宗教寺庙和乡土古建筑等，如宗教节庆场所、岳西乡土古建筑。县域聚落建筑类旅游产品具有深厚的历史内涵，反映了独特的县域文化和历史时代的变迁，是引发旅游者“乡愁”的主要因素。

（五）民俗文化类旅游产品开发模式

县域民俗文化类旅游产品主要由县域非物质文化、民俗与节庆、饮食与特产等组成，其中有一部分以非物质形态存在，贵在传承与创新，产品开发设计要注重民俗文化的原真性。县域非物质文化包括县域文化精神和非物质文化遗产等，如民俗技艺，以及基于此开展的情景体验活动；县域民俗与节庆包括生活习俗、丰收节庆、特色节庆和宗教活动等，如庙会、稻田音乐会；县域饮食与特产包括特色饮食和乡土特产等，如淮阳压缩馍、道口烧鸡。县域民俗文化类旅游产品是县域旅游精神的彰显，是加大宣传力度、美化县域形象的关键因素。

二　分主体开发模式

（一）“政府平台公司”开发模式

“政府平台公司”开发模式具有权限集中的特点。由于在该种开发模式下，政府会对县域旅游产品开发、销售等工作负责，县域范围内的各乡镇、村落以资源入股，不参与管理和经营，所以管理权集中。但是该种开发模式也存在一定的缺点：其一，由于县域旅游产品在开发过程中需要进行基础设施、旅游相关的娱乐设施和体验设施等的开发，需要投入大量的资金，但是平台公司的资金有限，因此会存在资金紧张的问题；其二，旅游产品营销经营观念落后，由于平台公司的成员大多缺乏专业的营销知识，营销手段落后，不能适应当代旅游业的发展；其三，缺乏专业旅游人才。

（二）“政府＋企业＋居民”开发模式

在“政府＋企业＋居民”开发模式中，政府联合旅游主管部门对道路、停车场等基础设施进行总体层面的规划并实施具体的建设工作，企业则负责整个旅游景区的开发及其日常运营，同时做好营销宣传工作。此模式有其自身的优势：一是政府能够将其调控职能自由地发挥出来，通过从整体层面上规划旅游发展，防止了盲目开发和建设，如果市场出现失灵现象，政府能够短时间在宏观层面上做出调控，以将不必要的损失降到最低；二是企业能够独自进行经营和管理，在战略制定的基础之上，进行县域旅游产品开发，对整合营销观念加以利用，以将产品打入市场，最终树立并打响自己的品牌；三是创造更多的就业机会，企业在进行县域旅游产品的经营与开发之时，为当地居民提供了大量的就业岗位，提高当地居民收入，并为他们提供岗前培训和业务培训，使县域旅游者能充分享受到满意的服务。但是，该种开发模式也有其自身缺点。基于政府的主导作用，在县域旅游经营规模不断扩大的背景下，企业在重大决策上还是受到政府的限制。若政府始终掌握大部分权力，将有可能对县域旅游的发展产生抑制作用。当发生利益冲突之时，政府也会对自身利益进行优先考虑，这在一定程度上可能会对企业与当地民众造成利益上的损害。

（三）“居民自主经营”开发模式

在“居民自主经营”开发模式下，由县域旅游产品所有者对旅游景区及资源进行直接经营，以自发为基础，居民是经营的个体单位。该模式具有减少所有权和经营权分离造成的纠纷、调动居民的积极性、使居民在开发中注重环境保护等优点，但是也存在一定的不足。一是资源与利益的失衡容易引发居民的抵触情绪，该模式所开发的旅游产品应由居民共享，但是当事居民得到更大的收益，其他居民可能要承担旅游开发所带来的种种负面影响；二是可持续发展很难实现，在自主经营过程中，当地居民所接受的教育是有限的，将自身产品做成品牌并随时调整，需要专业的旅游开发理念作为支撑，分散自主的经营主体很难实现县域旅游的可持续发展。

（四）“现代公司经营”开发模式

在“现代公司经营”开发模式下，有着成熟组织结构体系的公司参与到县域旅游产品开发与经营的过程中，这有利于满足市场需求，有助于县域旅游快速走上有序发展道路。该模式能够缓解就业压力，在使居民创收的同时为县域旅游的开发营造一个相对稳定的社会环境。此外，公司经营与管理的优势与县域旅游特色相结合，能够在保持旅游产品原始气息的同时，赋予旅游产品现代公司制的特征。

三 集成产品开发模式

集成产品开发模式是一套产品开发的模式、理念与方法，其思想来源于美国 PRTM 公司出版的《产品及生命周期优化法》一书，该书详细描述了集成产品开发模式所包含的各个方面。实践证明，集成产品开发模式既是一种先进思想，也是一种卓越的产品开发模式。对于县域旅游产品开发来说，集成产品开发模式可以降低县域旅游产品开发成本、缩短开发周期、提高旅游产品质量、提高县域旅游利润等。

（一）发展历程

1992 年，IBM 公司在产品开发的过程中遇到了瓶颈，新产品开发时间过长，产品利润率下降，研发费用高涨，年度亏损达 49.7 亿美元。为了解决在产品开发中遇到的问题，IBM 公司在 PACE（产品及周期优化法）的基础上不断开拓创新，建立了一种可以实现跨职能运作的、面向流程的新型产品开发管理模式——集成产品开发模式。IBM 在启用集成产品开发的初期，在新产品开发中获得了巨大的优势，产品研发相关费用下降，产品整体上市时间缩短，企业重新获得了竞争优势。集成产品开发流程管理体系是基于市场需求的管理体系。梁鸣提出，集成产品开发模式是根据大量成功经验总结而来的，是一种高效的产品开发方式，被华为、思科、IBM 等应用于企业的实际工作中，取得了良好的效果。[①] 集成产品开发流程管理综合了工作流程管理、产品技术管理和项目管理等管理方法，是一种综合性的

---

① 梁鸣：《集成产品开发（IPD）探讨》，《科技管理研究》2010 年第 17 期。

并行产品开发模式。

（二）核心思想

集成产品开发模式作为先进的产品开发理念，在县域旅游产品开发中的核心思想概括如下。

县域旅游产品开发是一项投资决策。集成产品开发模式强调要对县域旅游产品开发进行有效的投资组合分析，并在开发过程中设置检查点，通过阶段性评审来决定旅游项目是继续、暂停、终止还是改变方向。

基于市场的开发。集成产品开发模式强调县域旅游产品开发一定是基于市场需求和竞争分析的开发。为此，集成产品开发模式把正确定义县域旅游产品概念、了解市场需求作为开发流程的第一步，争取从开始就把事情做正确。

跨部门、跨系统的协同。采用跨部门的县域旅游产品开发团队，通过有效的沟通、协调以及决策，达到尽快将县域旅游产品推向市场的目的。

异步开发模式，也称并行工程。通过严密的计划、准确的接口设计，把原来的许多后续开发活动提前进行，这样可以缩短旅游产品的上市时间。

重用性。采用共用基础模块（CBB）提高县域旅游产品开发的效率。

结构化的流程。县域旅游产品开发项目的相对不确定性，要求开发流程在非结构化与过于结构化之间找到平衡。

（三）内容框架

集成产品开发框架是集成产品开发模式的精髓，它集成了代表业界最佳实践的诸多要素。具体包括客户需求分析、优化投资组合、跨部门团队、结构化流程、项目管理、异步开发与共用基础模块共七个方面，如图 6－1 所示。

1. 市场

市场模块从县域旅游的消费者、投资者、市场等旅游产品生存的外在客观环境因素，影响旅游产品的特性和生命。

(1) 客户需求分析

没有需求就没有旅游产品，缺乏好的、及时的市场需求，是旅游产品

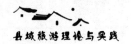

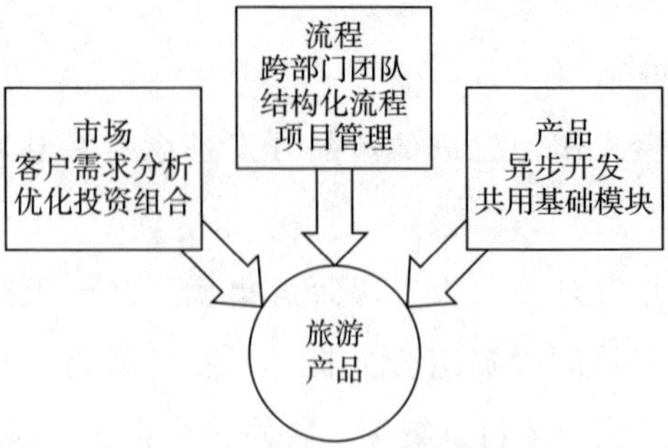

图 6-1 集成产品开发框架

开发偏离方向和开发失败的最主要原因。集成产品开发，使用一种用于了解消费者需求、确定旅游产品市场定位的工具——\$APPEALS 进行需求分析。\$APPEALS 从八个方面衡量消费者对旅游产品的关注度，确定旅游产品的哪一方面对消费者是最重要的。\$APPEALS 的含义如下：\$ - 产品价格（Price），A - 可获得性（Availability），P - 包装（Packaging），P - 性能（Performance），E - 易用性（Easy to use），A - 保证程度（Assurances），L - 生命周期成本（Life cycle of cost），S - 社会接受程度（Social acceptance）。

（2）优化投资组合

集成产品开发强调对旅游产品开发进行有效的投资组合分析，参考各方面因素确定集成产品投资组合决策，如表 6-2 所示。如何正确评价旅游产品、决定县域区域是否开发一个旅游产品以及正确地决定对各个旅游产品的资金分配额，就需要测定各旅游产品的投资利润率。只有明确了投资利润率的各种静态和动态的决定因素和计算方法，决策者才能对旅游产品策略做出正确的判断和决定，进而确定旅游产品开发的投资。决策者能否有效地掌握投入资金的策略、取得好的旅游产品投资效果、提高投资运营效率，是一个大的战略问题，也是决策业务投资组合计划的任务。关于需要构建什么样的产品结构，总的要求应是各具特色、经济合理。

投资组合分析贯穿整个旅游产品生命周期，在开发过程中设置检查点，通过阶段性评审来决定旅游项目是继续、暂停、终止还是改变方向。通常在各个阶段完成之后，要做一次 GO/NO - GO 决策，以决定下一步是否继续，从而可以最大限度地减少资源浪费，避免后续资源的无谓投入。

表 6－2 集成产品投资组合决策参考

	属性	强	好	弱
策略	带给客户的价值	差异化优势	强项	影响不大
	主要市场细分	最重要	中等重要	不太重要
	主要策略需要	“必须有”	重要	“最好有”
市场因素	竞争性	领导者	有竞争力	参与者
	市场推动力	首家进入市场	“我也一样”	进入市场时间较晚
	易用性	差异化优势	与竞争对手一样	比竞争对手差
财务	收益	很大	中等	较低
	成本/费用	较低	中等	较高
	收益增长	超过行业一般水平	与行业水平相当	低于行业水平
	税前收入	高（>20%）	中等（10%～20%）	低（不到 10%）
	毛利率	高	中等	低
	财务风险	低	中等	高
实施	资源/技能	随时可获得	可以获取	较难获得
	渠道准备情况	渠道已准备好	需要改进	渠道未准备好
	渠道覆盖范围	足够的能力/技能	需改进	需要发展
	技术风险	小	中等	大
	外部依赖关系	小	大 - 但有把握	关键 - 不确定
	应用	领先者	参与者	需要发展
	服务/支持	具备技能	需要培训/工具	重大需要
	定价	好 - 领导者	有竞争力	没有竞争力
	履行	现在具备能力	需要进行一定投资	需要大量投资

资料来源：“IPD” 百度百科，https://baike.baidu.com/item/IPD/3072209? fr = aladdin。

2. 流程

集成产品开发模式中的流程模块主要关注跨部门团队、结构化流程、项目管理。在结构化流程的每一个阶段及决策点，由不同功能部门人员组成的跨部门团队协同工作，完成旅游产品开发战略的决策和产品设计开发，通过项目管理和管道管理来保证旅游项目顺利地推进。

（1）跨部门团队

组织结构是流程运作的基本保证。在集成产品开发模式中有两类跨部门团队。一类是集成产品管理团队，属于高层管理决策层；另一类是产品开发团队，属于项目执行层。两类团队都由跨职能部门的人员组成，包含了开发、市场、采购、品质、财务、技术支援等不同部门的人员，其人员层次和工作重点都有所不同。集成产品管理团队的工作是确保县域旅游在市场上有正确的旅游产品定位，保证旅游项目整合资源、控制投资，该团队可同时管理多个产品开发团队，并从市场的角度考察他们是否赢利，适时终止前景不好的旅游项目，保证将县域有限的资源投到高回报的旅游项目上。产品开发团队的工作是制定具体的旅游产品策略和业务计划，按照旅游项目计划执行并保证及时完成，确保团队按计划及时地将旅游产品投放到市场。

（2）结构化流程

集成产品开发流程被明确地划分为概念、计划、开发、验证、发布、生命周期六个阶段，并且在流程中有定义清晰的决策评审点。这些评审点上的评审已不是技术评审，而是业务评审，更关注旅游产品的市场定位及盈利情况。决策评审点有一致的衡量标准，只有达到相应标准才能够从一个决策点进入下一个决策点。

（3）项目管理

县域旅游项目管理是使跨部门团队集合起来更好地行动的关键。首先要有一个目标，即县域旅游项目所要达到的效果，一旦将市场需求转换为对旅游产品的需求，就可以制订详细计划，该计划中的各部分将具体划分为每个职能部门的工作。一个旅游产品从概念形成到上市会涉及许多不同的、紧密相连的活动，就好像不同职能部门彼此之间是有关联的一样，在一个旅游项目中它们彼此之间的活动也是有关联的，所有的活动整合起来就是整个的旅游产品开发。

3. 产品

（1）异步开发

异步开发模式的基本思想是将旅游产品开发纵向分为不同的层次，如技术层、子系统层、平台层等，不同层次工作由不同的团队并行地异步完成，从而减少下层对上层工作的制约，每个层次都直接面向市场。在旅游产品开发过程中，由于上层技术或系统通常依赖下层的技术，因此，不同开发层次的工作之间具有相互依赖性，如果一个层次的工作延迟了，将会造成整个开发时间的延长，这是导致旅游产品开发延误的主要原因。通过减弱各开发层次间的依赖关系，可以实现所有层次任务的异步进行。为了实现异步开发，建立可重用的共用基础模块是非常重要的。

（2）共用基础模块

共用基础模块指那些可以在不同旅游产品、系统之间共用的模块、技术及其他相关的设计成果。由于部门之间共享已有成果的程度很低，随着旅游产品种类的不断增加，模块、支持系统、供应商也在持续增加，这将导致一系列问题。事实上，不同旅游产品、系统之间存在许多可以共用的模块和技术，如果旅游产品在开发中尽可能多地采用这些成熟的共用基础模块和技术，这一旅游产品的质量、进度和成本无疑会得到很好的控制和保证，旅游产品开发中的技术风险也将大为降低。

四　价值共创开发模式

（一）价值共创理论

价值共创理论是 21 世纪初管理大师 Prahalad 和 Ramaswamy 提出的，企业未来的竞争将依赖一种新的价值创造方法——以个体为中心，由消费者与企业共同创造价值的理论。[①] 传统的价值创造观点认为，价值是由企业创造并通过交换传递给大众消费者的，消费者不是价值的创造者，而是价值的使用者或购买者。随着环境的变化，消费者的角色发生了很大转变，消

① Prahalad, C. K., Ramaswamy, V., "Co-opting Customer Competence," *Harvard Business Review* 78 (2000): 79 - 87.

费者不再是消极的购买者，而已经转变为积极的参与者。消费者积极参与企业的研发、设计和生产，以及在消费领域贡献自己的知识技能以创造更好的消费体验，这些都说明价值不仅来源于生产者，而且建立在消费者参与的基础上，即来源于消费者与企业或其他相关利益者的共同创造，且价值最终是由消费者来决定的。

价值共创理论的核心是消费者和企业共同创造商业价值的活动与成果，这些活动与成果不仅会使消费者获得更好的消费体验和参与成就感，同时也能提高企业的开发效率，降低开发成本，提高经济收益。对于县域旅游产品开发来说，开发者与消费者共同创造旅游产品价值的活动与成果，不仅会使消费者获得更美好的旅游消费体验和参与成就感，同时也能提高县域旅游产品开发效率、降低旅游产品开发成本、提高县域旅游经济收益。

（二）DART 模型

DART 模型是 Prahalad 和 Ramaswamy 2004 年提出的价值共创理论的实施模型，由对话（dialogue）、获取（access）、风险评估（risk assessment）和透明性（transparency）4 个要素构成，被视为确保价值共创活动能够顺利实施并取得预期效果的最基本的条件和机制（见图 6 – 2）。

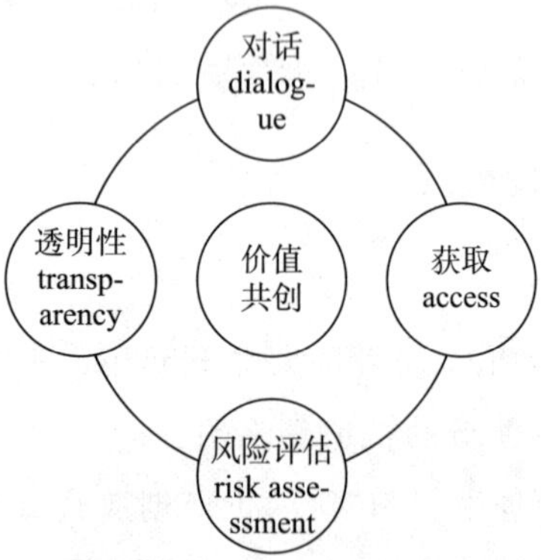

图 6 – 2　DART 模型

1. 对话

Prahalad 和 Ramaswamy 认为，对话是指消费者和企业双方交互性地拥有在对方身上投入资源或精力的意识和想法，并拥有采取行动的倾向。而县域旅游产品开发过程中的对话是指政府、企业、居民、消费者等利益相关者作为平等的主体，投入自己的资源、精力和观念，围绕某个旅游主题进行互动、分享、学习和沟通，了解彼此的意愿，促使利益相关者之间的理解达到一个更高水平，一起解决问题，实现互惠互利和知识共享，从而确定合作属性。

2. 获取

获取强调不是必须拥有物品的所有权才能拥有物品的体验价值。传统的理念认为交换是价值实现的方式，即产品或服务在消费者和创造者之间转移的过程才能实现价值。但是随着时代的变化，消费者已经不再介意是否拥有产品或服务的所有权，而是更在意体验的过程。在县域旅游产品开发过程中，获取体现在政府、企业为了向居民、消费者等利益相关者提供快速有效地收集到所需旅游产品和服务信息的途径和方法而建立合作过程中的服务信息平台。

3. 风险评估

风险指的是有可能对消费者或企业造成危害的事项。传统观念认为企业对风险的评估和规避的能力会比消费者等其他利益相关者更强，所以在与消费者的交流过程中，企业更加注重的是从生意中所获取的利益，而忽视了风险的存在。对于县域旅游产品开发来说，价值是由政府、企业、居民、消费者等利益相关者共同创造的，在这一过程中，政府、居民、消费者作为价值创造的一分子，也有承担风险的职责，并不是所有的风险都由企业自行承担。

4. 透明性

Prahalad 和 Ramaswamy 认为，透明性是组织和个人之间形成信任的首要条件。过去，企业往往利用与消费者之间价格等产品信息不对称的漏洞，从中得到更多利益，但是随着互联网的快速发展，信息不对称问题也就没有了存在的空间。现在，互联网信息发达，消费者获取产品、技术、服务信息的途径多种多样，企业已经没有继续保持产品价格、成本和利润不透明的空间。因此以彼此全面、真实提供信息、资源为前提进行信息共享，创建高水平的透明度，不仅能消除彼此间的信息不对称，还能深化彼此的信任，促进更多合作。

第三节　开发内容

县域旅游产品开发是根据市场需求，对旅游资源、旅游设施、旅游人力资源及旅游景点等进行规划、设计、开发和组合的活动。本节将详细介绍县域旅游产品开发的内容，并提出开发所需要的保障措施。县域旅游产品的开发主要包括两个方面的内容：一是对旅游地的规划和开发，二是对旅游路线的设计和组合。

一　旅游地规划开发

旅游地是旅游产品的地域载体，是游客的目的地。旅游地开发是在旅游经济发展战略指导下，根据旅游市场需求和旅游产品特点，对县域内旅游资源进行规划，建造旅游吸引物，建设旅游基础设施，完善旅游服务，落实县域旅游发展战略的具体措施等。因此，县域旅游地开发就是在一定县域空间中开展旅游吸引物建设，使之与其他相关旅游条件有机结合，成为旅游者停留、活动的目的地。

（一）开发类型

1. 以自然景观为主的开发

这类开发主要是对县域自然景观进行开发、修复以及环境绿化、景观保护等，针对的是如特殊的地貌、生物群落、生态特征等可供开发的旅游资源。自然景观式景点的开发或修复，必须以严格保持自然景观原有面貌为前提，并控制景点的建设量和建设密度，自然景观内的基础设施和人造景点应与自然环境协调一致。如陕西柞水县以打造“西安第二生活区”为目标，将县域内的三条主要河流乾佑河、社川河和金井河开发形成山水画廊、梦幻走廊与福地长廊，与这三条河流串联起来的六个功能互补的旅游休闲区域和柞水溶洞、牛背梁国家森林公园等九个主要景点形成“三廊六区九点”的旅游整体发展框架，旅游产业得到快速发展。

2. 以人文景观为主的开发

这类开发主要是对县域人文景观进行开发、修复、改造以及进行交通、食宿、娱乐等配套设施建设，一般需要较大的投资规模和较高的技术。如对具有重要历史文化价值的古迹、故居、遗址、园林、建筑等，运用现代建设手段，对之进行维护、修缮、复原、重建、扩建等工作，使其恢复原貌后具备了旅游功能，成为旅游吸引物。但是人文景观的开发，一定要以史料为依据、以遗址为基础，切忌凭空杜撰。如湖南衡阳县，早在 20 世纪 90 年代初期就为配合“纪念王船山逝世 300 周年国际学术讨论会”开发了船山文化专项旅游项目，为此修通了从衡阳县城西渡镇至王船山故居所在地曲兰乡的公路专线，并整修了王船山故居“湘西草堂”以及与之配套的船山村、船山墓、石船山等景点。2002 年，为纪念王船山逝世 310 周年，当地举办了“2002 中国（衡阳）船山文化节”，并兴建了船山广场、船山纪念馆，使船山文化专项旅游内容更为丰富。

3. 在原有资源和基础上创新开发

这类开发主要是利用原有资源和开发基础的优势，进一步增加和新添旅游活动内容和项目，以达到丰富特色、提高吸引力的目的。如上文中的衡阳县，自 20 世纪 90 年代以来，为满足县城居民休闲与观光旅游的需要，又兴建了中州公园、蒸水风光带、夏明翰广场、夏明翰文化宫以及以垂钓为主要内容的东方庄园等旅游休闲景点和一批旅游宾馆与餐饮设施。2005 年，时值国家旅游宣传主题为“红色旅游年”之际，当地又整修了夏明翰故居，开辟了以夏明翰故居为核心的“红色旅游线”。

4. 非商品性旅游资源开发

这类开发主要是对先民遗留下来的活动遗址、伟大工程和居室建筑、服饰饮食、待客礼仪、礼俗禁忌、节庆活动等民俗风情的开发和恢复、整合，它们虽然是旅游资源，但还不是旅游商品，本身并不是为旅游而产生，也不仅仅为旅游服务。对这类旅游资源的开发，涉及的部门和人员较多，需要进行广泛的横向合作，与有关部门共同挖掘、整理、改造、加工和组织经营，在此基础上开发出各种旅游产品。如张家界市对土家族民俗风情的开发，《土家毛古斯——欢庆》舞蹈节目被审定为2008年北京奥运会开幕式之前的文艺表演节目就有力地证明了这一模式的优越性。但是，应该引起县域旅游产品开发者注意的是，一旦这些资源所在的县域成为旅游目的地，大量游客进入后很可能会改变原地居民的生活方式和习俗，同时游客带来的外来文化也会对当地的文化生态造成较大的冲击。

5. 利用现代科学技术进行旅游开发

这类开发主要是将现代科学技术与旅游活动相结合，经过精心构思和设计，创造出颇具特色的旅游活动项目。现代科技以其新颖、奇幻的特点，可以使旅游活动集娱乐、游艺、刺激于一体，大大开拓和丰富旅游活动的内容与形式。如山东省寿光市寿光蔬菜高科技示范园建于1999年8月，占地1万亩，是国家4A级旅游景区，也是一处集科技开发、科普教育、技术培训、试验示范、种苗繁育等于一体的多功能蔬菜科技示范基地。自2000年开始，每年的4月20日至5月20日此地都会举办中国（寿光）国际蔬菜科技博览会（简称“菜博会”），其是经商务部正式批准的年度例会和国内唯一的国际性蔬菜专业展会，规模宏大，盛况空前，主要向消费者展览展示先进农业技术和品种，提供丰富多样的交流平台，吸引了国内外大量宾客参会参展。

（二）开发策略

旅游地开发最直接的表现形式就是景区、景点的开发建设。县域旅游要进行旅游产品开发，首先必须凭借其旅游资源的优势，或保护环境，或筑亭垒石，或造园修桥，使旅游地成为一个艺术化的统一游赏空间，让原有风光更加增辉添色，更符合美学欣赏和旅游功能的需要。旅游地开发的策略，根据人工开发的强度及参与性质可分为以下几种。

1. 资源保护型开发策略

对于罕见或出色的县域自然景观或人文景观，要求完整地、绝对地进行保护或维护性开发。有些景观因特殊的位置而不允许直接靠近开发，它们只能作为观赏点被欣赏，其开发效用只能在周围景区开发中得以体现，对这类旅游地的开发，其要求就是绝对地保护或维持原样。

2. 资源修饰型开发策略

对一些旅游地，主要是充分保护和展现原有的自然风光，允许通过人工手段适当修饰和点缀，使风景更加突出，起到“画龙点睛”的作用。如在山水风景的某些地段小筑亭台、在天然植被风景中调整部分林相、在人文古迹中配以环境绿化等就属于这类开发。

3. 资源强化型开发策略

资源强化型开发策略指在旅游资源的基础上，采取人工强化手段，烘托优化原有景观景物，以创造一个新的风景环境与景观空间。如在一些自然或人文景点上搞园林造景，修建各种陈列馆和博物馆以及各种集萃园和仿古园等。

4. 资源再造型开发策略

资源再造型开发策略不以自然或人文旅游资源为基础，仅利用旅游资源的环境条件或基础设施条件，打造一些人造景点和景观形象。如在一些交通方便、客流量大的地区，兴建民俗文化村、微缩景区公园；在一些人工湖泊，打造一些亭台楼阁、旅游设施等。

（三）开发内容

县域旅游产品开发内容，指以满足游客需求为出发点，结合旅游市场发展，从时间、空间、过程三个维度对县域旅游产品进行开发的内容。开发内容的总体设计如图 6－3 所示。

1. 时间维度的产品开发

从时间维度出发对县域旅游产品进行开发，是在产品开发过程中填补季节性和昼夜性的旅游产品空白，对其进行充分开发，使游客无论在什么季节，在黑夜还是白昼，都能体验县域旅游产品。不同县域旅游季节性特点显著且差异很大，开发全季节县域旅游产品以填补县域淡季，让游客体验到淡季旅游的另一番风味；开发县域全天候的旅游产品，丰富夜晚县域旅游的内容，让游客感受到不一样的氛围和独特的县域风俗民情，满足游客对摆脱日常环境、调节精神生活、体验新鲜刺激感受的需求。基于以上

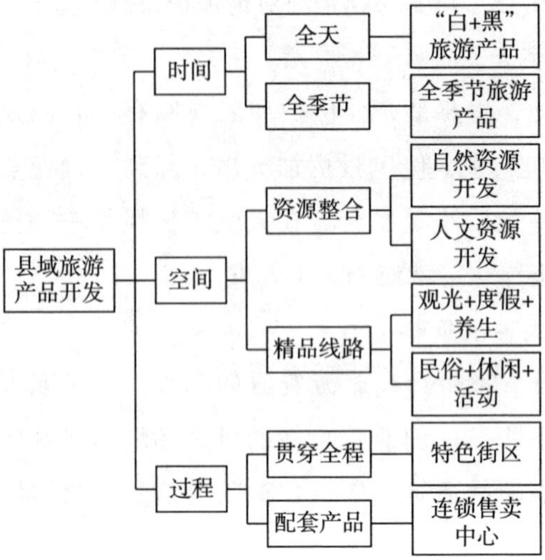

图6－3　县域旅游产品开发内容总体设计

论述，从时间维度出发对县域旅游产品进行开发的内涵是：整合县域资源，开发和优化县域旅游产品配置，建立多条全季节性、全天候的旅游线路，让游客体会到不同时间、季节下的旅游体验，满足游客对摆脱日常环境、调节精神生活、体验新鲜刺激感受的需求。

（1）打造“白＋黑”模式的县域旅游产品

夜晚县域街区的灯光率可以反映县域的发展水平。一般情况下，县城的旅游景点较为分散，基础设施也比较薄弱，夜晚能够观赏和游玩的项目匮乏，而游客也对县域旅游产生了只能在白天进行游玩、观赏的刻板印象，所以无论是旅行社还是自己前来县域游玩的游客，都将所有的行程安排在白天，晚上则选择品尝一些当地美食后便回到住所休息。县域可以因地制宜推出夜晚篝火民俗风情表演类活动，让游客在篝火前围坐观看或一同参与，使其在晚饭后感受别样的县域风情。这类活动可以连同户外烧烤活动同时举行，使游客在热情欢乐的气氛中度过县域的夜晚时光。

（2）发展全季节的县域旅游产品

春季，以春游赏花项目为主；夏季，重点开展漂流、游泳等水上项目；秋季，以骑行、垂钓等度假项目为主；冬季，着力发展集民俗文化、休闲度假于一体的冰雪特色项目，如滑雪、雪橇、雪爬犁、冬泳等。还可以利用现有温泉资源与冰上雪上项目结合，开展运动后的休闲康养活动。

2. 空间维度的产品开发

从空间维度出发对县域旅游产品进行开发指的是将县域旅游资源进行合理分类开发，实现区域资源有机整合。其有助于县域间联动发展，避免许多不同县域集中开发同一项目而出现项目特点与县域资源特点并不匹配的现象。同时契合可持续发展理论中强调的协调人与人、人与自然之间的关系，对县域旅游资源特点进行分析，有针对性地对人文旅游资源和自然旅游资源两大类资源进行开发以满足游客对产品多样化的需求；设计适合不同年龄特点的产品，开发具有主题特色的精品旅游线路，以满足不同年龄段游客需求，设计中充分考虑到游客对独特的旅游体验、丰富精神生活以及享受风光等精神层面的需求，在线路开发中加入游客感兴趣的风俗民情类旅游产品，使县域旅游产品发挥最佳的社会效益和最大经济效益。基于以上论述，从空间维度出发对县域旅游产品进行开发的内涵是：在空间设计上，应打破传统旅游空间系统以景区为主的架构模式，转化为具有不同旅游层级、功能的旅游目的地空间系统模式，跳出原有点—线模式的旅游线路规划设计，通过连点成线、线动成面的方式，使旅游目的地地理空间系统向着复杂化和多元化方向发展，逐步构建目的地与客源地相互转化的县域旅游新空间。

（1）资源整合

旅游资源分为自然旅游资源和人文旅游资源两大类，根据各县域实际情况，将各类旅游资源进行整合，吸引国内外更多游客的关注，提高游客参与热情和参与度。

（2）精品线路

“民俗＋休闲＋活动”旅游产品组合线路，充分利用县域的民风民俗展开一系列民俗旅游活动项目，可以使游客在观赏的同时，亲身体验传统风俗民情，以满足他们追求新鲜、刺激的需求。“观光＋度假＋养生”旅游产品组合线路，以度假养生为主要目的，设计适合中老年游客参与的活动。

3. 过程维度的产品开发

传统旅游是目标性产品，通常是“到此一游”；新型旅游是过程性产品，注重深化体验。从过程维度出发对县域产品进行开发是指从游客进入目的地到离开目的地的整个过程中，目的地应能提供旅游体验，保证游客从一个体验点到另一个体验点的途中，旅游体验无处不在。基于以上论述，从过程维度出发对县域产品进行开发的内涵是：健全县域旅游配套产品开发，使游客在进入目的地到离开目的地的整个过程中都能产生县域旅游多重体验，全程感受到县域旅游的魅力和氛围。

（1）打造贯穿全程的县域旅游特色街区

打造县域旅游特色街区是指街区以展示县域旅游产品、项目为主要目的，围绕县域特点在街区的整体建筑风格和装修风格上做出设计及调整。例如以垂钓为主题的街区可以展出历年垂钓者的照片或举行垂钓比赛的照片，形成观赏长廊；在街区增设各种常识板块，介绍垂钓常识及小技巧，同时添加安全注意事项板块等。

（2）构建县域旅游配套产品连锁售卖中心

构建连锁售卖中心是指将与县域旅游产品相关的商品集中起来，打造县域旅游配套产品“一站式”购物品牌，形成县域旅游连锁售卖中心，并提供配套售后服务工作，如产品的维护维修、退换货等服务。与此同时，推出价格合理的正规的专门出租窗口，满足游客的多重需求。

二　旅游路线设计组合

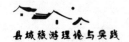

旅游路线是旅游产品的具体表现方式，也是对单个旅游产品进行组合的具体方式，是旅游地向外销售的具体形式。旅游路线的设计组合反映了不同结构的旅游产品组合。一条好的旅游路线可以使旅游者在最少时间内获得最大信息摄入量，可以满足旅游者不同的审美需求，在旅游过程中获得精神愉悦，同时旅游目的地能够在容许时间范围内，将旅游景点全部展示。旅游路线开发就是把旅游资源、旅游吸引物、旅游设施和旅游服务按不同目标游客的需求特点进行特定组合。在旅游路线的组合中，单项旅游产品只是其中的一个组件，开发者并不对单项旅游产品进行实质性的改动，而是考虑不同游客的需求特点、支付能力，进行相应的搭配。因此，旅游路线开发实质上是根据不同目标游客的需求特点，对旅游产品进行组合搭配。

（一）开发类型

按旅游路线的性质分类，可以划分为普通观光旅游路线和特种专项旅游路线两大类，当然也可以是二者结合的混合旅游路线，比如在度假旅游中加入观光。按旅游路线的游程天数分类，可以分为一日游路线与多日游路线。按旅游路线中主要交通工具分类，可以分为汽车旅游路线、摩托车旅游路线、自驾车旅游路线、自行车旅游路线、徒步旅游路线、马车旅游路线、铁路旅游路线以及几种交通工具混合使用的综合型旅游路线等。按使用对象的不同性质分类，可分为包价团体旅游路线、自选散客旅游路线、家庭旅游路线等。

（二）开发策略

旅游路线开发以最有效地利用资源、最大限度地满足旅游者需求和最有利于企业竞争为目标，遵循旅游产品开发的原则，具有以下几种旅游路线产品的组合策略。

全线全面型组合策略，即旅游企业经营多条旅游产品线，推向多个不同的市场。如旅行社经营观光旅游、度假旅游、购物旅游、会议旅游等多种产品，并以欧美市场、日本市场、东南亚市场等多个旅游市场为目标市场。企业采取这种组合策略，可以满足不同市场的需要，扩大市场份额，但经营成本较高，需要企业具备较强的实力。

市场专业型组合策略，即向某一特定的目标市场，提供其所需要的旅游产品。如旅行社专门为县域市场提供观光、寻踪、踏青、购物等多种旅游产品；或针对青年游客市场，根据其特点开发探险、新婚、修学等适合青年口味的旅游产品；或针对老年游客市场，开发观光、怀旧、度假、养老旅游产品等。这种策略有利于企业集中力量，对特定的目标市场进行调研，充分了解其各种需求，开发满足这些需求的多样化、多层次的旅游产品。但由于目标市场单一，市场规模有限，企业产品的销售量也受到限制，所以采取这一策略的企业在整个旅游市场中所占份额较少。

产品专业型组合策略，即只经营一种类型的旅游产品来满足多个目标市场的同一类需求，如旅行社开发观光旅游产品推向城市等市场。因为产品线单一，所以旅游企业经营成本较低，易于管理，可集中企业资金开发和不断完善某一种产品，进行产品的深度加工，树立鲜明的企业形象。但采取这种策略使企业产品类型单一，增大了旅游企业的经营风险。

特殊产品专业型组合策略，即针对不同目标市场的需求提供不同的旅游产品。如向富裕的中老年游客市场提供观光度假旅游产品，向青少年游客市场提供修学旅游产品，向老年游客市场提供探亲访友旅游产品等。这种策略能使旅游企业有针对性地面向不同的目标市场进行开发，使产品适销对路。但企业采取此种策略，需要进行周密的调查研究，投资较多，成本较高。

三　产品开发流程

在开发和建设一个旅游地（大至一个广阔的地区，小至一个度假区或景点）时，都要先进行发展战略研究，然后制定发展规划。[①] 县域旅游强调的不是到处开发、多开发，而是充分将现有资源进行整合，充分利用；不是强调到处是景区，而是要让游客感受到处处是风景；更不是单纯追求旅游人次的增长，而是注重旅游质量的提升。县域旅游产品的开发要经历一个规范的流程及漫长的过程，一般认为旅游产品的开发分为以下七个阶段。

（一）产生创意

县域旅游产品规划设计者可围绕县域长期的发展战略和市场定位，确定旅游产品开发的重点，确定旅游产品开发的创意和构思。而旅游产品的创意和构思来源有以下几个方面：一是游客，游客的需求是旅游产品开发的原始推动力，县域旅游产品规划设计者通过对游客进行调查，收集游客对旅游产品的创意建议，然后进行整理和筛选，捕捉有价值的创意；二是

① 申葆嘉：《关于旅游发展规划的几个问题》，《旅游学刊》1995 年第 4 期。

旅游从业人员，包括旅游产品的销售人员、导游等，处于旅游第一线，与游客及竞争者接触密切，最了解游客的需求，最能提出旅游产品开发创意；三是竞争者，县域旅游产品规划设计者可以通过分析地域产品在竞争中的成功与不足之处，进行改良和强化，这是不错的旅游产品开发思路；四是旅游科研和策划机构，它们处于旅游产品开发第一线，对旅游产品见多识广，加上具有一定的理论功底和专业素养，对旅游业发展的观点颇具前瞻性，县域旅游产品规划设计者应重视它们的创意；五是当地管理人员，他们也是旅游产品开发创意的重要来源。

（二）筛选创意

收集到若干旅游产品创意后，应根据县域战略发展目标和拥有的资源条件，对旅游产品开发创意进行评审和选择。

（三）测试创意

如果创意是为产品开发提供了一个思路，那么产品概念则是这种思路的具体化。需要将经过筛选后的构思转变为具体的旅游产品概念，游客购买的不是产品创意，而是具体的旅游产品概念，因此需要用游客所能理解的具体项目，将创意进一步具体描述，形成具体的旅游产品概念。比如针对大城市中的青少年对农作物和农业的陌生，旅游产品规划设计者确立了“农村、农业、农事”的旅游创意，但是这一创意还待具体开发成景点和旅游路线。针对这一创意，可以开发多种农业旅游产品项目，比如“城郊双休务农游”“秋季果园摘果游”“春种游”等具体的旅游产品概念，这样这些具体的产品创意就形成了形象化的文字资料，被设计成了相应的旅游路线计划。然后，对潜在游客进行调查和测试，了解他们对产品概念的意见和建议，使旅游产品概念更加完善，并测试市场接受情况，进行具体的旅游产品细节设计和制订相应的营销计划。

（四）商业分析

在拟定出旅游产品的概念和营销策略方案后，需要旅游产品规划设计者对此项目进行商业分析。商业分析可以说是对经济的可行性分析。一是投资分析，分析旅游产品所需的投资总额，规划资金的来源（是政府投资、政企合资还是引进新的投资），以及投资的回收方式和回收年限等；二是销售量的预测，确定旅游产品的旅游目的地最乐观的销售量和最悲观的销售量，同时还需进行旅游产品生命周期各阶段的预测，尤其是对导入期所需时间的预测；三是新产品的量本利分析，在预测出旅游产品各时间段的销售额的基础上，进一步测算新产品的成本和价格，并据此计算出新产品的损益平衡点，以及实现损益平衡的大致时间，预测在各阶段的盈亏情况。在确保旅游产品经济上的可行性以后，才能进入具体开发阶段。

（五）产品开发

产品开发阶段是旅游产品开发计划的实施阶段，大量的资金投入从实质性开发阶段开始，包括旅游产品具体项目设施的建设、基础设施的建设、员工的招聘和培训等。

（六）产品试销

当旅游产品的开发已初具规模，具备一定的接待能力时，不必等旅游产品完全落成，就可以利用已有的服务项目，组建成一定的旅游产品组合，选择一些典型的目标客源市场进行试销，或邀请一些专家和业内人士提前试用，收集使用者、亲历者的感受，整理其意见和建议，适当对旅游产品进行完善后，再小范围、小规模地向普通游客试销产品，以进行改进。

（七）正式上市

通过旅游产品的试销，旅游产品规划设计者可以获得旅游产品上市的试点经验，以帮助进行上市的决策。在旅游产品正式上市之前，旅游产品规划设计者再对旅游产品上市时间、上市地点、目标游客进行决策。一是上市时间的决策。对于季节性较强的旅游产品，最好选择由淡转旺的季节上市，这样能使旅游产品的销售量呈上升趋势。但也该避免在旅游旺季上市，因为毕竟产品不完善，如果游客大量涌入，可能会使当地因经验不足而应接不暇，因此最好是有一个从少到多的适应和完善过程。二是上市地点的决策。旅游产品规划设计者应确定推出旅游新产品的客源地，确定是在所有潜在的客源地市场全面推出还是由点到面地逐步扩散。各地的经济收入水平不同，消费特点不同，对不同旅游产品的接受度也会表现出较大的差异。因此应该对不同市场的吸引力做出客观的评价，评价的指标有市场潜力、县域声望、产品的分销成本、对其他市场的影响力以及市场竞争的激烈程度等。三是目标游客的决策。在旅游产品的市场开拓中，旅游产品规划设计者应将销售和促销的重点集中于最佳的潜在游客。最佳的潜在游客群应具备以下特征：愿意最早使用旅游产品，对旅游产品持肯定和赞赏态度，乐于传播信息，对周围的消费者有较大的影响，购买量较大。在这样的目标市场上，当地容易较快地获得高销售额，这有利于调动旅游从业人员的积极性，也能使产品较快地渗透当地的整个市场。

县域旅游发展的最终目的是更好地满足游客全方位的体验需求，促进县域旅游及县域的全面发展，因此，充分了解游客对县域旅游产品的需求状况，强调县域旅游发展与资源环境承载能力相互适应，有效地优化资源、设施、功能、布局，进而实现县域旅游经济效益的最大化是重中之重。

四　产品开发保障

县域旅游区域通常是大旅游目的地的周边辐射地带，是传统旅游资源的“非优区”，主流目的地的“阴影区”“过境地”“延伸地”，相较于主流旅游区域，在旅游资源品级、市场竞争力、品牌影响力等方面不同程度地处于相对弱势。应通过对县域旅游产品开发的保障，促使县域旅游区域升级，融入主流旅游区域，为县域旅游发展营造利好环境。

（一）建立政府、企业合作关系

政府、企业是旅游产品开发过程中的主体，政府起主导作用，企业起关键作用，二者之间需要密切交流、相互协调、共同合作。政府内部的相关职能部门之间的沟通协作、联合发展，可以打破县域之间的行政区域限制；交通、餐饮等旅游服务行业之间良好的商业协作关系，可以为旅游者提供便捷、优质、安全的“一条龙”服务。在开发县域旅游产品时，县域有关的职能部门建立的较为合理的利益分配机制，可以使县域旅游产品开发呈健康、可持续发展的态势。

（二）注重品牌开发，树立县域旅游产品品牌形象

随着县域旅游发展被提到政策层面，县域旅游产品之间的竞争也更加

激烈。县域旅游产品只有千方百计提高知名度，扩大旅游产品市场份额，才能够在竞争中脱颖而出。这就要求县域旅游产品形象具有极高的辨识度，也对县域旅游产品品牌形象塑造提出了更高要求。品牌实质上代表着经营者对交付给消费者的产品特征、利益和服务的一贯性的承诺，最佳品牌是质量的保证、高品级的象征，所以品牌日益成为旅游产品生存和发展的核心要素之一，强势的品牌意味着市场地位和利润。因此，越来越多的县域旅游目的地意识到品牌的重要性，开始注重旅游产品品牌开发，以进一步提高县域旅游品牌形象，促进旅游事业的健康可持续发展。

（三）加强素质教育和环保工作

我国旅游者的一些不文明旅游现象和行为，在较长的一段时间内依然存在，国民整体素质和旅游形象有待进一步提高。加强素质教育，既可以提高旅游目的地居民的主人翁意识，为外界树立良好的县域形象，又可以引导旅游者尊重当地宗教信仰和风俗习惯，遵守社会公共秩序和社会公德，注意公众场合的言谈举止，爱护旅游资源，保护生态环境，减少对景区内植被、水系、文物、园林和建筑等各种自然资源和人工设施的破坏，树立旅游者的良好形象，共同为县域旅游产品开发营造积极的氛围。

第七章
战略管理

在旅游发展新时代，县域旅游能否成功，从某种意义上来说，就是看其能否灵活运用战略将县域的各种资源加以整合，变成社会所需要的产品和服务。本章对县域旅游战略管理的全貌进行了初步介绍。

第一节 管理概述

战略管理是探讨如何制定目标以及规划、执行和达成该目标的相关战略的一门学问。本节主要介绍县域旅游战略管理的基础知识，内容包括县域旅游战略管理的概念、特征、原则与意义等。

一 概念界定

“战略”一词原本是军事用语，指将帅的智谋，后来指军事力量的运用，指挥官采用一定的策略来对抗敌军。① 随着人类社会实践的发展，人们又逐渐赋予战略一词以新的含义，将战略思想运用到军事以外的领域。明茨伯格（Mintzberg）提出战略“5Ps”观，认为战略是计划（Plan）、计策（Ploy）、行为模式（Pattern）、定位（Position）、观念（Perspective）。② 由此

---

① Keegan, J., *The Mask of Command* (London: Penguin Books, 1988), pp. 21 - 28.

② 〔美〕亨利·明茨伯格等：《战略历程：纵览战略管理学派》，刘瑞红等译，机械工业出版社，2001。

看出，战略是对一种观念的定义，是一种抽象的概念，存在于人的头脑之中。

战略管理可归纳为两种类型：广义的战略管理和狭义的战略管理。广义的战略管理认为，战略管理是运用战略对整个企业进行管理，其主要代表人物是安索夫。他指出，战略管理是面向未来，动态地、连续地完成从决策到实现的过程。[①] 狭义的战略管理认为，战略管理是对企业战略的制定、实施、评价（控制和修正）进行管理。狭义的战略管理将整个战略管理的过程分解成三个阶段——战略制定、战略实施和战略评价，三个阶段相互制约、相互影响、相互作用。狭义的战略管理的主要代表人物是斯坦纳。他认为，一个组织顶层的管理者所从事的是战略管理，其他的一切管理都是经营管理，战略管理为经营管理提供了指导方向和范围。[②] 目前，狭义的战略管理定义占主流。

县域旅游战略管理就是在符合和保证实现县域旅游使命的前提下，在充分创造和利用县域环境中各种机会的基础上，确定县域在环境中所处的地位，规定县域旅游从事的事业范围、成长方向和竞争对策，合理调整县域旅游的自身结构和分配县域旅游全部资源。县域旅游战略管理是对县域内部旅游战略的制定、分析、选择、实施及评价与控制活动所进行的一个全面的、复杂的动态管理过程，它是一门综合性、多功能决策的科学和艺术。县域旅游战略是对县域旅游业长远发展的一个总安排，它的制定既为旅游业的发展指明方向和阶段性目标，又有利于旅游业可持续发展。

二　主要特征

基于上面的定义，可以看出县域旅游战略有以下特征。

（一）全局性

县域旅游战略是根据县域旅游总体发展的需要而制定的，它所追求的是整体效果，是一种总体决策。全局由若干局部所组成，县域旅游战略的

① 〔美〕H. 伊戈尔·安索夫：《战略管理》，邵冲译，机械工业出版社，2010。

② 〔美〕乔治·斯坦纳：《战略规划》，李先柏译，华夏出版社，2001。

制定、实施和评价是一个复杂的系统工程。县域旅游战略管理立足未来，通过对县域的政治、经济、文化及行业等经营环境的深入分析，结合自身旅游资源，站在系统管理高度，对县域旅游的远景发展轨迹进行全面的规划。

（二）长远性

县域旅游战略制定的着眼点在未来而不是现在，需要考虑长远的效益，兼顾短期利益。首先，县域旅游战略着眼于长期生存和长远发展的考虑，确立了远景目标，并谋划了实现远景目标的发展轨迹及宏观管理的措施、对策。其次，围绕远景目标，县域旅游战略必须经历一个持续、长远的奋斗过程。

（三）指导性

县域旅游战略界定了县域旅游的运营方向、远景目标，明确了县域旅游的运营方针和行动指南，并筹划了实现目标的发展轨迹及指导性的措施、对策，在县域旅游运营管理活动中起着导向的作用。县域旅游战略规定了县域旅游在一定时期内的基本发展目标，以及实现这一目标的基本途径。

（四）竞争性

竞争是市场经济不可回避的现实，也正是因为有了竞争才确立了“战略”在经营管理中的主导地位。面对竞争，县域旅游战略需要进行内外环境分析，明确自身的旅游资源优势，通过设计合适的经营模式，形成特色经营，增强县域旅游的对抗性和战斗力，推动县域旅游长远、健康的发展。

（五）相对稳定性

“战略”二字本身的含义是超前一段时间而指出目标，在时间上有一定超前性。在实际管理生活中，县域旅游战略需要有一定稳定性，不能朝令夕改，否则会使县域旅游的发展、经营和管理发生混乱，从而给县域旅游行业带来不必要的损失。其需要稳定性的另外一个原因是，县域旅游战略决策投入了相当多的财力和人力，对工作具有指导意义。客观上讲，这种稳定性应是相对的，因为县域旅游战略管理过程是建立在机构能够连续监控内部、外部动态和趋势的基础上的。

三　基本原则

（一）与当地社会经济发展协调原则

一个县（市）制定的县域旅游发展战略，要注重给当地带来经济效益，提高当地人民的生活水平。如果不注重这个原则，当地人不愿意协助旅游业做一些辅助性的工作，这个县域的旅游发展将受到严重制约，甚至走向衰退。而且制定的战略不能脱离本县（市）实际情况，不能超出本地区社会资源能力、旅游资源能力，要与当地的社会和经济发展协调起来，这样制定的县域旅游发展战略目标，才有可能成为现实。

（二）稳定性与灵活性结合原则

县域旅游发展战略具有全局性、长远性、指导性、竞争性与相对稳定性的特点。因此，县域旅游发展战略的制定，必须坚持稳定性与灵活性相结合的原则。所谓稳定性就是要在周密调查研究的基础上，提出切合实际的、经得起时间检验的县域旅游战略目标和实施对策。所谓灵活性是指不论是县域旅游目标的制定还是对策的确定，都要留有充足的余地，以便在未来出现未预见的变化时，进行必要的局部调整和修改。县域旅游发展战略的全局性和指导性的特点，要求发展战略必须具有稳定性；县域旅游发展战略的长远性和竞争性的特点则要求它必须具有一定的灵活性。

（三）利用县（市）内外有利条件原则

首先，要充分利用本县（市）现有的资源，结合县域旅游特色优势资源的开发利用以及传统旅游业的改造升级，充分发挥各方面积极性，促进各类旅游资源有效整合和各类生产要素有机结合，改善县域旅游基础设施条件，利用本县现有资源建设旅游强县。其次，积极吸收国际和国内先进地区的经验，补齐本县旅游资源的短板，推动县域旅游创新发展，为县域旅游转型升级创造有利的发展机遇和更大的发展空间。利用 SWOT 分析法，对县域旅游所处的情景进行全面、系统、准确的研究与分析，根据研究结果，制定相应的发展战略与对策等。

（四）积极稳妥、量力而行原则

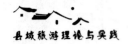

县域旅游的发展受地方经济发展限制，不同县域旅游区内的经济实力

和发展状况差别较大。县域旅游涉及多元主体，既需要财政资金投入，也离不开当地居民的支持。一些县域的旅游之所以进展不顺，原因之一就是财政收入、土地置换等难以继续跟进，导致后劲不足、无以为继。因此，在制定不同县域旅游发展战略时，要依据该县的发展现状、人力、物力、经济实力，量力而行，制定不同的战略目标，切不可违背本地实际状况而贪大求洋。

四　现实意义

（一）战略管理对县域旅游发展有重要指导意义

发展县域旅游，需要科学的发展规划和长远的发展目标，要摸清自身资源禀赋优势和发展定位，立足高品位城市发展要求，从市场的实际需求出发，避免资源和资金的双重浪费。县域旅游战略管理通过分析县域当前存在问题，研究发展规律，加强顶层设计，整合优势资源，在区域化、全域化、产业化上下足功夫，加大推进文旅产业发展力度，对县域旅游发展具有重要的指导意义。

（二）战略管理对县域旅游发展具有内在驱动作用

面对越来越多元化、个性化、差异化的文旅市场需求，要在县域旅游市场中脱颖而出，不仅要靠深厚的历史积淀，更需要打破传统的模式依赖。从市场的需求角度出发，以文化和创新为导向，以战略管理为基础，最终驱动县域旅游开辟新的发展路径，战略管理对于县域旅游的发展至关重要。

（三）战略管理有助于明确县域旅游发展的核心优势

通过战略管理对县域旅游的内外部条件进行分析，能够清楚地认识到本县域旅游资源的优势与劣势，明确县域旅游发展的核心竞争力。如此，不仅能够保证县域旅游的长远发展，还可以在多样性的旅游市场中具备很强的竞争力。通过战略管理对县域旅游的内部分析，还可以使县域依据自身的旅游资源情况，对战略管理过程进行适度的调整。

第二节　主要内容

旅游业的综合性和旅游产品的组合性，决定了县域旅游系统是一个多要素、多等级、多结构的复杂系统，这直接影响到县域旅游发展战略实施的实效。因此，对县域旅游战略管理的构成要素、管理层次与发展环境进行系统的分析，显得尤为重要。

一　构成要素

（一）目标定位

发展战略目标定位，是指导全局的、比较长远的计划。县域旅游战略目标定位，要考虑到目标的可达到性、指导全局的整体性、长远计划的前瞻性。要根据目标市场上的竞争者和本县（市）自身的状况，从各方面为县域旅游的产品和服务创造一定的条件，进而塑造特色市场形象，以求在目标游客心中形成一种特殊的偏好，影响游客出游决策，最终战胜对手，赢得市场。“近细远粗，滚动规划”是县域旅游战略目标达成的关键，县域旅游战略目标，既要有长远目标作为方向指引，又要有近期目标指导工作落实，建立起县域旅游战略目标之间由近及远不断实现、逐步逼近的关系。

（二）路径选择

制定战略目标以后，需要选择正确的战略路径。在县域旅游战略正式实施前，需要进一步明确路径实施的指导思想及策略，如县域旅游发展要达到什么结果，需要什么资源，通过什么途径实现。路径选择涉及县域旅游发展战略的全过程，既要考虑战略设计方式，又要考虑优化战略实施、战略控制的方式。

在旅游发展新常态下，不同县域面临着不同的旅游资源禀赋，这就需要不同县域做出不同的选择，以实现县域旅游目的地升级、产业转型。用德尔菲法可以进行战略实施路径的定量评估与选择（见表7－1）。

表 7－1　战略实施路径定量评价（德尔菲法）

指标	很大	较大	一般	较小	很小
实施难度	1	2	3	4	5
实施风险	1	2	3	4	5
对目标达成的作用	9	7	5	3	1

得分标准：对于综合评分 10 分（含）以上的可以确定为选中的即能够实际实施的战略路径，10 分以下的路径放弃。

（三）资源整合

为了实现县域旅游战略目标所采取的一系列行动都需要成本，整合资源是十分必要的。如果没有充分的资源支持，县域旅游的战略目标将会无法实现。县域旅游资源分为有形资源和无形资源，具有不可移动性、不可替代性的特征，而且一个县域的旅游资源往往和县域的核心竞争力有着紧密的联系。然而一个县域的资源总是有限的，县域旅游也正经历着日益激烈的竞争。为此，打造县域旅游核心竞争力，需要合理地获取、开发、规划县域旅游资源，配置具有可预见性、系统性、科学性的旅游产品。县域旅游通过对资源的获取与配置来达成战略目标。

（四）措施设计

战略措施，也称战略手段。县域旅游战略措施，是战略决策机构根据县域旅游发展的需要所采取的各种全局性的切实可行的方法和步骤。对于为县域旅游制定的战略，只有经过战略措施，才能将其付诸实施，使之得以贯彻落实。县域旅游战略措施的制定，不仅要关注具体的计划、方法，还要克服旅游环境的复杂性、多变性，建立有利于实现成功、良性循环的制度，提高县域旅游战略动态管理措施的强度。县域旅游战略的推进是一个动态的过程，在推进的过程中，要不断解放思想、抓住机遇，采取超常规手段、特殊政策和灵活措施，发展各具特色的区域旅游，促进县域资源互补，实现联动发展。

二　管理层次

在县域旅游战略实施的过程中，要对战略的内容进行分层，并分配到具体的部门来实施。战略管理一般分为战略决策、战术决策和业务决策三个层次。

（一）战略决策

县域旅游战略决策，主要是高层领导对整个县域旅游发展战略的规划，这些决策将涉及整个县域旅游的全局利益，为县域旅游的可持续发展与保持竞争优势地位奠定基础，对县域旅游的长远发展起到关键性的作用。但是县域旅游战略决策一般是长远的计划，在旅游环境不断变化的情况下具有很高的风险性。

（二）战术决策

战术决策是各个部门根据上级的指示进行具体的计划制订，也是县域旅游战略实施的过程。一般的战术决策以月或者年为一个周期，复杂程度没有战略决策那么高，但是也具有一定的风险性。

（三）业务决策

业务决策是将计划分配到各个业务层面，对其进行实施和控制的过程。[①] 它主要由县域旅游的主管部门制定本部门日常管理相关的决策。业务决策的周期一般比较短，计划也是简单可行的，风险性较低。

三个层次的决策是相辅相成的关系，战略决策指导着战术决策与业务决策，战术决策与业务决策又对战略决策起到支撑的作用。三者只有上下一致、保持统一，才能够顺利实施。反之，如果决策出现分歧或者意见相左，会对县域旅游战略实施造成巨大损失。三个层次也有区别，具体如表7－2所示。

表7－2 战略管理的层次比较

指标	战略决策	战术决策	业务决策
决策重点	获得可持续的竞争优势	战略实施	日常管理
决策层	高层管理人员	部门经理	主管等
决策范围	整个组织	职能部门	部门

① 曾国军编著《旅游企业战略管理》，中国旅游出版社，2017。

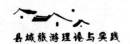

续表

指标	战略决策	战术决策	业务决策
时间期限	长期（年度）	中期（月、年）	短期（日、周、月）
风险程度	高度不确定	有些不确定	高度确定
复杂程度	高	一般	相对简单

资料来源：曾国军编著《旅游企业战略管理》，中国旅游出版社，2017。

三　发展环境

县域旅游发展战略环境分析，主要包括外部宏观环境分析和内部资源环境分析。

（一）外部宏观环境分析

外部宏观环境是旅游者在旅游区域外所接触和感受到的一切事物和现象，它是影响旅游者行为的各种外部因素之和。外部环境包括经济条件、政治环境、自然环境、科技水平和社会文化环境等。其中，经济条件是县域旅游外部环境的决定性因素，包括区域总体经济发展水平、居民收入水平、经济开放程度、金融产业发展状况等。而区域总体经济发展水平是进行县域旅游资源开发和整合的基础及重要影响因素，直接影响县域旅游竞争力。一般而言，相对于经济发达的中心城市来说，大多数县域旅游往往外部环境较差，尤其是作为外部环境决定性因素的经济条件较为落后，具体表现为经济总量与经济质量处于劣势，支撑经济发展的动力较弱，在旅游开发和发展中，容易出现诸如旅游资源开发深度不够、旅游设施不完善、旅游产品定位不准确、旅游市场缺乏良性发展等一系列问题。因此要营造良好的县域旅游外部环境，首先要改善区域经济条件，提高当地经济水平。

1. 经济条件

经济条件是县域旅游竞争力的基本保障。衡量县域旅游经济条件的指标主要包括旅游投资、旅游供给、旅游需求、旅游盈亏和旅游人力五个方面。经济条件是县域旅游外部环境的决定性因素。良好的经济条件，能为县域旅游提供有利的竞争平台。旅游业是关联性极强的产业，其涉及的部门众多，需要各部门的共同合作和相互促进。

2021 年，面对复杂严峻的国际环境和国内疫情散发等多重考验，我国经济持续稳定恢复，经济发展和疫情防控保持全球领先地位，主要指标实现预期目标。同时也要看到，外部环境更趋复杂严峻和不确定，国内经济面临需求收缩、供给冲击、预期转弱三重压力。2021 年，我国经济总体上表现出较好复苏态势。经济增长处于合理区间，就业形势总体稳定，外贸继续保持较快增长，制造业比重提升，科技创新的引领作用有所增强，营商环境持续优化，产业链供应链加速重构，区域协调发展与新型城镇化有效推进，绿色转型和生态文明建设取得重要进展，改革开放持续深化，高质量发展的新动力进一步凝聚。

2022 年，外部环境更趋复杂严峻，疫情防控和供应链危机继续对全球经济增长构成阻碍，而通货膨胀、金融市场风险、应对气候变化压力、各国政策权衡与协调困境等因素，更增加了世界经济复苏前景的不确定性。县域旅游如何在经济环境多变的形势下找准定位，提升当地旅游竞争力显得尤为重要。

2. 社会环境

第一，人口环境分析。随着我国整体迈入新发展阶段，我国人口发展也进入了新阶段。首先，在新发展阶段的背景下，我国人口发展进入了深度转型期。第七次全国人口普查数据进一步表明，我国人口发展出现重要转折性变化，即人口总量增长势头明显减弱，以人口老龄化为核心的人口结构性矛盾日益突出。其次，在新发展格局的构建中，人口发展的重要性被提升到更高层面。我国庞大的人口规模、不断提升的人口质量，是构建新发展格局的基础性条件。人口要素重要性的提升要求将优化人口发展格局作为加快形成新发展格局的关键举措。最后，在新发展理念指引下，人口发展战略正发生关键性转变。

未来，应在新发展理念指引下，从经济社会发展全局高度和国家中长期发展层面谋划人口发展，以系统思维和整体布局最大限度地发挥人口要素对社会经济发展的支撑作用，加快构建人口长期均衡发展及其与经济社会、资源环境协调发展的新人口发展格局。随着知识经济时代的到来，县域旅游行业的竞争实质上是人才、知识、技能的竞争，其中人才的竞争是根本。旅游人才数量多少和质量高低，对县域旅游竞争有着决定性的影响。随着旅游市场的细分，多种形态的旅游市场出现，县域旅游对专业人才的需求越来越大，对人才综合素质的要求将越来越高，需要具备旅游市场经济意识、旅游知识与技能的专业旅游人才。

第二，教育环境分析。县域或者以县域为代表的农村，是当前基础教育最主要的承担者。截至2020年，全国普通高中共有1.42万所，县域高中0.72万所，占了半壁江山，在校生规模超过了一半，达到了1468.4万人，专任教师近10万人。但近年来，由于县域间经济发展水平不平衡，一些县城人口规模较小，基础设施落后，不少地方优秀教师、优秀学生不断流失，导致县中教育质量不断下滑，教育生态遭到破坏，甚至一些地方出现了“县中塌陷”。[①] 从某种意义上说，县中困境是县域整体教育滑坡的一个警示信号，与整个县域经济社会发展密切相连。县中困境大多与县域经济落后相伴而生，教育投入的差异直接影响县中的办学条件。

因此，城市优质的教育资源是吸引人口集聚的重要驱动力，教育迁移和举家外迁成为人口流动的一个重要特征。教育发展基础和治理水平在县际存在差异。虽然县中发展与县域经济发展水平存在关联，但县中质量并不能直接和县域GDP画等号，县中发展还取决于县域制度环境、教育生态和社会氛围等多种因素，是一个地方综合实力和治理能力的具体反映。针对上述现状，教育部办公厅提出“县域义务教育优质均衡发展”理念，全面落实“双减”任务，加快缩小县域内义务教育校际差异，改进育人方式，发展素质教育，提高县域教育整体质量，破除制约县域教育均衡发展的制度障碍。

第三，文化环境分析。国务院于2009年通过了《文化产业振兴规划》，将文化产业定位于中国的战略性新兴产业。[②] 2018年，习近平在全国宣传思

---

① 施润华：《县中发展面临的外部环境与发展定位》，《教育家》2021年第43期。

② 《〈文化产业振兴规划〉全文发布》，中国政府网，2009年9月26日，http://www.gov.cn/jrzg/2009-09/26/content_1427394.htm。

想工作会议上提出，要推动文化产业高质量发展，健全现代文化产业体系和市场体系，推动各类文化市场主体发展壮大，培育新型文化业态和文化消费模式，以高质量文化供给增强人们的文化获得感、幸福感。目前，中国已涌现出山东曲阜“三孔”文化产业、江苏周庄水乡文化旅游业、安徽宣城宣纸文化产业、江西景德镇陶瓷文化产业、浙江义乌文化用品产业等一批县域特色文化产业群，它们成为统领县域产业品牌的龙头。

就文化功能而言，县域作为2000多年来最稳定的中国行政建制单元，承载着中国多样性的文化生态，是传承中华民族传统文化基因的沃土。县域文化根植于当地广大民众的日常生活之中，以民俗文化为主体，是精英文化的母体，不仅反映着民众的生活智慧，而且传承着民族文化的基因。[①] 县域文化产业发展的真正长期价值，主要不是体现在县域文化基础设施、配套设施建设的投资拉动效应上，而是作为地域营销的利器，提升县域文化软实力。例如，河南省栾川县是地处偏僻的贫困县，一直以来，文化旅游服务业水平低，项目少，客源和收益均不佳。2000年起，栾川人架桥修路打破发展的交通瓶颈，利用得天独厚的自然生态大力发展生态旅游业，通过招商引资，培育壮大县域旅游，成为闻名遐迩的旅游县，走出了一条以县域旅游为龙头带动县域经济发展的成功之路。

（二）内部资源环境分析

内部资源环境是旅游者在旅游区域内所接触和感受到的一切实物和现象，它是影响旅游者行为的各种内部因素之和。内部资源环境质量的高低不仅影响旅游者的旅游体验，还影响旅游目的地形象。内部资源环境包括管理水平、制度政策、资源禀赋等。

1. 管理水平

旅游环境是县域旅游的重要吸引物。县域内整体环境的好坏直接影响旅游业的发展，良好的旅游环境是县域旅游的吸引物，是招商引资的最大优势。但我国县域旅游环境堪忧，主要是因为旅游对环境的负面影响不断

---

① 周海鸥、张云：《新时代县域文化产业的功能定位与发展路径》，《河北学刊》2020年第3期。

加剧：一是旅游生态环境退化严重；二是缺乏有效的环境保护措施；三是旅游环境保护管理和规划滞后。旅游环境是县域旅游竞争力的外部保障。从经济学角度来看，环境是经济实体可以依托的外部条件的总和。环境竞争力是对这种外部条件相对优势的综合评价，它反映经济实体与其所处环境之间的协调程度，协调程度越高，竞争力越强，反之越低。旅游环境管理是提升县域旅游竞争力的重要举措。旅游环境是旅游发展的依托，环境质量对旅游者选择旅游目的地有重大影响。有效的环境影响管理与环境质量管理，有助于旅游目的地竞争力的提升，其对旅游竞争力的影响主要体现在两个方面：一是增加旅游企业的经营成本，二是提高旅游者对旅游目的地的需求水平。环境管理所带来的新增旅游需求的价值足以弥补由此引发的成本增加。因此，县域旅游经营管理部门必须对旅游环境进行管理，并把这种管理纳入重大事务管理体系中。

2. 制度政策

政府制度对提升县域旅游竞争力，起到优化旅游资源配置、推进旅游持续发展、拓宽旅游投资渠道和保障基础设施建设等积极作用。政府制度在县域旅游资源配置中，发挥着宏观调控和统筹协调的作用。政府可以通过一系列配套制度，调整产业结构，统筹规划，突出重点，优化资源配置，如围绕县域旅游主题发展农业、渔业和林业等，依据当地旅游产品开办果园、茶园和开发各种土特产等。另外，政府制度可以规范区域资源组织和战略联合，避免重复建设。随着旅游资源的开发和利用，资源环境破坏现象日益严重。尤其在县域旅游开发中，由于当地经济比较落后，可持续发展理念还未深入人心，为了追求短期经济利益，往往出现“重开发、轻保护”的短视情况。因此，当地政府必须出台相关制度，强调旅游开发与保护并进，兼顾经济效益、社会效益和生态效益，实现旅游可持续发展。科学的政府制度，有利于县域开拓新的旅游投资渠道，提升旅游投资层次。基础设施作为一项公共产品，应当由县域政府来提供。政府制定并实施相关配套制度，能加快县域旅游基础设施建设，为当地旅游活动的开展提供有力保障。

3. 资源禀赋

县域旅游资源具有对旅游者的吸引性、区域性、多样性、综合性、永续性和不可再生性等特性。它在很大程度上是由历史或天然的原因形成的，在一定时间内不可复制，是当地开展旅游活动的基础条件。资源禀赋由资源类型、资源空间分布、资源特色与垄断度几个要素构成，是评价旅游核心竞争力的重要指标。

旅游资源是发展旅游业的基础条件，为确保县域旅游有序发展，必须及时对县域旅游资源条件进行系统评价，明确各县域旅游资源的比较优势，制定科学的总体规划，既保证整体优势的发挥，又凸显各县域旅游特色。旅游资源是县域旅游竞争力的基础，特别是在传统观光型旅游占据很大市场份额的情况下，明确旅游资源的优劣显得尤为重要。如果缺乏高品位、高质量的旅游资源，旅游产品开发和设计、旅游营销和宣传等活动均无从开展，旅游需求和旅游收入也无法产生。

旅游资源是县域旅游竞争力转化为经济效益的前提。旅游经济活动的本质就是将各种旅游资源转化为各种旅游产品，通过营销手段吸引旅游者购买或消费，以获取经济效益的过程。对于县域旅游业而言，旅游资源往往是其开展旅游活动并获得经济效益的最重要依托。优美的自然资源或独特的人文资源是吸引游客的主要因素，它决定了旅游市场规模、需求层次和旅游收入。

旅游资源是县域旅游品牌和形象的载体。旅游资源的形成往往需要特殊的社会历史或自然地质条件，需要特定的时空背景，其具有不可再生性。因此，县域旅游资源独特的自然和人文资源在一定时期内具有一定程度的垄断性和不可复制性。不仅如此，旅游资源与其他大多数资源不同，它具有永续性，可以重复利用。旅游者带走的是一段旅游经历和回忆，带不走资源本身。因此，针对县域旅游资源的不可复制性和永续性，县域应充分考虑区位竞争要素，系统分析、评价旅游资源优势和特色，打造独特的旅游品牌和形象，提高县域旅游的整体竞争力。

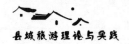

第三节　流程设计

发展县域旅游是我国调整经济结构、实现转型升级的必然选择，对于文化传承也具有重要意义。县域旅游谋求长期生存和发展，必须有长远的战略设计。本节主要介绍县域旅游发展战略的流程设计，内容包括战略制定、战略分析、战略选择、战略实施、战略控制与战略评价六部分。

一　战略制定

战略制定，就是战略目标的制定。发展县域旅游，首先要有愿景与目标，也就是战略目标。战略目标是对县域战略经营活动预期取得的主要成果的期望值。战略目标的制定，同时也是县域旅游经营目的、社会使命的进一步阐明和界定，也是县域在既定的领域展开旅游活动所要达到的水平的具体规定。

（一）利益相关者分析

在制定县域旅游战略目标的过程中，战略制定者很有可能会受到在县域旅游中享有利益的各种不同群体的影响。因此，在县域旅游战略目标制定的过程中，要考虑到利益相关者对实现目标的影响力。

Freeman 将利益相关者定义为任何能影响组织目标实现或被该目标影响的群体或个人。[①] Jacobs 认为，旅游经营商的利益相关者有股东、员工、游客、居民、压力集团、中央和地方政府、宾馆、旅游交通、旅游景区、旅游代理商、媒体等。[②] Ryan 提出旅游经营商的 12 类利益相关者包括地方和国家吸引物、国家旅游组织、地方政府旅游营销部门、中央政府、交通供应商、媒体组织、旅游代理商、最终消费者、饭店、地方旅游局、压力集

① Freeman, R. E., *Strategic Management: A Stakeholder Approach* (Cambridge: Cambridge University Press, 1984), p. 46.

② Jacobs, J., *The Death and Life of Great American Cities* (New York: Randon House Trade Publishing, 1987), p. 53.

团和员工等。[①]

县域旅游作为一个综合性的产业，涉及许多与其关联的行业与组织，因此相比于其他行业，县域旅游涉及的利益相关者是相当复杂的，具体来说，主要有政府、旅游者、旅游企业、当地居民、旅游投资方、县域旅游的管理方、媒体部门、社会公众、非政府部门、学术界和其他一些组织机构。但是利益相关者与县域旅游的关系密切强度不同，所以对县域旅游的影响力也是不同的。孟笛楼为了了解利益相关者是如何对组织的目标施加影响的，将利益相关者按照兴趣和权力两个变量进行划分，并通过这两个变量组成的方格来测定不同利益相关者的影响力，如图 7 - 1 所示。

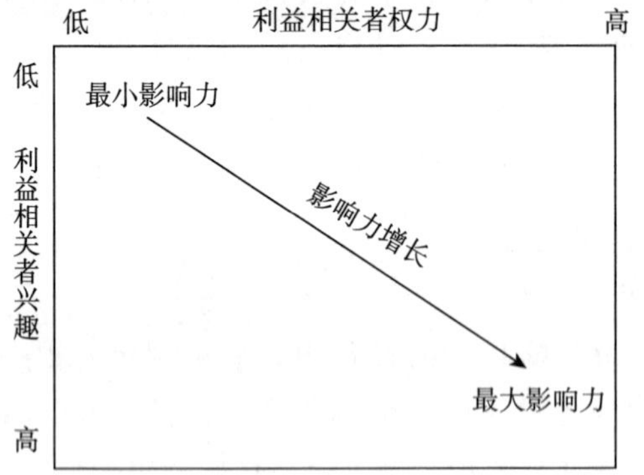

图 7 - 1　利益相关者兴趣、权力影响力

资料来源：〔英〕耐杰尔·埃文斯、大卫·坎贝尔、乔治·斯通休萨《旅游战略管理》，马桂顺译，辽宁科学技术出版社，2005。

权力是指利益相关者影响组织的能力，兴趣是指利益相关者影响组织的愿意度。利益相关者的影响力等于权力乘以兴趣。权力大和兴趣大的利益相关者，会比权力小和兴趣小的利益相关者更具影响力。[②] 政府、旅游企业、当地居民与旅游者就是具有高权力和高兴趣的利益相关者，他们对县

① Ryan, C., "Equity *Management*, *Power Sharing and Sustainability—Issue of the* '*New Tourism*'," *Tourism Management* 23 (2002): 17 - 26.

② 〔英〕耐杰尔·埃文斯、大卫·坎贝尔、乔治·斯通休萨：《旅游战略管理》，马桂顺译，辽宁科学技术出版社，2005。

域旅游的生存和发展有着决定性的作用。

（二）战略目标体系构建

县域旅游中制定的各项战略行动及其结果，是通过战略目标表述的。由于县域内不同利益集团的存在，目标之间不可避免地会出现冲突。因此，制定战略目标的有效方法就是构建战略目标体系，使战略目标之间相互制约又相互联合，从而使战略目标体系整体优化，以反映县域旅游发展战略的整体要求。

战略目标体系通常用树形图来表示，如图 7－2 所示。县域旅游战略目标体系一般是由县域旅游总体战略目标和主要职能战略目标组成。在县域旅游使命定位的基础上，制定县域旅游总体战略目标，为保证总体目标的实现，必须将其层层分解，制定保证性职能战略目标。也就是说，县域旅游总体战略目标是主要的目标，职能战略目标是保证性目标。

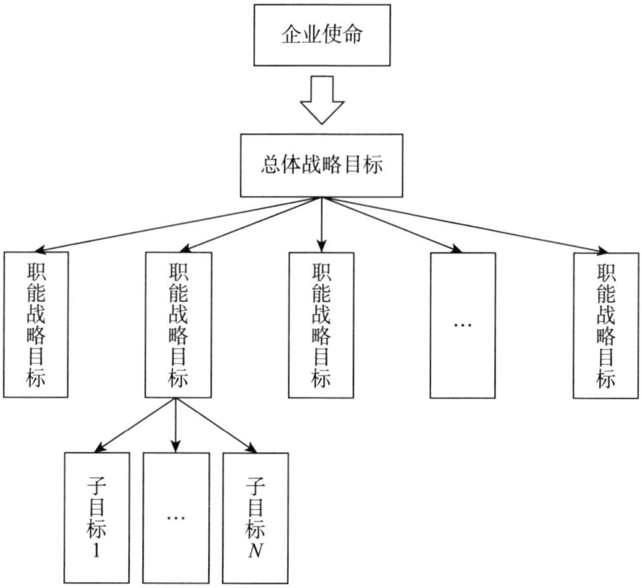

图 7－2 战略目标体系树形图

资料来源：马桂顺编著《旅游企业战略管理》，清华大学出版社，2017。

二 战略分析

（一）常用的战略分析工具

1. 战略地位与行动评价矩阵

战略地位与行动评价矩阵（简称 SPACE 矩阵），主要用于分析企业外部环境及企业应该采用的战略组合。SPACE 矩阵有四个象限，分别表示采取进取、保守、防御和竞争四种战略模式（见图 7－3）。这个矩阵的两个数轴分别代表了企业的两个内部因素——财务优势（FS）和竞争优势（CA），也分别代表了两个外部因素——环境稳定性（ES）和产业优势（IS）。这四个因素对企业的总体战略地位是最为重要的。每个维度都由若干个指标组成，表 7－3 通过多项指标更准确地进行定位。

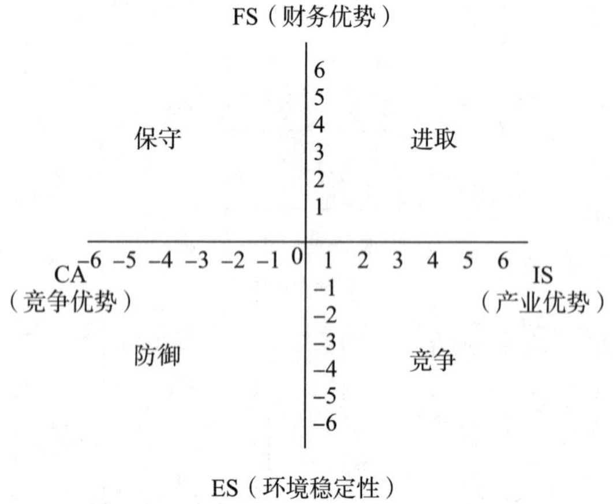

图 7－3 战略地位与行动评价矩阵

资料来源：战略地位与行动评价矩阵，MBA 智库·百科，https://wiki.mbalib.com/wiki/战略地位与行动评价矩阵。

表 7－3 战略地位与行动评价矩阵评价指标

	评价因素	代表指标	评分值
内部因素	财务优势（FS）	投资收益、杠杆比率、偿债能力、流动资金、退出市场的方便性、业务风险	+1（最差）～+6（最好）

续表

	评价因素	代表指标	评分值
内部因素	竞争优势（CA）	市场份额、产品质量、产品生命周期、用户忠诚度、竞争能力利用率、专有技术知识、对供应商和经销商的控制	-1（最好）~ -6（最差）
外部因素	环境稳定性（ES）	技术变化、通货膨胀、需求变化量、竞争产品的价格范围、市场进入壁垒、竞争压力、价格需求弹性	-1（最好）~ -6（最差）
	产业优势（IS）	增长潜力、盈利能力、财务稳定性、专有技术知识、资源利用、资本密集性、进入市场的便利性、生产效率、生产能力利用率	+1（最差）~ +6（最好）

资料来源：战略地位与行动评价矩阵，MBA 智库·百科，https://wiki.mbalib.com/wiki/战略地位与行动评价矩阵。

2. GE 矩阵

GE 矩阵（GE Matrix/McKinsey Matrix）也是非常常用的战略规划工具，也叫作九盒矩阵、麦肯锡矩阵（见图 7-4）。

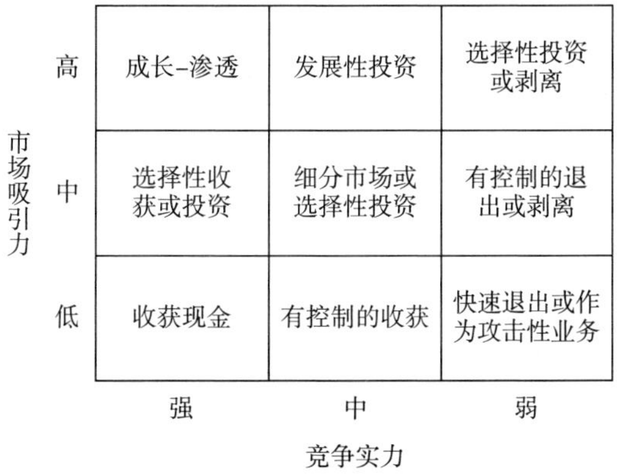

图 7-4　GE 矩阵

CE 矩阵将评估对象的多个关键因素归结为两大类：市场吸引力及竞争实力。用市场吸引力代替波士顿矩阵的销售增长率作为一个评价维度，由市场增长率、市场规模、营利性、市场容量等多个关键因素组成；用竞争实力代替市场占有率作为另外一个维度，由产品质量、品牌、管理水平、技术能力等组成。相比于波士顿矩阵，GE 矩阵实现了维度的多样性，能够综合全面考虑市场上的各种变化因素，更加精准。

绘制 GE 矩阵，需要找出市场吸引力和竞争实力维度的多个关键因素，然后对各因素加权，得出衡量内部因素和外部因素的标准。GE 矩阵将每个维度分三级，形成九个格，以表示两个维度上不同级别的组合。因此，GE 矩阵相比于波士顿矩阵更加复杂。

3. PEST 分析

PEST 分析是指宏观环境的分析，宏观环境又称一般环境，是指一切影响行业和企业的宏观因素。对宏观环境因素做分析，不同行业和企业根据自身特点和经营需要，分析的具体内容会有差异，但一般都应对政治（political）、经济（economic）、社会（social）和技术（technological）这四大类影响企业的主要外部环境因素进行分析。

①政治因素（P），主要包括政治制度与体制、政局、政府的态度、政府制定的法律法规等。

②经济因素（E），主要包括 GDP、利率水平、财政货币政策、通货膨胀、失业率水平、居民可支配收入水平、汇率、能源供给成本、市场机制、市场需求等。

③社会因素（S），主要包括人口环境和文化背景，而人口环境主要包括人口规模、年龄结构、人口分布、种族结构以及收入分布等因素。

④技术因素（T），主要包括发明及与企业生产有关的新技术、新工艺、新材料的出现和发展趋势以及应用背景。

4. SWOT 分析

所谓 SWOT 分析，即基于内外部竞争环境和竞争条件的态势分析，就是将与研究对象密切相关的各种主要内部优势、劣势和外部的机会与威胁等通过调查列举出来，并依照矩阵形式排列，然后用系统分析的思想，把各种因素相互匹配起来加以分析，从中得出一系列相应的结论，而结论通常带有一定的决策性。

运用这种方法，可以对研究对象所处的情境进行全面、系统、准确的研究，从而根据研究结果制定相应的发展战略、计划以及对策等。

SWOT分析中，S（strengths）是优势、W（weaknesses）是劣势，O（opportunities）是机会、T（threats）是威胁（见表7－4）。按照企业竞争战略的完整概念，战略应是一个企业“能够做的”（即组织的强项和弱项）和“可能做的”（即环境的机会和威胁）之间的有机组合。

表7－4　SWOT分析

内部能力 外部环境	优势（S）	劣势（W）
机会（O）	SO战略 机会＋优势组合 可能采取的战略： 最大限度发展	WO战略 机会＋劣势组合 可能采取的战略： 利用机会，回避弱点
威胁（T）	ST战略 威胁＋优势组合 可能采取的战略： 利用优势，降低威胁	WT战略 威胁＋劣势组合 可能采取的战略： 收缩、合并

（二）县域旅游竞争力分析

1. 旅游目的地可持续竞争力模型

Crouch和Ritchie在波特“钻石模型”的基础上提出了旅游目的地可持续竞争力模型，如图7－5所示。

为进一步推动我国县域旅游发展，系统、全面分析我国县域旅游发展现状，《全国县域旅游研究报告2020》以1881个县级行政区（含县级市、自治县、旗、自治旗、特区、林区）为研究对象，开展县域旅游综合实力研究。采用旅游经济发展水平、政府推动作用、旅游产业综合带动功能、旅游开发与环境保护、旅游设施与服务功能、旅游质量监督与市场监管6个方面35个指标构建指标体系（见表7－5），得分居前100位的即为2020年全国县域旅游综合实力百强县。

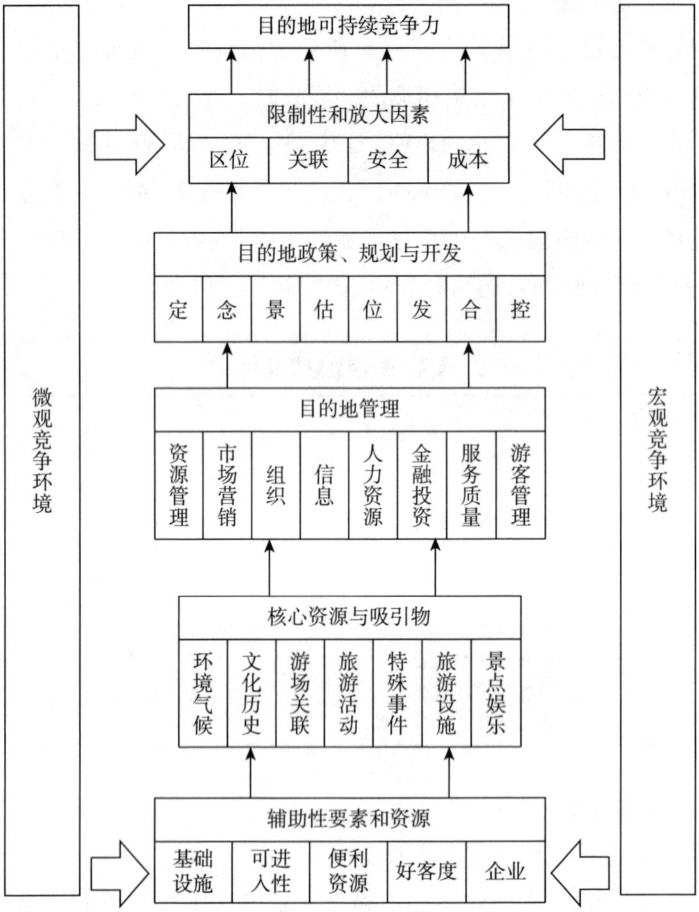

图 7-5　旅游目的地可持续竞争力模型

资料来源：张河清、王蕾蕾《大数据与广东县域旅游竞争力评价研究》，中国经济出版社，2018。

表 7-5　全国县域旅游综合实力研究指标体系

一级指标	二级指标
旅游经济发展水平	旅游业总收入
	旅游业总收入占所在县 GDP 的比重
	旅游业税收占县财政收入比重

续表

一级指标	二级指标
旅游经济发展水平	接待游客总人数
	接待过夜游客人数
政府推动作用	是否建立旅游专门管理机构
	旅游业纳入全县国民经济和社会发展规划
	制定所在县旅游业发展总体规划且有效实施
	政府对旅游业做出明确且重要定位
	旅游发展专项经费占地方财政预算比重
旅游产业综合带动功能	旅游直接从业人数占全县就业人口比重
	传统古村落数量
	旅游节庆活动数量
	家庭旅馆、乡村酒店、农家乐或休闲农庄经营户数量
	所在县旅游纪念品生产厂家数量
旅游开发与环境保护	国家 AAA 级及以上旅游景区数量
	所在县森林覆盖率
	建成区绿化覆盖率
	生活垃圾无公害处理率
	生活饮用水水质达标率
	绿色食品数量
	有地方特色的旅游线路数量
旅游设施与服务功能	三星级及以上酒店数量
	旅行社数量
	专职和兼职导游数量
	是否有高铁站
	离最近的机场距离
	符合国家标准要求的旅游公共信息导向系统
	旅游咨询服务中心数量
旅游质量监督与市场监管	旅游投诉结案率
	是否建立旅游质监机构
	主要旅游区（点）和交通集散地专职安全保卫人员数量
	主要旅游区（点）医疗救护点数量

续表

一级指标	二级指标
旅游质量监督与市场监管	旅行社责任险投保率
	旅游标准化示范单位数量

资料来源：《2020年全国县域旅游研究报告隆重发布》，中国网，2020年8月5日，http://iot.china.com.cn/content/2020-08/05/content_41246271.html。

由于旅游资源的开发价值和旅游产业运行状态同区位条件、市场需求、开发难易程度及旅游政策等因素密切相关，旅游发展潜力评价是对城市旅游业一个系统的分析和总结。旅游发展潜力指标体系包含旅游资源潜力、旅游市场潜力、旅游开发效益、社会经济支撑条件4个方面共20个指标（见表7-6）。

表7-6 全国县域旅游发展潜力指标体系

一级指标	二级指标
旅游资源潜力	国家AAA级及以上旅游景区数量
	国家AAA级及以上旅游景区知名度
	国家AAA级及以上旅游景区总面积
	离最近机场距离
	是否有高铁站
旅游市场潜力	接待游客总人数
	接待过夜游客人数
	人均旅游消费
	旅游地重游率
	省外游客人数占比
旅游开发效益	旅游业总收入
	旅游业税收占县财政收入比重
	城乡居民收入增长率
	服务业增加值占GDP比重
	从事非农业生产人口占总人口比重

续表

一级指标	二级指标
社会经济支撑条件	人均 GDP
	人均旅游业固定资产投资额
	每万人在校生数量
	人均科教文卫经费
	旅游业从业人员数量

资料来源：《2020 年全国县域旅游研究报告隆重发布》，中国网，2020 年 8 月 5 日，http://iot. china. com. cn/content/2020 - 08/05/content_41246271. html。

2. IMD 区域竞争力模型

瑞士洛桑国际管理发展学院（IMD）发表的《全球竞争力报告》，为各国之间进行横向竞争力比较提供了可供参考的框架。该分析报告所依据的 IMD 区域竞争力模型（见图 7 - 6）认为，区域竞争力就是一国或一公司在世界市场上均衡地生产出比其竞争对手更多的财富的能力，区域竞争力可以分解为八大方面，即企业管理、经济实力、科学技术、国民素质、政府作用、国际化度、基础设施和金融环境。核心是企业竞争力，关键是可持续性。这几方面构成的区域竞争力是在本地化与全球化、吸引力与扩张力、资产与过程、和谐与冒险四种环境中形成的。IMD 区域竞争力模型从国家竞争力与企业竞争力的相互关系出发，认为国家竞争力的核心在于国内企业创造增加值的能力，即企业竞争力；而企业是否具有竞争力，则从国家对企业营运能力的有利或不利影响来分析。IMD 区域竞争力模型从国家这一研究对象出发，选择了八大因素予以评价，这八大因素取决于环境因素的四种组合关系。

三 战略选择

（一）县域旅游促进乡村振兴战略

疫情防控常态化下，短途游、周边游越发受到游客青睐。旅游是促进乡村振兴的重要渠道和动力，对实施乡村振兴战略、构建现代农业新体系、促进农村三次产业融合发展、拓宽农民就业创业增收渠道、健全现代乡村

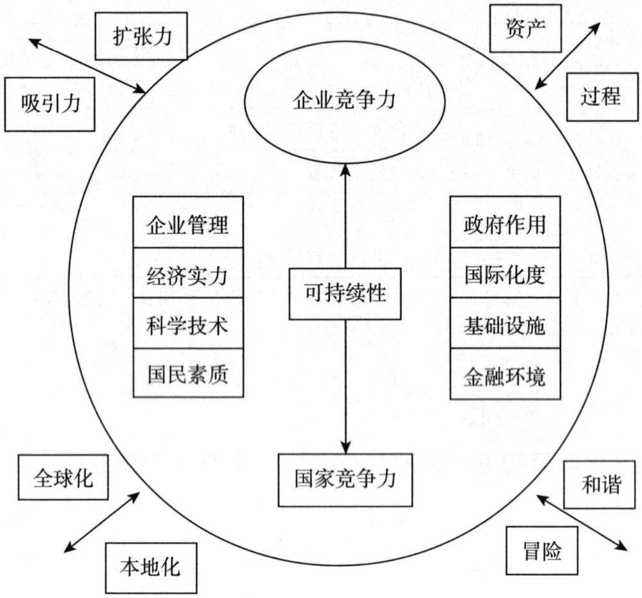

图 7－6　IMD 区域竞争力模型

资料来源：张河清、王蕾蕾《大数据与广东县域旅游竞争力评价研究》，中国经济出版社，2018。

治理体系等可发挥特殊作用。县域可以立足本地特色资源，把县域内的景点、景区串联成线，加强沿线乡村基础设施建设，把乡村振兴战略与发展县域旅游结合起来，助力乡村经济发展，带动村民增收致富。如河北涉县以旅游业为导向，积极开展乡土项目宣传推介，加大重点旅游项目建设力度，加快推进乡村产业振兴，切实增强农民群众的幸福感和获得感。①

（二）县域旅游促进县域经济体系建设战略

经济新常态是不可逆转的经济发展态势，国民经济进入了与过去高速增长期不同的新阶段。县域旅游发展得当，无疑将有力地拉动地方经济的持续增长，并促进形成国内旅游业完整的支持体系。旅游是推进建设现代经济体系的新引擎和重要途径，建设现代化经济体系是跨越关口的迫切要

① 杨彦伟：《县域推进乡村振兴战略的实践与思考》，《当代农村财经》2021 年第 3 期。

求和我国发展的战略目标。旅游作为重要的新引擎、新动能，可以不断增强我国经济的创新力和竞争力。例如，栾川县旅游发展以生态旅游业为重点的第三产业，实施“旅游立县”战略，建设县域品牌，开发城市休闲度假旅游产品，发展休闲农业、乡村旅游、生态观光休闲等项目，推动旅游业转型，拉动县域经济增长，成为县域经济新的增长点。

（三）县域旅游促进文旅融合及形象提升战略

县域旅游在加强对外文化交流、推动县域文化“走出去”等方面可以发挥特殊重要的作用。①我国上下五千年的文明史，形成了各具特色的县域文化，这为文旅产业持续发展提供了坚实的资源基础。为促进县域文旅融合发展和带动乡村振兴，要以县域为单元，对村庄进行系统梳理，将有文化底蕴的村庄筛选出来，以文物保护的方式保留下来，充分挖掘名人故居故乡的文化价值，结合旅游业进行系统开发，同时以乡土文化充实乡村旅游内涵，以乡村旅游带动乡土文化的保护和发展，形成文旅融合的新格局。②县域文旅融合对于提升县域文化软实力、提升县域知名度、打造对外开放窗口、彰显美丽县城形象具有重大意义。

（四）县域旅游促进红色旅游发展与优秀传统文化传承创新战略

县域旅游既是先进文化的积极引领者和践行者，又是中华优秀传统文化的忠实传承者和弘扬者。当下爱国主义教育呈现大众化、常态化趋势，随着 AR、VR 等新技术的运用，不少红色旅游景区的展陈模式从静态、单一式转变为动态、沉浸式，加之红色旅游体验质量持续提高、产品类型持续丰富，不仅是中老年群体，当代年轻群体参与和认同红色旅游的比例也在逐渐提升。国家依托深厚的历史积淀、磅礴的文化载体和不屈的民族精神，着力构建和强化中国国家象征，对内强调民族化和本土化，建设服务于实现中华民族伟大复兴的国家文化公园。国家文化公园将“文化”继续

---

① 石培华、张毓利、申军波、陆明明：《新时代中国旅游发展战略方位方向》，《中国旅游报》2018 年 10 月 30 日。

② 刘治彦：《文旅融合发展：理论、实践与未来方向》，《人民论坛 · 学术前沿》2019 年第 16 期。

激活，并将其具象化，以看得见、摸得着的形式展现出来，以便在人们赏析、休闲、体验、健身、旅游过程中，增强文化的存在感、传播力及影响力。

（五）县域旅游促进健康县城、美丽县城建设战略

充分发挥旅游在促进健康县城和美丽县城建设中的独特作用，构建幸福导向型产业体系，加快建立绿色生产和消费体系，建立健全绿色低碳循环发展的经济体系。[①] 由于各县的经济历史状况不同以及旅游资源存在差异，各县旅游业的发展是很不平衡的。各县可以充分利用自身特色，发挥旅游在促进就业创业、促进扶贫致富、提升民生水平、创新社会治理等方面的优势，让改革发展成果更多更公平地惠及全体人民，推动形成共建共治共享的社会治理格局，提升人民幸福感。为了增强县域旅游在旅游市场上的竞争力，要提高旅游发展的质量。

四 战略实施

战略实施主要涉及组织机构变革、制度机构改革、内外部资源获取和配置、组织文化和精神保障等，以适应战略挑战和变革管理。县域旅游战略在实施之前，只是人们头脑中的东西或者纸面上的东西。而县域旅游战略的实施，是战略管理的行动阶段，因此，它比战略的制定更加重要。县域旅游战略实施是一个自上而下的动态管理过程，在各项工作中不断得到分解、落实。

战略实施需要对县域旅游的资源进行重新整合。为了成功地实施县域旅游战略，需要合理地配置资源，根据既定战略对资源的需要程度，对资源基础进行适当的调整。战略主要包括无变化战略、增加资源战略与减少资源战略三种。县域旅游要确保其内部组织结构及文化有利于战略的成功，如果县域旅游现有的组织结构及文化不适合要实施的战略，应该考虑做出必要的调整。战略的实施必然会涉及改革，为了达到县域旅游战略目标，

① 徐荣民：《县域旅游发展战略制定的理论探讨与实践——以枣庄市市中区为例》，硕士学位论文，贵州师范大学，2008。

需要对其内部的文化及组织结构进行变革。县域旅游战略管理是一个持续不断的过程，县域旅游所面临的内外部环境也是在不断变化的。因此需要对县域旅游的环境进行持续不断的重新评估，并根据环境发生的变化，对县域旅游战略的实施做出相应的调整。

（一）实施原则

县域旅游战略在实施的过程中，要遵循统一领导、统一指挥以及权变和适度合理性原则。

1. 统一领导、统一指挥原则

县域旅游战略的实施，应当在高层领导人员的统一领导、统一指挥下进行。只有这样，其资源的分配、组织机构的调整、旅游文化的建设、信息的沟通及控制、激励制度的建立等各方面，才能相互协调、平衡，才能为实现战略目标而卓有成效地运行。同时，要遵守统一指挥的原则，在战略实施中所发生的问题，能在小范围、低层次解决的，就不要放到更大范围、更高层次去解决，这样做所付出的代价最小，因为越是在高层次的环节去解决问题，其涉及的面也就越广，交叉的关系也就越复杂，当然其代价也就越大。

2. 权变原则

县域旅游战略实施过程本身就是解决问题的过程，但如果内外环境发生重大的变化，以致原定战略的实施成为不可能，显然这时需要对原定的战略进行重大的调整，这就是战略实施的权变问题。其关键就在于如何掌握县域旅游环境变化的程度，如果当环境发生并不重要的变化时，就修改了原定的战略，容易造成人心浮动，带来消极后果。缺少坚韧毅力，最终只会一事无成。但如果环境确实已经发生了很大的变化，仍然坚持实施既定的战略，将最终导致企业破产，因此关键在于如何衡量当前县域旅游环境的变化。

3. 适度合理性原则

由于战略目标和经营战略在制定过程中受到信息、决策时间以及认识能力等因素的限制，对未来的预测不可能很准确，所制定的县域旅游发展战略也不是最优的，而且在战略实施的过程中由于县域旅游外部环境及内部条件的变化较大，情况比较复杂，因此只要在主要的战略目标上基本达到了战略预定的目标，就应当认为这一战略的制定及实施是成功的。在客观生活中不可能完全按照原先制订的战略计划行事，战略实施过程也可以是战略创造过程。在县域旅游战略实施中，战略的某些内容或特征有可能改变，但只要不妨碍县域旅游总体目标及战略的实现，就是合理的。

（二）PDCA 循环管理

PDCA 循环管理最早是由美国质量管理专家休哈特提出来的，由戴明采纳、宣传，所以又被称为“戴明环”（见图 7－7）。PDCA 是由英语单词 plan（计划）、do（执行）、check（检查）和 act（修正）的首字母组成的，PDCA 循环就是按照这样的顺序进行质量管理，并且循环不止地进行下去的科学程序。县域旅游战略实施循环过程就是分析县域旅游战略实施现状，发现问题；分析问题中各种影响因素；找出影响问题的主要原因；针对主要原因，提出解决的措施并执行；检查执行结果是否达到了预定的目标；把成功的经验总结出来，制定相应的标准；把没有解决或新出现的问题转入下一个 PDCA 循环去解决。

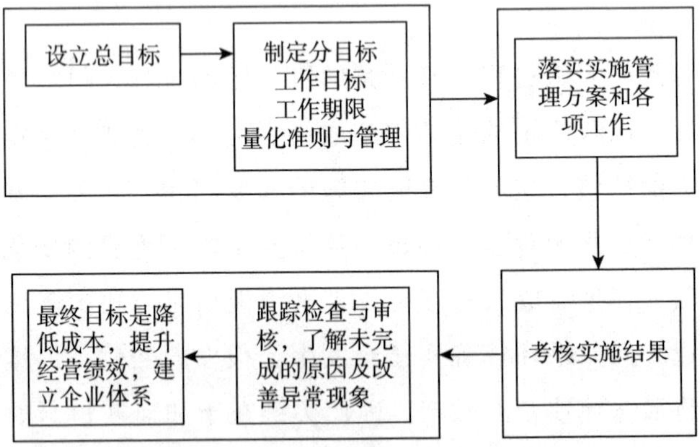

图 7－7　PDCA 循环管理过程

资料来源：《一张图读懂 PDCA 循环管理》，http://pmp. aura. cn/pm/628. html。

五　战略控制

没有任何一项战略计划，可以全面到担保百分之百地达成战略目标，也没有任何战略执行活动，可以完善到天衣无缝，完全实现战略计划的企图。实际的状态往往和当初制定的战略规划有所偏差，执行战略的时候往往也会出现一些突发状况，而使执行效果大打折扣。因此，为了确保县域旅游战略目标的达成，战略管理人员必须有一个检讨修正的机制，而这个检讨修正的机制便是战略控制机制。设计良好的战略控制机制，可以提早发现战略失控的现象，及时采取必要的补救和修正措施，以确保战略目标的最终达成。

县域旅游战略控制是用来确保战略行为或战略活动能够依照战略计划完成并达成目标，同时修正任何重大偏离的一种监视程序。通过战略控制的机制战略，管理人员才能评估企业的战略绩效，也只有将实际绩效与期望目标相互比较之后，战略管理人员才能了解整个战略的表现。有效的战略控制机制的最终目的在于确保达成企业的战略目标。因此，评估一项战略控制机制的有效与否，也在于此战略控制机制对于目标达成的促进程度。战略控制是战略管理程序中的最后一环，所以对整个战略管理活动有着重要的意义。

战略控制程序由四个单独而不同的步骤组成（见图7－8）：建立绩效标准；衡量实际绩效；比较实际绩效与标准的差距；评估结果并采取必要修正行动。

图7－8　战略控制程序

六　战略评价

李文明认为，战略评价是指基于组织的总体战略目标，以定量和定性相结合的方法来评定组织战略及其工作环节是否存在问题和价值大小的手段与过程。[①] 县域旅游战略评价是战略管理的重要环节，其主要职能是在战略实施的过程中发现问题和纠正问题，在确立衡量标准的基础上，进行绩效评价。战略因环境而生，随着环境的变化而变。为此，适时地、客观地、高效地对正在实施的战略进行评价，并采取相应的配套措施，无疑是保证县域旅游组织实现战略目标的必要条件。县域旅游战略评价的标准主要包括战略的内部是否具有统一性、战略与当前环境是否具有适应性、战略实施过程中是否具有风险性、既定战略与既有资源是否配套等。

战略评价是检测战略实施进展、评价战略执行业绩、不断修正战略决策，以期达到预期目标。战略评价包括三项基本活动：考察企业战略的内在基础、将预期结果与实际结果进行比较、采取纠正措施以保证行动与计划的一致。

1. 评价动机

在评价之前，必须首先有评价自身目前的工作表现或评价今后实施的战略的愿望。这种动机能否产生取决于必须实施的战略与企业能否互相配合。

2. 评价所需要的信息

进行有效的评价，需要大量可以使用的信息。只有这样，才能分析拟进行的战略及其实施时带来的影响。要提供有效的信息，企业除了要有一个高效率的管理信息系统外，还必须本着实事求是的精神，对战略的可能结果和实施后的结果进行一个完整的报告。

3. 评价标准

战略评价必须有一定的标准（见图 7 -9）。

①一致性：有关战略的目标和政策必须一致。

②和谐与适应性：战略必须适应外部环境，尤其是环境中的关键性变化。

③可行性：战略不可过多地耗费资源，亦不可带来解决不了的后遗症。

---

① 李文明：《战略评价的正确解读及其目的与原则研究》，《甘肃社会科学》2009 年第 5 期。

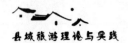

④可接受性：战略应符合主要利益相关者的期望。

⑤优势性：战略必须能为企业在所选择的领域创造出或维持竞争优势。

4. 战略评价结果的决策

县域旅游战略评价并非为评价而评价，评价的目的在于指导战略的选择。此外，战略评价要有助于战略效益的提升，县域旅游应根据战略效益的评价，采取适当的修正行动，还可以在战略选择阶段或在战略实施评价阶段使用上述评价标准帮助决策。

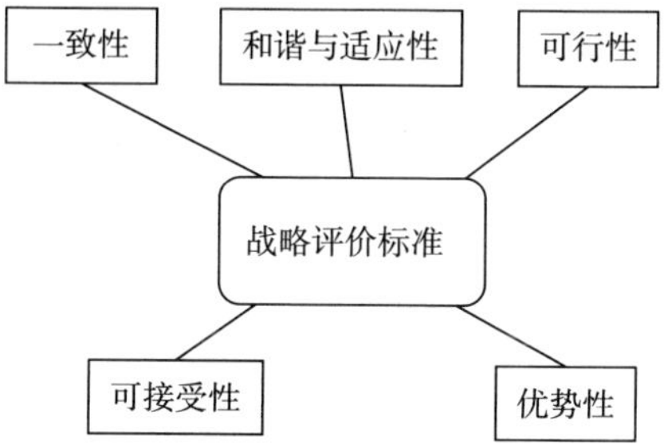

图 7－9　战略评价标准

第八章
发展模式

县域旅游作为我国旅游业的中坚力量，是现代旅游业发展的重要载体，是推动中国旅游产业升级换代的发动机。[①] 模式是对事物的理论化解释，具有同质性、模型性、典型性和指型性。其中，同质性指不同种类模式是按照质性标准区别的，模型性指模式在方法上有助于计量和预测，典型性指模式是对典型体系的描述，指型性指模式能对未来发展进行预测、做出科学判断。模式有不同的范畴，标志着物件之间隐藏的规律关系，简单地说，就是从不断重复出现的事件中发现和抽象出的规律。县域旅游发展模式要求县域旅游遵循共同的发展规律，呈现出立足当地旅游特色的区域性经济结构和发展方式。[②]

由于各个县域旅游社会经济基础、资源条件的参差不齐，县域旅游发展表现出明显的差异性，发展的战略和路径也各不相同，这使得县域旅游在发展水平和发展模式上呈现出多样性和复杂性。本章将从县域旅游的资源状况、赋存条件、区位导向、市场资源、创新导向、产业融合等方面入手，从县域旅游的经济发展模式、产业组织模式、路径变迁模式、投资运营模式和空间组织模式等方面入手，系统地阐述县域旅游发展模式的主要类型。

---

① 戴婷：《中国县域旅游发展模式研究——以旅游目的地产品类型为线索展开》，硕士学位论文，复旦大学，2010。

② 洪亚丽：《县域旅游发展影响因素及其发展模式研究——以浙江淳安县为例》，硕士学位论文，浙江工商大学，2015。

第一节　经济发展模式

县域旅游是集第一、第二、第三产业于一体的经济综合体，由于受生产力发展水平、资源禀赋以及经济发展阶段的影响，容易形成以某一种产业为主体的特色经济发展模式。不同的县域有不同的竞争优势，因其旅游资源状况与经济社会基础的差异产生了不同的发展路径与发展重点，因而形成了不同的经济发展模式。

研究县域旅游经济的发展必然面临县域旅游经济竞争优势的选择，以县域旅游所拥有的优势为依据划分县域旅游的类型，对于竞争优势的培育具有指导意义。[①] 由于不同县域之间的发展战略、发展重点和水平的差异，县域旅游存在多种不同的发展路径，要总结出一套万能模式是不切实际的，但从理论上掌握县域旅游经济发展战略的一般模式，对于研究县域旅游经济发展战略变化的规律是非常必要的。县域旅游经济发展模式是通过客观分析其具有的竞争优势并加以打造、加强和利用得到的。因此，模式的选择与形成，需要根据不同县域旅游经济发展的客观现实条件来具体确定。

据统计，我国有2000多个县，各个县域的风土人情、旅游资源、交通条件、发展程度等各不相同。只有选择与自身实际情况相符合的旅游经济发展模式，才能实现县域旅游经济的健康发展。[②] 因此，发展县域旅游，要立足当地的本土资源，实事求是、精准定位、量体裁衣，最终通过旅游产业实现多元发展。根据不同的县域资源，经济发展模式可以分为以下八大类型。

一　资源驱动型

资源驱动型是来自引力系统的一类比较常见的县域旅游经济发展模式，

① 季建业主编《产业创新与县域经济发展模式研究》，经济科学出版社，2006。

② 钟睿、姚治国：《县域旅游发展模式动力机制研究》，《特区经济》2010年第5期。

指的是依靠独特的专项旅游资源的开发来带动地方旅游经济的发展。① 县域依托一种或两种具有极大影响力的单体旅游资源发展县域旅游，以旅游资源知名度带动旅游目的地的形象建设。县域旅游形象相对鲜明，并且以旅游资源绝对优势带动旅游目的地产品设计，其旅游产品的内容相对单一。这是最早的县域旅游经济发展模式，对资源要求很高，并且要求各个县域能够准确把握自身旅游资源的特色和独特卖点。这样的县一般具有区域独有、省内独有甚至国内独有的旅游资源，这样，这种模式就很容易在日益激烈的旅游地竞争中找到自己的一片天地。

（一）资源特点

县域需要根据自身资源特色进行准确定位，整合资源开发配套的旅游产品，这样才能在激烈的市场竞争中拥有相对竞争优势。但是，旅游资源的吸引力不具有永久性，随着游客经验以及消费趋势的变化，即便是高质量的旅游资源也需要进一步改进，培育开发新的旅游产品，强化长久性的吸引力。② 对于县域而言，其旅游资源主要可以分为自然风光型、文化主题型以及乡村推动型三类，相应的，资源驱动型发展模式也可分为这三类。

1. 自然风光型

这类发展模式所对应的县域，自然旅游资源非常集中，而且非常突出、非常有特色，只要启动观光型旅游产品或生态旅游产品的开发建设，就能够招徕大批的旅游者，拉动地方经济。例如，九寨沟、黄龙、天坑地缝等景区，就是这样一个模式的产物。

2. 文化主题型

这类发展模式所对应的县域，必须具备悠久的历史文化背景，或者具备浓郁的少数民族风情。独特的文化可以被包装成深度体验型的旅游产品，如凤凰古城游、婺源古村落游等。这类文化主题型旅游产品必须主动出击，用新颖方式包装，才能获得市场的肯定，实现专项突破。

---

① 钟睿：《县域旅游经济发展动因与模式研究》，硕士学位论文，北京交通大学，2010。

② 刘珺：《县域旅游经济发展模式的探讨》，《经济研究导刊》2011 年第 20 期。

3. 乡村推动型

广大乡村是县域的重要组成部分，乡村旅游自然也是县域旅游的重要组成部分。乡村旅游的核心内容就是乡村风情，而乡村风情主要包括风土（特有的地理环境）、风物（特有景物）、风俗（地方民俗）和风景（自然风光）等四方面内容。因此，应用乡村推动型发展模式，必须把乡村游发展成一种生活型旅游产品。例如婺源，它保存了良好的“乡村性”，根据“以村兴旅”的发展战略，培育出了一种非常从容的乡村生活感觉，最终吸引了一大批城市居民，迈出了决定乡村旅游发展的关键一步。

（二）发展类型

资源驱动型发展模式对旅游资源的要求很高，而对其他因素的要求相对较低，县域旅游产业定位和同质景区发展情况对模式影响较大。这一发展模式的县域旅游更多是受丰富的旅游资源的影响而发展起来的，在其发展中，应该合理规划旅游资源，调查评价同质景区发展现状，合理定位旅游产业。① 这样的县域主要分为旅游资源特色性强且替代性弱与特色性弱且替代性强两类。

1. 县域旅游资源特色性强、替代性弱

特色旅游资源更能吸引顾客，所以这类县域在其开发和发展过程中更顺畅一些，竞争压力也更小一些，但这种“特色”并非不可替代、不可模仿。县域旅游在今后的发展过程中，应该借助“特色资源”先开发优势，加强宣传，改善环境，塑造旅游品牌，提升产业发展水平，实现旅游可持续发展。

2. 县域旅游资源特色性弱、替代性强

这类县域在我国是最常见的，由于县域旅游发展滞后于我国城市旅游业发展，县域旅游资源很容易被其他优先发展起来的具有类似旅游资源的地区所取代，县域旅游发展处在这些优先发展起来的地区的“阴影地带”，所以，对于这类具有丰富旅游资源的县域，其旅游业的发展应该充分挖掘

① 肖利群：《县域旅游经济发展模式选择研究——以辽宁省为例》，硕士学位论文，沈阳师范大学，2012。

县域旅游资源特色，避免模仿同质景区的开发模式，应主动出击，准确利用旅游资源。

二　区位指向型

区位指向型发展模式也是起步较早的县域旅游经济发展模式，主要指的是相对于资源占优来说，县域区位条件（地理区位、交通区位、经济区位等）占优，按照当地的市场需求，结合旅游资源、交通等生产要素的分布特点，有效发挥区位优势的县域旅游经济发展模式。区位指向型的县域旅游经济发展模式具有地域性、协同性、层次性、渐进性等特点。受旅游资源、旅游中心地等多种因素影响，其主要针对的是地理位置上靠近中心城市的县城，而县域旅游的市场主要来源于中心城市，这类县域在旅游发展过程中，有“近水楼台先得月”的优势。县域旅游与城市旅游的最大差别在于县域旅游多以乡村度假休闲为主，旅游者去县域旅游的目的性决定了这类具有近距离交通优势的县域在旅游开发过程中应充分发挥地理区位优势，改善交通条件，开发以休闲、度假为主的旅游产品，打造独具特色的旅游资源，促进县域旅游业的发展，形成典型的旅游品牌。

该模式主要由两方面组成：第一，利用县域整体具有的区位优势来吸引国内外游客；第二，利用靠近城市的地理优势，吸引城镇旅游人群。前者只有少数县（市）符合要求，大体上属于县郊短途旅游，是以采摘园等为代表的乡村休闲度假旅游，一般无须过夜。后者则要求县域必须具有良好的交通环境，道路四通八达，而且能够给予驾驶者良好的驾驶体验。

旅游资源所在县域的地理位置与交通区位条件决定了县域旅游景区、景点的可进入性和旅游资源开发、保护的难易程度，地理位置佳、交通便捷的县域旅游景区（景点）往往能优先得到开发利用。四川的九寨沟县就是一个典型的例子。九寨沟县原名为南坪县，位于四川省北部，南部和西部同四川省平武、松潘、若尔盖三县接壤，东部和北部与甘肃省文县、舟曲、迭部三县连接，以世界级自然风景名胜区——九寨沟闻名于世，截至1999年，全县公路通车里程已达505.5公里，其中省道177公里（九环线山岭重丘三级公路 160 公里），县道 97 公里，乡道 73 公里，专用公路 158.5 公里。此外，2003 年，位于九寨沟、黄龙、牟尼沟三大景区三角形中心位置的九黄机场也投入使用。交通运输业的逐步壮大，为旅游业的发展提供了必要的坚实基础。

三　市场驱动型

市场驱动型的县域旅游经济发展模式，指市场需求是其主要影响因子，县域旅游的发展是依据现实的市场需求而进行旅游开发的模式。该模式要求县域旅游建立以市场调节为手段的机制，找出本地资源与市场需求的对接点，利用资本对其进行市场运作，遵循旅游市场运行原理开展县域旅游营销。通过对目标市场的确立和细分，持续进行市场营销，吸引稳定的旅游消费群体。同时，针对旅游需求的变化和反馈，及时调整方向，完善县域旅游产业相关要素，以提升县域旅游的竞争力。其得以发展的基础是市场的调节作用，通常利用招商的形式开发县域旅游资源，从而助推旅游业的壮大和旅游经济的发展。①

该模式能够有效地将旅游企业的主动性调动起来，有利于旅游经济的市场化，其除了受市场需求主导外，还与政府行为、基础设施、同质景区发展情况、机会等因子显著相关，与县域经济基础的相关性低。这类县域旅游发展已具有一定规模，具有稳定的客源市场。为了稳定和扩充市场规模，需要县域加强旅游品牌的塑造和环境的改善，实现旅游业可持续发展。它是一种良性循环的发展模式。该模式要求县域灵活运用市场机制，利用县域所具有的市场优势，进行招商引资，运用项目建设启动带动资源开发。在这个过程中，政府可以通过项目经营权转让的方式，引导和鼓励民营资本进入旅游开发建设当中来，走的是一种以“内资”吸引“外资”的旅游发展路径。

市场驱动型的发展模式自由选择性不是很强，主观性不是很明显，其发展成果主要取决于一些外在方面的因素，需要有一定的相关前提条件。

① 吴忠军：《民族县域旅游经济发展研究》，中国林业出版社，2007。

该模式与县域的旅游服务设施的完善程度、县域中各个旅游企业内服务人员的服务规范性以及区位条件良好与否、交通条件便利性等都有密切的关系，也对客源地的人口规模、居民文化水平、居民对旅游的需求、可支配收入水平、旅游消费意识等指标的状况要求比较高，不是很具有稳定性。如果县域内或者大环境下有重大的事件发生，县域旅游的效益就会受到一定的影响。这种市场驱动型的县域旅游发展模式，需要不断地采取措施来巩固客源市场，比如每年定期地举办一些具有地方特色的文化交流、节庆活动和体育赛事等，让周边城市旅游客源地居民变成常客、熟客，逐渐激发和形成更加稳定的旅游市场需求。

这种模式的代表就是“中国最美乡村”——婺源。婺源在旅游发展起步之初就提出了“放手民营、多元投入”的思路，积极组建江西婺源旅游股份有限公司，非国有股份占到了73%，为婺源旅游的发展注入了新的活力。

四　产业延伸型

产业结构是县域经济发展模式的重要内容，而旅游业在县域产业中所占的地位是影响县域旅游经济发展模式的主要因素。旅游业与其他产业的相互关系，也成为区别不同县域旅游经济发展模式的重要标志之一。产业延伸型的发展模式主要是指县域旅游的经济发展逐步实现了从传统农业或传统工业向现代服务业、从单一产业向综合性产业体系的转变，逐步推动旅游业的健康稳定发展。

这种县域经济发展模式，一般是从当地的资源优势出发，主要包括农业主导型、工业主导型和服务业主导型三种。农业主导型发展模式面临着农业的现代化发展、技术的革新以及农产品的销售渠道和深层加工等问题；工业主导型发展模式面临着资源枯竭、环境破坏、国家政策调整、基础设施建设以为工业服务为主等问题；服务业主导型发展模式面临着如何与其他产业融合发展以及如何将服务业作为长期支柱产业的问题。

该模式主要是实现三大产业向旅游业的延伸。县域旅游的产业延伸发展，必须在原有的产业基础上，发挥政府行政主体作用，维护好环境、资源、利益相关者的利益；明确县域现有的产业结构特征，利用好原有的优势产业，确定主导产业和未来发展方向；确定产业内部重点发力的方向；利用产业内部的联系和信息技术发展的机会，进行产业延伸；利用产业空间上的联系，推动产业间关联协作发展；调整产业结构，优化产业布局，实现区域产业的集聚，降低区域产业发展成本，增强县域竞争力。

最具代表性的例子就是湖南长沙的望城区。望城区是湖南省长沙市市辖区，地处湘中东北部。望城的休闲农业发展起步较早，顺应产业转型趋势，成功实现了第一、第二产业向旅游业的延伸。2014 年，望城区第一产业占地区生产总值比重为 7.6%，有规模以上农产品加工企业 54 家、农民合作组织 413 个，参与专业合作社的农户 20691 户，相对于长沙其他区县，其农业经济发展水平较高、形式多样。因此，以农业经济为基础，截至 2020 年 7 月，望城拥有五星级乡村旅游区（点）14 家，国家级乡村旅游创客示范基地 1 家，省级工业旅游点 1 家，市级工业旅游点 2 家，国家级特色景观旅游名镇 2 家，国家级特色景观旅游名村 2 家，国家级历史文化名镇 1 家，省级历史文化名镇 2 家，特色餐饮街区 6 个，休闲夜市 5 处。

五　投资驱动型

投资驱动型县域旅游经济发展模式是指县域灵活运用市场杠杆，以县域独特的旅游资源招商引资，引导、鼓励民营资本参与开发，通过项目合作带动旅游资源开发、基础设施建设，进一步发展当地旅游业。

该模式是在县域旅游的开发与建设的过程中，通过旅游区域的特色和影响进行招商引资，加大县域旅游的开发力度，提高县域旅游的质量，为游客提供高品质的旅游服务。对于投资商来讲，对县域旅游进行资金投入，一方面可以在旅游行业中占有相应的股份，获取其投资利益；另一方面可以通过旅游区域的广告内容和宣传栏来进行自己品牌的推广。同时为了旅游区域的市场化，投资企业还会为其做宣传工作，提高旅游区域的知名度，从而吸引更多的游客。因此，招商引资将会实现互利共赢。

“栾川模式”实际上就是投资驱动型的县域旅游经济发展模式，栾川政府中的县域经济战略的决策者立足自身的情况，把资源导向与投资驱动有机结合起来，更有效地发展了县域的旅游经济，当地政府主要实行“党政主导、部门联动、市场化运作、产业化发展”的县域旅游经济发展战略。栾川县运用以内资吸引外资、外引内联的旅游投资模式，大大加快了全县旅游业发展的市场化进程。

六　综合竞争型

综合竞争型发展模式是指旅游经济发展到一定程度，在资源、产品、产业方面都有一定影响力的县域旅游经济发展模式。县域旅游经济发展模式的选择，是通过客观分析其具有的竞争优势并加以打造、加强和利用的结果。一个具有综合竞争力的县域必须在旅游发展要素、旅游市场需求、与周边旅游资源的关系以及旅游业发展战略和竞争对手等方面占据一定的优势。

该模式需要县域具有丰富的旅游资源、一定的县域经济基础、良好的区位条件、完备的基础设施、稳定的市场需求、坚实的政府保障、与周边旅游资源的良好关系、稳固的县域旅游产业定位、同质景区的特定化以及适宜的机会。利用这些因素，发展县域旅游，形成完善的综合竞争型发展模式，主要措施有：科学规划设计，合理开发旅游产品；加大政府扶持力度，拓宽融资渠道；强化市场秩序整治；构建旅游品牌体系；注重人才培养，加强机制建设；等等。

最典型的例子就是湖南的凤凰县。自 1999 年以来，湘西举全州之力，高举旅游大旗，实施旅游带动战略。2001 年，凤凰县政府与张家界的黄龙洞旅游有限责任公司签订协议，引进、发展、壮大了一大批重大旅游项目，支撑起了凤凰古城旅游发展的脊梁，凤凰县旅游业也逐步踏入正轨。近年来，凤凰县依托其独特的资源优势、一定的区位条件、坚实的政府保障，形成独具特色的“凤凰模式”发展道路。深挖文化底蕴，借助少数民族古老、悠久的文化，做好苗族、土家族“民族风情”文章；集中力量做好

“古城”旅游产品的打造、包装，从食、住、行、游、购、娱出发，全方位为游客打造一座精品旅游古城；政府与企业积极合作，引进新媒体传播，做好广告宣传，邀请电视台、网站等媒体强势推介凤凰，使得凤凰走出县门、走出湖南，飞向全国乃至全世界；借助媒体、文化产品、艺术作品等形式，灵活营销，打造独具特色的魅力古城。

七 创新导向型

创新导向型经济发展模式是指利用旅游产品创新、产品组合创新以及营销创新等推动县域旅游经济爆发式发展的模式。

随着资源条件依赖性减弱、区域市场依赖性增强以及快速交通网连接效应显现等新机遇的出现，旅游业的发展迎来新浪潮。对于城市群中的县域，可依托自身产业基础，挖掘大城市游客的多样化、高频的微度假需求，因地制宜，定位城市后花园、郊野休闲游憩综合体、区域微度假目的地，通过软跨界、“旅游 +”等方式，培育产业内容新增长点，实现创新导向的县域旅游发展。主要措施如下。

（一）定位一个特色主导产业

帮助地方政府梳理、规划和再造一个有基础、有空间、有前景的可持续发展的特色主导产业，助推区域经济转型升级。聚焦当地的优势特色产业；延伸产业链，形成“产业本身 + 产业应用 + 产业服务”的相关产业集群。

（二）策划产城融合的功能载体

根据区域、产业、城镇三大维度，探索项目价值点，满足区域经济转型升级和新型城镇化发展需要，策划产城融合的功能载体，以产业立“市”，以智慧兴“城”，实现产城共生发展。基于产业策划、产城规划成果，寻找合适的区域综合开发商，参与三产联动开发。

（三）建立一只产业引导发展基金

摆脱过去城镇化过程中以政府出资为主的地方债形式，通过打通金融渠道，引入社会资本，在资本运营层面实现项目的自收自支，政府更多以监管者身份介入，进行运作协调。基于产业策划和产城规划成果，寻找合适的基金合作方，参与发起设立产业引导发展基金。

（四）搭建产业互联网综合服务平台

搭建集商流、物流、资金流、信息流于一体，为全产业链上的企业提供销售、采购、贸易、物流、仓储、结算、融资等综合服务的产业互联网平台。推进产业互联网综合服务平台的策划，参与推进平台系统选型、实施和运营。整合区域产业资源，建设产业电商服务平台；引入供应链金融等资源，建设产业金融服务平台；融合产业服务资源，建设产业集群服务平台。

典型例子就是西安的曲江新区，曲江模式主要通过旅游带动、城市建设和历史文化三大方面发展经济，其中旅游依靠大雁塔、大唐芙蓉园、大唐不夜城、曲江欢乐世界等旅游景点带动；城市建设方面包括生态环境建设、城市交通建设、城市基础设施建设等；历史文化则以大唐文化、大雁塔文化、曲江池文化为依托，以影视、演艺、传媒、动漫、出版等为基础进行发展。以“城市价值 + 文化 + 旅游”为特征的曲江模式已成为中国文化产业发展的一面旗帜，成为城市建设与文化产业战略发展的样板。

八　全域发展型

全域发展型经济发展模式是指全域范围内一切可资利用的旅游吸引物都被开发形成吸引旅游者的节点，旅游整体形象突出、旅游设施服务完备、旅游业态丰富多样，从而能吸引相当规模的旅游者。

该模式主要发挥旅游业的综合性强、关联度高、产业链长、就业容量大的优势，全面推进旅游业与其他相关产业的融合发展。在发展过程中应注重统筹规划，加大对基础设施和公共服务的关注与投入力度，促进旅游品牌发展和旅游服务的一体化发展。本着实事求是的原则，尊重县域内各地区、各景点、各节点之间存在的客观不同，进行差异化发展策略的制定和执行，促进各地不同旅游发展特点的彰显。[①] 不仅要从自身入手，还要注

① 张亚明、何旭、杜翠翠：《全域旅游视域下特色小镇发展研究》，《燕山大学学报》（哲学社会科学版）2019 年第 1 期。

重与周边其他地方政府、旅游企业、景区等合作联动，形成县域“全领域”联动开发局面。

特色案例就是河南的新县。新县位于河南省最南端、大别山腹地、豫鄂两省交接地带，被称为“中原南门”，素有“红色首府、将军故里、诗画江南”之美誉。全县总面积1612平方公里，辖17个乡镇区（街道）、206个行政村（社区），总人口36.8万。新县近年来深入践行“两山”理念，大力发展全域旅游，促进县域旅游发展。通过把全域旅游作为推动县域旅游发展的具体抓手，提高县域宜居宜业水平；通过把全域旅游作为三产融合的重要平台，促进县域旅游高质高效发展；通过把县域旅游作为实现美好生活的有效路径，促进县域实现富裕富足。

第二节　产业组织模式

县域作为最基本的旅游经济体之一，最具活力，类型多样，始终是我国旅游发展的热点。发展县域旅游需要走县域经济和旅游产业化相结合、可持续发展和外向型发展相结合的路子，并将其升华为多层次、多元化、综合性的“县域旅游产业组织模式”。县域旅游发展走出了异彩纷呈、千差万别的发展之路，却也有着相似的发展轨迹可循。如安吉、温江通过体制机制创新推动县域经济创新发展；昆山、云和由景区品牌转型为目的地品牌；恭城、德化从亚旅游目的地升级为新生代的特色型旅游目的地；等等。文化和旅游部公布的首批国家全域旅游示范区名单中，71个全域旅游示范区都是县级行政区。研究县域旅游的产业组织模式，可明确县域旅游未来的发展方向与路径选择。

一　龙头景区带动型

龙头景区带动型主要指的是以龙头景区为吸引核和动力源，围绕龙头景区部署基础设施和公共服务设施，配置旅游产品和景区，调整各部门服务旅游、优化环境的职责，形成“综合产业综合抓”的工作机制，推进

“景城一体化发展”。以龙头景区带动地方旅游业一体化发展，推动旅游业与相关产业融合，带动地方经济社会发展。

在该模式中，虽然同样是凭借旅游资源优势发展旅游业，并且以旅游景区为主要产品形式，以县域旅游观光为主要功能，但是与资源驱动型县域旅游经济发展模式相比，该模式并不具有世界级影响力的单体旅游资源，而是几种有区域性影响力的旅游资源组合。因此，旅游景区产品的内容更加丰富，县域旅游形象也更加立体。需要指出的是，并非所有旅游景区的县域都是这种模式，龙头景区带动是指该景区在县域旅游发展中占有主导地位，起到首要的带动作用。这一点主要体现在以下几方面：旅游资源总体基础较好，以发展旅游的良好生态环境条件为依托；旅游资源集聚组合较为恰当，山水自然与人文历史有机糅合；旅游资源品牌突出，主旋律鲜明；旅游资源文化底蕴深厚，文化旅游资源特色鲜明，吸引力较强。

代表案例就是北京的延庆区，该区近年来强化品牌支撑，开发产品“全矩阵”。以“长城、世园、冬奥”为三大核心品牌，加速“旅游+”业态融合。以“长城+区域文化”为核心，系统挖掘沿线资源，进行长城文化带“一核、两域、三线、四区”全域布局，打造长城文化金名片。以“世园+园艺基地”为平台，引入园艺类企业及科研机构入驻，打造 HBD 现代园艺产业集聚区，加快推进旅游和现代园艺产业融合发展。以“冬奥+冰雪体育”为核心，建设延庆冬奥村、国家高山滑雪中心等多个特色项目，丰富冰雪体育、山地运动、体育研学等休闲产品体系，树立世界级冰雪综合度假和体育文化交往标杆。

二　城市全域辐射型

城市全域辐射型产业组织模式指的是以城市旅游目的地为主体，依托旅游城市知名旅游品牌、优越的旅游产品、便利的旅游交通、完善的配套服务，促进城乡旅游互动和城乡一体化发展，形成城乡互动、优势互补的城乡旅游大市场。按照“旅游引领、融合发展、共建共享、提升价值”的思路，推动旅游规划、城乡规划、土地利用规划、环保规划等“多规合一”，以旅游引领新型城镇化。

该模式主要是在城市全域旅游发展的核心景区的建设带动下，围绕旅游逐渐由县域向乡村推进，在发展中从全域角度进行城乡统筹，转变传统观念，以政府为主导，成立旅游委、旅游协会等协调机构，规范全县范围的旅游标识标牌，在共享旅游资源的同时共享旅游市场、共享旅游信息，实现县域旅游发展的全面推动、全员推动。①

武汉的黄陂区围绕国家全域旅游示范区创建标准，充分发挥大都市近郊、大交通枢纽、大山水生态以及大木兰文化优势，把旅游产业作为区域发展支柱产业、城乡建设的重要引擎、乡村振兴的核心支撑，把全域作为旅游目的地整体规划布局和营销对象，形成全域生态、全域景观、全域旅游，景城融合、村景融合、产业融合的发展局面，着力打造全国最大的城市生态景区群和国家级全域旅游标杆示范区。

三　全域景区发展型

全域景区发展型产业组织模式主要包括两个方面。首先要打破景点景区的区域限制，将整个县域看成一个综合的旅游吸引物，不再是靠一个景区“单兵作战”的模式，而是把所有资源整合成一个整体，发挥合力，提升游客的旅游品质，带动旅游业持续健康发展。② 其次要把整个县域看作一个大景区来规划、建设、管理和营销，按照全地域覆盖、全资源整合、全领域互动、全社会参与的原则，深入开展全域旅游建设，推进旅游城镇、旅游村落、风景庭院、风景园区、风景厂矿、风景道等建设，实现“处处是景、时时见景”的城乡旅游风貌。

该模式就是要以“全景发展、全域旅游”理念为引领，深入贯彻“绿水青山就是金山银山”的绿色发展理念，以打造“宜游宜居旅游县”为战略目标，谋求在更高层次上发展旅游，在更宽领域上提升旅游品质，全力

---

① 许新国：《河北省县域全域旅游发展模式构建分析》，《旅游纵览（下半月）》2017 年第 2 期。

② 夏克李：《浙江文成县全域旅游发展模式研究》，硕士学位论文，广西师范大学，2019。

打造全域景区发展模式。

保定的易县是革命老区、生态大县、文化大县和旅游大县。近几年，易县紧紧围绕京南生态文化旅游名城的建设目标，全县抓旅游、全员干旅游、全年搞旅游，突出全域治理、全景打造、全媒营销、全线带动，让游客与群众在这里共享青山绿水与乡愁。2018 年，全县接待游客人数达到 873 万人次，综合效益 43.65 亿元。良好的生态、丰富的旅游业态以及日益完善的旅游设施受到越来越多游客的青睐，“全域旅游、全景易县”不仅实现了都市人的田园梦，也圆了老区人民的幸福梦。

四　特色资源驱动型

特色资源驱动型产业组织模式指的是以区域内普遍存在的高品质自然资源及人文旅游资源为基础，以特色鲜明的民族、民俗文化为灵魂，以旅游综合开发为路径，推动自然资源与民族文化资源相结合，与大众健康、文化、科技、体育等相关产业共生共荣，谋划建设健康养生、避暑休闲、度假疗养、山地体育、汽车露营等一批旅游新业态，带动区域旅游业发展，形成特色旅游目的地。

该模式是对县域旅游资源进行实地调查、科学分类、真实评价、规划开发、保养维护，重点建设一批高层次、大体量的旅游项目，并着手完善相关配套设施以期推出主打的龙头产品，使县域旅游资源经济效益、社会效益、生态效益最大化，是县域旅游资源发展壮大的关键和基本动力。[①] 在特色资源驱动型模式中，自然田园风光和乡村风土民俗作为自然人文旅游资源，是县域旅游资源的传统典型部分，可用来开发具有乡村特色和民俗风情的休闲观光、文化体验等“农家乐”旅游产品。而特色人文城镇作为新型创新旅游资源，可开发高端、高品位、高附加值的商务会展和特种旅游产品。其中红色旅游作为一种区域垄断产品，在县域旅游中占有重要位置，可重点打造教育修学类产品。

① 崔乔：《基于动力机制的县域旅游发展模式研究——以“沂水模式”为例》，硕士学位论文，山东师范大学，2012。

例如贵阳花溪区，按照全景花溪的理念，突出“大花园、大溪流”特色。围绕赏花主题，以湿地公园、山地景观为依托，着力打造“花＋业态”“花＋文化”“花＋艺术”的旅游产品；围绕避暑主题，举办“花溪之夏”艺术节、“六月六”布依民族风情节、高原露营观星节、大学生音乐节等系列活动。深挖“山水、田园、湿地、民俗、古镇”等的旅游价值、产业价值，充分整合全区农业、工业和文化方面的优势资源，将花溪打造成“世界一流的山地旅游休闲度假胜地”。

五　产业深度融合型

产业深度融合型产业组织模式就是指旅游产业从集聚到集群的跨越，以“旅游＋”和“＋旅游”为途径，大力推进旅游业与三次产业的融合，以及旅游业与文化、商贸、体育、宗教、养生、教育、科研等行业的深度融合，规划开发出一批文化休闲、生态观光、商务会展、休闲度假、乡村旅游等跨界产品，推动全域旅游要素深度整合，进一步提升区域旅游业整体实力和竞争力。

该模式通过产业深度融合，将旅游业与其他产业相联结，打造以精品名牌旅游景区（点）为龙头的旅游核心产业体系，以客运、住宿、餐饮、娱乐和旅行社为主体的旅游配套服务产业体系，以旅游商品研发、加工、销售为重点的旅游商品制造业产业体系，以文化展馆、影视娱乐、地方戏曲为特色的文化旅游产业体系等四大体系，① 进一步加深县域产业融合发展。

如南京的江宁区，其按照“旅游＋”工业、农业、文化、生态、科技、教育、体育、医养等“1＋N”的思路，整合优化资源，探索产业深度融合型县域旅游发展模式，释放旅游与产业联动叠加新动能。“旅游＋农业”，乡村游与农业相融合，在促进农家乐、民宿发展的同时，也带动了农产品销售，生态休闲旅游经济成为江宁全域旅游新亮点；“旅游＋工业”，积极推进海龙红木艺术馆、禄口皮草小镇等生产型企业拓展旅游体验项目，打

① 张琳玲：《武穴市县域旅游产业发展研究》，硕士学位论文，武汉轻工大学，2015。

造一批展示传承技艺、弘扬传统文化的工业旅游示范基地；“旅游+商贸”，金鹰、万达、砂之船奥莱、百联奥莱、景枫等一批高端商务商贸综合体集聚于此，区别于过去单一的美食与购物功能，商贸综合体还集休闲、游乐、文化创意、教育培训、户外体验等多功能于一体，“旅游+商贸”的发展思路让“逛”商场转变为“游”商场。

第三节　路径变迁模式

随着近年来县域旅游经济的迅猛发展，县域旅游已在旅游业发展中扮演了不可或缺的角色。由于资源、政策措施、市场、区位等不同，不同地区在发展县域旅游经济时，应该结合当地的实际情况，充分挖掘优势资源，选择恰当的发展模式，为促进当地旅游业发展创造良好的条件。随着时代的变迁，县域旅游的发展路径也将产生一定的变化，从资源依托，到政府主导，再到市场推进，以及当前的专项突破。

一　资源依托型

该模式主要是在当地丰富旅游资源的基础上发展而来的，在推动县域经济发展过程中，注重充分挖掘当地旅游资源潜力，使其更好地发挥价值与作用，从而更好地满足广大游客的需要。例如，一种是当地旅游资源非常丰富，在此基础上开发建设观光型旅游产品或生态旅游产品，从而吸引广大游客，满足他们观光旅游的需要；另一种是以当地丰富的人文景观资源为依托，带动县域旅游经济发展。部分县域历史悠久，文化博大精深，或者当地人文景观具备浓郁的民族风情，能为旅游者带来愉快的体验，有利于让广大游客领会旅游资源的魅力。

二　政府主导型

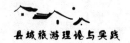

该模式具体是指在发展县域旅游经济时，应该注重发挥政府干预和主导作用。政府通过制定健全的政策措施，加强基础设施建设，引导资金合

理流动，使其更好地满足广大游客的需要，促进当地旅游经济发展。同时，在政府主导下，还注重调动企业的参与主动性，为县域旅游经济发展注入动力与生机。根据政府在县域旅游经济发展中所起作用的不同，该模式又可以分为政府主导型和政企合作型，前者注重充分发挥政府的主导作用；后者要求政府扮演“服务者 + 管理者”的角色，即在政府的主导下，调动企业的参与主动性。政府主导型模式在应用初期，能有效缓解资金短缺问题，并能保证县域旅游业的发展与壮大。此外，为增强县域旅游经济发展的可持续性，应该充分发挥政府的主导作用，合理进行产业规划与布局，对产业整体规模进行控制，确保旅游资源得到科学合理的利用。

三　市场推进型

该模式在发展过程中，注重发挥市场的基础性作用，一般采用招商形式开发县域旅游资源，进而推动县域旅游经济发展。利用该模式开发旅游资源，有利于调动旅游企业的参与主动性，将旅游产品更好地推向市场，为广大游客提供优质服务，进而有效地满足广大游客的需要。需要注意的是，虽然该模式注重发挥市场的基础性作用，但市场不可避免地存在自发性与滞后性的特点，其甚至可能扰乱正常的市场秩序。为有效弥补这些缺陷与不足，应发挥政府的主导作用，加强政府监督管理，从而更好地规范旅游市场，有效开发旅游资源，提高服务质量，为广大游客提供优质服务。采用该模式发展县域旅游经济时，应以附近居民需求为出发点，以娱乐休闲项目为主要旅游产品，进而逐步拓展市场，调动附近居民的参与主动性，打造知名品牌，不断扩大影响力，吸引更多游客参与，最终实现县域旅游经济可持续发展。

四　专项突破型

该模式适用于旅游资源丰富、特色鲜明的地区。在旅游资源丰富的地区，应充分挖掘旅游资源潜力，打造专项品牌，促进其影响力不断扩大。同时，为确保旅游资源潜力得到充分发挥，提高旅游资源吸引力，打造优势产业，应该以某一方面为突破口，充分挖掘其潜能，打造当地特色旅游品牌，不断扩大影响力与提高知名度，进而推动旅游产业转型升级，促进县域旅游产业发展质量和市场竞争力提升。采用该模式时，应该正确定位，找准自身最具特色的旅游资源，并制定有效规划，加大资金投入，将其打造成为专项品牌，促进旅游资源知名度不断提升，进一步拓展市场，促进县域旅游经济发展。

县域旅游经济发展具有重要作用，有利于增加就业岗位，推动当地经济社会的发展。在今后的经济发展过程中，应该充分认识县域旅游经济发展的作用，并立足当地旅游资源优势，制定科学合理的发展规划，挖掘当地旅游资源潜力。同时，还要改善交通运输等基础设施条件，注重优秀旅游专业人才的培养，并结合当地具体情况，探索符合实际的县域旅游经济发展模式，从而促进旅游资源开发和利用，也为增加当地就业做出贡献。

第四节　投资运营模式

当前，旅游业逐渐由资源时代进入财智时代。县域旅游资源和旅游企业散、小、弱，且二者各自为战，形成不了合力，吸引力、竞争力也不强，需要进行整合，统一开发、统一管理。如何为县域旅游开发提供资金保障，是摆在政府、企业和开发者面前的重要课题。投资运营模式，是政府主导、市场运作的产业化发展模式，需要加大旅游业专项资金投入，用于重点支持旅游项目、旅游商品的开发，以及旅游市场开拓和旅游教育培训等工作。为确保资金投入的科学有效，旅游业正在由以政府招商引资为主体逐步转变为以市场招商引资为主体推行业主招商、联合招商、代理招商、以商招商等多种招商方式，形成政府推动、企业承办、市场运作的招商引资机制，推进旅游产业化发展。按投资主体划分，县域旅游的投资运营模式包括政府主导型、企业主导型、民间投资型、外商投资型四种类型。

一　政府主导型

旅游业是政府主导型产业，如果能够遵循政府的产业导向，借助政府的产业投资，将对旅游项目运作起到极大的推动作用。作为投资主体的政府可分为中央政府和地方政府。中央政府投资主要集中于宏观意义上投资规模大、回收期长、风险大、跨区域、涉及多方利益的大型公益性项目，主要是基础设施项目。这些基础设施是旅游业生存和发展所必需的基本条件，其他投资主体无力完成。地方政府投资的主要是地方的基础设施项目。各级政府，尤其是地方政府作为投资主体所构成的政府投资模式，是我国旅游基础设施建设最主要的投资模式，其投资主要用于高等级公路、通信等旅游基础设施、环保设施、管理教育与宣传等。

该模式的特点是政府运用掌握的开发规划审批权力，对县域旅游的发展进行宏观管理，适用于县域旅游待开发区域以及经济欠发达地区的旅游开发，多见于铁路、高速公路等旅游基础设施的建设中。开发资金的投入主要依赖中央、地方财政，但对一些公共设施的投入可能引入相关的市场招商引资机制。对于具体的旅游开发项目不做具体干预，主要通过开发规划和行政审批来调控。这有利于加强对县域旅游的宏观调控，制定优惠政策，营造良好的旅游投资环境，筹集和引导社会资金投入县域旅游的开发建设，具有地区规划、资金信息、基础设施、资源整合等各方面优势。

二　企业主导型

企业在县域旅游发展过程中主要起到具体的资源开发管理、旅游产品开发设计以及对外营销管理等市场运营方面的作用。企业是重要的市场主体，更是县域旅游发展的主力军之一。由于旅游企业掌握了先进旅游资源开发理念，建立了完整的旅游资源开发管理体系，具备专业化的管理人才，在县域旅游发展过程中，企业是政府需要支持和重点发展的对象。[①] 企业主导型投资运营模式指的是地方政府采用出让管辖范围内的县域旅游发展及经管权的方式，吸引投资商进行开发经营，政府只在行业宏观层面通过规划、政策法规、宏观市场调控等对投资、开发商进行管理的模式。按照投资企业的不同，该模式可分为不同的投资、开发类型，即国有企业型、集

① 陈强：《宝兴县乡村旅游资源开发模式研究》，硕士学位论文，四川农业大学，2016。

体企业型、民营企业型以及混合经济型等。

这种模式的特点是政府从宏观层面上管理市场、审批开发规划项目、制定法规和旅游发展战略等，不直接进行投资，而对于县域旅游发展，引入市场机制，引导企业来开发建设、经营旅游项目，按照市场经济的法则来发展旅游业。旅游景区景点类项目的管理相对简单，经济效益明显，投入产出比高，投资回收期相对较短。随着政府职能的转变，在未来的旅游业发展中，企业投资开发经营旅游景区景点将成为我国县域旅游发展最主要的模式。

三　民间投资型

民间投资型投资运营模式指的是一般的民营企业或个人投资利用丰富独特的县域旅游资源，自发融资、主动投资，参与县域旅游生产和经营，并由此取得相应的收益。他们以个体或家庭为单位，开办餐馆、旅馆，出售相关旅游产品等。这一类投资主体比较注重投资的短期效益，追求投资回报率。民间投资虽然只是单个或几个旅游项目的资金投入，但对于关联性很强的旅游业来说，有着非常重要的意义。按照“谁投资，谁受益”的旅游业发展原则，民间资本投资旅游业的积极性正在不断提高，为快速发展的旅游资源开发热潮注入了活力，起到拾遗补阙的作用，为旅游者提供更加便利的旅游消费条件，是地方旅游发展不可或缺的部分。

该模式的特点是投资规模一般不是很大，涉及的投资范围较广，具有投资少、经营方式灵活、经济发展与旅游服务兼顾的特征。该模式适用于旅游业发展较为成熟、取得了较好经济效益的旅游资源开发区域，或旅游业正在起步的旅游资源待开发区域。

四　外商投资型

外商投资型投资运营模式是以本土和外来投资主体合作投资为主导、以企业和社区为投资主体，市场化特色明显，在县域旅游发展起步阶段推广，主要表现为外来资本大量介入县域旅游投资开发的投资运营模式。外商在县域旅游中的投资范围目前集中在宾馆、饭店、旅行社和汽车出租行业。这种投资方式灵活多样，以合资为主。外商投资型模式下县域旅游投资主体的多元化，改变了过去单一政府投资的局面，形成企业主导、政府调控的旅游投资方式，以众多外来投资商、承包商、商户为主体的民营资本，成为该模式下旅游投资主体，扮演着重要的角色。外来资本带来国际化的旅游投资模式，产生了具有基本的企业职能、明确的产权关系、相对完整的治理结构的现代化企业。外来资本逐渐主导新一轮的旅游要素整合，推动县域旅游的发展。①

这种模式的特点是：投资规模可能很大；外商将带来先进的管理理念和管理模式，对地方旅游业发展可能起到示范带动作用；适用于经济欠发达地区的旅游资源开发，或资源开发难度大、需要大量资金投入、当地不可能进行开发的旅游项目。这种模式把企业的资金、市场和经营管理人才与县域优秀景观资源、人力资源、物产资源结合起来，适合开发中型或大型县域景区景点，是投资运营的一种新模式。

以上几种模式不是完全独立的，随着旅游资源开发投资管理体制的逐步完善，以上四种模式可能会相互交叉结合，共同完成旅游资源开发项目。“以政府为主导，企业和外商投资为投资主体，民间和个人投资为投资补充，共同进行旅游资源开发”的模式，将成为我国县域旅游发展的主要模式。

对于以上四种投资运营模式，在县域旅游的发展中还要创新融资模式，拓宽投资渠道，进行多元化、市场化、多层次创新；规范旅游项目建设程序，加强旅游项目建设管理；推动政府引导基金和政府主导的母基金建设等。

第五节　空间组织模式

旅游空间组织是旅游系统的空间表达。旅游空间组织是指旅游经济客

① 李雨轩：《全球地方化视角下的区域旅游投资模式演化研究——以黟县为例》，硕士学位论文，安徽大学，2021。

体在空间中相互作用所形成的空间集聚程度及集聚状态，它体现了旅游活动的空间属性和相互关系。由于旅游资源基础、交通区位条件和客源市场结构的独特性，县域旅游开发的空间组织大多难以完全复制区域旅游开发的空间模式。基于区域旅游空间发展模式，并结合县域旅游产业发展规划项目的实践经验，县域旅游发展主要有以下四种空间组织模式。

一　增长极模式

增长极指的是旅游经济的增长是不同步的，增长首先会出现在某些产业或节点，而这些产业部门，往往又处于特定的地理空间。因此，“增长极”是“经济增长”和“地理集聚”的复合体。旅游产业的发展也是在“增长极”的带动下向四周扩散的过程，旅游空间结构要依托“增长极”构建“增长轴”。

增长极模式下，在县域旅游经济发展过程中，由于不同乡村和集镇在旅游资源禀赋和区位条件上的不同，县域旅游经济的某些活动相对较多地集聚于一些集镇，从而使不同集镇经济在发展速度和规模上出现差异。极个别集镇（主要是水陆交通交汇点或依傍交通干线的集镇）居民人数猛增，集镇经济快速发展成为城镇经济。城镇经济不同于集镇经济，旅游资源丰富和对外交通良好的集镇，一般会发展成为县域旅游经济的增长极。[①] 如果县政府设立于邻近县域核心旅游区当中的某一集镇，势必会使这个集镇得到扩大，形成城镇，进而成为县域旅游经济中心。这时，这个城镇或城镇经济，就成为县域旅游发展的极核。

在县域旅游极核区内，旅游投资环境优于县域其余部分，出现规模经济效应和集聚经济效应，旅游企业生产经营成本下降，投资收益率高。由于旅游极核区必然产生极化效应，诱导县域旅游经济其余部分中的资本、劳动力等生产要素以及各种自然资源和人文资源向极核区集聚，从而产生回流效应，极核区的经济发展规模和水平也会高于县域的其余部分。当然，

---

① 樊贞：《基于区位论的县域旅游空间结构研究——以湖南资兴为例》，硕士学位论文，湘潭大学，2008。

极核区也同时有扩散作用，即极核区的信息、资本、产品、技术等向县域经济其余部分转移，从而产生涓滴效应。但是在市场经济条件下，回流效应总是大于涓滴效应，极核区经济比县域旅游经济发展得快，从而对县域经济发展具有主导作用。

在县域旅游发展的早期，由于各地区之间的旅游资源禀赋存在差异，又由于区位条件的不同，一些空间上有集聚需求的旅游经济部门，就会选择区位条件相对较好的地方作为发展场所，于是就产生了空间上呈点状分布的旅游经济活动集聚地。如果区域中有若干个经济活动的集聚点，这些点在区位条件、经济发展的基础等方面必然存在差别，因此个别经济发展条件较好的点必然得到优先发展，成为县域旅游发展的增长极。由于增长极的投资环境优于区域中的其他地方，投资收益也高，因此就会吸引周围地区的资金、劳动力、技术等要素，于是产生了县域要素流动的极化过程。在县域极化过程中，县域的资源要素不断向增长极集聚，从而导致县域的空间分异。增长极就成为县域旅游经济的极核，对县域其他地方旅游发展产生主导作用。

县域旅游目的地系统内的旅游景点并非同步发展，最先发展起来的旅游景点由于具有丰富的旅游资源优势、区位优势而成为县域内的高级旅游节点。在起步阶段，高级节点一般较少，它是县域旅游目的地系统吸引旅游者前来旅游的主要动力。该模式一般形成于县域旅游地域系统的起步阶段。

最具代表性的案例就是浙江的淳安县，其旅游开发最开始是以千岛湖为增长极的空间组织模式。千岛湖的规模和知名度远高于淳安的其他景区，是淳安的中心旅游地，也是旅游者进出的集散地和开展旅游活动的依托基地。通过增长极空间组织模式，在相当长的时期内，淳安县依托千岛湖维持着单一增长极的空间发展格局，也因此形成了“淳安－千岛湖”这一县域与增长极的关联互动，促进了淳安县旅游早期的发展。

二　点轴模式

点轴开发理论中，“点”是各级中心地或由地区经济要素内聚形成的

"中心节点"，主要体现为旅游集聚体；"轴"是在一定方向上连接"点"的旅游产业带，又称"开发轴线"或"发展轴线"。空间组织的关键在于确立并重点发展"点"和"轴"。

这一空间组织模式是随着旅游资源开发力度的加大、区内交通的不断完善，县域旅游目的地系统内的旅游景点数量开始增多，增长极由中心地沿区域内的交通干线（即轴）向周边移动、扩散并在一定区位集聚形成新增长极，从而促进区域开发纽带和经济运行通道的形成。该模式一般形成于县域旅游地域系统的发展阶段。

县域旅游空间组织的点轴模式是在增长极模式的基础上发展起来的。在县域旅游发展的过程中，除了旅游中心城镇极化作用使该城镇经济成为县域旅游经济发展的极核之外，县域其他地方一些旅游资源较丰富、品质较高的地区，旅游经济活动也会异常活跃，从而形成旅游增长极。一方面，这些增长极向县域旅游极核区极化；另一方面，这些增长极又极化周围的集镇，从而形成县域旅游空间结构的点。随着县域旅游经济的发展，这些增长极与县域旅游极核区的联系更加紧密，越来越多的旅游者、旅游从业人员、技术、资金、信息在它们之间流通，这就使连接它们的各种交通线路、通信线路、供电线路等基础设施得到建设，从而形成超过一般集镇之间基础设施规模的线状基础设施束。由于这些线状基础设施束经过地带的区位条件得到改善，县域旅游经济的要素在向极核区和增长极集聚的同时，也向线状基础设施束经过的地带集中。随着县域旅游经济的发展，极核区和增长极得到快速的发展，线状基础设施束经过地带的经济也得到较快发展，连接极核区和增长极这些县域旅游空间结构的点的县域旅游发展轴线形成，成为县域经济活动的密集带。

在县域旅游空间组织点轴模式中，旅游极核区、增长极和轴线的规模不断扩大，极化作用增强，成为县域旅游活动的密集带。同时，极核区、增长极和轴线上的集镇以及轴线沿线经济的扩散作用也在增强，从而使县域旅游空间结构出现新的次级点和轴线。县域旅游经济的极核区、增长极及连接它们的轴线与次级的集镇之间的轴线，构成点轴式县域旅游空间组织模式。点轴式县域旅游空间组织模式，是县域较为普遍的旅游空间组织模式。

浙江桐庐县在旅游开发中就呈现“点－轴”空间布局模式，即以富春江为生长轴，在生长轴上或附近重点开发了六个旅游区，形成桐庐多层次、多元化、多功能的旅游体系。

三　“核心－圈层”模式

圈层结构理论是指旅游目的地发展是从核心层、中心地带向外，呈圆圈状不断扩充、辐射。各旅游地分布在由内向外扩展的圈层中，形成市场－资源共轭型的旅游地体系。其主张以城市为中心，逐步向外发展，适合工业化程度较高的地区。圈层结构理论最早由德国农业经济学家杜能提出。其主要观点是，城市在区域经济发展中起主导作用，城市对区域经济的促进作用与空间距离成反比，区域经济的发展应以城市为中心、以圈层状的空间分布为特点，逐步向外发展。

这一空间组织模式所形成的旅游圈，是以旅游资源为核心组成的具有一定地理范围的协作区域和空间组织形式，具有层次性，具有中心和边界等组成部分。圈层结构理论的主要模式如下。圈实际上意味着向心性，体现了层次分异的客观特征，圈层结构反映着城市的社会经济景观由核心向外围呈规则性的向心空间层次分化。世界城市和周围地区由内到外可以分为内圈层、中圈层和外圈层。内圈层即中心城区或城市中心区，该层是完全城镇化了的地区，基本没有大田式的种植业和其他农业活动，以第三产业为主，人口和建筑密度都较大，地价较贵，商业、金融、服务业高度密集；中圈层即城市边缘区，既有城市的某些特征，又保留着乡村的某些景观，呈半城市、半农村状态，居民点和建筑密度较小，以第二产业为主，并积极发展城郊农业；外圈层即城市影响区，土地利用以农业为主，农业活动在经济中占绝对优势，与城市景观有明显差别，居民点和建筑密度小，是城市的水资源保护区、动力供应基地、假日休闲旅游之地。外圈层中也许会产生城市工业区、新居住区的“飞地”，并且一般在远郊区有城市卫星镇或农村集镇、中小城市。

浙江临安区的旅游开发就呈现了“核心－圈层”空间组织模式。其空间布局呈现出圈层布局模式，临安区和昌化镇分别为一级旅游接待地和二级旅游接待地，围绕这两个主次旅游中心地形成六大核心旅游圈层18个景点，构建结构匀称的临安区域旅游体系。

四 多极多核网络化模式

网络开发理论是在点轴开发理论的基础上，吸收增长极理论中的某些有益思想，进一步提出的一种较系统的区域开发阶段论。该理论认为任何一个地区的开发总是最先从一些点开始，然后沿一定轴线在空间上延伸。点与点之间的经济联系及其相互作用，导致在空间上沿交通线连接成轴线，轴线的交织形成网络。

县域旅游空间组织的网络化模式，是在点轴模式的基础上发展起来的。在县域旅游经济发展过程中，旅游中心城镇、次级集镇、村之间的旅游交通网络得到优先建设。随着交通网络的建设，县域旅游空间结构的点与点之间的交通、通信、动力供给等多路径的联系通道形成。多路径的联系通道，一方面使县域旅游空间结构中点与点之间的空间距离缩短，极核区、增长极及连接它们的轴线对一般集镇和乡村的极化和扩散作用会得到加强；另一方面使县域旅游空间结构中的一般集镇之间的时空距离缩短，相互联系加强，形成县域旅游的次级轴线，次级轴线的区位优势和集聚效应对附近乡村产生极化作用，从而形成比附近乡村经济发展得更快的次级经济轴线。县域旅游经济活动以不同等级的点轴分布与组合形成框架，并通过这个框架带动乡村旅游经济，这一过程中其形成的空间结构，就是县域旅游空间组织的网络化模式。

县域旅游空间组织的网络化模式依托其经济、资源、交通网络，能够把县域中分散分布的旅游资源极化到不同等级的经济网络或轴线上，从而增强经济网络或轴线的规模经济效应和集聚效应。应该指出，根据空间距离衰减原理，县域旅游中各个城镇经济、集镇经济、乡村经济之间的空间距离是不同的，相互间的经济联系程度也会不一样。因此，县域旅游空间组织的网络化模式中各个网络部分的经济活动规模也是不一样的，不同等级的点、轴的旅游发展速度也不相同。在县域旅游空间组织的网络化模式中，县域内部的各个部分的旅游发展是不平衡的。

这主要表现在湖南凤凰县的旅游开发中，其呈现多核心网络化的空间组织模式。以主要交通干线为发展轴，相互交织，形成六大核心景点，即凤凰古城、中国南方长城、黄丝桥古城、奇梁洞、南华山国家森林公园、山江腊尔山苗族风情区。古朴的古城风貌、秀美的自然风光、深厚的文化积淀、浓郁的民族风情，让凤凰县旅游竞争力得到极大提高。

第九章
品牌形象

县域旅游品牌形象的塑造和建设，是提升县域旅游竞争力的重要手段。打造有影响力的县域旅游品牌形象，不仅可以吸引游客的关注和兴趣、提升县域知名度，还可以促进县域甚至更大范围地区的旅游经济发展。因此，对县域旅游品牌形象的相关研究是很有必要的，在了解认识的基础上去探索县域旅游品牌形象，进而提出县域旅游品牌形象塑造和传播的对策，才能更好地促进县域旅游的发展。

第一节 品牌形象概述

对县域旅游品牌形象相关概念的基本认识，是深入研究县域旅游品牌形象的基础，只有深入地了解县域旅游品牌形象，才能更好地去探索如何塑造、传播县域旅游品牌形象，如何进一步促进县域旅游的发展。

一 概念界定

（一）县域旅游品牌

品牌（brand），在英文中含义是“烙印、商标”。中文意为物品，品级，品质，牌子。美国市场营销协会这样定义品牌：“品牌是一个名称、术语、标志、符号或图案，或者它们的相互组合，用以辨认某个销售者或某群销售者的产品或服务，并使之与竞争对手的产品或服务区别开来。”国内一些学者认为，品牌既是企业的一种自我表达，又是顾客感受的总和。还有学者认为，品牌是可以为企业带来利润的无形资产。梳理中外学者对品牌的定义，各国学者存有各自不同的理解。但绝大多数人认为，品牌确认了一种产品的来源或生产者，使得消费者——不管是个人还是组织都要求特定的生产商或分销商对其行为负责。①

祁明德和许晓音认为，县域旅游品牌可以定义为县一级行政区域依托当地资源和优势所确立的代表该县域及其旅游产品和服务形象的，并使之与其他县域及其旅游产品和服务区别开来的名称、标记、符号或它们的组合。它是旅游目的地、旅游企业和旅游产品的高度统一体，体现着该旅游区域的个性和消费者对该旅游区域的认同程度。②

综上所述，县域旅游品牌即县一级行政区域依托当地的旅游资源和特色，用其独特的旅游设施、服务和产品形成的可以用名称、术语、标志、符号或图案展示的县域旅游形象的统一体。

（二）县域旅游品牌形象

张德成和王烨认为，旅游品牌形象是旅游产品及服务与旅游者各种关系的总和。它既是某种标志、符号，又是旅游者消费某种旅游产品的体验和感受。每个品牌的背后都有一种旅游产品和服务支撑品牌的形象，但同时品牌形象又必须超越这种产品或服务，相对独立地存在。③ 丁聆可提出，旅游品牌形象是整合旅游地产品品质、景点名称、人文、自然等各种因素的，具有一定市场影响力的综合体。旅游品牌形象具有地域性、综合性等特点，分为无形形象和有形形象两部分。旅游品牌无形形象主要包括独特的文化内涵以及符号化品牌形象传播等，贯穿旅游资源开发、旅游产品与旅游服务提供全过程。旅游品牌有形形象主要是指旅游产品的名称、包装、样式、功能等，能直接带给游客视觉的冲击和心灵的震撼。④ 综上所述，旅游品牌形象就是旅游地的旅游产品、基础设施和服务以及与旅游者相关的

---

① 程金龙主编《旅游目的地管理》（第二版），中国旅游出版社，2021。

② 祁明德、许晓音：《县域旅游品牌的发展策略与路径——以增城市为例》，《城市问题》2012 年第 3 期。

③ 张德成、王烨：《中国“四极”旅游品牌形象探析》，《学术交流》2008 年第 10 期。

④ 丁聆可：《新媒体环境下旅游品牌形象危机传播研究》，硕士学位论文，西北大学，2016。

各种关系的总和，是具有一定市场影响力的综合体。

县域旅游品牌形象是人们对目的地的一种感知，既受县域内旅游资源特色、基础设施、服务质量等客观因素的影响，也受游客自身个性、偏好等主观因素的影响。县域旅游品牌和县域旅游形象既有联系又有区别，在很多情况下县域旅游品牌和县域旅游形象是相互重合的，因为县域旅游品牌从某种角度来看也是旅游地在旅游消费者群体心目中的形象，形象是品牌的心理载体，建设品牌的过程也是树立形象的过程，两者之间密不可分但又不等同。①

县域旅游品牌形象就是县域旅游品牌通过视觉传达在游客心里留下的对县域内旅游产品、服务、设施等的印象，通过广泛的传播在社会范围内形成的具有县域地方特色的形象。

二　基本原则

在县域旅游形象建构过程中，应着重关注县域旅游品牌化的构成要素，对各要素进行深入分析，在充分研究目标受众消费心理的基础上，运用品牌传播相关理论，分析品牌化构成要素，建构富有特色的县域旅游品牌。

（一）定位独具特色

定位是构成品牌化的核心要素。特色鲜明的定位，能够使旅游产品在市场竞争中占据有利位置。我国许多县域的自然景观保留着最原始、最具特色的风貌，且各处的历史底蕴、人文内涵皆不相同，旅游资源各有特色。但是一些县域旅游策划者在开发、建设过程当中，没有准确把握县域旅游资源的特色，没有从县域旅游地的特殊性出发进行县域旅游品牌建设，导致县域旅游品牌定位不够鲜明。

在县域旅游品牌化建构过程中，应注意以下两点。

一是挖掘当地旅游资源的特色。通过走访、考察来了解当地旅游资源的主要特色，抓住资源的独特卖点，并对其进行深度加工，构建自然资源

① 李树民、支喻、邵金萍：《论旅游地品牌概念的确立及设计构建》，《西北大学学报》（哲学社会科学版）2002 年第 3 期。

与人文资源背后的丰富内涵，最终实现县域旅游特色品牌化。

二是对县域旅游产品进行整合。对县域内的旅游产品进行深度、科学的整合，在产品与产品之间建立起具有逻辑性的联系，使其形成合理有序的整体，并赋予其特殊的意义，使旅游品牌形成一个更加立体的定位。

（二）形象立体鲜明

形象是旅游品牌的外在表现形式。在建设县域旅游品牌的过程中，要做到突出品牌形象的独特性，在确定品牌定位后，围绕县域旅游定位来建构县域内旅游品牌形象，充分考虑县域旅游特色性及综合性，形成立体的品牌形象。

县域旅游品牌形象的设计也是一种符号传播、视觉传达，通过 UI 标识设计来传播品牌形象，突出品牌形象特色。在设计形象时，应充分考虑以下几点要素。

一是要简洁大方。在视觉传播理论中，通常认为颜色搭配简单（不超过三种颜色）、图形设计简洁更便于受众识记。因此，在旅游地 UI 标识设计中可遵循视觉传播理论，设计简洁大方的县域旅游符号标识。

二是要个性鲜明。形象设计要体现突出旅游地特色、传达县域旅游个性的品牌理念。设计元素应具有代表性，使受众在接收到信息后第一时间就能够条件反射地联想到该旅游地。

三是要寓意丰富。旅游地 UI 标识蕴含当地的人文、自然特色内涵，凸显旅游地精神风貌，体现旅游品牌理念，饱含丰富的寓意。

（三）产品深度融合

产品是建构旅游品牌的主要内容。建构县域旅游品牌，应摒弃过去千篇一律的发展模式，挖掘产品的特殊性，对产品进行深度融合，从而推动品牌化的发展。

目前县域旅游产品多以风景观赏、休闲农家乐为主，并没有独特性。应从旅游地旅游资源的具体情况出发，结合当地独特人文风俗、自然景观对旅游产品进行深度融合，主要包括以下三方面。

一是自然景观与人文底蕴深度融合。县域旅游产品的建设应突出县域形象及个性，目前绝大多数县域的自然风光有内在一致性，想在县域旅游竞争中脱颖而出，则要将自然资源进行改造，融入文化元素，使旅游产品变得更加立体且富有内涵。

二是提高受众参与度。受众选择县域旅游主要是为了周末舒缓身心、体验生活、感悟自然。因此县域旅游产品的开发应重视受众参与度，改变如今单一的吃农家饭、垂钓、游玩的模式，增加种植、采摘、农产品自加工等项目，丰富受众的体验。

三是融入民俗文化节目。如今许多县城仍保留着珍贵的非物质文化及民俗文化，许多艺术形式通常只在重大节日时才会展示出来。在县域旅游品牌构建过程中，应充分挖掘民俗文化及非物质文化，将其作为一个旅游项目向受众展示，以彰显旅游品牌的深度与内涵。

（四）服务智能周到

服务是县域旅游的推动力。旅游从本质上来说就是服务，服务贯穿于旅游活动全过程，可以从以下几个方面来构建更加个性化的服务。

一是定制化服务。在受众到达旅游地前，先与受众进行对接并进行一对一的个性化服务，了解受众的旅游诉求、喜好倾向，为其规划最佳线路，并对旅游活动中出现的疑难问题及时进行解答。

二是智能化服务。充分利用高科技，建立智能化服务系统，使受众能够通过网站、手机 App 来了解当地的旅游情况，并在旅游之时提供智能讲解、智能出行等服务，方便受众游玩。

三是反馈化服务。在受众旅游结束后，通过网络评论、App、人工询问了解受众游玩感想，鼓励受众对旅游服务提出意见，对于可采纳的意见及时吸取，并进行整改，力求下次提供更好的服务。旅游活动的服务主体是人，服务人员的言谈和行为举止也都代表着当地的品牌形象。目前县域旅游的服务人员大多以农民为主，综合素质相对较低、服务意识不到位，因此做好服务人员的岗前培训十分重要。①

① 黄克琦：《品牌化视阈下县域旅游整合传播策略探研——以江西南丰旅游为例》，硕士学位论文，江西师范大学，2017。

三　构成要素

（一）旅游品牌形象构成要素

旅游形象是旅游品牌的名称和标记，旅游产品是旅游品牌的内涵和支撑。旅游形象和旅游产品是旅游品牌的必要组成部分，通过形象的塑造和产品的建设，最终才能形成一个旅游品牌。

旅游品牌形象的构成要素可以分为功能要素和识别要素。

1. 功能要素

旅游品牌形象的功能要素是为满足旅游者食、住、行、游、购、娱方面的需求所提供的产品和服务，一般可以划分为硬件因素和软件因素。

首先是硬件因素。硬件因素是旅游品牌形象的物质基础。没有良好的硬件因素，难以树立良好的旅游品牌形象。从旅游地角度看，硬件因素主要由旅游资源、旅游设施等构成。其中，旅游资源是关键因素，旅游资源的品位和可进入性直接影响旅游地的形象。当然，这里指的是广义的旅游资源，既包括自然旅游资源和文化遗存，又包括适应市场需要建造的现代人造景观。高品位的旅游资源，有利于树立良好的旅游品牌形象，良好的旅游品牌形象被旅游者接受、认可，进而可提高旅游地知名度与美誉度。旅游设施是旅游地建设重要的物质基础。拥有完善、良好的旅游基础设施和旅游服务设施，才能为旅游者提供优质的服务，有利于旅游地塑造良好的形象。

其次是软件因素。旅游业属于服务业的范畴，旅游产品属于服务产品。旅游产品实质上是旅游企业借助一定的设施或条件为旅游者提供的服务。软件因素是旅游品牌形象的精神支撑，软件因素主要由旅游企业管理人员和服务人员的思想觉悟、观念意识、文化修养、专业技能、精神风貌等构成。企业文化是软件因素的核心，“态度决定一切”是对软件因素的最好诠释。

旅游品牌形象的两大类功能要素——硬件因素与软件因素，相互依存、缺一不可。硬件因素是旅游品牌形象塑造的物质基础，好比一座大厦的基本构架；软件因素是旅游品牌形象塑造的精神内容，好比一座大厦的墙面和装饰。实际上，两者是不可分割的整体，共同塑造着旅游品牌形象。

2. 识别要素

识别要素是通过刺激人们感官，进而在其心里留下强烈印象的因素，包括理念识别、行为识别、视觉识别和听觉识别等因素。下面主要介绍企业识别系统和旅游形象识别系统。

其一，企业识别系统。企业识别系统（Corporate Identity System，CIS），指的是一种通过规范组织、企业在传播中所运用的形象符号系统，如标志、色彩、字体、口号、行为规范等，从而使组织、企业的信息实现统一高效的传递，并在相关公众的心目中形成对组织、企业形象的识别，进而使他们产生心理认同的品牌形象管理方法。

CIS 一般由三个子系统构成，分别是理念识别（Mind Identity，MI）、行为识别（Behavior Identity，BI）和视觉识别（Visual Identity，VI）。在现代企业的发展过程中，在 CIS 的三个基本要素的基础上，又新加入听觉识别要素，以完善企业形象识别系统。听觉识别（Audio Identity，AI）是通过听觉刺激传达企业理念和品牌形象。听觉刺激在公众头脑中产生的记忆和视觉相比毫不逊色，而且其一旦和视觉刺激相结合，将会产生更持久有效的记忆。

其二，旅游形象识别系统。旅游形象识别系统一般借用企业识别系统的组成模式，但结合旅游业的特点，在企业识别系统的基础上，旅游形象识别系统又有了自身的特点。

在理念识别方面，通过剖析旅游产品和旅游市场需求的特点，制定旅游地、旅游企业的发展方向、发展目标，明确旅游地、旅游企业的经营理念，确定旅游产品的类别、品位和市场定位，从而形成对旅游产品准确而清晰的认识，制定表达和传播旅游产品的主题和宣传口号。

在行为识别方面，旅游形象行为识别主要包含两个部分：一部分是内部行为识别，主要是针对旅游地、旅游企业等的内部管理，包括建立完善的组织管理制度，做好员工培训工作，营造良好的工作环境；另一部分是外部行为识别，主要指旅游地对外宣传、对外促销等活动，行为对象是广大的社会公众，目的是加大旅游地、旅游企业的推销力度。

在视觉识别方面，由于观赏景致、获得视觉享受是旅游者开展旅游活动最基本也是最重要的动机，所以，旅游形象的视觉设计和策划使形象识别系统的重要性更加突出。对于现代旅游景观和动态项目，旅游业经营者在建设和经营管理过程中，不但要考虑一般意义上的视觉形象识别的基本要素和应用要素，而且要强调旅游形象视觉效果的整体设计和策划。

在听觉识别方面，结合旅游地的区域特色、民族特色、历史与宗教文化特色、原生态音乐特色等，利用传统乐器和现代音响设施与技术，创造出对旅游者具有强大吸引力、震撼力，为他们留下难忘记忆的音乐作品。①

（二）县域旅游形象品牌要素

现代市场经济的发展，要求县域在品牌运营之前，必须明确其独特的品牌要素，以保证品牌运营更加顺畅。现实的县域旅游形象品牌要素是由21世纪的经济环境变化而生成的，其具体内容如下。

1. 品牌名称

县域旅游的品牌名称必须以核心产品为依托，指向产品中能够向旅游者提供最基本效用和利益，实现其购买愿望的那部分因素。核心产品也就是最有品牌使用价值的载体，并使旅游者提到品牌名称就会联想到这一品牌对应什么产品，唤起情感的认知和建立相关联想。好的品牌名称有助于市场的建立，迎合旅游者所处的特定文化背景和心理需求；有助于产品定位营销，能帮助旅游者从复杂的旅游市场挑选出自己所需要的旅游产品，是县域参与旅游市场竞争的有效营销手段。

对县域旅游形象品牌名称的考量，可以从以下几个方面进行：一是品牌名称是否直观易记，具备识别力；二是是否与众不同，具备独创性；三是是否联想丰富，具备营销价值；四是对产品功能、特征、优点的描述是否贴切，具备创造力；五是是否适合目标市场以及其未来发展潜力，具备品牌延伸力。

---

① 张德成、王烨：《中国“四极”旅游品牌形象探析》，《学术交流》2008年第10期。

2. 品牌标志

品牌标志是品牌识别系统的重要组成部分，是旅游产品品牌中用符号、图案、颜色通过设计组合，用视觉方式来传递信息的载体。县域旅游形象品牌标志，必须体现自身的旅游产品特征，能向旅游者传递一定的市场信息，使旅游者分辨出各种不同的旅游产品。品牌标志担负着市场推广、品牌构造、利益承诺、联动促销、商品开发的重要任务，它的设计应具有亲和力、传播力和品牌力。其用一种视觉语言对外说话，传播县域旅游独特的经营管理理念和文化内涵，是提高县域以及旅游产品本身知名度和开展形象推广的重要途径。

3. 品牌标识语

品牌名称和品牌标识语的组合，可以强化品牌形象，品牌标识语和品牌名称共同担负了确立品牌形象的任务。首先，品牌名称具有识别性，受国家商标法的保护，旅游目的地可以把品牌名称作为注册商标；其次，品牌标识语的使命是沟通旅游者，以促进品牌的营销，可以在市场传播中提供更多的品牌信息。只要有独特的创意，品牌标识语不仅可以强化品牌名称的识别性，而且可以提供比品牌名称更多的联想，又少了法律方面的限制，是市场营销中传播的灵魂。大多数旅游目的地把它放进广告，作为广告中的主打广告词。

品牌标识语的用语一般具有导向性，并有成为大众流行语的潜质。品牌标识语要抓住产品的典型特征，因为它要成为促销的手段，更多地起到一种传递信息的作用，因此要求在进行产品分析时，抓住产品的典型特征。品牌标识语可以和其他要素组合，相得益彰，进一步强化品牌形象。①

四　主要特点

县域内本土的风俗文化和历史传统，为县域旅游品牌形象的建设提供了精神支撑。随着社会的变革、科技的发展，现在的消费群体已不单单是温饱便知足的群体，他们在消费物质的同时，也追求精神上娱乐的享受。

① 李黎：《旅游品牌形象的要素及其传播——以云南旅游为例》，《新闻界》2011 年第 2 期。

同样，对于旅游业来说，游客也正是由于对旅游目的地的文化内涵感兴趣才参与其中。因此，县域旅游在提供产品服务的同时，切忌忽略旅游地带给消费者的文化体验和思想追求。根据这一原则，县域旅游品牌的特点如下。

（一）品牌具有明确目的性

县域旅游品牌从根本上就是为县域旅游业的发展和县域旅游产品的售卖而服务，目标消费者范围也小于城市品牌，主要受众为特定的旅游消费群体。

（二）品牌具有生命周期性

县域旅游品牌依旧沾染着品牌的特性，从孕育、发展到毁灭具有一定的周期性。县域旅游品牌应在旅游物质资源与基础设施的保障中，迅速发挥其差异性地域文化品牌优势，使县域旅游品牌的生命周期尽可能地延长，同时也要不断吸取新鲜的文化和完善维护现有的资源设施，这样才能逐渐完善县域旅游品牌。

（三）品牌具有公众共享性

县域旅游品牌不仅涵盖基础资源设施，还包括历史传统文化内涵，其品牌主体不只是旅游物质产品，还包括旅游服务等内容，这些内容放在县域群体生活的大环境下，都决定着县域旅游的品牌具有公有和共享的属性。①

第二节　品牌形象定位

定位是县域旅游品牌形象竞争力的重要影响因素。科学准确地定位对提高县域旅游品牌形象的知名度、扩大县域客源市场、推动县域内旅游业健康快速发展具有重要意义。

① 王阳：《城市区域旅游品牌形象塑造及传播分析——以太原市晋源区为例》，硕士学位论文，山西大学，2013。

一　品牌形象定位理论

定位理论最核心的思想是“去操纵已存在于心中的东西，去重新结合已存在的联结关系”。因此，定位的前提是分析消费者心中已存在的商品及其对商品的认知。这种定位与1972年艾·里斯和杰克·特劳特提出的“市场定位”概念①有所区别，被称为形象定位。市场定位是通过市场细分的过程，为产品寻找一个或几个目标市场；而形象定位则是探讨如何使产品进入消费者的心中，被消费者接纳。

形象定位就是要力图使被定位对象攀上这个已存在于消费者心中的形象阶梯，从而被消费者认知，进而才能形成某种形象。对于旅游地而言，可依据旅游地形象形成的空间规律，了解相应的形象阶梯，这一点与一般实物商品不完全一致。一般实物商品主要通过品牌化过程和名牌战略树立形象，争取形象阶梯的有利位置，而旅游地的形象阶梯还可利用地理空间的认知链。

对于县域旅游品牌形象定位来说，一方面，游客可以选择的旅游地越来越多，县域旅游地之间的发展竞争越来越激烈；另一方面，旅游本身还要面临其他娱乐活动的冲击和替代。因此，从旅游发展的供求双方关系来看，县域旅游地的生存要以定位理论为指导，适应定位时代的要求。②

二　品牌形象定位策略

县域旅游品牌的营销与推广，需要有明确的品牌形象定位。美国营销学专家艾·里斯与杰克·特劳特认为，定位作用于潜在消费者的心智，让品牌在消费者心中占据独一无二的位置。因此，县域旅游品牌形象的定位，就是在旅游消费者心理层面的排位争夺战。县域旅游品牌形象定位的目的，就是要体现县域个性，给周边目标市场的消费者以清晰、系统的整体形象，即确立一个能够满足目标受众需求的品牌形象，最终目的是获得目标受众

① 李光斗：《插位：颠覆竞争对手的品牌营销新战略》，机械工业出版社，2006。

② 李蕾蕾：《旅游地形象策划：理论与实务》，广东旅游出版社，1999。

认可，从而吸引其前来消费各类旅游产品。

近年来，国家多次出台休假政策刺激旅游消费，为旅游业提供了便利的政策环境，县域旅游借政策东风将迎来大发展的时代。定位是县域旅游品牌建设的核心，县域旅游品牌形象定位策略分为以下几个方面。

（一）拥有竞争性的定位意识

不同于传统热点景区拥有突出的资源特质，同质化的高压竞争是县域旅游的常态。多数县域仍没有形成品牌定位与统一的品牌形象，处于低水平竞争的胶着之中，资源捆绑推介是品牌传播的重点。资源趋同、品牌形象缺失将造成游客归属地认知偏差等一系列认知问题。

解决此类问题的关键，是要拥有竞争性的品牌形象定位意识，形成差异化的品牌形象定位。定位过程中将资源的比较优势与游客的功能需求与情感需求相结合，以县域为品牌推介的主体，形成风格独特的品牌形象定位，从竞争中脱颖而出。

（二）体现定位的导向性与真实性

定位代表了品牌的发展方向，是一个系统性工程。县域旅游品牌形象定位，应对行政区划内所属的全部旅游资源起到约束和导向的作用。不同于商品品牌的快速反馈，旅游品牌定位的正确性需要经过长期的验证。这就要求定位的确定，必须具有前瞻性的战略眼光，在全方位调研环境、政策、资源和消费倾向的基础上，综合专家、政府、民众各方意见来完成。

定位需要符合县域的真实情况。旅游品牌形象的定位需要深挖县域内在价值，是对县域文化的批判性继承与创造性发展。只有传承县域固有的特色，汲取其历史和文化的营养，不断塑造和美化自己，才会具有真正魅力。县域旅游形象是县域本质与消费者联想结合的产物。定位偏离现实，将使苦心维护的县域旅游形象毁于一旦。

（三）县域旅游品牌形象定位需要包容性

包容性是立足县域旅游品牌现状及未来发展，对定位概念本身提出的要求。

从县域旅游产品角度看，资源类型的多样性要求县域旅游品牌形象定位必须具备包容性。定位及其衍生出的县域旅游品牌形象，应适用于县域内的任何一种资源，这样定位才具有统御能力，不会有名不副实之感。此外，县域内旅游资源也在不断开发中，包容性的定位使未来开发的景观产品得以和谐地融入产品架构中，为将来县域旅游产品体系的进一步丰富留有余地。

从县域旅游趋势角度看，县域旅游品牌不同于快速消费品，具有市场反馈速度慢的特点。几年后县域旅游潮流的发展无法预言，而宣传周期太长，来不及对已经成形的品牌进行推倒重建。包容性的定位是有弹性的，可以灵活地应对潮流的变化。

从游客角度看，包容性的定位不仅仅是从县域角度提出的要求。县域旅游品牌应适用于所有类型的游客，不论年龄、性别、职业、出游目的，都可以并且愿意接受定位引导下的目的地形象。然而包容并不是笼统，定位仍需要切中县域旅游品牌的核心价值，真实地反映品牌的个性与气质。

（四）县域旅游品牌形象定位要“走出去”

县域旅游品牌形象定位决策完成，传播之路刚刚开启。宣传力度、频率不够，都难以在游客心中留下品牌印记，并可能使耗时耗力的前期工作付诸东流。定位需要“走出去”，制定一系列的推广政策，选择合适的载体，高强度地将定位推广出去，植入游客记忆中。除必要的媒体传播外，还可以县域内景区宣传物、车体、户外路牌、路灯灯箱等为载体，在县域周边地域形成高密度的接触点传播网络，以病毒式传播方式将定位信息烙印在游客心中。①

三　品牌形象定位原则

县域旅游发展要在形象定位上走好差异化路子，突出形象的独特性，从众多相似的旅游产品信息中脱颖而出，形成和发展旅游者心目中的形象阶梯，走出替代阴影，突破认知结构。县域旅游的个性化品牌形象定位要

① 刘亚秋：《县域旅游品牌的定位策略研究——以沂南县为例》，《商场现代化》2016 年第 27 期。

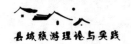

遵循以下原则。

（一）资源基础原则

现在旅游资源的含义有了较大的扩展，涵盖了自然、人文、城市、乡村等方面的资源，涉及经济系统中的各个行业，凡是人们感兴趣的、想了解的，都可以成为旅游吸引物。资源基础原则，就是要进行县域旅游地的旅游资源分析。以资源为依托，进行个性鲜明且富有吸引力的县域旅游品牌形象策划，提高县域旅游品牌形象的知名度、识别度。旅游资源分析的内容，包括县域区位条件、县域经济条件、自然资源、人文资源、其他资源等，要求对旅游资源等级进行评价分析，找出最能代表县域特色的旅游资源。

（二）满足需求原则

县域旅游品牌形象应体现出功能性差异，寻求资源特色和市场需求的对接。随着经济收入的提高，旅游者价值取向和消费意识呈现多元化趋势，个性化消费要求越来越高，从过去简单的观光旅游需求向深度游、休闲游、度假游、探险游、自由游等多元化方向发展。县域可以以功能差异为出发点进行品牌形象定位，使开放性与封闭性、动感与恬静、被动观光与积极参与、刺激运动与舒适休闲协调共生。因此，满足旅游者需求的关键是抓准自身特色、对接市场需要、形成功能差异、产生较强的吸引力。

（三）应对竞争原则

县域在旅游品牌形象塑造上面临着较多的竞争对手，包括较高等级城市和同等级城镇。因此，必须考虑竞争者的形象定位情况，采取相应的定位策略。

①抢占策略。当县域内拥有突出的特色旅游资源，等级较高，而市场上还未有同类的形象品牌时，品牌形象定位可以采用抢占策略，率先占领形象阶梯的首要位置。例如，历史悠久的古县江西婺源，自然风光优美，人文资源丰富，以深厚的徽文化底蕴和淳朴的田园自然风光著称，也是当今中国古建筑保存最多、最完整的县之一。而婺源的旅游发展，除了得益于拥有高等级的旅游资源外，也与其被赋予的突出的旅游形象密切相关。

②挑战策略。当县域内资源特色突出，等级也比较高，但县域内已经存在同类资源特色品牌时，品牌形象定位就要对竞争者的生命周期状况进行分析。如果竞争者已经进入生命周期的衰退阶段，则可以采取挑战策略，重新树立该类资源特色品牌；如果竞争者已经进入生命周期的成熟阶段，则应采用强势有效的整合营销手段进行挑战。例如，江苏的周庄以江南水乡古镇的资源特色率先树立了水乡古镇游的品牌，但是由于开发较早、保护措施未能同步有效实施，周庄以“古镇水乡”为基本特色的品牌受到了影响，这样就为同样拥有水乡古镇特色的乌镇提供了发展空间。乌镇是江南水乡“小桥、流水、人家”的典范，被称为“中国最后的枕水人家”。在建立“水乡古镇”品牌定位的过程中，乌镇抓住了各种机遇，采用了多种营销手段树立品牌形象，2002 年荣获国家 AAAA 级景区称号，2003 年被建设部和国家文物局列为首批中国历史文化名镇，2004 年成为浙江省十大人气最佳旅游景区之首，2005 年被中央电视台评为“2005 中国魅力名镇前 10 佳”。乌镇正逐渐向世界级旅游品牌发展，成功挑战了周庄已经树立的品牌形象。

③补缺策略。当县域旅游资源有一定特色，但等级不高、缺乏品牌知名度时，应发掘市场中的空隙，形成有针对性的形象定位。例如，一些城市近郊城镇虽然缺乏等级高、知名度高的旅游资源，却利用其有利的区位优势和交通条件、与城市相异的自然环境，针对城市居民休闲旅游需求，塑造出“农家乐”旅游形象，旅游发展效果显著。[①]

（四）受众导向原则

县域旅游品牌形象定位的成功与否，在于受众是否准确、鲜明地了解了县域旅游产品形象信息，以及此信息是否与广泛受众的长久期望相吻合。只有让旅游消费者了解到与其期望相贴合的品牌形象，并且此形象能够真实地反映市场竞争的实际状况，那么这种形象才能更好地得到认可和传播。县域旅游的品牌形象定位，要以目前县域内旅游业发展状况、客源市场具体需求并结合自身特质进行探析和挖掘，规划设计出融合市场需要的、受

---

① 李蕾蕾：《旅游地形象策划：理论与实务》，广东旅游出版社，1999。

众期盼的、具有核心主题思想的品牌形象定位。

（五）特色差异原则

县域旅游品牌形象定位成功的关键所在，就是品牌形象在受众内心当中的认知度和美誉度。县域旅游品牌形象获得认知度的前提是，不淹没在当今众多旅游品牌的浪潮之中，给受众留下独特的、深刻的记忆。特色差异原则便是在县域千百年的发展历程中，探寻并放大地域特质、历史人文、民俗民风等因素的垄断性优质资源，构建县域旅游品牌形象系统。

（六）动态调整原则

县域旅游品牌形象定位应紧跟时代的变化，随时做出正确的调整，县域在动态的环境中不断发展，其品牌形象也应随其现实的变化而不断演变。调整时，应考虑现实环境、市场需求、国家政策、受众满足等多种因素，在原品牌形象基础上适当调整。但应切忌盲目改动，以免造成品牌资源浪费。①

四　品牌形象定位方法

旅游品牌形象定位简单来说就是让自身品牌在纷繁复杂的旅游品牌中脱颖而出，根据我国学者李蕾蕾、赵伟兵、钱炜等人的分析，形象定位方法的类型有下列几种。

（一）领先定位法

旅游者依据各种不同的标准和属性建立形象阶梯，例如，通常根据产品的类别，建立如饮料、胶卷、溶洞、古都、海滨、高山、滑雪地的形象阶梯，在这些形象阶梯中占据第一位置的，就有领先的形象。领先定位是最容易的一种定位方法，适用于那些独一无二、不可替代的事物，例如，埃及的金字塔、中国的长城都是世界上绝无仅有的人类奇迹旅游地，似乎不需要下力气就可保持不衰的地位。但如此绝对领先、形象稳固的旅游地

① 王阳：《城市区域旅游品牌形象塑造及传播分析——以太原市晋源区为例》，硕士学位论文，山西大学，2013。

毕竟不是多数，大量的旅游地要依据其他方法进行形象定位。[①]

（二）比附定位法

有些旅游品牌自身特色资源不突出、知名度低，但某些特质类似于一些大品牌的旅游形象，而那些大品牌旅游地无论是从硬件资源还是软件形象上看都占有极大优势，自身始终无法超越，这时就可以通过比附定位法借助其他品牌优势来提升自身形象，如“塞上江南”（银川）、“东方威尼斯”（苏州）、“加勒比海中的夏威夷”（牙买加）等。

（三）逆向定位法

所谓逆向，就是要从相反方向思考，突破常规、独树一帜，主要以受众心目中已接受和熟识的旅游形象为基础，逆其道而行之，即从其对立面或反方向对自身旅游品牌形象进行定位，为消费者拓开一条崭新的且易于被接受的品牌形象认知之路。

逆向定位强调并宣传定位对象是消费者心中第一位形象的对立面和相反面，同时开辟了一个新的易于接受的心理形象阶梯。如野生动物园因宣称其是传统的圈养动物园的对立面而获得旅游者的青睐。

（四）空隙定位法

比附定位及逆向定位都与原有形象阶梯存在关联，而空隙定位是全然开辟一个新的形象阶梯，从新角度出发进行立意，创造鲜明的形象。与有形商品相比，旅游点的品牌形象更适用于空隙定位。

这一定位方法的关键在于避免与强有力的竞争目的地正面交锋，而是花更多的精力寻找尚未被发现的市场空隙，通过发现并创造出与众不同的形象定位，塑造县域旅游目的地的形象。这一方法往往可以使旅游目的地迅速在游客心目中占有一席之地，避免与其他旅游目的地的恶性竞争。[②]

（五）重新定位法

严格说来，重新定位法并非一种独立的定位方法，而是原旅游地应当采取的再定位策略。由于旅游地的发展存在生命周期，如何面对衰落一直

① 李蕾蕾：《旅游地形象策划：理论与实务》，广东旅游出版社，1999。

② 韩嘉：《旅游目的地形象重新定位模型研究》，硕士学位论文，南开大学，2008。

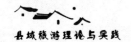

是旅游经营者的一大难题。重新定位不失为一条可选之路。旅游地的发展历经产生、成长、成熟、衰落各个阶段，已在游客心中建立起稳固而清晰的形象，再去宣传老形象，已不能适应旅游需求的变化，更难以产生号召力和吸引力，人们总是希望有新的东西去取代旧的东西。重新定位可以促使新形象替换旧形象，从而使旅游地占据一个有利的心灵位置。

重新定位的成功之例，可能是美国加州的重塑新形象。加州的形象在旅游者心中早已浓缩、简化为空洞的概念——游泳池、沙滩、金门大桥、好莱坞，而且这些形象描述不断被其他旅游地“借用”，加州需要重新定位。加州新形象紧紧围绕其在地理、气候、人种、文化等方面的“多样性”这个核心特点，用复数地名“那些加利福尼亚”（The Californias）定位形象。这样，即使最不好奇的人也会询问有几个加州。加州一例固然包含绝妙的广告文字技巧，但也提出了重新定位的意义。

（六）组合定位法

在县域旅游品牌形象的塑造当中，可以以各景区形象品牌为基本要素，共同构建大区域下完整的品牌形象系统，从而达到互补协作、相辅相成的效果。根据县域内各景区内在关系的平衡性，组合定位法可分为三种，即主从组合定位法、并列组合定位法和互补组合定位法。

这一定位方法适用于以集群形态出现的多个旅游目的地，或是位于某个知名旅游目的地周边的中小型目的地。如果每个目的地都单独推出自己的一套形象定位，操作上存在困难，那么它们便可以考虑通过这种互补互动、相辅相成的组合形象定位策略，共同推出县域整体旅游形象。这一定位方法主要是基于某一旅游目的地与周边地区的旅游目的地除了竞争关系还有合作关系，如果恰当地利用这种目的地间的资源互补特性，往往可以起到事半功倍的效果。[①]

五 形象口号设计原则

县域旅游品牌口号，是旅游目的地品牌建设中最易留下印象的载体。

---

① 李蕾蕾：《旅游地形象策划：理论与实务》，广东旅游出版社，1999。

好的口号就是县域旅游的金字招牌，也是县域旅游品牌构建的纲领。因此，口号设计需要简洁凝练、不落俗套，且要符合旅游者的诉求。① 县域旅游形象确定后，最终要以形象口号的形式表达出来。形象口号直接反映了县域旅游形象，是旅游者认知旅游目的地的桥梁。县域要树立鲜明的旅游形象，确定一个好的形象口号是非常关键的。总体来说，形象口号设计要符合"新颖独特、准确科学、简洁明快、响亮优雅"的原则。从县域自身情况来看，形象口号要更加注重所表达的内容，打造有新意、有内容、响亮的形象口号，增强县域旅游形象口号的号召力。

（一）表达内容明确

县域感知与大城市存在差异，形象口号设计不能简单模仿大城市的口号设计做法。县域本底感知形象薄弱，如果采用类似于"逍遥之旅""休闲之旅"等空泛的形象口号，就会因缺乏内涵的支撑而显得信息单薄，不易被旅游者感知和认同，因此县域旅游形象口号应该以内容为根本，言之有物。

（二）体现文化内涵

文化是旅游的核心要素，文化内涵丰富的旅游形象口号，具有较强的传播效果。县域在资源等级上并不一定都突出，在经济、政治、文化、自然、人文方面呈现出明显的差异，如果能将山水田园、风土人情、村庄古迹用文化理念进行包装，设计出富有县域独特文化内涵的口号，则能对旅游者产生较大的吸引力，实现形象感知，引发旅游者对县域旅游目的地的旅游兴趣。②

（三）体现地方特征

口号的实质内容必须来源于地方独特性，来源于县域旅游地所具有的地理文脉。唯有充分挖掘和深刻分析旅游地的地域背景，发现和提取地方性的元素充实到主题口号中，才能避免过于空泛。特别是对于平淡无奇的

① 姚晓燕：《全域旅游时代泰州市旅游目的地品牌构建探析》，《北方经贸》2021 年第 11 期。

② 刘文涛：《县域城镇旅游形象的个性化定位分析》，《广东技术师范学院学报》2007 年第 11 期。

县域，一句能够反映地方特性的旅游形象口号仍然可以出奇制胜，令人回味无穷。例如，北京郊区的密云区要发展大都市周边旅游，如何在京郊众多的旅游地中脱颖而出，表现鲜明的旅游形象？可依据密云的地理文脉——拥有全市最大的密云水库和北京市著名风景名胜区云蒙山，加之接近客源市场的区位特点，可将密云的旅游形象口号确定为“山水大观和首都郊野公园——北京旅游卫星城”。①

（四）体现行业特征

口号表达的内容要针对游客，旅游口号的制定必须充分了解游客的心理需求和偏好，游客与一般商品消费者不同，县域旅游地的口号要体现旅游行业的特征，要使游客轻易地认识到这是县域旅游地的形象口号，而不是政治宣传口号、招商口号，因此，旅游地形象口号强调和平、友谊、交流、欢乐等，例如世界旅游日的口号就充分体现旅游业的行业特征。世界旅游组织诞生于1975年，中国于1983年正式加入该组织。为推动世界旅游业的共同发展，世界旅游组织为每年的世界旅游日（9月27日）提出一个主题（见表9－1），以便突出旅游宣传的重点，世界各国根据主题的精神，展开旅游宣传。

表9－1　世界旅游日主题（2010～2022年）

年份	世界旅游日主题
2010	旅游与生物多样性
2011	旅游——连接不同文化的纽带
2012	旅游业与可持续能源：为可持续发展提供动力
2013	旅游与水：保护我们共同的未来
2014	旅游和社区发展
2015	十亿名游客，十亿个机会
2016	人人旅游——促进全面无障碍旅游
2017	可持续旅游业如何促进发展

① 李蕾蕾：《旅游地形象策划：理论与实务》，广东旅游出版社，1999。

续表

年份	世界旅游日主题
2018	旅游与数字化转型
2019	旅游业和工作：人人享有美好未来
2020	旅游与乡村发展
2021	旅游促进包容性增长
2022	重新思考旅游业

资料来源：笔者整理。

（五）体现时代特征

口号语言要紧扣时代主题，县域旅游形象的主题口号在表述方面还要反映时代特征，要有时代气息，要反映旅游需求的热点、主流和趋势。例如，大量普通城市的旅游发展将在漫长的时间内面对以本地游客和区域性游客为主体的客源市场，特别是城市周边旅游的发展和郊野休闲项目的开发，更需密切关注这些游客的兴趣。当前，康体休闲、亲近自然、郊野派对、康复养生、农业观光、亲子同乐与全家同乐等都是国内城市旅游者追逐的旅游主题，也是建立县域旅游形象可加利用的时代特征。有时，某一时期的重大事件也可成为树立鲜明旅游形象的素材。例如，香港回归是1997年的盛事，因林则徐虎门销烟而引发的鸦片战争这一历史事件，便成为东莞市面对港澳游客树立相应旅游形象和提出主题口号的发力点。县域旅游品牌形象口号的设计也要紧随时代发展、体现时代特征，这样才能更好地吸引旅游者的关注和兴趣，提升自身的知名度。

（六）体现广告效果

口号形式可以借鉴广告，县域旅游品牌形象口号必须首先能够打动旅游者的心，激发旅游者的欲望，要被旅游者永久而深刻地记忆，要能够被广泛迅速地传播，即要有广告效应。因此，县域旅游品牌形象口号要具备广告词的凝练、生动和影响力等特征。商品广告词的创意设计已经越来越超越商品本身，而成为一种艺术，旅游品牌形象的口号创意也要借鉴这种广告艺术，用浓缩的语言、精辟的文字和绝妙的组合，构造一个有吸引魅力的旅游地形象。例如，“上有天堂、下有苏杭”虽为古语，却也是一句不错的现代广告语；美国佛罗里达州的口号“佛罗里达，与众不同”采用了典型的现代广告词形式。对旅游口号广告效果的要求，使口号设计从科学性走向创意性，需要指出的是，旅游品牌形象口号与旅游产品（路线）的主题或名称是有差异的。例如，澳大利亚的形象口号是“令人心旷神怡的澳大利亚”，而其相应的旅游产品包括度假在澳大利亚、新婚在澳大利亚；又如，韩国招徕日本游客的口号是“韩国——你的近邻”，而有关的旅游产品包括健身按摩旅游在韩国、美食在韩国；泰国的旅游口号是“神奇的泰国”，但推出的旅游产品的主题有生态旅游、软探险旅游、文化历史景点游；等等。①

第三节　品牌形象建设

对县域旅游品牌形象建设主体、方式和内容的研究，对更好地打造独具特色的县域旅游品牌形象、促进县域旅游的发展，具有重要的意义。

一　品牌形象建设主体

（一）当地政府

政府在品牌形象建设中起主导作用。政府是旅游目的地公共服务主要提供者，更是旅游目的地品牌构建的主导者。政府在旅游品牌建设发展中起带头、统领作用。对于县域旅游品牌形象建设来说，必须发挥当地政府的带头作用，确立旅游品牌的整体发展思路、规划、营销模式，围绕品牌整合县域旅游资源。并且政府应发挥对旅游市场的规范、引导职能，建立有效的监督管理机制，营造安全稳定的旅游环境，有效维护旅游者合法权益。加强对旅游企业的宣传教育，对于损害消费者合法权益的行为严格依法处理。②

① 李蕾蕾：《旅游地形象策划：理论与实务》，广东旅游出版社，1999。

② 姚晓燕：《全域旅游时代泰州市旅游目的地品牌构建探析》，《北方经贸》2021年第11期。

1. 转变观念，统一认识，确立“旅游名县”的战略目标

要促进县域旅游品牌形象的建设及可持续发展，需要政府转变思想观念和意识行为，适时调整发展思路，明确县域内旅游业带动当地旅游经济发展的作用，利用特有的旅游资源、基础设施、文化底蕴等优势，塑造传播县域旅游品牌形象。

2. 科学定位，综合规划，发挥政府的调控和协调作用

地方政府在县域旅游品牌形象的塑造和传播过程中，必须科学定位，选好开发项目，突出特色，合理布局。首先，要以县域旅游发展为中心，综合规划，合理布局，既保证眼前利益，又保证持续发展的优势和长远利益，避免盲目开发的无序行为和短期行为。其次，要把解决游客的食、住、行、游、购、娱问题作为一个系统工程，全面开发，协调发展。最后，要加大政府的监控力度，优化环境。

3. 优化环境，开放经营，促进县域旅游持续稳定发展

县域旅游要想持续稳定发展，一方面需要创造良好的生态环境，包括旅游景区、景点周边的环境，凡是游客视觉能够触及的地方都需要给人以清新的感觉和美的享受，体现出县域内独具特色的旅游文化背景；另一方面需要创造良好的人文环境，创造一种宾至如归、游客至上的旅游文化环境，使每一位游客都能产生旅游地令自己流连忘返、依依不舍的美好印象，广招回头客。①

（二）旅游企业

旅游企业是旅游产品的生产者、供给者，如旅行社、旅游饭店、旅游纪念品商店、旅游交通企业等，其商品和服务直接影响旅游者的旅游体验和感知，左右旅游目的地在旅游者心中的品牌形象。②

从更深层次上讲，旅游企业与游客之间不仅仅是单纯的商品交易关系，还包括广泛的信息交流和情感沟通，这是一种隐性的非交易关系。建立旅游企业与游客之间的良好关系，促使游客形成对旅游企业的良好印象和评

---

① 张朋：《县域旅游开发中的政府行为研究》，《南阳师范学院学报》2005 年第 9 期。

② 姚晓燕：《全域旅游时代泰州市旅游目的地品牌构建探析》，《北方经贸》2021 年第 11 期。

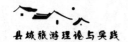

价，提高旅游企业品牌的知名度，同时也就提升了县域旅游品牌的知名度和美誉度。①

县域旅游企业在经营中必须讲求诚信，时刻以县域旅游品牌的标准来规范旅游企业的一切活动，只有拥有良好的市场信誉，才能不断提高顾客满意度，促进自身的可持续发展。

1. 提高旅游企业自律性

旅游企业自律的关键在于关联企业管理阶层必须有县域旅游品牌意识，当部分旅游企业贪图短期利益，使县域旅游品牌形象受损的时候，能抵挡诱惑并能与不法旅游企业划清界限，是旅游企业和县域旅游可持续发展的关键。

2. 注重企业内部管理

县域内旅游企业要注重自身内部管理，通过狠抓基础来夯实品牌创立的条件，搭建创牌平台，提升旅游企业管理素质和整体形象。企业可通过建立健全现代组织管理制度，加强内部管理，建立起符合内部控制制度的、有利于人才脱颖而出的人才管理机制。制定出规范管理企业经营的各个环节、各个部门的科学合理的规章制度。建立起监督和风险预警系统，在旅游企业各项活动与规章制度实行过程中，能预测未来的风险和市场动态，对于偏离既定程序和政策的情况，能快速发现问题、采取补救措施并及时纠正。

3. 提供优质的产品和服务

对县域旅游品牌形象而言，优质的产品和服务是县域旅游品牌形象建设的根本内涵。如果县域内旅游企业在经营行为上不规范，产品和服务就得不到保证，消费者对品牌的信任即使建立起来，也不可能发展长久。对于县域旅游品牌形象而言，品质不仅是个别景区或企业的事情，而且是县

---

① 吴丽云、邹统钎、阎芷韵：《旅游目的地品牌建设现状、问题及发展建议》，《中国旅游报》2020 年 11 月 30 日。

域内每一个参与者的事情。[①]

（三）行业协会

旅游行业协会一般是指除旅游行政组织之外的其他旅游组织，一般由民间设置，如进行行业之间的沟通与协调的中国旅游协会、中国旅游饭店业协会等，对区域内旅游的发展具有不可替代的作用，对县域旅游品牌形象的建设与传播来说也是如此。

1. 建立制度章程，维护合法权益

旅游业相关行业协会可以建立行业制度章程，将对县域旅游品牌形象建设与维护的相关要求明确写入章程，明确旅游企业在县域旅游品牌形象建设中应当发挥的积极作用，制约旅游企业可能发生的有悖于县域旅游整体品牌形象的个体行为。另外，积极发挥行业协会在政府与企业间的沟通桥梁作用，联动政企双方在旅游品牌形象建设中相互配合，共同发挥作用，为品牌形象维护管理提供保障。[②]

2. 发挥桥梁作用，促进旅游发展

行业协会作用的充分发挥可以克服县域内同行业单打独斗、散兵作战，难以形成合力的散乱状态。行业协会具有熟悉行业、了解企业的特点和对市场进行预测的能力，在掌握行业内外部信息和行业技术人才资源等方面具有独特的优势，能够配合政府及主管部门进行宏观调控、开展经济运行分析、规范企业市场行为、进行行业内部监管。行业协会作为政府和企业之间的桥梁，对政府关于县域旅游品牌形象的建设等相关政策的贯彻与实施起到了重要作用。[③]

3. 监督旅游行业，塑造良好形象

县域旅游行业协会可通过制定处罚条例和行业规约，加强对县域旅游行业所有关联企业的监督控制，对只顾自身经济利益、见利忘义、损害产

---

① 杨佳利：《区域旅游产业集群品牌构建的风险与对策——以粤北区域为例》，《开发研究》2014年第4期。

② 姚晓燕：《全域旅游时代泰州市旅游目的地品牌构建探析》，《北方经贸》2021年第11期。

③ 林敏：《区域品牌建设研究》，硕士学位论文，华东师范大学，2010。

业集群品牌形象的组织进行通报严惩，对品牌寄生、机会主义、“搭便车”和坐享其成、不投入资源进行品牌创新的企业进行打击教育。通过这些举措，减少只顾及短期利益的机会主义行为造成的旅游行业整体形象和利益的损失。通过教育与科学引导，在整个行业内树立起以消费者利益和社会利益为中心的、高服务质量的品牌形象，获得县域旅游产业良好的服务口碑。[①]

二　品牌形象建设方式

（一）坚持“政府指导、市场运作、企业参与”发展模式

在县域旅游品牌形象建设过程中，对县级政府的角色进行正确定位意义重大。在社会主义市场经济条件下，一个地区旅游业的发展，一方面必须和其他行业一样，充分尊重市场经济发展的自身规律，以市场调节功能和特定的运行机制来促进旅游业的发展；另一方面由于市场这只“看不见的手”本身的缺陷，政府又必须介入其中，恰当地发挥宏观调控和政策干预的作用。因此，县级政府在当地旅游品牌形象建设过程中并非“主导”，而应是“指导”或“引导”，它既不应“主宰、主财、主干”，又不能置身事外。[②]

实际上，政府的主要功能在于做好“服务”，促进基础设施建设，优化旅游投资环境，保障市场竞争机制的顺利运行，以此来激发旅游企业投资建设的积极性。与之相适应，还必须确立旅游企业在市场竞争中的主体地位，要按照“产权清晰、权责明确、政企分开、管理科学”的现代企业制度，对现有县域旅游企业进行改革和重组，强化其核心竞争力，争取扶持龙头旅游企业。作为利益相关者，县级政府和旅游企业在市场框架下相辅相成，这也是县域旅游和谐发展的一种理想模式。[③]

---

① 杨佳利：《区域旅游产业集群品牌构建的风险与对策——以粤北区域为例》，《开发研究》2014 年第 4 期。

② 张朋：《县域旅游开发中的政府行为研究》，《南阳师范学院学报》2005 年第 9 期。

③ 周霄：《湖北省县域旅游发展的问题诊断与战略构想》，《武汉工业学院学报》2007 年第 4 期。

（二）完善“信息互通、营销互动、优势互补”发展机制

“团结就是力量”，跨县域协作能够产生“1+1>2”的经济效果已经成为人们的一种共识。县域旅游的广泛协作，关键在于生成一个“利益均沾、多方共赢”的协作机制。

首先，要由政府出面搭建起一个覆盖全省的旅游信息共用平台，该平台不仅能提供该县域内关于旅游景区景点、旅游饭店、旅行社、旅游交通等的最新的行业资讯，还要能够实时监测县域内旅游者的流向、流量和流动趋势，并做出较为客观准确的预测，这样做有利于各县域之间的客源共享。

其次，要由政府和旅游企业共同参与进行整体性的宣传促销，尤其是以旅游资源为纽带且关联性强的县域、旅游景点景区和旅行社，更应紧密地捆绑在一起，正所谓“众人拾柴火焰高”，只有这样做才会产生规模效益。

最后，要明确各县域自身的优势与特色，在旅游产品设计与旅游品牌塑造的过程中突出个性，采取差异化发展战略，避免近距离、低水平重复项目的“上马”所带来的资源与资金浪费。[①]

三　品牌形象建设内容

（一）县域旅游品牌形象塑造

旅游品牌是用来识别和区分旅游目的地的符号系统，定位准确、特色鲜明的旅游品牌能使人们产生美好的联想和深刻的印象，从而吸引游客，最终赢得市场客源。因此，塑造县域旅游品牌形象是发挥旅游资源潜力和拓展县域旅游的关键。

首先，要挖掘县域旅游品牌形象的文化底蕴，可以通过将旅游景点景区与民间节庆、民间演艺相结合，在特定节庆、假日或黄金周期间开展县域旅游文化节等活动，把县域内厚重的传统文化通过旅游品牌形象展现

① 周霄：《湖北省县域旅游发展的问题诊断与战略构想》，《武汉工业学院学报》2007年第4期。

出来。

其次，要加强县域旅游品牌形象建设，通过优化景区形象、健全服务设施、建立互动机制等措施，提供多方位保障机制，优化县域整体旅游品牌形象，促进县域内旅游业发展。

再次，要创新品牌形象宣传方式，通过对县域内主要旅游品牌进行推广宣传，使县域旅游品牌形象逐渐走向全国。利用网络途径，加强线上宣传，打造线上线下互动模式，形成“实体—网络—口碑”的品牌宣传思路，构建立体化县域旅游品牌形象。通过公众平台、手机软件等途径，拓宽县域旅游品牌形象宣传渠道。

最后，要完善品牌形象管理制度，需要相关政府部门主导成立专门的县域旅游品牌形象管理机制，整体规划旅游品牌形象，具体实施品牌形象塑造工作，预测县域旅游品牌形象的需求变化，并及时调整和修改相应的发展政策，对品牌形象建设过程进行长效监督管理，权衡各方利益，打造出品牌形象突出、品牌特色鲜明、品牌效益明显的县域旅游区。①

（二）县域旅游品牌形象设计

县域旅游品牌形象，可以从口号和视觉识别系统两方面设计。口号设计可以体现县域旅游品牌形象定位理念，推出一套相关的主题宣传口号，在不同景点景区推出不同的口号，以提升其知名度与美誉度，加强县域旅游品牌形象的旅游导向性。而县域旅游品牌形象的视觉识别系统，可以从第一印象区、最后印象区、光环效应区和地标区等不同的县域旅游核心区入手进行设计；也可通过对县域旅游地名称、旅游地徽标、旅游地标准字体、旅游地象征性吉祥物、旅游地象征人物、旅游地纪念品、旅游地交通工具等的视觉系统设计，提升县域旅游品牌形象，促进县域旅游品牌形象的进一步传播。

（三）县域旅游品牌形象传播

旅游品牌形象塑造的最终目的是通过塑造的县域旅游品牌形象在社会

---

① 贺星、王艺鑫：《全域旅游背景下区域旅游品牌塑造——以太原市晋源区为例》，《品牌研究》2019 年第 12 期。

上的有效传播，吸引游客的注意力，激发游客的旅游意愿，提升县域在旅游市场上的竞争力，促进县域内旅游业的发展。[①]

1. 确定传播主体

确定传播主体是整个传播决策路径的起点，它要解决的是谁来传播的问题。县域旅游品牌形象传播的主体一般由三个层面构成：一是政府相关部门，主要包括县域政府部门、县域旅游监管部门、旅游行业协会社团等；二是县域旅游企业，主要包括旅游景点景区、旅游酒店等旅游产品供给企业，旅行社等旅游中介企业，旅游运输公司、旅游保险公司、旅游金融服务机构等服务企业；三是社会公众，主要包括旅游消费者、县域旅游目的地居民、媒体公众及其他利益相关主体等。传播主体不同，传播信息的针对性、目的、可信度、广度、深度以及效果等都是有差异的，如在传播信息的可信度上，一般来说，可信度相对较高的是旅游消费者的口碑传播，其次是政府传播、媒体传播及各类社团传播，旅游企业的商业传播可信度则比较低。传播主体不同带来的这些传播差异，要求县域在进行品牌形象传播决策过程中，必须首先明确传播主体。

2. 确定传播受众

确定传播受众，也就是确定传播对象——传播信息的接收者，它要解决的是信息传递给谁的问题。目标受众主要包括目标市场旅游者及潜在旅游者、旅游相关企业、旅游目的地居民、相关旅游决策者及影响者等。目标受众不同，其群体特征、媒体偏好、关注的利益点、认知态度、认知阶段等都是有差异的。因此，明确界定传播受众，是传播主体设计传播内容、选择传播渠道、制定传播目标等的前提。在明确界定传播受众的基础上，传播主体还要认真分析和把握传播受众的特征，诸如传播受众的地域结构、年龄、收入、文化水平、个性特点、思维方式、价值观念、媒体偏好、关注利益点等。对传播受众群体特征进行深入的分析和把握，便于传播主体在传播过程中做到“对症下药”，提高传播的针对性和实效性。

---

① 郑昌盛：《试论连云港城市旅游形象的塑造与传播》，《经济师》2006 年第 11 期。

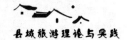

3. 确定传播目标

传播主体和传播受众确定后，要在分析和把握目标受众群体特征的基础上确定传播目标。从县域旅游品牌构建的角度看，品牌形象传播的目标主要包括品牌知名度构建、品牌联想度构建、品牌美誉度构建和品牌忠诚度构建等方面，这四个方面是依次递进和相互影响的，在品牌形象传播的过程中要从整体上把握这四者之间的递进关系，看到它们之间的相互联系和影响，不能孤立地追求其中一个或两个方面目标的实现，也不能忽视品牌知名度、联想度、美誉度和忠诚度之间的相互关联和影响。同时，针对不同的传播目标，要采取有针对性的传播策略，以此来保证所确定传播目标的实现。如对于品牌知名度的构建，要突出整合营销传播；对于品牌联想度的构建，要突出品牌的客观特点，赋予品牌一种主观特性，打造出具有竞争力的核心价值；对于品牌美誉度的构建，要实现顾客满意、培养专业人员；对于品牌忠诚度的构建，要发挥关系营销的功能和作用，重视顾客关系的管理等。

4. 确定传播内容

传播内容是依附于一定载体上的品牌信息，这些信息反映的是县域旅游目的地的品牌形象，体现的是县域旅游目的地的品牌内涵。品牌信息传递所借助的载体由物的载体和人的载体两个方面构成，主要包括品牌口号、各类品牌视觉标识、形象代言人等。品牌信息传递的内容通常被称为“诉求”或“主题”，具体分为感性诉求、理性诉求和道义诉求。在确定信息传播内容时，要做到两点：一是信息传播内容要和县域旅游目的地的品牌定位相一致，体现其核心价值；二是信息传播内容、信息传播形式、信息传播结构三者之间的协调统一。

5. 确定传播渠道

传播渠道主要包括五类：一是广告传播，具体包括电视、广播、报纸、杂志等；二是公共关系传播，具体包括召开新闻发布会，开展公益活动、危机处理、赞助活动、各种会议和社交活动等；三是销售促进传播，具体包括价格折扣、优惠券、赠品、抽奖等；四是人际传播，具体包括电话传播、营业场所推介、旅游交易会、旅游博览会等；五是网络传播，具体包括企业网站、微博、论坛、博客、微信、抖音、小红书、快手等。渠道类型不同，其传播的特点和效果也不同，这就需要传播主体在充分考虑传播受众特征、传播目标设置、传播内容需要等因素的基础上，结合传播渠道的具体特点，做出科学合理的选择。①

第四节　品牌形象塑造

当今旅游业作为一种朝阳产业，正呈现蓬勃发展的态势。县域加强品牌建设，提升品牌竞争力，已成为旅游业发展的必由之路。为适应这个品牌经营时代，县域必须打造出独特的旅游品牌形象，才能与众多的旅游地区竞争。②

一　品牌形象塑造主要内容

（一）目的地形象塑造

1. 物质景观形象塑造

物质景观形象是指旅游目的地具有体现旅游形象功能的那些景观的形象，包括背景景观、旅游区景观和城镇物质景观。

第一，背景景观。背景景观是旅游区存在的依托，存在于广泛的范围内，无须太多的设计和改造。但在景观形象的设计中需要注意的是，生产建设和旅游开发活动应当尽可能维护和强化原赋资源的特色，避免环境污染和对旅游资源的污染。县域政府在塑造景观形象的过程中，要着重注意环境保护和资源节约，在不破坏原有资源的情况下，打造出既体现自然风貌又展现特色的背景景观。

第二，旅游区景观。旅游区是区域资源赋存和条件最突出的地段。其

① 王东峰：《基于旅游目的地品牌构建过程的品牌传播决策研究》，《生产力研究》2020 年第 9 期。

② 2011～2013 年《中国旅游业统计公报》，文化和旅游部网站，https://www.mct.gov.cn/。

形象的塑造要注意两个方面：一是对原赋资源的保存；二是服务设施不仅要满足使用功能，还要充分体现艺术性和艺术功能，强化旅游区的形象。县域在进行旅游区规划建设的过程中，要综合考虑旅游资源、文化特色、功能分区、目标定位等各种因素，塑造出县域内最具知名度的旅游形象。

第三，城镇物质景观。城镇作为游客进入目的地的交通枢纽和旅游活动的服务基地，在烘托和加强游客对目的地整体形象感知方面具有重要作用。城镇物质景观形象主要通过县域城镇建筑、街道、广场、雕塑、行道树及环境绿化、环境艺术小品等体现出来。因此，在旅游目的地的设计中，旅游部门应当配合县域政府的规划部门、建设部门，认真研究县域的地方特色，塑造与旅游区格调相适应、有地方特色的县域城镇物质景观形象。

2. 社会文化景观形象塑造

社会文化景观形象塑造的总原则，就是要突出地方风俗和民族文化，完善旅游服务，提高居民的文明水准和好客度。

当地居民的生产生活等活动构成目的地的社会文化景观，他们同样具有对地方形象特征的影响作用。社会文化景观包括地方风俗、民族文化、服务形象、居民行为等。社会文化景观形象的塑造牵涉许多方面，是一项复杂的系统工程，必须由多部门协调合作，经过多年努力逐步实现。社会文化景观形象塑造的具体行动方案如下。

首先，可以举办各种艺术、文化、展览等活动，在县域内举办地方性节庆活动，既是当地文化建设的一部分，又可以作为县域旅游的代表性事件。

其次，要增强县域地方特色氛围吸引力，如深圳的现代化气息和开放特色，西安的古城特色氛围等。

最后，要加强对居民的好客教育，包括培养居民的文明行为、热情服务的态度等。应强调“人人都是旅游形象”的理念，要求县域居民以一种亲切的态度与游客进行交流，在外地游客面前树立一个友好和热情的主人形象。[①]

① 黄芸玛：《旅游形象塑造研究——以西宁市为例》，《陕西师范大学继续教育学报》2005年第2期。

（二）企业形象塑造

根据传统的企业识别理论，对旅行社、宾馆饭店、旅游区管理处以及其他相关企业，包括交通、通信、商业等县域旅游企业的形象加以塑造。

食、住、行、游、购、娱是旅游的六要素，涉及多个方面的服务企业。一方面，所有旅游企业都要把“一切为了顾客”作为经营管理的宗旨，实施顾客满意战略。另一方面，加快培育旅游骨干龙头企业，加强基础设施建设，优化环境质量，提高接待服务水平；引进先进管理方法，体现旅游企业服务意识和服务效率；对企业员工进行CS经营战略观念教育，并使之深入人心，从职业道德、文化修养、业务素质、服务意识和外语水平等方面全方位提高员工素质。同时还要注重旅游企业办公场所形象、交通工具形象和员工外表形象等的塑造。另外，加强对居民的好客教育，注重旅游从业人员和居民文化素质的提高，规范其行为方式，做到整个社会安定有序、热情好客、文明服务，树立良好的服务形象。[①]

（三）核心区形象塑造

旅游形象空间结构的核心区对游客的形象冲击最为强烈，往往决定了其对旅游目的地的最终评价。因此核心区应是进行旅游品牌形象塑造的重中之重，将有限的人力、物力和财力集中投入核心区，对各种形象要素进行合理规划、有效管理，确保旅游目的地在旅游者心中产生最佳的形象认知。旅游形象空间结构的核心区包括第一印象区、最后印象区、光环效应区、地标区，另外还有旅游阴影区。

1. 第一印象区

第一印象区由形象认知的首因效应产生，首因效应即旅游者心中形成旅游目的地形象时，最初依据的有关目的地形象的信息能使旅游者形成最深刻的印象，这里的第一印象区专指在实地旅游形象形成中，旅游者最先到达（进入）目的地的地方。因此要重视第一印象区的建设，机场、车站码头、高速公路的收费站点、城市入口大门景、旅游景点的门景、宾馆饭

① 李永文、洪艳：《洛阳市旅游形象的设计与塑造》，《河南科技大学学报》（社会科学版）2005年第1期。

店的建筑外观等，都属于第一印象区。例如，洛阳可以在火车站前广场建立代表洛阳旅游形象的雕塑，或打出标语“五千年的中国，五千年的洛阳”，使游客一出火车站，就能感受到洛阳作为“十三朝古都”“文化名城”“牡丹花城”的文化氛围；宾馆饭店可采用仿古建筑外观，让人置身于古都之中；城市道路在注意绿化的同时，可适当增添一些洛阳历史名人的雕塑，使游客与名人同行，体现文化特色；规范站前小商贩的经营行为；等等。

2. 最后印象区

最后印象区由形象认知的后因效应形成，是旅游者离开目的地时，最后与目的地接触的地点，如最后一个旅游观光点、新开发的景区、旅游者离开目的地的边界区等。一般来说，对于首次旅游的人，第一印象区的形象意义比最后印象区大，而对于重游者而言，最后印象区的形象意义比第一印象区大。因此要重视最后印象区的建设。对于最后印象区的建设来说，其和第一印象区有很大一部分重合内容。

3. 光环效应区

旅游目的地中，有的区域具有决定该目的地整体形象的意义，只要这些地点具备良好的形象，那么旅游者就容易认为整个目的地都具有良好的形象；反之，如果旅游者在这些地点产生不良的认知，即便其他地点的形象良好，旅游者心中仍然会形成整个目的地的不良形象，这些地点就是所谓的光环效应区。城市中心区、重点旅游区等，都是光环效应区。光环效应区是对旅游地整体形象具有决定性意义的地方。例如，洛阳市的光环效应区包括龙门石窟、白马寺和关林等重点旅游区，以及王城公园和牡丹公园等主要牡丹观赏景区，它们是游客到洛阳后光顾最多的地段。[①] 县域旅游品牌形象建设，应该结合自身实际，建设光环效应区，形成自己的品牌形象。

4. 地标区

地标区指旅游目的地中唯其独有的，逐渐获得标志性、代表性的形象

① 李永文、洪艳：《洛阳市旅游形象的设计与塑造》，《河南科技大学学报》（社会科学版）2005 年第 1 期。

特征。地标区往往成为指代和传播目的地形象的象征，也是每个旅游者心中必须实地感知的重要区域。没有地标区的旅游目的地，就是没有鲜明形象的旅游目的地。例如，北京市的地标区包括故宫博物院、天安门。县域政府应该建设属于自己的地标区，从而促进县域旅游品牌形象的塑造。

5. 旅游阴影区

王衍用在研究孟子故里开发时，首先提出了旅游阴影区的理论。所谓旅游阴影区是指同时处于两个高级别旅游地（光环效应区）之间的旅游区域，双重光环效应区形象遮蔽使得这些区域成为潜在旅游消费者形象识别的谷底甚至盲区，这些旅游地本身极具特色的旅游资源长期以来不为旅游者所知，区位的特殊性致使这类区域旅游业的发展受到阻碍，形成了双核阴影区。[①] 根据王衍用提出的旅游阴影区理论，贺州是桂林、广州两大旅游光环效应区之间的典型旅游阴影区。县域旅游品牌形象在塑造的过程中也应该重视这部分区域的建设，发挥其价值。

（四）其他形象塑造

1. 代表性人物或事件

代表性人物指在县域旅游地出现的杰出人物，可以选择政治人物、文化名人、演艺明星、劳动模范等贡献突出、口碑良好的人物，如韶山的毛泽东、绍兴的鲁迅等。代表性事件指历史上发生的重大事件或当地重要的节庆活动等，如南昌的“八一起义”、哈尔滨的国际冰雪节等。

代表性的人物和事件，是县域旅游品牌形象塑造的重要内容。如洛阳市从 1983 年起每年 4 月举办的“洛阳牡丹花会”（2010 年更名为“中国洛阳牡丹文化节”），既是地方文化建设的一部分，也是洛阳旅游的代表性事件，在一定程度上对该地旅游品牌形象的塑造起到了促进的作用，同时也提高了当地的旅游知名度，助力旅游业的发展。[②] 县域旅游品牌形象在塑造

---

① 王衍用：《孟子故里旅游开发战略研究》，载中国旅游协会区域旅游开发专业委员会编《区域旅游开发研究》，山东省地图出版社，1991。

② 李永文、洪艳：《洛阳市旅游形象的设计与塑造》，《河南科技大学学报》（社会科学版）2005 年第 1 期。

的过程中可以借鉴这些方式和做法。

2. 感官形象塑造

其一，视觉形象。为了从视觉上表现一个县域的旅游形象，便于传媒对其旅游形象加以传播，在规划编制过程中，还需对县域旅游形象的视觉符号体系的设计提出理念性建议。视觉符号体系包括标准图片、标准旅游徽志、旅游口号的标准字体、旅游吉祥物等。其中徽志是视觉识别系统的核心，是应用最广泛的旅游地代表符号，体现着县域旅游地的地方精神和文化特色。

其二，听觉形象。对于旅游吸引物来讲，与当地和谐的声音具有营造旅游气氛的特殊功能。这种听觉形象既包括马、牛、羊、鸟类的嘶鸣声以及流水、风啸等自然的声音，也包括音乐、歌曲、放牧吆喝、机器声等人为的声音。听觉形象设计包括三方面的内容：一是有意识地强化当地自然声音的效果；二是净化听觉环境，减少噪声；三是在促销以及旅游纪念品的设计中，适当考虑音乐盒带、唱片盘等文化制品。①

其三，嗅觉形象。在对新环境的感知中，嗅觉是第一位的。嗅觉总是在其他感觉之前反映周围环境。嗅觉本身是个体警觉系统的一部分，好的气味能使人振奋精神，产生甜蜜、幸福、温暖、兴奋、愉快、舒适、轻松、受欢迎、自信、安全的感觉。海边淡淡的咸味、松林的松香味、各种花草果实的气味以及清新的空气，都代表着旅游地的嗅觉形象。同时应当注意，各类吸引物及旅游服务设施内都应严格消除对旅游形象产生损害的异味。②游客感知旅游目的地新环境时，嗅觉是最敏感的感官。人们对气味的敏感性，要求各县域加强与旅游产品、设施、景点相关的绿色环保行动。

其四，味觉形象。食、住、行、游、购、娱是旅游业六大要素，“食”摆第一位。“民以食为天”的俗语在旅游业中也能得到体现，有相当一部分游客选择一个目的地旅游的原因就是被当地的美食吸引，因此，县域旅游目的地带给游客的“味觉体验”是否良好，直接影响游客对该地的总体印

① 吴必虎：《区域旅游规划原理》，中国旅游出版社，2004。

② 吴必虎：《区域旅游规划原理》，中国旅游出版社，2004。

象。县域旅游应该结合当地现状，打造属于自己的特色美食品牌形象，进而扩大品牌形象影响力，促进县域旅游的发展。

其五，触觉形象。触觉是游客以体与肤感受到的审美情趣，触觉营造可以让游客与大自然亲密接触或通过按摩、水疗等方式给游客以良好的触觉体验，营造良好的旅游“境区”。注重触觉形象的旅游产品中最突出的有三类：一是浴游，二是推拿按摩游，三是美容美体。有相关资源的县域可以结合实际情况打造具有影响力的品牌形象。①

二 品牌形象塑造影响因素

（一）良好的旅游产品

旅游产品是创建县域旅游品牌的基本依据。旅游产品是旅游者在旅游过程中所购买的服务或服务与实物产品的组合。从某种意义上来说，县域旅游品牌就是当地最具特色或优势的旅游产品，是目的地提供给旅游者的特色旅游产品的组合。因此，各地要进行市场需求调查，挖掘当地的旅游资源，结合地方文化与特色，生产人性化的拳头旅游产品。

（二）高素质的旅游服务人员

旅游服务人员是县域旅游品牌形象的动态传播者。其形象、气质、服务态度、服务水平直接影响到县域旅游品牌的形象。高素质的旅游服务人员能够给旅游者留下深刻的印象，良好的服务能够增强旅游地的亲和力、拉近与游客的距离，从而加深游客的印象。政府和旅游企业要引导当地居民友好地对待游客，组织旅游从业人员进行全面、系统的服务知识、服务礼仪和服务技巧培训。

（三）良好的旅游环境

生态环境和社会环境影响游客对县域旅游品牌形象的评价，良好的旅游环境是县域旅游品牌化发展的必备条件。政府要承担旅游基础设施建设的重任，制定本县域合理的旅游政策，规范旅游市场行为，保护游客和旅游企业的合法权益，提高当地的诚信度和知名度；同时政府和旅游企业要

---

① 闫红霞、王琳丽：《旅游心理学》，电子工业出版社，2016。

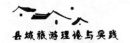

引导当地居民、服务人员和游客树立环保意识，保护生态环境，从而为品牌形象的塑造提供良好的旅游环境。

（四）持续的品牌营销

县域旅游品牌形象的塑造和传播离不开持续、系统、有效的品牌营销，而县域旅游品牌形象代表一个县域的整体旅游形象，具有公共产品的性质。因此，政府在旅游品牌营销推广中居于主导地位。政府要加大旅游投入，增强政府的宣传营销职能，如印制和发表旅游文件资料、开展多种广告宣传和公共关系活动、申请重大会议和活动的主办权、设计旅游宣传口号等。

三　品牌形象塑造主要措施

（一）健全管理机制，推进旅游执法与评价

健全旅游管理、监督、执法、服务、评价、考核机制，明确各主体部门的责任。对县域旅游资源进行整体规划及发展引导，积极宣传并贯彻执行旅游法规、规章，提供旅游者法规咨询服务，开展文明旅游宣传教育。监督旅游市场的秩序、质量和安全，强化对旅游星级酒店、旅行社、旅游景区等涉旅企业及导游、导购、旅游巴士司机等涉旅从业人员行为的监督和执法。

积极搭建县域旅游服务平台，利用大数据对游客的旅游体验进行分析处理，优化体验。通过县域旅游建设成果分析，加强对旅游相关职能部门进行的考核评价，优化政府的服务职能。

（二）完善旅游配套设施，优化旅游服务与体验

更新与完善县域内现有景区内部及景区之间的旅游配套设施建设。完善现有景区内部的道路交通系统、标志系统、服务系统的建设，积极利用信息化技术，建设电子票务、商务系统，实现景区重点区域的 Wi-Fi 覆盖，提供信息化导览服务等，进而打造智慧景区服务体系。[①] 同时更新和完善景区之间的景观道路、公交站点、游客服务中心等服务设施的建设。建立健

① 李红：《全域旅游视阈下县域旅游发展探究——以安徽省霍山县为例》，《泰州职业技术学院学报》2016 年第 1 期。

全游客的服务跟踪评价机制，及时对游客的旅游体验进行反馈收集、处理分析，以调整和优化游客体验。

（三）深挖旅游资源，促进旅游与相关产业融合

首先要整合旅游资源，延伸产业链条。确立差异化的旅游项目及主题，在进行县域交通体系规划时，重点考虑核心旅游目的地和旅游线路，并对现有道路及交通体系进行完善与开发。依据县域特色，延伸不同的产业链条。例如，根植地域山水特色及文化特色，延伸旅游产业链条，增加旅游附加值。通过山水观光、野营探险、地质科普、康体保健、禅宗养生、美食体验、避暑休闲、创意农业、文化表演、民宿体验等多类型旅游产品，从食、住、行、游、购、娱等多方面丰富游客的旅游体验。

其次要加强文化渗透，增加县域底蕴。挖掘并盘活县域内现有文化资源，将文化建设同步渗透到县域景区的开发建设中，提升景区文化内涵，塑造鲜明特色，增加县域旅游文化内涵及底蕴。在县域旅游规划推进中可以将文化品牌形象的树立作为营造县域特色的重要途径，同时也可以将文化要素融入旅游项目策划中，体现在景观设计表达中。

最后要引领产业融合，立体协同发展。充分利用县域内相关旅游产业优势及特色，通过旅游业的高关联度，将相关绿色产业、特色产业充分融入旅游业的发展中，以旅游业为核心，辐射和带动相关产业的发展，形成“旅游+”模式，促进产业间的融合，助推社会经济的协同发展，[①] 以旅游业为依托，推进各产业间的协调配合和产业的转型升级，[②] 促进县域旅游品牌形象塑造。

（四）进行旅游资源整合，科学规划

应该对县域内旅游资源进行大力整合，从整体的视角搞好各县域以及县域内部旅游发展的协调，使县域旅游自然衔接，保持资源的完整性。

---

① 左文君、明庆忠、李圆圆：《全域旅游特征、发展动力和实现路径研究》，《乐山师范学院学报》2016 年第 11 期。

② 任舟：《全域旅游视角下的县域旅游品牌建设对策研究——以河南省南阳市西峡县为例》，《美与时代》（城市版）2019 年第 10 期。

一是应该将各个县域的自然景观、历史文化、民俗风情紧密结合在一起。

二是县域本身旅游规划要考虑到旅游产业与其他产业的关联性，尽可能覆盖更广的范围，尽可能与当地产业结合起来，让外地的游客既能观赏到美景，又能品尝到当地独具特色的特产和小吃以及享受到其他相关服务。

三是宣传活动的整合，比如可以将旅游宣传和县域当地形象宣传结合在一起、与其他县域宣传结合在一起，还可以策划一些活动带动当地的旅游宣传。

四是进一步规划和建设旅游基础设施，完善交通体系，建设高星级酒店等，这是塑造县域旅游品牌形象的基础和前提。

（五）打造特色鲜明的县域旅游品牌形象，突出品牌价值

品牌形象的树立和维护，需要鲜明的品牌定位来支撑。品牌定位重在抓住本质特性，突出独一无二。另外，在树立当地特色品牌的基础上，还要加强旅游品牌之间的整合，因为单个旅游品牌的生命力并不强，应该将各个县域的旅游品牌进行整合，打造出几条典型品牌路线。这里说的整合不是单纯地将各个县域串在一起，而是将各个县域的资源、文化、历史甚至饮食融合起来，让游客不仅能够记住某个旅游品牌，还能通过一个品牌联想到其他品牌。

（六）完善差异化品牌形象设计

建立全方位的品牌形象差异化营销策略，是通过塑造与竞争对手不同的产品、企业和品牌形象来取得竞争优势的一种重要途径。

在县域旅游品牌形象差异化建设的过程中，要充分利用大数据等技术，对游客进行差异化和精准化营销，对游客的游记、点评、投诉等进行梳理和统计，了解游客的体验感受以及对景区形象的认知，及时发现问题、总结经验并提出改进措施。此外，要不断加强旅游宣传，通过旅游电视广告推广、旅游招商引资、吸引知名导演创作影视作品等方式，提升景区的知名度。同时需重视网红经济背景下互联网新媒体短视频的影响力，通过丰富的传播工具，向游客展现县域旅游独特的品牌形象，打造线上线下多视

角、全方位的立体化营销。积极改进县域旅游品牌营销的宣传策略以及宣传方式，采用灵活多变的营销策略和宣传方式，将传统的营销策略与当下热点相结合，从而有效提高县域旅游品牌知名度。充分利用新媒体营销、网络视频营销、网络社区营销等新型营销方式，全方位提高游客对县域旅游品牌形象的关注度和认知度。①

四　品牌形象塑造基本原则

（一）系统化原则

在县域旅游品牌创立与发展的过程中，系统理论是其有力的支撑。县域本身就是一个系统，又处于其他系统之中，县域内部各要素相互依存，同时又相互作用。县域本身也是外部系统中的一个环节，内外系统间也相互作用。

在创建县域旅游品牌的过程之中，不能用孤立的眼光，片面地看待县域内的各要素，要以全局化的观念，将县域内的各要素综合起来进行系统的分析。宏观上，要从县域内旅游行业发展、经济发展的角度出发，从整体规划的高度出发；微观上，要兼顾县域内各景区、各旅游产品的发展，优化资源配置，以科学的、系统化的方法塑造县域旅游品牌形象。

（二）协调化原则

县域旅游品牌建立的过程，是对县域旅游利益相关者之间现有利益及未来利益的一次关联和再分配。县域旅游统一品牌的建立，实际上是将县域内利益相关者更加紧密地联合在一起，这就要求县域旅游品牌在建立的过程中，要充分考虑利益相关者的关系。县域旅游品牌内部各支撑要素需要协调一致，而县域旅游品牌也要服务于县域内各利益相关者，保证相关利益能够统一在一个县域旅游品牌之下，不发生冲突。

（三）现实性原则

县域旅游品牌需求的产生，与旅游行业的发展分不开。而县域旅游品

---

① 徐佳平、张晟：《全域旅游背景下贵州省山地旅游品牌形象差异化构建研究》，《旅游纵览（下半月）》2020 年第 2 期。

牌的建立，其核心内涵和总体形象，与县域的现实条件以及旅游行业的发展程度更是紧密相关。

县域政府在塑造旅游品牌形象的过程中，应该保持谨慎的态度，以实事求是为原则，以县域旅游发展的基本情况为基础，以旅游发展战略方向为依据，建立旅游品牌形象。脱离实际的旅游品牌以及与旅游发展方向不符的旅游品牌，将在县域旅游发展的过程中产生阻力，浪费政府在品牌建设中所投入的精力和资本。

（四）创新性原则

当前，随着县级行政区域逐渐成为旅游行业竞争的主体，县域之间旅游品牌竞争逐渐进入白热化阶段，优秀的旅游品牌往往被人们熟知，成为旅游地的标志，并且为旅游地带来更强的传播效果和更大的市场份额。县域在品牌形象塑造中，需要依靠创新的力量，形成属于自身的独特亮点。具体而言，县域政府要从旅游资源、旅游设施、旅游服务、旅游观念、旅游体制、旅游产品和旅游经营等方面入手，建立新的旅游管理模式，创造新的旅游消费方式，推出新的旅游产品，开拓新的旅游市场。为实现旅游的可持续发展，县域必须始终坚持创新性原则，将创新融入旅游行业的方方面面。

（五）差异化原则

随着旅游行业的发展，旅游对国民经济的贡献越来越大，越来越多的城市、企业将旅游行业视为优质的利益渠道。在商业利益的驱动下，旅游市场上很容易出现恶性竞争，集中表现为旅游产品的雷同，这实则是对资源的浪费，对于旅游行业的健康发展百害而无一利。

由于县域依托具体省市行政区划，同区域内的县域在经济、文化、历史、自然资源等方面有极大可能存在相似性，为了避免恶性竞争，县政府要在品牌创建的前期，对竞品县做出调研，避免与竞品县采用相同的品牌形象、品牌策略等。以浙江特色小镇为例，浙江省于 2015 年公布第一批浙江省省级特色小镇创建名单，名单中，37 个首批被录入名单的小镇各有特色，每个镇都有属于自己的特色产业，有着属于自己的品牌，这不但赋予了小镇不同的特色，而且形成了差异化的集群式发展。[①]

（六）前瞻性原则

目前，我国县域旅游发展还不完善，多数县域的旅游业还处于起步阶段。在旅游发展早期建立旅游品牌，有利于县域旅游产业的发展和旅游市场的开拓。然而县政府必须意识到，县域旅游品牌的建立需要为本县旅游业以及县域内旅游产品、旅游企业的发展预留出空间，不能让品牌成为“条款”，成为旅游行业发展的桎梏。县政府需要结合本县旅游行业发展的战略规划，避免品牌内涵单薄、发展空间过小，否则易产生旅游品牌与旅游业实际发展脱节的情况。

五　品牌形象塑造发展策略

（一）发挥政府的主导作用

县域旅游品牌具有公共产品的性质，其形象代表着县域的整体旅游形象，因此，政府在品牌形象的塑造中居于主导地位，具有重要的作用。浙江淳安县千岛湖旅游品牌的成功经验就是坚持政府的主导，政府统一协调指挥千岛湖“景点革命”，其在政府主导下解决了游船游艇经营秩序混乱的问题，提高了游船游艇的服务质量，同时也推进了游船游艇的改造。因此，在县域旅游品牌化发展的过程中，要坚持政府的主导作用，政府要从战略的高度来制定品牌化战略的内容、具体步骤，形成具有凝聚力的旅游品牌管理机制，对品牌进行有效的保护、管理与监测，维护市场秩序，从而为品牌化发展提供良好的旅游环境。加大对旅游品牌建设的投入，树立当地良好的旅游形象，增强政府的宣传营销职能。

（二）围绕品牌整合旅游资源

旅游资源整合是县域旅游品牌化发展过程中的一个重要环节。实现旅游资源的整合，可以有效地放大县域旅游资源的乘数效应，大大改善客源情况，为县域旅游形象的宣传和旅游品牌的传播拓宽渠道。由于我国各县

① 赵灵灵：《特色小镇应有的六个内在逻辑——以浙江省为例》，《中国房地产》2016年第29期。

域旅游资源分布广泛、种类多，要将众多的资源整合为一点或一个方面并统一向外宣传是不现实的。因此，围绕当地品牌，可以采用“分类整合、多点传播”的旅游资源整合模式，把特色相近、类型相同的资源整合起来，开发特色旅游产品。同时，加大多种旅游路线的整合力度，促进县域旅游发展向多样化和多功能型转变，使县域旅游资源在内容和形式上更加丰富和突出，更具旅游价值和吸引力。此外，在县域旅游资源整合的过程中，要注意统筹规划，协调各方面的利益关系，维护当地居民、旅游企业、游客等利益相关者的合法权益。

（三）强化旅游企业的品牌建设

旅游业是一个关联度很高的产业，酒店业、旅行社业、餐饮业等都与旅游业息息相关。因此，创建旅游行业的品牌，特别是旅游企业的品牌，对于提升县域旅游地的形象、促进县域旅游品牌化发展也有十分重要的意义。各县域旅游企业要增强品牌意识，明确品牌发展的思路，根据旅游业的发展态势和游客需求的变化趋势，设计和开发个性化和差异化的优质旅游产品，并不断地对产品进行更新换代，满足不同层次游客的需求。优质的服务是品牌成功的基础和保证。在县域旅游企业品牌的建设中，要努力在服务上做文章，突出优质服务的理念，开展“旅游优质服务”等活动，增强旅游企业员工的服务意识，促进行业良性竞争氛围的形成。

（四）进行有效的旅游品牌营销

县域旅游品牌的宣传促销工作，要突出当地的资源特色和民风民情，做好旅游总体形象策划与宣传。采用多种营销手段，如推出具有感染力的旅游形象广告语，制作高质量的旅游光盘，争取重大活动或赛事的主办权，等等。此外，要特别重视网络技术的应用，建立旅游信息系统，建立以网上旅游广告宣传、网上旅游招商信息发布、旅游电子商店、旅游信息交流平台和旅游网络服务为主的一系列旅游市场营销新途径。通过各县域的旅游网链接，统一品牌、统一价格、统一服务、统一承诺，并在此基础上进行连锁经营，形成完整的旅游电子商务体系。

（五）增加旅游品牌的文化内涵

品牌的一半是文化，文化支撑着旅游品牌的丰富内涵，是旅游品牌的价值基础。我国各县域都有自己的地方文化，同时各地方文化差异也比较大，这就为创建旅游品牌、走品牌化发展道路提供了坚实的文化基础。在具体的旅游品牌开发中，要充分挖掘当地的特色文化，整合历史文化资源和现代文化资源，营造浓郁的文化氛围；把文化特色融入旅游品牌的价值构成中，凸显地方的文化特色，从而增加旅游品牌的地方文化内涵与文化价值含量，彰显旅游品牌的文化价值个性，增强旅游品牌的吸引力。[①]

第五节　品牌形象传播

斯坦利·帕洛格曾指出："在竞争日益激烈的市场环境中，没有旅游目的地能够安然躺在桂冠上，让游客自己送上门。"[②] 旅游品牌的长期发展，离不开良好的经营与传播。因此，科学而有效的传播途径和策略能够更好地推动县域旅游的发展，将受众与县域旅游品牌形象相连，使县域旅游形象深入旅游者内心，激发旅游者旅游兴趣，使旅游者在心里形成对县域旅游的美好印象。只有达到了这种效果，县域旅游品牌形象的传播才是成功的。

一　品牌形象传播结构

县域旅游品牌形象传播隐含着一个结构，这个结构由其传播主体和客体组成。

（一）传播主体多元化

目前县域旅游多实行以政府行政机关（旅发委）为主、以旅游项目经营者为辅的传播模式，即当地旅发委（原旅游局）主导着整个旅游品牌的建构及传播。一些旅游项目的经营者也会参与到县域旅游传播当中并充当传播的主体。但是，县域旅游项目规模小、活动范围窄，旅游项目经营者多为当地的村民，文化程度不高，不懂如何全方位地对县域旅游品牌进行

① 黄爱莲：《县域旅游品牌化发展探究》，《广西经济》2009 年第 3 期。
② 冯云：《旅游目的地品牌营销研究》，硕士学位论文，武汉大学，2005。

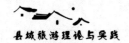

传播，因此他们在传播活动中发挥的作用并不大。

在社会化媒体高度发达的现代，人人都可以成为信息传播的主体。在县域旅游整合传播过程中不能光靠政府唱独角戏。首先，当地旅发委应把握县域旅游传播的整体格局，精准树立品牌定位，科学制定传播策略，合理选择传播媒介并利用主流媒体、传统媒体来传播旅游品牌形象及旅游信息。其次，积极吸引旅游产品的经营者参与到传播过程当中，对经营者进行系统的培训，提高其信息传播整合能力与各种媒介的运用能力。最后，鼓励县域内的常住居民、县域原生居民积极运用个人媒介来传播旅游品牌形象，扩大县域旅游影响力，实现传播主体多元化。

（二）传播客体精确化

对传播客体精确定位，有助于传播策略的有效实施。县域旅游品牌形象传播的客体应与县域旅游的目标受众相一致，前者可略大于后者。当前许多县域旅游在整合传播过程中没有进一步细分市场，未深入分析目标受众，传播客体定位不明确，从而导致传播效果不明显。在县域旅游传播过程中，要精确定位目标受众，确定哪些受众会对其旅游产品感兴趣并购买。在细分旅游地目标受众市场时可着重考虑年龄、职业、收入、地域分布这几个因素以及目标受众的自我导向。

二　品牌形象传播途径

（一）形象广告传播

广告是最常见的品牌推广载体。广告传播的传统途径具体包括电视、广播、报纸、杂志等。广告可扬名造势，有利于提高知名度；广告可攻人心智，有利于塑造品牌形象；广告具有较强的诱惑性，有利于促进销售。广告对传播品牌、扩大品牌影响力、提高品牌的市场占有能力，有非常重要的甚至是无可替代的作用，所以才有许多旅游地投入巨资进行广告宣传。以旅游品牌形象的传播为目的的广告，在近年得到了快速发展，如国内经济比较发达的城市及优秀旅游城市相继在中央电视台对其形象进行广泛传播，主要内容就是中国的城市风貌及秀美风光，中央电视台为杭州、深圳、桂林、义乌、焦作、洛阳、成都、泰山、千岛湖等近百个城市及旅游景区制订了媒体传播计划，并推出“登泰山保平安”“中华之源、中原之旅”“小商品海洋购物者天堂”等诸多家喻户晓的城市定位语。[①]

县域旅游品牌形象的传播，可以依托县域政府，借由电视台和广播媒体的宣传、报纸杂志的刊登印刷等主要的广告传播方式，广泛传播县域旅游品牌形象，提升县域旅游的吸引力，吸引更多的游客到县域旅游目的地进行旅游，从而促进县域旅游产业和经济的发展。

（二）公共关系传播

县域旅游品牌形象公关的基本策略包括制造和发布新闻、举办有影响力的活动及游说活动。公关活动并不需要给广告媒体付费，但可吸引媒体的关注，从而达到对外宣传的效果，这被认为是一种低投入、高产出的传播方式。

制造和发布新闻可以采用抓住时事热点的方法，制造出“爆款”的旅游新闻，通过新闻稿、演讲稿、调查报告等形式，向社会各界传播县域旅游品牌形象、旅游企业的有关信息，以形成有利的社会舆论，创造良好气氛。县域标志性的旅游节事以及临时举办的小型节事活动或其他大型专题活动等具有影响力的活动，集观光、民俗展示、商贸洽谈、文化交流、健身娱乐、生态体验等各项功能于一体，是县域旅游品牌形象传播的大好机会。

（三）网络媒介传播

“互联网＋旅游产业”是时代发展的必然。随着新媒体的崛起，要以新媒体为主导，适当减少在传统媒体上的广告投放。可以搭建微信公众号与微博账号和手机客户端“两微一端”沟通平台。另外还可以利用 OTA 软件（手机 App 与 PC 端）以及现代流行的抖音、快手、小红书等网络 App 来进行传播。一方面，在线旅游市场应跟随时代潮流，将目光更多地转向县域旅游这块“大蛋糕”；另一方面，县域旅游策划主体要积极与在线旅游市场达成合作关系，运用 OTA 软件进行宣传。此外，还可以积极利用影响力较

① 程金龙主编《旅游目的地管理》（第二版），中国旅游出版社，2021。

大的旅游类微信公众号、目标受众地官方微信公众号和拥有巨大流量的网络 App 等来进行营销传播。

（四）受众口碑传播

受众在选择县域旅游目的地时计划时间较短，常常会倾向于依赖亲友的介绍，因此在县域旅游品牌形象传播过程中，要重视口碑传播的作用。

口碑传播是一种非正式的人际传播活动，具有强大的市场控制力，被誉为“零号媒介”，具有成本投入低、可信度高、效果好等特点。口碑传播一般在“超乎客户预期的体验”的情况下诞生，即提供的产品或服务超过了受众的预期，受众会自愿进行传播。①

（五）整合营销传播

县域旅游品牌形象的营销可以通过与县域政府、旅游企业、旅游行业协会以及分散的旅游个体经营者进行合作，提高品牌形象的营销效果。

县域旅游目的地品牌形象的整合营销，不仅涉及旅游相关机构、旅游企业、潜在旅游者或社会公众，而且应当将旅游目的地的食、住、行、游、购、娱作为整体来营销。县域旅游品牌形象营销，可以结合当下信息传播的发展趋势，利用新媒体为旅游品牌形象的传播助力，不仅能够做到快捷传播，同时具有精准对应某一类客源市场的明显优势。另外，旅游目的地品牌形象的传播，还可借助其他各种旅游相关活动以及受年轻人喜欢的明星的代言等，扩大品牌传播的影响力，提高县域旅游目的地品牌形象传播的综合效率。②

（六）预防危机传播

新媒体时代，为有效控制和预防旅游品牌形象危机的传播，政府要加强对网络舆情的监测，以及时发现旅游品牌形象危机；旅游业相关人员要树立正确的旅游风险防范意识；旅游企业要重视旅游从业人员的资质审查，并提前制定预警机制和危机处理方案。旅游品牌形象危机发生之后，要搭

---

① 黄克琦：《品牌化视阈下县域旅游整合传播策略探研——以江西南丰旅游为例》，硕士学位论文，江西师范大学，2017。

② 程金龙主编《旅游目的地管理》（第二版），中国旅游出版社，2021。

建专门的信息传播平台，充分发挥新媒体双向传播的优势，积极干预、还原事实、公开信息，以重新树立县域旅游目的地的旅游品牌形象。[①]

三　品牌形象传播策略

（一）导入大创意思维，创新传播方式

第一，创新实用性信息。实用性信息主要包括县情简介，旅游景点具体情况、门票费用等介绍，酒店餐饮、交通出行方式介绍，旅游路线情况介绍等。以往的实用性信息多以单向介绍为主，信息传递方式沉闷，因此可以通过以下方式来创新实用性信息的传播。一是以动画、海报漫画等形式来呈现实用性信息，将内容投放至县域旅游微信公众号、微博及各大OTA软件上。二是运用大数据，并基于受众性格及旅游产品选择偏好，通过OTA软件向目标受众推送个性化的旅游路线，详细告知受众路线游玩方式、景点门票费用，推荐酒店餐饮，以更好满足受众个性化需求。三是设计微信网页小游戏，让受众选择倾向的景点类型、酒店风格、饮食风格等，通过分析受众的选择偏好，为受众推荐适合的游玩景点、出行方式、酒店、饭店等，并且赠送相应的优惠券，激发受众的游玩欲望。在创新实用性信息传播的同时，也要注意在各媒介中所投放的信息内容应保持一致，并对信息定期更新。

第二，运用事件嫁接。利用热点事件与旅游品牌的传播活动进行合理嫁接，借助热点事件的高关注度，可以更好地吸引受众的注意。

在甄选热点事件进行嫁接时要遵循以下三个原则。

①合理筛选。在社会化媒体高度发达的现代，每日有成千上万条新闻事件被报道。在对嫁接事件进行选择时，应选择受众关注度高、参与度高的事件，这类事件能够更好地引起受众的共鸣，吸引受众持续关注并使他们愿意参与其中。

②抓住重点。事件选择合理，不代表能够实现预期的效果，在事件嫁接策划的过程中，必须准确地找到能够借其与受众沟通的重点，寻找到合

① 邓晔：《新媒体环境下旅游品牌形象危机传播研究》，《西部旅游》2021年第10期。

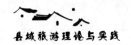

适的切入点，积极与受众展开互动，才能创造事件嫁接的价值。

③重视时限性。热点事件的发生具有时限性，很可能一些热点事件是转瞬即逝的。因此，必须在最短时间内做出快速反应，并整合各种资源，以期取得事件嫁接的最优效果。

例如，县域旅游在整合传播过程当中，可以运用事件嫁接的方法，对一些社会热点事件或热播电视剧、电影进行嫁接，投放在本地微信公众号、影响力较大的新媒体公众号和微博中，吸引受众阅读，提升媒介影响力，提高旅游品牌知名度。

第三，推动跨界融合。“互联网 +”时代强调跨界营销，任何活动形式与旅游融合，都可能会发生奇妙的化学反应。“互联网 +”可以使旅游业和电视剧、电影、综艺等节目进行跨界融合，提升县域旅游影响力，另外手游、网游等产业与旅游产业进行跨界融合，同样能够起到很好的效果。①

（二）树立以游客为中心的传播理念，优化内容设置

要在游客心中树立起旅游品牌形象，需要建立“以游客为中心”的传播理念，注重与游客的互动，及时了解游客的反馈并改进。在游客高度依赖网络出行的今天，为游客提供权威、便捷、高效、人性化的资讯服务是游客对县域旅游品牌形象感知的第一步。

尽管我国文旅部门和外国旅游部门的职能有别（外国旅游部门通常没有管理职能，主要进行旅游推介），但是实施全域旅游发展战略，需要政府牵头，协调各个职能部门，因此县域旅游品牌推介也需要旅游行业主管部门牵头。基于游客对官方或权威媒体的信赖，主管部门网站可考虑开辟县域旅游品牌推介模块，优化其他旅游机构、旅游企业的网站的内容设置，重视人性化服务，体现以游客为中心的理念。

（三）政府牵头整合传播渠道，提供全方位的旅游公共服务

在新媒体、新技术不断涌现的今天，传统的、单一的旅游宣传方式已经不能满足县域旅游发展的需求。据此，有人提出了整合营销传播理论，

---

① 黄克琦：《品牌化视阈下县域旅游整合传播策略探研——以江西南丰旅游为例》，硕士学位论文，江西师范大学，2017。

即综合运用传统媒体、新媒体等平台，同时结合节庆、会展、事件等形式，共同促进对县域旅游目的地品牌形象的宣传和推广，以使品牌传播的影响力最大化。在该过程中，所有能够与旅游者接触的点，都可以成为传播的渠道，也就是构建融媒体的传播体系。

在产业多元融合发展的趋势下，只有政府牵头才能整合各种旅游要素，联动各个相关产业，把整个县域作为一个景区进行经营；才能协调众多利益相关者，共同开展县域旅游目的地品牌推广活动；才能有效地调动各方资源，运用新技术手段，整合新媒体、传统媒体的传播渠道，创新和拓展传播渠道，搭建县域旅游媒体传播平台，更好地服务于县域旅游发展。①

（四）发挥知名人士传播力，助力品牌形象传播

县域旅游品牌形象的传播，不仅是让消费者看到品牌、了解品牌，更重要的是让他们愿意选择该品牌。融媒体时代各个领域常出网红及专业人士，且他们受到热捧，对消费者的消费行为发挥了重大的引领作用，比如一些直播平台的网红销售主播带货能力惊人，网红产品也由此而来。在旅游领域，网红产品就是人们熟知的网红景区或网红打卡点。

融媒体时代的知名人士不仅是传播信息、营销产品，更是在运营粉丝经济，积累社交资产。他们通过不断地“安利”，潜移默化地影响粉丝的价值观念、消费理念，培养粉丝的忠诚度，进而影响粉丝的行为模式。县域旅游品牌形象传播，也可以考虑利用一些比较有影响力的直播平台，邀请知名的旅行达人、旅游体验师、旅行博主等通过短视频、直播等方式，向旅游者传播旅游品牌核心文化、介绍地方旅游资源、推广攻略、分享旅游体验，给旅游者“种草”，引导他们前往目的地获得真实的旅游体验。他们也可以发起旅游者招募活动，带领粉丝群体进行结伴式的旅游行程体验，这类似于一场事件营销。借助强大的社交媒体平台的传播力和知名人士庞

① 姚晓燕：《全域旅游时代旅游目的地品牌推广策略研究——以江苏泰州为例》，《商业经济》2020 年第 12 期。

大的粉丝群体实现县域旅游目的地品牌传播的广覆盖、深传播。[①]

例如，“网红县长”、信阳农特产品推广大使邱学明通过抖音为光山县直播带货，推广农产品，对光山县的脱贫起到了重要的作用。光山县顺利脱贫摘帽，还先后入选“电子商务进农村综合示范县”“全国电商消贫十佳县”，这些称号也是光山县独特的品牌形象，如果与县内旅游结合起来进一步发展的话，更能显现出光山县的旅游特色，进一步提升其知名度。

① 朱玉琼：《新媒体环境下湖北省荆楚文化旅游品牌建构策略研究》，硕士学位论文，湖北大学，2017。

第十章
发展趋势

现阶段，我国的旅游行业蓬勃发展，政府从中央到地方都非常支持，出现了全民做旅游的火热局面。在这样的时代背景下，发展县域旅游，成为提升地方经济发展水平、丰富地区经济业态的重要抓手。只有将县域旅游大力发展起来，才能实现我国旅游产业的长远和稳定发展。

第一节　县域旅游发展的时代背景

对于大多数中国游客而言，县域旅游曾是认知和行动上的盲区。但在疫情防控常态化背景下，县域旅游已成为国内文旅产业发展的新方向，并且将迎来史无前例的爆发式增长机会。与跨省/市游不同，县域旅游承载着人们回归自然、漫步乡野的美好憧憬。随着短途游、县域游、乡村游抓季节、抓热点，挖掘本地特色、挖掘全新 IP 等县域旅游新传播方式的兴起，县域旅游更应审时度势、合理借力，寻找疫情防控常态化下的新风向，探索更加灵活、更具可持续性、高质量的发展方式。

一　县域旅游发展进入新时代

（一）供给侧结构性改革时代

2015 年 11 月 10 日，中央财经领导小组第十一次会议上，习近平总书记提出着力加强供给侧结构性改革，适应经济发展新常态。① 供给侧结构性改革，就是从提高供给质量出发，用改革的办法推进结构调整，矫正要素配置扭曲，扩大有效供给，提高供给结构对需求变化的适应性和灵活性，提高全要素生产率，更好满足广大人民群众的需要，促进经济社会持续健康发展。

与其他行业相同，旅游行业也正在经历结构性失衡的“阵痛”：中国庞大的旅游消费需求与缺乏多样性的有限供给之间已经出现了巨大的裂缝，阻碍旅游业的发展与创新。新时期，供给侧结构性改革给县域旅游业的发展带来了新的机遇和挑战，县域旅游在推动经济增长、促进社会就业中的作用将越来越明显，从旅游供给侧对县域旅游产业的各个环节进行改革显得尤为必要。

（二）自游时代

随着经济发展阶段的演进和国民收入水平的提高，我国已经进入汽车生产和消费的规模化时代。国家统计局公布数据显示，2020 年末全国民用汽车保有量 28087 万辆（包括三轮汽车和低速货车 748 万辆），比上年末增加 1937 万辆，其中私人汽车保有量 24393 万辆，同比增加 1758 万辆；民用轿车保有量 15640 万辆，同比增加 996 万辆，其中私人轿车保有量 14674 万辆，同比增加 973 万辆。国际经验表明，汽车时代、高速公路时代和散客旅游时代是相伴而生的。日益增多的有车族开车出游的范围已经从居住地周边地区延伸到中远程地区，异地租车也在不少旅游地出现。自驾游不仅在我国东部经济发达地区发展较快，在西部经济相对落后地区也开始普及。《中国自驾车、旅居车与露营旅游发展报告（2020—2021）》显示，自驾游成为国内游的主体。2020 年，全国自驾游人数占国内出游总人数的 77.8%，比 2019 年增长了约 14 个百分点，自驾游领域将面临更成熟的发展机遇。中国旅游车船协会的自驾游比例抽样调查显示，2020 年，我国自驾游规模为 22.4 亿人次。从 2007 年开始，全国自驾游人数占国内出游总人数比例连续

---

① 张梦婷、王蕾：《论供给侧结构性改革背景下县域旅游经济的发展》，《企业科技与发展》2019 年第 8 期。

4 年超过 60%。

旅游已成为居民日常生活的必要组成部分，成为人民群众享受休息权的一个重要体现。自驾出行、自助旅游、自主选择、个人独行、骑车漫游、主题旅游等正成为旅游时尚，中国旅游市场正在全面进入自游时代。自游时代的到来，对县域旅游行业来说是机遇也是挑战。从一方面来看，自游时代的到来，意味着旅游者的旅游需求被一步激发，游客行为展现出更明显的自主性，这为旅游小微企业、在线旅游企业提供了发展机遇；从另一方面来看，自游时代的个体化行为因其分散性而更加难以监管，对旅游公共服务供给适应个性化发展方面提出更大挑战，对生态旅游产品的追逐可能给脆弱的环境带来负面影响。县域旅游应该从规划、管理、服务等方面做出努力，加强房车营地、旅游公共产品体系建设，加快智慧县域打造，加强县域旅游目的地建设，科学、合理地进行游客管理、服务，构建多维、全域旅游供给体系。

（三）高速时代

截至 2020 年底，全国铁路运营里程已达 14.6 万公里，其中高铁近 3.8 万公里。我国已成为交通大国，正加快向交通强国迈进，全国高铁里程、高速公路里程、轨道交通运营线路及里程等多项交通运输指标位居世界第一。[①] 2021 年 2 月，中共中央、国务院印发了《国家综合立体交通网规划纲要》（以下简称《规划纲要》），做出了构建现代化高质量国家综合立体交通网的重大战略部署，为新阶段国家公路发展指明了方向。《规划纲要》明确，国家高速公路网和普通国道网合计 46 万公里左右。与《国家公路网规划（2013 年—2030 年）》相比，国家公路网布局总体框架没有变化，国家高速公路网增加约 2.4 万公里，普通国道网增加约 3.5 万公里。到 2035 年，基本建成覆盖广泛、功能完备、集约高效、绿色智能、安全可靠的现代化高质量国家公路网。到 2050 年，高水平建成世界一流国家公路网，与现代化高质量国家综合立体交通网相匹配，与先进信息网络相融合，与生态文

① 《高铁里程 3.8 万公里、高速公路 16.1 万公里 我国多项交通运输指标均居世界首位》，光明网，2021 年 10 月 4 日，https://m.gmw.cn/baijia/2021-10/04/1302627625.html。

明相协调，与总体国家安全观相统一，与人民美好生活需要相适应，有力支撑全面建成现代化经济体系和社会主义现代化强国。交通方式决定旅游方式，这是旅游发展过程中的重要规律。

中国的高速时代使交通格局发生了巨大的改变，深刻影响了中国经济、政治、文化、社会等各个领域，也影响了中国旅游业的格局，改变了中国旅游业的面貌。[①] 高铁让旅游者“朝发夕至”“夕出朝归”成了可能，高铁旅游产品为闲暇时间较短的人群提供了多样化的选择，丰富了国内游客“小长假”的旅游行程，使短假期的省市周边游和跨省跨地域旅游成为可能。

（四）“互联网 +”时代

2015 年，李克强总理在政府工作报告中提出“互联网 +”行动计划，推动移动互联网与其他产业的结合。21 世纪是一个数字化、网络化和知识经济的时代，信息产业将成为国力竞争的焦点，也是国家的战略性支柱产业，直接影响着国家在 21 世纪的生存和发展。以数字化和网络化为基础的电子商务将改变传统的贸易形态，为经济发展提供原动力，成为各国国民经济发展一个重要的增长点。

对于传统旅游业来讲，走“互联网 +”的发展道路其实是充分发挥旅游业的综合优势和带动作用，积极运用互联网推动旅游业发展模式的变革、服务效能的提高，促进旅游业的转型升级。[②] “互联网 +”时代对县域旅游业的信息化和智慧化程度要求更高，同时也为培育新业态、塑造新商业模式、拓展发展空间带来契机。“互联网 +”时代要求县域旅游行业全面智慧化升级，提升旅游产业品质及智慧化程度，特别是智慧旅游、智慧城市的建设都是在“互联网 +”时代背景下发展起来的。

（五）大健康时代

21 世纪，我国已经进入了迈向“健康中国 2030”的时代，没有全民健

---

① 刘源：《高铁时代河南旅游业创新发展探究》，《科技创业月刊》2021 年第 6 期。

② 李太峰：《“互联网 +”背景下县域旅游企业营销策略探索——以 GXLY 公司为例》，硕士学位论文，山东建筑大学，2020。

康，就没有全面小康。党的十九大报告提出实施健康中国战略，勾勒健康中国蓝图，提出深化体制改革，确保健康中国战略实施。大健康理念是一种全局的理念，是围绕每一个人的衣食住行和生老病死进行全面呵护的理念，也是习近平同志在全国卫生与健康大会上提出的理念。这种理念的提出源于人民群众对健康更加关注，源于全民健身与全民健康深度融合，这种关注反映在现实生活中，如“逃霾”成为目前人们讨论的热点话题。随着“健康中国2030”战略的启动，健康产业成为新常态下服务产业发展的重要引擎，与此同时，大众旅游时代也随之来临。追求健康和满足精神需要已经成为人们必不可少的旅游目标之一，所以多元化、个性化的旅游体验与服务逐渐成为人们休闲旅游的主要需求。康养度假旅游逐渐成为大众旅游的常态模式之一。

在大健康时代，人们对养生和大健康的需求已不单单是治疗，而是表现为预防、治疗、修复、康养“四结合”。康养是生活新方式，所以大健康时代催生康养旅游，倡导健康文明的生活方式和生产方式，绿色旅游、低碳旅游、负责任旅游更受欢迎，“深呼吸”成为关注点，应加快推进“深呼吸小镇”建设，推动养老度假、康疗养生度假、体育运动度假、家庭亲子度假、科考探险游学度假、会议商务度假等旅游模式的快速发展。

（六）“旅游+”时代

“旅游+”是新的生产力，不仅能够更好地发挥旅游业的拉动力、整合力和提升力，为相关行业和领域发展提供旅游平台、插上旅游翅膀，催生新业态，提升相关行业和领域的发展水平与综合价值；而且可以拓展旅游业发展的视野和空间，提高旅游业发展的品质和效益。长期以来，关于旅游的认识还停留在简单的消费层面，把旅游业看成孤立的行业。实际上，旅游对国民经济的贡献不仅仅是消费，而是覆盖消费、投资、出口三大领域；旅游是增强国民幸福感、提升国民健康水平、促进社会和谐的重要产业，也是优化区域布局、统筹城乡发展、增强新型城镇化功能的新经济增长点。

“旅游+”是开启旅游强国大门的钥匙，具有“搭建平台、提升价值、促进共享、提高效率”的功能。“旅游+”时代下，旅游业的边界扩大，传统旅游产业与其他产业的融合逐渐深化、扩展，使产业价值得以重构。“旅游+”时代要求旅游业与工业、农业、文化产业等实现深度融合，再造旅游产业价值链，拓展旅游产业发展空间，延长旅游生命线，满足不同人群对旅游的需求。

（七）疫情防控常态化时期

2020年全球突发的新冠肺炎疫情，犹如一股巨浪，对全社会都造成了巨大冲击，居家隔离、核酸检测、疫苗注射、戴口罩、避免群聚等正在成为眼下生活的常态。很多行业遭受巨大的打击，旅游行业基本停摆。不管多么不情愿，新冠肺炎疫情已与我们共处了两年之久，而它彻底离开的日子仍未可知。世界格局、国家关系、经济运行、社会运转以及人们的观念心态、生活方式和行为习惯都不复从前。尽管全球经济在波动中有所恢复，但不同经济体、不同区域、不同国家乃至不同领域和不同行业的复苏进程并不相同——疫情改变了以往的格局，更放大了原有的差异。①

旅游业经历了2020年的蛰伏、2021年的煎熬，满心期待在2022年里迎来复苏。持续了40多年高速增长的中国旅游，走过这段风雨之路，从形式到内涵、从样态到逻辑都将得到重塑。市场群体、消费心态、旅游行为已经悄然改变，行业结构、产业链条、企业战略也因之而易，国家政策支持、经济稳定发展、小康社会实现、科技广泛应用、消费结构升级则共同托举起旅游未来发展的美好前景。面对新的发展形势，县域应以新发展理念构建县域旅游新发展格局，推进旅游业绿色低碳转型，把握新一轮科技革命的契机，通过抖音、小红书、微博等新的营销渠道在逆境中探寻发展之路。

二　新时代旅游消费凸显新热点

（一）微度假引领新潮流

2020年，我国疫情防控步入常态化阶段。在此背景下，长途旅游、度

① 陆雨芳：《民族地区后疫情时代推动县域旅游发展对策——以贵州省铜仁市印江土家族苗族自治县为例》，《经济研究导刊》2022年第6期。

假均受到限制，随之而来的是越来越火爆的微度假热潮。以精致露营、亲子游乐、户外运动等为主要形态的微度假方式，正形成一浪接一浪的消费热潮，快速把城市及其周边的冷点区域变为热点区域、把热点区域变为高频区域，同时全盘带动了供应链上下游的共同繁荣。

与传统旅游、度假模式不同，微度假是以本地、近郊和周边为主要游览区域，以周末为主要游览时间，以网络为主要发酵平台，以兴趣和时尚为主要聚合因素的新型度假方式，一般具有短停留、高频度、高关注度、多玩法的特点。2021 年，微度假热度不减，并不断地演进变化，不仅形成了一股新的度假浪潮，也演化成为一种新的时尚生活方式。

（二）产业融合前景无限

随着我国旅游产品供给体系日趋完善，居民出游选择也更加丰富。全国各旅游目的地推出的体育健身游、教育游、科技游、康养游、美食游等特色产品引爆旅游市场，满足不同游客差异化、个性化需求。产业融合给游客带来惊喜，也为地方经济社会发展注入正能量，让当地群众共享发展成果。跨界融合是这个时代的本质特征，“旅游 +”是实现旅游新发展的重要方法和路径。通过产业融合产生具有新时代旅游特征的旅游形态，“ +”出新的旅游生活形态，形成新型的研学、养老、休闲和健身等模式，发挥巨大的市场力量，发挥旅游业拉动能力、渗透能力、融合能力和整合能力，发挥催化、优化、集成、放大作用。

（三）共享旅游势不可当

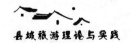

2015 年，国务院办公厅印发了《关于加快发展生活性服务业促进消费结构升级的指导意见》，积极发展包括客栈民宿、短租公寓、长租公寓在内的满足广大人民群众消费需求的细分业态。租客与房东共同做饭、共同用餐，闲暇时，租客在社区公园散步、在当地人喜爱的街道上漫步，在日常活动中体验当地的生活方式，感受当地人的生活氛围和热情。这样的代入式旅游体验受到越来越多人的喜爱，也因此造就了一批共享住宿平台。短租，作为一种共享经济模式，在中国强劲的发展势头有目共睹。2019 年，我国在线短租用户和在线民宿市场交易规模分别达到 2. 28 亿人和 209. 4 亿元，分别同比增长55%和64%。受疫情影响，2020年我国在线短租用户和在线民宿市场交易规模分别下滑至1.82亿人和125.8亿元。

（四）全民出游大势所趋

据中国旅游研究院统计，2019年国内旅游人数为60.06亿人次，比上年增长8.4%；全年实现旅游总收入6.63万亿元，同比增长11%。伴随交通格局、目的地基建、内容服务演化的发展，全民旅游、人人自主游时代到来了。[①] 儿童群体的出游主要体现在研学旅游和家庭出游，这是伴随教育改革和计划生育放开二胎政策兴起的，亲子家庭出游的市场比例更大，而相关旅游产品往往也可以脱离组团的方式形成自主游的产品体系。旅游成为一种新的享受晚年生活的方式，银发产业会成为一种新风向，老年人会成为新的旅游消费群体。不同年龄层次、不同职业群体都成为潜在的旅游者，全民旅游已成为发展趋势。

（五）乡村旅游前景可期

新冠肺炎疫情发生已有两年，旅游业无疑是受影响最大的行业之一，旅行社、酒店住宿、航空、景区等领域的涉旅企业损失较大。疫情之下，旅游企业的生存与发展普遍遭受考验。疫情给旅游产业，尤其是作为市场主体的旅游企业带来前所未有的挑战，也促使其加速转型。

之前的三四十年时间，是我国城镇化进程发展最快的阶段，文化和旅游从业者在大城市就业，也享受到了城市游客快速增长带来的时代红利。近年来，城镇化进程已进入新的阶段。随着国家乡村振兴战略的实施，共同富裕的号角吹响，未来的乡村将迎来大好发展机会。多数景区位于乡村，更多的乡村开始发力发展乡村旅游，大量城市人口渴望去乡村体验生活。[②] 在此背景下，文旅从业者可将在大城市积累的资本、技术、智力等优势赋能乡村，乡村旅游发展潜力巨大，机会无限。

（六）研学旅行或成蓝海

2021年，新冠肺炎疫情仍在持续，旅行社传统业务受到较大冲击，旅

① 王瑾：《“十四五”时期我国将全面迈入大众旅游时代》，《中国财经报》2022年1月27日。
② 李露：《乡村振兴背景下恩施州文旅融合协同发展模式与路径研究》，《旅游纵览》2021年第12期。

行社一直在努力寻求转型和开拓新业务方向，研学旅行等新市场的发展为旅行社业务开拓带来新的希望。2021 年 7 月，中共中央办公厅、国务院办公厅印发《关于进一步减轻义务教育阶段学生作业负担和校外培训负担的意见》（简称“‘双减’政策”），致力于提升学生综合素质，构建教育良好生态。

随着“双减”政策的落地，中小学生课外时间得到进一步解放，这给研学旅行发展带来新的机遇。目前已有不少学科培训机构进入研学旅行赛道，通过带领学生研学旅行抵扣客户此前缴纳的费用，或将研学旅行作为业务转型方向。很多旅行社企业已提前布局研学旅行业务，在整合研学旅游生态链相关资源方面进行探索。例如，北京大潮研学国际旅行社推出综合实践活动在线云课堂，通过考察探究、社会服务、设计制作、职业体验、开放性科学实验室、AI 课程等多个模块，辅助中小学综合实践活动线上线下互动实施；北青研学打造独具特色的研学产品体系，同时建设运营青少年户外营地，研发自有课程体系，打造青少年赛事活动平台，培育多个赛事 IP。可以预见研学旅行市场的规模巨大，越来越多的旅行社开始备战研学旅行市场。

（七）云旅游开辟新空间

新冠肺炎疫情和数字科技作为两种相互交织的力量，共同重塑着人们的生产生活方式。2021 年，不少旅游活动转移到线上，云旅游、云直播、云观展、云演出成为新模式走入人们的生活。大批景区以图文、直播、短视频、云展览、VR 体验、直播带货等形式开启云旅游。①

不仅景区，地方政府、旅游平台、旅游企业、文化机构、个人等多元主体，也加快提供各种云旅游服务。例如，敦煌研究院的“云游敦煌”；故宫博物院的“全景故宫”“V 故宫”；西安兵马俑的“全景兵马俑”；世界旅游博物馆的线上展览；云南借助“游云南”App 将 900 多个景区“移”至线上；文化和旅游部打造线上“中国旅游文化周”；广州国际旅游展搭建

① 王珂、唐志宏：《数字科技助力旅游业加快复苏　互联网 + 带来出游新体验》，《服务外包》2021 年第 Z1 期。

“云上旅游展”；北京、上海、青岛等地文化和旅游消费惠民活动走上“云端”，上线“云享京彩文化生活节”“好看上海·云旅游”等活动；携程、飞猪、马蜂窝等搭建“云直播”平台；大量游客在各景区现场直播分享。

2021年，也是元宇宙元年。Roblox的上市让元宇宙概念引爆市场，为“云旅游”发展带来了新空间；张家界景区成立全国首个元宇宙研究中心；海昌海洋公园与Soul App携手打造“海底奇幻万圣季——打开年轻社交元宇宙”主题活动；大唐不夜城宣布筹备全球首个基于唐朝历史文化背景的元宇宙项目《大唐·开元》，打造大唐不夜城的“镜像虚拟世界”；国内首家元宇宙主题乐园——冒险小王子元宇宙主题乐园宣布将于2022年底正式开放。

三　新时代县域旅游需要新理念

当前，我国旅游发展正面临大众旅游、全域旅游、智慧旅游、文旅融合的时代背景，这给县域旅游的发展带来了新的机遇和挑战。县域旅游只有在疫情防控常态化背景下坚定发展旅游业的信心，坚持理性且负责的态度，重视消费者研究和产品开发，增加新科技应用的深度和广度，才能更好地迎合当下的时代潮流，满足当下旅游者的需求，不断地凸显县域旅游经济的社会价值。[①] 新时代的到来，也对县域旅游的发展提出了新要求，具体如下。

（一）坚定发展旅游业的信心

2021年3月，《中华人民共和国国民经济和社会发展第十四个五年规划和2035年远景目标纲要》（以下简称《纲要》）正式发布。同年6月，文化和旅游部发布《“十四五”文化和旅游发展规划》，之后又相继发布了《“十四五”文化和旅游科技创新规划》《“十四五”文化和旅游市场发展规划》等专项规划。《纲要》中共计28处直接出现“旅游”字样，旅游涉及面较“十三五”规划纲要更为广泛，与经济社会整体发展的关联性也更强。

目前新冠肺炎疫情仍在蔓延，但人民对美好生活的向往和需求没有改

① 牟晓珀：《破题县域全域旅游发展三大瓶颈》，《当代县域经济》2022年第3期。

变，旅游业发展的基本面没有改变。且“十四五”相关规划表明，国家层面高度重视旅游业的发展，对其还有更高的期待和要求。各地方、各方面尤其是县域要继续坚定旅游业发展信心，也应提前做好未来旅游业复苏和发展的战略谋划。

（二）坚持理性且负责的态度

新冠肺炎疫情发生至今已有两年，何时结束尚未可知。旅游作为受疫情影响最大的行业之一，未来走势备受关注。疫情在我国得到了有效控制，但境外输入的风险一直存在，而新冠肺炎病毒具有较长潜伏期的特性使人不敢有丝毫放松。疫情是一场大考，既考验政府的治理能力、企业的生存能力，也考验每个公民的责任担当。对个人而言，无论日常通勤还是外出旅游，都需要始终保持防控意识，履行防控责任；对县域旅游而言，则需将“限量、预约、错峰”、佩戴口罩、体温检测和健康码查验、一米线间隔、配置公勺公筷等做法常态化。

（三）重视消费者研究和产品开发

在疫情防控常态化背景之下，城市及其周边之美、之乐被重新发现，县域旅游迎来了发展机会。疫情前，县域旅游产业链上下游，包括资源方和服务商，大多以销售为重心开展工作。随着消费升级和分级，“95 后”“00 后”成为消费主力，他们或不再愿意为之前的产品形态买单，产品更新换代也将成为县域旅游的当务之急。县域旅游产品的打造需要一大批具有工匠精神的从业者，通过智慧、创意、科技、制造、服务整合打造出具有高体验度和舒适度的产品和内容。也唯有如此，才能重新获得游客，尤其是年轻一代游客的青睐。

（四）增加新科技应用的深度和广度

加速科技的赋能，完善新基建，充分释放数字科技和大数据的红利，构建新的智慧应用场景，建设一批县域智慧景区、智慧酒店、智慧文博等新业态，培育更多县域旅游直播主体，推进县域旅游业数字化进程。县域旅游要以内容提升旅游的发展品质，挖掘并提供更多有价值的产品内容和体验，打造主题化、差异化、特色化的产品内容，推动文化和旅游等的跨界融合，形成县域精品品牌，让游客在体验县域线上旅游时有更强的获得感、文化感和幸福感。

第二节　县域旅游发展的时代内涵

一　大众旅游背景下的县域旅游

（一）大众旅游的概念与内涵

19 世纪 40 年代之前，旅游活动的范围和规模都很小，而产业革命的胜利和旅游业的诞生，从主客观两方面促进了旅游活动的发展，使旅游活动的规模和范围逐渐扩大。进入现代社会以后，随着大众旅游的出现，普通劳动大众的旅游需求得到满足，旅游消遣不再为少数人所独享，旅游活动发展成为遍及全球的大规模的社会现象。世界旅游组织在 1980 年发表的《马尼拉世界旅游宣言》中明确指出，旅游也是人类社会的基本需求之一，旅游度假是人人享有的权利。

“大众旅游”，首先是指旅游活动参加者的范围已扩展到普通的劳动大众。大众旅游的另外一层含义则是现代旅游活动开始形成以有组织的团体包价旅游为代表的大众型旅游模式，并成为广大民众中占支配地位的旅游形式。所谓大众型旅游，主要是指旅游者在旅行社的组织和安排下，借助各类旅游企业提供产品和服务，按照规定的时间、线路和活动的内容，有计划地完成全程旅游活动。

依据习近平新时代中国特色社会主义思想，“大众旅游”可定义为经济社会发展到较高程度后，广大人民群众普遍期待并有条件付诸实现的一种现代异地闲暇生活方式。[①] 这个定义有两层内涵。

第一，明确“大众”指的是“广大人民群众”。这符合“大众”在汉语中的表述传统和中国特色社会主义进入新时代的实际。我国的“大众”，通常情况下指的是“广大群众”“普通民众”，与“人民”的内涵基本相

① 王瑾：《“十四五”时期我国将全面进入大众旅游时代》，《中国财经报》2022 年 1 月 27 日。

同。贯彻群众路线，尊重人民主体地位和首创精神，是尊重历史规律的必然选择。人民群众占我国人口的大多数，将“大众”的所指明确为“广大人民群众”，既可以突出“大众旅游”概念中的“人口的大多数”这一“量的规定性”，以区别于有关旅游的其他概念，又可以凸显其褒扬性的情感色彩，以剥离西方概念中的贬抑意味，还可以与2016年政府工作报告中“迎接正在兴起的大众旅游时代”的褒扬性表述相呼应，与中国共产党的宗旨、群众路线以及新时代我国社会主要矛盾和根本任务等相衔接。

第二，“旅游”是一种“闲暇生活方式”。从本质上说，“旅游”就是一种闲暇生活方式。这是因为，从时空属性来看，旅游活动是人们利用劳动时间之外的自由时间（即闲暇时间）到定居地之外或者说是日常生活地（第一空间）之外的第二空间（即异地）所进行的一种活动，其时空属性尤其明显。从内容来看，旅游属于物质生活资料和精神生活资料交叉的闲暇生活方式。旅游涉及食、住、行、游、购、娱等各个环节，活动内容异常丰富多彩，所指向的对象既有物质生活资料，又有精神生活资料，都包含着丰富的文化内涵和情感意蕴。从形式来看，旅游是一种体现自由选择意志的闲暇生活方式。人们在闲暇时间中从外在束缚解脱出来，自由选择休闲、娱乐、审美方式，充分体现人的主动性、自由性。自由选择是闲暇生活方式的最重要特征。从时代特征来看，旅游是一种先进的、现代的闲暇生活方式。

以习近平新时代中国特色社会主义思想为依据、从更深的学理层面赋予“大众旅游”概念以科学内涵，可以打破单纯地从经济视角对其进行定义的局限，是构建我国大众旅游自身话语权的逻辑起点，在理论上能对大众旅游其他问题研究起到统领作用，其在实践中能将大众旅游的蓬勃发展与广大人民群众对美好生活的向往与需求结合起来，与我们党的根本宗旨结合起来，也与把人民对美好生活的向往作为奋斗目标、把让老百姓过上好日子作为全部工作的出发点和落脚点结合起来。

（二）大众旅游与县域旅游发展

当前的旅游发展模式中绝大多数的县域旅游处于一个“驿站式”的状

态，旅游者到达目的地进行观赏的目的性明确，停留时间过短。因此，大众旅游背景下，县域旅游的发展需要向“港湾式”转变，引得来客，留得住人，扬得了名，这是今后县域旅游发展的主攻方向，需要“整、改、扩”三要素齐头并进，明确一条主线，扩大规模，融入更多要素，走向多元市场。

1. 整合资源，开发产品

多元化的要素需融合，即资源的整合互联。旅游不仅是看风景，更是一种体验，通过夜晚演出将一日游转变成两日游、通过夜游一条街留住游客、通过极具特色的住宿环境延长游客的停留时间等，这些都是通过要素整合实现产业链延伸的典范，也是以多种文化形式推动旅游发展的有益尝试。旅游资源是散落的珍珠，而旅游是把珍珠串成项链的那根线。整合资源、跨界合作、共赢共享、顺势而为，既符合旅游行业发展的内在要求、符合社会发展的规律，又是旅游者智慧的选择。

2. 优化形象，促进发展

对于县域旅游来说，主题游的脉络要清晰，即县域旅游的形象要改善。县域旅游形象的改善，就是要进一步理顺思路、明确脉络，精确定位主题产品，明确旅游品牌，要突出主旨、理清层次，在旅游推介与宣传上要有一条主线脉络，有一个灵魂之作，如河南省旅游主题品牌——老家河南、青海省旅游主题品牌——大美青海、云南省旅游主题品牌——七彩云南等一系列品牌形象。否则会造成都是重点等于没有重点的尴尬局面，在对外宣传时，若县域旅游没有主题则无法撼动人心，就无法在旅游市场中串联起来并占据重要份额。在打造整体品牌形象的过程中，也不能忽略目的地资源体系、产品体系及品牌体系的建设与细化。

3. 明确定位，有效监管

追根溯源，我国的旅游起源于外事，服务于国家的公共外交。随着大众旅游时代的到来，传统旅游的内涵和外延、旅游的市场主体已发生深刻变化。当前，县域旅游要明确旅游的本质，更多地强调其公共服务的属性，强调其文化传播、公共外交本质。过去，我们把参与外事接待、代表民间形象的导游推向了竞争市场，让他们既肩负着传播文化的公共责任，又承担着市场化带来的生存压力。在扭曲的旅游生态下，导游便成为低价游、“填坑团”的牺牲品，旅行社也承受不了旅游市场压力之重。现在，我们可以做到对市场中的违法违规、不文明行为及时发布黑名单，同时加强社会面上的文明旅游、安全旅游宣传，让公开透明的旅游市场环境成为净化旅游市场的力量。

4. 礼遇人才，温情待客

我国旅游业的发展已进入大众旅游的新阶段。旅游业综合性强、牵引力大，在经济社会发展和公共外交中发挥着越来越重要的作用。目前最紧迫的是旅游人才培养，包括政府管理人员、旅游高级管理人员、创造性人才等，让旅游业成为一个有温度、有感情、有担当的行业。应及时调整监管思路，在公共舆论上引导提供有价值的“服务”，提高从业人员的待遇，包括关心优秀的导游，因为他们是城市和国家的名片，应给他们一些合理的利益保障和人文关怀，不能把他们完全推向市场。

二　智慧旅游背景下的县域旅游

（一）智慧旅游的概念与内涵

智慧旅游是运用新一代信息网络技术和装备，充分、准确、及时感知和使用各类旅游信息，从而实现旅游服务、旅游管理、旅游营销、旅游体验的智能化。智慧旅游能促进旅游业态向综合型和融合型转变和提升，是游客市场需求与现代信息技术驱动旅游业创新发展的新动力和新趋势，是全面提升旅游业发展水平、促进旅游业转型升级、提高旅游满意度的重要抓手，对把旅游业建设成为人民群众更加满意的现代服务业具有十分重要的意义。

为引导和推动我国智慧旅游持续健康发展，2015 年国家旅游局出台了《关于促进智慧旅游发展的指导意见》（以下简称《意见》），对我国智慧旅游发展提出了总体要求并明确了主要任务，[①] 其中重点指出，要夯实智慧旅

① 乔向杰：《智慧旅游赋能旅游业高质量发展》，《旅游学刊》2022 年第 2 期。

游发展信息化基础，加快旅游集散地、机场、车站、景区、宾馆饭店、乡村旅游扶贫村等重点涉旅场所的无线上网环境建设，提升旅游城市公共信息服务能力。《意见》还提出要构建智慧旅游营销体系，依据旅游大数据挖掘，建立智慧旅游营销系统，拓展新的旅游营销方式，开展针对性强的旅游营销。逐步建立广播、电视、短信、多媒体等传统渠道和移动互联网、微博、微信等新媒体渠道相结合的全媒体信息传播机制。结合乡村旅游特点，大力发展智慧乡村游，鼓励有条件的地区建设乡村旅游公共营销平台。

智慧旅游的本质是要为旅游者进行旅游活动的全过程提供个性化、泛在化的旅游信息服务，从而为旅游者创造便利化、个性化、智慧化的旅游体验。而为了达到这一目的，就要求旅游经营者和旅游管理者依托云计算、物联网和移动互联网等信息通信技术，实现旅游信息组织、旅游营销、旅游服务的智慧化运作与管理。智慧旅游发展涉及旅游业各个部门，必将推动旅游业的全面转型升级。

智慧旅游的内涵主要体现在以下五个方面。

1. 以向旅游者提供个性化的旅游信息服务为目的

首先，智慧旅游是为个体而非群体提供旅游信息服务，传统的旅游信息服务是面向所有旅游者和潜在旅游者的非定制化服务，如通过电视、广播、互联网、印刷品、群发短信等为旅游者提供各种旅游信息，这些旅游信息需要旅游者自己进行判别和选择，才能被旅游者利用起来；而智慧旅游则通过利用各种平台和系统使旅游信息的采集、共享与调用过程更加方便，降低旅游信息服务成本，提高旅游信息服务效率，形式更加灵活多样，最大限度地满足了旅游者的个性化、定制化需求。

其次，由于移动智能终端的应用与普及，旅游者能够借助智慧旅游手段在任何时间、任何地点享受旅游信息服务，促使旅游信息服务走向泛在化，极大地方便了旅游者出游，提升了旅游体验。

2. 以智慧旅游服务、管理、营销为表现形式

智慧旅游服务是指通过信息通信技术的应用，使得游客在旅游信息获取、旅游计划决策、旅游产品预订支付、旅游目的地游览过程及回顾旅游评价等各个旅游活动环节中享受到智慧旅游带来的全新体验。

智慧旅游管理是指通过信息通信技术的应用，实现旅游景区内部管理部门与服务部门之间及旅游景区与交通、卫生、质检、公安、工商、金融等外部部门之间的全面信息共享与协作联动，提高旅游服务效率，提升旅游者体验质量。

智慧旅游营销是指通过信息通信技术的应用，搭建智慧旅游平台，借助物联网、移动互联网技术实现旅游信息的快速有效传输与共享，为旅游者提供导航、导游、导览、导购等基本服务。

3. 以旅游者、政府、旅游企业、旅游目的地居民为应用对象

智慧旅游不仅能够向旅游者提供便捷的旅游信息服务，还能够向政府、旅游企业、旅游目的地居民提供大量的旅游信息服务，有助于实现旅游经营部门、旅游管理部门以及旅游目的地整体之间的融合发展，促使旅游者和旅游目的地居民之间的关系更加和谐，提升旅游业发展的经济效益、社会效益和生态效益。同时，由于智慧旅游发展涉及众多社会部门之间的协调与联动，智慧旅游的发展也不能单纯依赖旅游经营者和旅游管理部门的努力，还需要依赖整个社会信息化水平的提高。

4. 以新一代信息通信技术为支撑

智慧旅游的发展必须依赖云计算、大数据、移动互联网、物联网等新一代信息通信技术才能得以实现。首先运用云计算、大数据、物联网等技术采集、处理旅游信息，然后将其转换为视频、图片、文字、声音、动画等形式，最后通过移动互联网技术将其传输给持有移动智能终端的旅游者，从而实现向旅游者提供个性化、泛在化旅游信息服务的目的，这也说明智慧旅游是社会经济发展到一定阶段的产物，是旅游信息化发展的高级阶段。

5. 以激励产业模式创新、驱动旅游业转型升级为目标

随着经济新常态宏观发展背景的形成，旅游业迫切需要实现从传统的粗放式发展向集约式发展的转变，需要实现从传统的要素驱动向创新驱动的转变。智慧旅游通过通信网络使政府、旅游企业、旅游目的地居民、旅游者紧密地联结在一起，融合了智慧旅游发展理念和新一代信息通信技术，

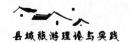

新的技术手段、新的营销方式、新的管理方式、新的服务方式和产业发展模式将会激励旅游企业和管理部门创新发展。

（二）智慧旅游与县域旅游发展

智慧旅游是旅游产业发展的新方向、新趋势，以网络平台为载体，整合旅游资源、游客需求信息、设施设备检测与旅游产品预订等多方面的旅游元素，实现景区、旅行社、酒店、交通运输系统、政府部门协同与联动，能更好地为旅游参与者提供优质服务。2020 年以来，外出旅游的人员不断减少，广大旅游爱好者止步家中，全国 20 多个城市、1000 多家旅游景区和一些博物馆开启“云旅游”模式。云旅游作为全新的智慧旅游集成产品，是旅游产业回暖的重要助力。但仍有大量人期待疫情之后，能“走出去”体验中国的大好河山、乡村民趣。

1. 基于人工智能进行旅游精准营销，提升产业运行效率和质量

人工智能，从科学的角度来说，是用计算机来模拟人的某些思维过程和智能行为（如学习、推理、思考、规划等），制造拥有类似于人脑智能的计算机。从应用角度来说，人工智能的应用包括机器人、无人驾驶、语言识别、图像识别、自然语言处理和专家系统等。

人工智能融合了机器学习、深度学习、大数据、超级计算、互联网、脑科学等新理论新技术，正在促进人类社会发生转变。人工智能可以大大减轻重复性任务的负担，使人类可以完成更有价值、更有创意的工作。未来，所有 B2B、B2C 的业务都将全面应用人工智能来获得更多收益。

人工智能将极大地改变旅游、酒店及相关产业。在旅游社区的路线设计，酒店的云端系统技术，OTA 的在线搜索、酒店收益管理等方面，人工智能都已有很大进展，未来还将极大地改变以人力投入和客户服务为核心的全球旅游产业运行模式。

第一，人工智能可以提高旅游企业和酒店的顾客识别和预订效率。人工智能时代的酒店高度依赖云端系统进行精准营销吸引顾客，简化预订流程，提升顾客体验，提高预订决策效率。尤其是使用人工智能软件有效识别处于选择期的游客，通过在线预订引擎推送产品，提高购买率和流量的

转化率。

第二，人工智能可以深化数据分析，提升管理水平，改善旅游企业和酒店的市场营销、客户服务、收益管理、产品设计等各个环节。人工智能的数据深度分析能提供口碑管理，提升产品服务水平，进行市场预测和竞争分析，影响战略布局决策，介入收益管理环节，帮助酒店和旅游企业完成价格与渠道策略制定、分发库存等收益管理活动。

第三，人工智能可以提升客服效率和服务质量，旅游业的呼叫中心、客服中心将广泛采取智能客服技术，有效地与多渠道的客户服务中心整合，在大幅缩减客服成本的同时有效增强用户体验，从而提升服务的质量和企业创新的品牌形象。

2. 基于VR技术提升体验、升级设施，改变决策模式

VR是指借助计算机及最新传感器技术创造的一种崭新的人机交互手段。VR技术主要有三大关键技术：动态环境建模技术、实时三维图形生成技术、立体显示和传感器技术。VR技术让人们的眼界超脱于现实，所见的虚拟景象更加生动，改变人们看世界的方式，也会极大地改变人们的社交、生活方式。

VR营销，如360度全景广告、App内置广告、VR直播广告、品牌体验活动等将成为企业营销的重要方式。VR线下体验馆也是重要的应用形式之一。此外，VR全景摄像机和其他VR摄像机正在缓慢触及消费者和专业市场。

第一，VR技术可以模拟和提升游客体验。通过VR技术，游客不仅能看到景区的各个细节，还能看到不对外开放或不定期开放的旅游资源。VR技术能提供更加深入的景点讲解和多方位展示。一些特效技术可以增加游客对旅游目的地的认识，提供真实环境无法提供的强烈感受和丰富体验，定制出独一无二的旅游路线以及活动行程。

第二，VR技术协助旅游决策刺激购买，改变旅游预订模式。VR在线选房、VR旅游体验、出行前的目的地虚拟体验、VR游乐项目、VR辅助的旅游目的地景观重现、VR还原的特殊线路和视角等，为游客线路选择提供

了一个更直观的参考。VR技术带给游客沉浸式的预先体验，更能击中游客的兴奋点，使游客的旅游意愿转化为旅游行动，刺激潜在游客购买旅游服务。

3. 基于区块链技术重塑旅游支付结算和顾客忠诚计划

区块链是把加密数据（即“区块”）按照时间顺序进行叠加（即形成“链”）生成的永久、不可逆向修改的记录。这种去中心化的数据库，包含一张被称为区块的列表，有着持续增长并且排列整齐的记录。每个区块都包含一个时间戳和一个与前一区块的链接，这样设计区块链使得数据不可篡改，一旦记录下来，在一个区块中的数据将不可逆。这使区块链成为电子货币比特币的核心组成部分，区块链技术所拥有的提高可靠性、简化流程、追踪交易、节约成本、减少错误以及改善数据质量等功能，使得其具备重塑金融业基础架构的潜能。

第一，区块链打通旅游产业链支付的各个环节，有效提升旅游业支付效率和优化结算模式。区块链可以用于解决旅游产业链各个环节的支付问题，有效避免结算滞后、支付欺诈、“三角债”、质量保证金沉淀等问题，从而大大提高交易流程的资金使用结算的质量和效率。

第二，区块链带来全新的身份识别模式，构建旅游产业链新型信任体系。利用区块链进行数字化身份管理，结合生物识别技术与区块链可以提供比传统方法（例如护照）更安全的数字身份证明。以区块链为基础的分布式记账使得整个产业链公开透明，结合身份识别的各个环节的结算和支付，构建了旅游产业链新型信任体系。

第三，区块链为旅游预订和营销提供精确数据。酒店和航空公司的忠诚度计划可能会过渡到区块链，以简化跟踪忠诚度积分以及激发转换和兑换积分的过程。此外还能通过区块链监控全行业的客户数据，进行宏观市场分析和微观消费者行为分析。

4. 基于人机交互提升旅游体验和优化产品设备，改变游客行为

人机交互技术（Human-Computer Interaction Techniques）是指通过触控技术、可穿戴设备、体感技术或者无创神经接口技术，将人体与计算机通

过输入输出设备结合，实现人体对机器设备的操纵和与机器设备的对话。人机交互技术包括可穿戴式计算机技术、隐身技术、增强现实的触屏技术、浸入式游戏的动作识别技术、触觉交互技术、语音识别技术、无声语音识别技术、基于脑电波的人机界面技术等。

人机交互可以实现人类增强，通过技术设备实现人类对硬件的控制、对信息的感知，升级体验。人机交互技术将带领人类突破自身潜力的极限甚至生物的极限。尤其是人机交互系统与物联网的结合，将会实时推送信息进入我们的感官，使我们进入生物自身无法达到的感知层次；人类增强辅助设施将强化人类的躯体和意志，达到生物自身无法企及的能力高度。意念轮椅、嵌入式隐形眼镜、植入式助听器、脑力波头盔等设施都会增强我们的体能和思维能力，改变我们的学习、感知、体验能力。

第一，人机交互技术提升旅游体验，通过人机交互的可穿戴设备，可以重构旅游过程，突破时间、空间等方面的物理局限。在旅行之前、旅游过程中，利用人机交互设备，可以获得一般路线和旅游经历中难以得到的独特体验，可以随意延长或者缩短部分行程，切换场景和角度，增强旅游记忆。人机交互也为残障人士和体力有限的旅游者提供福利，满足不同人群的旅游愿望，旅游将成为所有人的普遍行为。这一进步对旅游本身的内涵和外延都有革命性的意义。

第二，人机交互技术催生新的旅游产品和设备。例如，增强现实技术介绍旅游景点、历史文化，使其与手机 App 交互以展现旅游景点的 3D 模型和短片、实景导航解说，提供虚拟导游及语音多媒体讲解等。人机交互技术可以增强文化旅游商品的互动性、趣味性、体验感、表现力和感染力，可以在文物和遗址陈列馆中全面生动地展现知识、提供解说。

5. 基于新能源革命推动全球生态旅游和新型装备产业发展

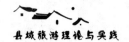

在太阳能、风能、生物能、地热能等低碳清洁能源基础上产生的分布式能源技术，为人类社会带来了无限量的巨大能源库。通过光伏电池板、风车、生物分解技术、地热采集技术可以产生源源不断的清洁能源，从而取代传统的化石能源。新能源与通信技术的结合，触发了新能源革命，这一革命涉及经济、环境治理、生活方式等全方位的变革，对世界格局会产生重大影响。

新能源革命以太阳能发电为代表，带动大量的新兴生态产业的发展，引导未来世界经济增长的方向，重构世界经济格局。新能源革命将会带动光伏装备业、生物分解材料、风力装备、软件、科研等相关产业群的发展。新能源革命涉及新材料、新能源、新能源汽车、高端装备制造和节能环保五大领域，促进新能源消费产业的变革，引发终端产品创新和产业升级。

新能源革命给旅游业的能源消耗结构带来变革。景区、宾馆、饭店、民宿可以广泛使用清洁无污染的太阳能，替代传统能源在景区接待设施中的使用，减少污染。

第一，新能源革命促进全球生态旅游发展。新能源的使用能减少传统能源造成的自然环境的破坏，将由能源供给带来的生态性破坏最小化。应促进节能、环保理念和开发模式在全球的普及，推广更高的环境保护标准。

第二，新能源革命催生新的旅游装备产业，新能源技术可以运用在完善升级旅游设施以及旅游配套设备中，将旅游和环保紧密结合。从户外产品到旅游景点规划，从旅游基础设施建设到酒店宾馆的能源设施改进，从旅游交通装备到旅游项目配套，新能源革命在从规划理念到装备设施的各方面促进了新兴产业的发展。

6. 基于 GIS 技术促进旅游科学决策，推动全球旅游规划行业新发展

GIS（Geographic Information System）即地理信息系统，它是在计算机硬件、软件支持下，对整个或部分地球表面与空间和地理分布有关的信息进行采集、储存、管理、分析和表达的空间信息系统。GIS 不仅能对这些信息进行采集、输入、编辑、存储、管理、空间分析、查询、输出和显示，还可利用这些信息为用户进行预测、检测、规划、管理和决策提供科学依据。GIS 市场的发展也被业界看好。

未来 GIS 的发展将更加精细化，数据可以更加精确，多角度、多尺度和多维空间的数据表达与虚拟现实技术、移动通信技术的结合更可以将 GIS 与人们的生活紧密联系起来，改变人们观看世界的方式。

旅游规划与策划最需要对与旅游景点的空间和地理分布有关的信息进行采集、储存、管理、分析和表达，所以在旅游规划和策划中利用 GIS 技术大有可为。

第一，GIS 在旅游辅助制图、旅游资源分析等方面都有重大作用。GIS 可以在资源保护中发挥作用，进行旅游景点间路径分析，建立网络拓扑关系并赋予各路线长度权值，通过网络分析得到最佳路径。

第二，GIS 在旅游规划领域的应用深入发展，会影响全球旅游规划的实践标准和行业水平。基于 GIS 的规划将呈现定量化和科学化、分析评价过程和规划过程可视化、可实现规划模拟和动态功能等特点。全球的旅游规划行业将得到新技术的推动。

第三，GIS 技术为旅游产业和旅游者行为的测量提供新的技术标准和手段，能提供更为深入的行业信息。未来 GIS 可以和虚拟现实等其他技术相融合，不仅在资源分析方面发挥作用，更可以给游客提供良好的旅游体验。旅游电子商务（tourism e-commerce）和 GIS 相结合形成的一个新的信息系统——TGIS，可以实现对旅游目的地发展和旅游者行为的科学预测。

7. 基于物联网技术改变旅游服务流程与效率，重构旅游模式

物联网是新一代信息技术的重要组成部分，也是信息化时代的重要发展阶段。物联网的英文是“Internet of Things”（IoT）。根据国际电信联盟（ITU）的定义，物联网主要实现物品与物品（Thing to Thing，T2T）、人与物品（Human to Thing，H2T）、人与人（Human to Human，H2H）之间的互联，通过各种信息传感设备，实时采集任何需要监控、连接、互动的物体或过程等的各种需要的信息。

物联网应用中有三项关键技术。一是传感器技术，这也是计算机应用中的关键技术。自从有计算机以来就需要传感器把模拟信号转换成数字信号才能让计算机处理。二是 RFID 技术，它也是一种传感器技术。RFID 技术是融合了无线射频技术和嵌入式技术的综合技术。三是嵌入式系统技术，是综合了计算机软硬件技术、传感器技术、集成电路技术、电子应用技术的复杂技术。

第一，物联网提供智能服务，提升服务品质。例如，荷兰航空推出了改良版的智能座位，收集乘客的心率、疲劳值、水分和体温数据，使航空公司能够关注乘客的身体状态和需要，提升服务质量。此外，物联网还可以被应用于机场，以帮助追踪寄存行李，在机场候机楼给予乘客必要的指引，提醒他们登机口变更或航班延误。

第二，物联网技术作为智慧旅游的关键技术，自助导览、电子导航、一键导购是其主要的三大应用，加上移动互联网的应用和安全的网上支付平台，这些使得游客可以随时随地制订或改变旅游计划和行程。

第三，物联网将改变全球旅游业的服务流程和效率。物联网通过电子门票、监控设备提高了运营效率，降低了人工成本，提高了景区的安全管理水平，给游客出行也带来了极大的便利。

第四，物联网技术重构全球旅游业模式，改变了全球旅游业的话语结构和权力关系。其可让游客的分享更加智能，充分满足旅游服务个性化需求。这些变化也将对全球旅游业的模式结构产生深远影响。

8. 基于云计算技术全面推进旅游数字化管理与数字化营销

云计算（cloud computing）是基于互联网相关服务的增加、使用和交付模式，通常涉及通过互联网来提供动态易扩展且经常是虚拟化的资源。

云计算支持用户在任意位置、使用各种终端获取应用服务。所请求的资源来自“云”，而不是固定的有形的实体。应用在“云”中某处运行，但实际上用户无须了解，也不用担心应用运行的具体位置。只需要一台笔记本或者一个手机，就可以通过网络服务来获取我们需要的一切，甚至包括超级计算这样的任务。

由于“云”的特殊容错措施，可以采用极其廉价的节点来构成“云”，“云”的自动化集中式管理使大量企业无须负担日益高昂的数据中心管理成本，“云”的通用性使资源的利用率较传统系统大幅提升，因此用户可以充分享受“云”的低成本优势，经常只要花费几百美元、几天时间就能完成以前需要数万美元、数月时间才能完成的任务。

云计算提供旅游信息管理的集约化平台。通过旅游管理平台，利用全国的旅游资源，借助云计算以及物联网技术，实现旅游的集约化、智能化、统一化管理，形成旅游资源的云端数据库。政府加强云计算的投资建设，建立云计算旅游电子商务标准平台，实现旅游电子商务平台的现代化、统一化建设。为实现旅游信息和资源的利用，云计算的强大功能帮助建设高效率平台，开展数字化营销，以达到与旅游业网络化、散客化、大众化的发展趋势相一致的目的。

三　文旅融合背景下的县域旅游

（一）文旅融合的概念与内涵

文旅融合是指文化、旅游产业及相关要素之间相互渗透、交叉汇合或整合重组，逐步突破原有的产业边界或要素领域，彼此交融而形成新的共生体的现象与过程。文化和旅游有着天然内在的联系，如我国古代所说的“读万卷书行万里路”就把旅游和读书紧密结合。文化和旅游是密不可分的，文化是旅游的灵魂，旅游是文化的重要载体。两者的有机结合和深度融合是文化和旅游互动共荣的客观需要，也是文化和旅游发展的必然规律。随着社会发展逐渐呈现工业化、商品化和技术化的趋势，具有文化内容的商品和服务的生产产业被统称为文化产业；而旅游产业作为推动地区经济增长的重要因素，是依托当地旅游资源，围绕旅游者体验包装或创新旅游产品，通过间接包价或直接出售的方式将产品销售给游客，助其完成客源地到目的地之间的旅行、娱乐和游览的综合性行业。[①]

文化产业和旅游产业虽属于不同的产业体系，但笔者认为文化和旅游在某些领域或区域内，又是相辅相成、彼此相融的。我国古代就有许多的诗词典故在某种程度上佐证了文化旅游产业的融合由来已久，如唐代崔颢《黄鹤楼》的登高怀古情节和李白《黄鹤楼送孟浩然之广陵》中的名句“烟花三月下扬州”，宋代苏轼《念奴娇·赤壁怀古》的赤壁忆三国以及成语“慕名而来”“踏雪寻梅”，等等。在这些例子中，人们或因名人、典故而出

① 葛莉：《县域文旅产业融合发展的影响因素研究——以襄汾县为例》，硕士学位论文，山西师范大学，2020。

游，或因怀旧而重游，或为瞻仰名胜古迹而出游，这说明了文化和旅游存在一定的交融性。文旅产业的融合应在文化特征、文化产业链、文化创意产品等文化元素渗透、融合旅游元素的层面上发展。文化旅游融合是文化产业及其衍生品与旅游产业内外延伸、互相渗透的结果，融合的基本形式是深挖文化资源所蕴含的文化内涵，利用合理的展现形式表达、诠释出其代表性文化元素，以吸引参观者并满足参观者的观赏、参与、休闲、娱乐或陶冶情操等需求，将文化资源及其衍生产品有效融入旅游产业中，文化元素丰富了旅游内涵，优秀旅游产品促进了文化产业的发展，同时促进了文化消费与传播，相映生辉，携手共进。

1. 文旅融合是一种互动的要素资源的整合

文化、旅游中两种或两种以上的要素相互结合后，通过交叉渗透和整合重组，突破原有的产业领域，使产业边界收缩、模糊或消失，共生共赢而形成新的文旅产品业态和产业体系。

2. 文旅融合是一种互补的产业价值创新

文化和旅游优势互补，在融合过程中通过功能重组和价值创新，形成涵盖文旅产业核心价值的新价值链，产生“1+1>2”的产业叠加效应，形成以文化丰富旅游内涵、提升旅游层次、增强旅游魅力，以旅游传承交流文化、带动文化产业发展、促进文化繁荣的良好格局，有利于构建新型文旅产业体系，推动文旅产业转型升级和高质量发展，更好地满足人民群众日益增长的文化和旅游需要。

3. 文旅融合是一种认同的动态优化过程

文旅融合过程中存在价值观念、体制机制、业务领域、运作方式等方面的矛盾和冲突，将经历“文旅磨合”—“文旅融合”—“文旅和合”的发展过程，需要通过调整各自角色、加强沟通交流、增进相互理解、培育文化自信、强化合作互动、动态优化调整，实现平等互惠和协调发展。

4. 文旅融合是一种系统的多元方式交融

文化和旅游具有多元交叉的关系属性，文旅融合也是系统的多方的融合，既包括文旅思想理念融合、体制机制融合、规划技术融合、资源产品融合、产业业态融合、功能效用融合、空间载体融合、服务管理融合等方面的全方位融合，又包括由文旅产业内部融合、产业之间相互融合和产业外部跨界融合构成的广角度融合。

（二）文旅融合与县域旅游发展

县域文旅融合发展就是要兼顾当地文化的价值性和延续性、县域旅游的多样化和品牌化，以生态保护为前提，以文化传承为核心，以县域当地特色为主题，以文旅产品为载体，以服务体验为品质体现，使文化在旅游中保护与传承，使旅游在文化中发展与升华。文旅资源是一个县域特色的体现，文旅资源的独特性也是该县域相较于其他地区的优势所在，而这正是县域文旅融合的基础。在文旅融合的背景下，县域旅游要重点关注以下三方面。

1. 积极引进文旅项目，打造文旅特色活动

旅游是一种文化表现形式，文化的内涵和质量决定着旅游地的知名度和美誉度。中国有众多的文化遗产，古建筑、古镇遍地都是，不仅儒家、道教、佛教文化相互交融，许多地域文化也有自己的特色，吸引着各种资本投资。在分享经济和“互联网＋”的“网红”投资的影响下，文化旅游产业依然生命力旺盛。文化旅游小镇、古镇、古村落等文化旅游地如雨后春笋般涌现，成为资本竞争的对象。文化旅游项目投资不仅是对传统建筑空间和商业形式的改造，更是对内部生活方式、消费模式的改造，甚至使传统文化基因发生细微质变。让文化接近大众，将成为未来文旅融合的关键。超级文化 IP 的诞生和发展，都具有地域文化特色。无论是在文化产业领域还是在旅游产业领域，超级 IP 都与地域文化息息相关。

文化与旅游之间有着天然的亲和力、强大的融合力。我国旅游业发展过程中应进一步丰富旅游业文化内涵，将更多的文化元素全方位注入旅游生产和消费的各个环节，积极推动旅游项目的文化创新，改进旅游商品的文化创意，让旅游者在旅游过程中充分体验优秀的中华文化、浓郁的地域文化和现代的时尚文化。如 2018 年，云南省推出的“寻踪徐霞客 大美彩云南”旅游文化活动就是文旅融合的一个典型。

2. 通过多元融合方式，探索文旅融合新途径

第一，促进资源融合。文旅融合是精神文化和物质文化元素与旅游产业的有机融合，这个过程是文化资源选择性的优化配置过程，也是一个复杂的动态过程。一些文物古迹遗址、民间艺术和文化习俗等作为资源可以直接或间接地融入旅游开发之中，成为文化资源融合的重要内容。一些工业文化、农业文化等可以以文字介绍、图片展示、视频播放的方式在博物馆展示，也可以以文创玩具、背包、书签、挂件等旅游小商品的形式融入旅游产业。

第二，推动技术融合。现代科技、大数据、微信等新技术、新传播平台的出现，增加了文化与旅游融合发展的力度、强度和速度。近年来，各种创意与文化旅游融为一体，在科技的帮助下，开发出新的旅游产品进入旅游市场，不断满足游客求奇求异的体验需求。技术融合是文旅产业融合发展的重要推进剂，但科技融合并不一定追求“高大上”，而是强调用最合适的技术促进文化与旅游的有机结合。如拍摄旅游宣传视频和短片，然后通过互联网传播，这比传统的宣传营销模式效果要好得多。

第三，力推市场融合。市场是配置资源的最佳方式，也是实现文化旅游产业融合发展的重要动力。通过市场化过程进行文旅项目的投资与运营，以吸引客商、扩大就业和满足当地居民与游客的需要，充分发挥市场这只“无形的手”的作用，实现文化旅游产业健康发展。在文旅融合背景下，旅游市场需要思考的是怎么让现有的文化资源“复活”，激发产品活力，坚持文化价值运营，以“文化资源 + 旅游创新”打造主题市场，以“文化主题 + 旅游资源”嫁接提升市场价值，以“文化创意 + 旅游体验”整合创造度假市场。

第四，深化组织融合。组织融合有助于改变产业原有的市场结构，提高共同作用下的新型产能绩效，有助于改变某一地区的产业结构和经济增长方式，促进该地区的产业结构转型与升级。在文化旅游融合发展中，组织融合已有许多体现，形成了新兴的旅游业态，如农业采摘与观光旅游、工业参观与体验旅游、动漫与影视旅游、体育旅游、表演与演出旅游、会

展旅游和商业旅游等。这些新业态所体现出的组织融合正不断促进文化旅游与地区经济的共同发展。

3. 开发深度旅游体验项目，构建文旅融合发展体系

第一，深挖旅游文化价值。旅游商品在旅游目的地开发与管理中占有非常重要的位置，旅游商品是游览的延伸，需要具有地方性特色；旅游商品开发潜力大，开发富有地方特色的旅游商品是发展文化旅游的重要组成部分。此外，美食也是旅游商品的另外一个亮点，让游客不仅能感受到深厚的文化底蕴，同时也能品尝到特色美食，这也是一种旅游体验。因此，要不断立足创造顾客价值、挖掘消费新需求、倡导开拓新的消费空间，激发消费者的潜在需求，推动文旅融合双赢合作发展。

第二，编制相关规划。根据各地区旅游文化资源的背景、市场占有情况、空间发展等，编制相应的文化旅游专项规划，科学布局，创新旅游文化品牌，构建旅游文化体系。文化和旅游的融合涉及内容广泛、行业较多，因此在规划时应统一布局、总体规划、整合资源，规划出一个集食住行游购娱、商养学闲情奇于一体的大旅游区。将所有景区景点、各类旅游资源结合起来，统一规划，对资源分配、信息沟通等各方面加以协调、平衡，串点成线、串珠成链，借助各景点景区的知名度和吸引力，形成资源共享、优势互补、共同发展的旅游新格局。

四　全域旅游背景下的县域旅游

（一）全域旅游的概念与内涵

所谓“全域旅游”就是指，在一定区域内，以旅游业为优势产业，通过对区域内经济社会资源，尤其是旅游资源，还有相关产业、生态环境、公共服务、体制机制、政策法规、文明素质等进行全方位、系统化的优化提升，实现区域资源有机整合、产业融合发展、社会共建共享，以旅游业带动和促进经济社会协调发展的一种新的区域协调发展理念和模式。在全域旅游中，各行业积极融入其中，各部门齐抓共管，全体居民共同参与，充分利用目的地全部的吸引物要素，为前来旅游的游客提供全过程、全时

空的体验产品，从而满足游客全方位的体验需求。全域旅游所追求的目标，不再停留在旅游人次的增长上，而是旅游质量的提升，是旅游对人们生活品质提升的意义，是旅游在人们新财富革命中的价值。

具体来说，全域旅游是旅游业从传统的观光旅游向休闲度假旅游转型升级背景下的一种新的区域旅游发展理念和模式，通过对特定区域内的城市特色、公共服务体系、旅游吸引物、休闲氛围、整体生态环境、政策法规和安全保障等提出整体要求，实现区域资源全面整合、产业深度融合和全社会共同参与，充分利用目的地全部旅游市场要素，为游客提供全过程、全时空的体验产品，全面满足外来游客深度体验和当地居民公共休闲的需求，达到区域旅游产业升级和新型城镇化建设的总体目标。①

发展全域旅游，最关键的是要推进旅游治理理念、治理机制转变，推动由部门抓旅游向党政统筹抓旅游转变，实现共治共荣、共荣共赢、共建共享。《国务院关于促进旅游业改革发展的若干意见》指出，加快旅游业改革发展，是适应人民群众消费升级和产业结构调整的必然要求。在未来的发展中，需要高度重视从旅游产业理念向旅游经济理念的转变、重视从旅游产业理念向旅游目的地理念的转变，树立全域旅游的发展新理念，相信这对未来中国旅游经济的发展会有所裨益。总的来说，全域旅游发展有以下四方面内涵。

1. 景区泛化的“大旅游”

景区泛化的“大旅游”产生，一方面是由于传统景区旺季人满为患，大大降低旅游者的舒适度，于是形成了人们在旅游旺季选择不去传统景区而到城市、乡村、商业街等进行旅游休闲的局面；另一方面是由于旅游者兴趣的多样化、时间的碎片化以及交通的便捷化，人们的旅游空间更加广阔，突破了传统景区的界限，人们的旅游活动内容更加丰富，突破了传统的观光旅游范畴。因此，空间的全景化成为大旅游时代的一种趋势。例如，5A 嵩县、全景栾川都是景区泛化的典型。

---

① 于洁、胡静、朱磊等：《国内全域旅游研究进展与展望》，《旅游研究》2016 年第 6 期。

2. 国民休闲的“大市场”

随着大众休闲时代的来临，特别是国务院颁布《国民旅游休闲纲要(2013—2020年)》后，传统出游的两个基本条件有闲时、有闲钱这“两个闲”中“有闲时”将更加有保障。而随着游客的旅游需求逐渐由游览广度向体验深度转变，对旅游产品和服务的要求也越来越高，传统景区的发展模式显然难以满足游客多元化的需求，这就需要拓展旅游活动空间、创新旅游活动内容，进行空间全景化、体验全时化、休闲全民化的全域旅游发展，以满足休闲“大市场”的需求。

3. 产业升级的“大产业”

国家统计局发布的数据显示，2013年中国产业结构调整取得历史性成就，第三产业（服务业）增加值占国内生产总值比重为46.1%，首次超过第二产业。旅游业作为现代服务业的龙头产业，具有生产性服务业和生活性服务业的双重属性，在产业升级的“大产业”发展进程中理应发挥更大的作用。因此，以“出游型消费经济”进行全域全产业融合，发展“泛旅游产业”，能有效地提升产业附加值，促进产业升级。

4. 顶层设计的“大政策”

《国务院关于加快发展旅游业的意见》提出，要把旅游业培育成“国民经济的战略性支柱产业”和“人民群众更加满意的现代服务业”，明确了其“旅游产业”和“旅游事业”的双重定位，这就要求我们不能顾此失彼，“两手都要抓”，只抓旅游事业，旅游在国民经济中的地位很难突出；只抓旅游产业，如同抓工业时没有考虑环境影响一样，会产生很大很深的社会负面影响。全域旅游强调全景化体验、全时化消费、全业化融合、全民化共享，能较好地统筹旅游产业与旅游事业的发展。

（二）全域旅游与县域旅游发展

全域旅游理念的提出，将旅游实践推到一个新的发展阶段。作为一种新的旅游发展理念和模式，全域旅游倡导在旅游资源丰富的区域内，以旅游业带动和促进该区域经济社会的发展。在当今的旅游发展中，一个区域的旅游质量、口碑，不单单取决于旅行社、酒店、景区等的服务质量，而且取决于整个区域的综合环境。推进全域旅游不能局限于加强景点景区、饭店、宾馆的建设，优化旅游基础服务，而且要不断优化旅游的配套基础设施、公共服务体系和旅游服务要素，优化游客在旅游目的地旅游的“全过程”。只有这样才能有效满足人民群众的旅游需求，才能提升广大旅游者的获得感和满意度。现代人的生活方式、旅游方式都发生了很大变化，对旅游目的地的观察视角、评价标准与以往大不相同。进行全域旅游目的地的开发管理，打造“无景点旅游”时代全域化的旅游目的地产品顺应了全域旅游的时代要求。

1. 推动目的地高质量发展

第一，打造旅游消费新业态。全域旅游，是整体区域的规划，应更加注重旅游大环境的全面优化。通过对区域内经济社会资源、相关产业、生态环境、公共服务、体制和政策等要素的整合、优化和提升，实现区域内旅游与社会经济的融合发展，创建社会共建共享的旅游环境，带动和促进经济社会协调发展。各地应将发展旅游新业态作为旅游产业转型升级的重要抓手，做好旅游产业战略布局，积极推进旅游新业态打造。当前，旅游业的新发展已经打破了旅游业的边界，旅游业正在拓展为一个无边界的产业，新业态的打造是现代旅游发展的趋势，以旅游业为代表的第三产业正在带动第一、第二产业的结构升级，产生如历史街区、文化演艺、乡村民宿、特色小镇、工业旅游等多种新业态。

第二，促进区域合作发展。全域旅游的实践就是要打破以往旧的旅游空间格局，重构旅游空间形态，形成旅游空间形态的多样化，这是全域旅游的核心，需要构建起以景区、度假区、休闲区、旅游购物区等不同旅游功能区为架构的旅游目的地空间系统，推动我国旅游空间从以景区为重心向以旅游目的地为核心转型。高铁、高速公路、航空等综合立体快速交通运输体系为全域旅游提供了现代交通网络的支撑。各地应加快铁路、航空、高速公路网络建设，加大通往景区旅游的道路建设力度，持续推进重点旅游景区通景道路的改造升级。应以大景区支撑大旅游为思路，全面立体展示旅游目的地整体形象，形成全域旅游发展大格局。

第三，建设友好型旅游目的地。在全域旅游下，旅游服务各种要素如何围绕旅游需求类型进行有机组合，成为一个重要的问题。我国的旅游目的地不仅要规划项目，还要规划旅游公共服务系统，要研究旅游者前往旅游目的地的旅行方式、度假方式等。所有这些不仅涉及旅游硬件建设，还涉及服务与政策等软件建设问题。从管理者的角度来说，要树立新的“全域旅游发展观”，在政策引导、法律法规完善、标准化建设、市场监管、公共服务等领域，用行政杠杆和管理动力去引导和推动旅游发展模式的实际转型。从经营者的角度来说，要在经营管理能力、旅游服务水平、旅游项目建设质量、旅游产品品质、旅游品牌打造等领域，整体拓展旅游的空间。①

2. 推广目的地整体品牌形象

第一，形象清晰，特色突出。在对旅游目的地进行形象定位时，首先要抓住它的资源优势。在旅游市场竞争上，大多数县域凭借着优美的自然风景、深厚的历史底蕴来塑造自身的旅游形象，但其中一些个性不鲜明、旅游资源价值不高的县域就会被其他竞争力强的旅游城市的形象遮蔽。因此，在进行形象定位时，要找准特色，创设一个市场上没有或者少有的新形象，以吸引旅游者的眼球，从而在市场竞争中站稳脚跟。

第二，营销系统，立体多元。全域旅游时代的旅游者线路不再局限于到达某个固定的点，目的地的任何地方都可能成为旅游者的造访地。旅游者的流动相比传统旅游，不可预估性更强，在此情形下，旅游信息大数据将会对旅游部门的管理与服务具有非常重要的意义。将大数据信息的研究应用于目的地品牌营销，作为旅游业营销策略的创新性举措，为旅游者提供个性化以及人性化的服务，促进目的地旅游业的发展，推动区域旅游深度合作，将大大提高旅游相关部门的营销规范化、高效化与便捷化程度。网络营销、智慧营销在对消费者的区分、定位上具有很强的优势，应该有效加以利用，建立、健全自己的网络营销和智慧营销系统，让更多的旅游景区、旅游项目进入旅游者的视线当中。

---

① 戴学锋、杨明月：《全域旅游带动旅游业高质量发展》，《旅游学刊》2022 年第 2 期。

第三，口号响亮，打造品牌。全域旅游背景下，各地都在采取各种措施促进旅游发展，对于旅游目的地来说，提出响亮的旅游口号，是打造知名度较高的旅游品牌的途径之一，那么，提出“人无我有、人优我特”的口号需要考虑以下几点。一是旅游业的发展方向，提出的口号应与当地今后旅游发展规划的方向相同，符合地方产业发展目标，符合当地政府的发展规划，这样形象定位有了政策保障和经济支撑，才不会沦为一句空话。二是市场反应，提出的形象口号要充分考虑市场反应，即根据资源的知名度、认同度来进行市场推广，以符合人们的内心期待，从而获得良好的市场反响。三是同质旅游地的竞争状况，在定位旅游形象时，要考虑周边具有同类旅游资源的竞争县域所具备的优势，避开锋芒，找准特色，才能使定位的形象口号不会受到竞争对手的形象遮蔽。

3. 提升目的地服务水平

第一，提高游客满意度。在全域旅游时代，旅游目的地应着力于提高游客满意度，按照个性化需求，实施旅游服务质量标杆引领计划和服务承诺制度，建立优质旅游服务商名录，推出优质旅游服务品牌，开展以游客评价为主的旅游目的地评价，不断提高游客满意度。全面改善旅游地旅游基础设施，规范旅游管理，大力促进旅游服务质量提升。

第二，提升服务品质。在全域旅游时代，各地景区数量不少，想要在众多景区中脱颖而出，就要从多方面、多角度提升服务品质，完善服务标准，加强涉旅行业从业人员培训，规范服务礼仪与服务流程，增强服务意识与服务能力，塑造规范专业、热情主动的旅游服务形象。实施旅游人才战略，引进各类旅游管理人才，提高各类旅游服务人员总体素质，可以与专业高校进行合作，引进专业研究者进行方向指导，引进专业学习者进行实践，打造符合时代潮流的旅游目的地。

第三，完善公共服务。一个受旅游者认可的旅游目的地是公共服务体系与设备完善的地区，提高旅游目的地公共服务质量的途径之一就是提升服务智能化水平，推进“智慧旅游”服务平台建设，实现免费 Wi-Fi、通信信号、视频监控全覆盖，主要旅游消费场所实现在线预订、网上支付，主要旅游区实现智能导游、电子讲解、实时信息推送，开发建设咨询、导览、导游、导购、导航和分享评价等智能化旅游服务系统，为旅游者提供全方位服务。旅游公共服务体系是否完善，可以直接反映旅游品质的高低。因此，发展全域旅游就要持续对现有的交通设施、接待设施、服务设施、游乐设施进行资金投入，重点建设旅游道路、停车场、游客服务中心、旅游安全设施以及资源环境保护设施等基础设施，以增强旅游目的地的舒适性、便捷性、参与性。

第三节　县域旅游发展的趋势展望

“十四五”时期是我国全面建成小康社会之后，开启全面建设社会主义现代化国家新征程的第一个五年，也是我国旅游业发展的重要战略机遇期。县域旅游在完善现代旅游产业体系、建设旅游强国中扮演着重要角色，《“十四五”旅游业发展规划》的发布与实施，必将对县域旅游的发展产生重大影响。人民日益增长的美好生活需要对县域旅游高质量发展提出了新的要求，文化和旅游消费的快速增长彰显出我国文旅创新发展的巨大潜力。[①]“十四五”时期，县域文化产业和旅游业将围绕高质量发展的主线，呈现四大趋势。

一　产业融合激发县域旅游新动能

旅游与相关产业的融合有两种不同的模式，一是“+旅游”，二是“旅游+”。前者是旅游利用，就是旅游化改造的问题；后者是旅游主导，突出旅游的基本功能。新冠肺炎疫情的发生，对旅游企业的冲击是严重的，特别是对那些以单一旅游市场为主的企业更是如此。在旅游领域，除了少数旅游企业，如景区、酒店之外，多数旅游企业在其业务发展中不应该将发展空间仅仅限于旅游，还应该寻求新的消费市场，以增强企业在市场中的

① 崔哲：《全国政协委员梁留科：推动县域旅游高质量发展》，《中国旅游报》2022 年 3 月 11 日。

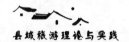

抗风险能力。县域旅游业的发展，不应以单一旅游功能的“旅游+”方式，而应以多功能的“+旅游”方式推进。[①]

改革开放40多年来，旅游业已经成为国民经济战略性支柱产业，并且以跨界的形式重构着中国的转型方式。旅游的跨界不仅仅是硬跨界，也是软跨界，这种跨界超越了单纯的国家语境，成为世界文明的推动力量。如果说“旅游+”体现的是旅游业寻求与相关产业融合发展的努力，那么“+旅游”，则是其他产业与旅游业的主动融合、合力联动。在新型城镇化、乡村振兴、文化创意产业转型与向休闲社会转型的时代背景下，随着中国旅游产业向纵深化方向发展，旅游与其他产业融合的趋势日益明显。新时代，新需求、新业态、新特点层出不穷，对旅游业也提出新的命题。旅游业具有与互联网产业一样的特点：产业边界模糊，流量是基础，用户体验是核心，跨界威力巨大，都需前期大量持续投入，一旦达到临界点将产生巨大综合效益。

（一）旅游做平台，重塑产业生态

鉴于旅游业关联性强、上下游产业链多和产业边界模糊的特点，县域旅游业也可以被看作一个比较有意思的产业互联网入口和平台。“+旅游”的核心是要明确产业与旅游的关系，抓住产业的“产”，才能立旅游的“业”，产业是根本，旅游应时而变。“+旅游”绝不仅仅是“产业+旅游”的简单叠加，而是一种产业化程度的提升，是多方面、多范围的产业重塑与再造。

在一个占地面积动辄几十或上百平方公里的区域旅游项目开发中，以旅游为导向，以“1+N”（N代表养老、养生、体育、亲子、研学、餐饮、住宿、购物、娱乐等）为模式，自然生态的要素、气候环境的要素、历史文化的要素、产业生产的要素、流通消费的要素和创新创意的要素被激活，传统上不相关的各类产业要素融通了起来，形成以一产为基础、二产为支撑、三产为亮点，三大产业协同发展的复合产业关系。从这个意义上看，

---

① 王国栋、孟仁振：《“旅游+”新媒体平台运营策略研究——以中国青年旅行社为例》，《传媒》2021年第24期。

旅游是一种产业润滑剂和融通剂，也是产业发展变压器，在产业整合当中塑造着产业的新生态和新未来。

（二）旅游做流量，孵化商业机会

相对于其他产业来说，旅游业本身是最典型的人气产业，以旅游拉动人气。游客量是传统旅游关注的一个重要硬指标，只要人气一起来，土地开发、商业开发与资本运作的机会都会接踵而来，迅速增加区域产业整体发展机遇。站在旅游产业的角度，凡是与品牌有关的要素都应该融入旅游产业，比如气候生态、原材料、工艺、商业传播、历史传承人的故事等都是品牌背书和商业开发的重要内容。

通过"+旅游"的方式，产业休闲、会议、交流与沟通的圈层化平台构建了起来，从产业生产到商务观光、酒庄休闲、健康运动、文化体验等旅游新业态的不断产生，培育出产业内容新增长点。

（三）旅游做社群，强化品牌互动

在互联网影响下，与中国旅游市场细分趋势相对应，社群化、圈层化的休闲社交旅游现象日益突出。旅游作为产业升级发展的一种服务型产品，也是一种圈层化、社群化的品牌营销工具，从一般的产业受众到忠实粉丝，消费者越来越成为品牌塑造的参与者与推动者。

"+旅游"具有非常强的消费者教育和潜在消费者培育的功能，突破狭义的产业受众市场，通过农业、亲子、婚庆、节事、温泉、养生、营地等衍生旅游产品开发，会吸引很多有特殊兴趣爱好的非相关产业受众人群聚集；而且，旅游客源的导入，使旅游业迈向新的社交休闲时代，也为产业市场的拓展与升级打开了一个新的增量市场。

在品牌互动上，通过平台共享、品牌授权、广告植入、市场对接、营销捆绑等创新方式，找到旅游产业与品牌体验设计之间的价值平台，全面释放旅游的文化交流功能和品牌沟通功能，让消费者在潜移默化中强化品牌感知体验。

（四）旅游做体验，深化沟通交流

我们经常把"顾客就是上帝、用户体验至上"挂在嘴上，但游客往往还是被设定为外来观光者。旅游的本质是一种体验，但目前很多旅游的共性问题就是简单意义上的复制，而缺乏建立在游客需求和体验上的标准化。目前的旅游产品差异，更多还是建立在资源禀赋、资本实力、整合能力和文化故事的差异上，而非建立在对游客体验真正洞察把握与专业服务能力的差异上。

产业与旅游融合打造，二者共同的核心是要抓住作为消费者（游客）的人，回归人的需求来做策划。以葡萄酒文化旅游为例，从本质上讲，葡萄酒的特质是浪漫、健康、社交和情绪，其旅游文化的体验特征要体现出同样的企业及产业的品牌诉求，旅游更要强化园区的葡萄酒文化塑造、营销创新和社会公共关系中的互动，通过资源价值化、价值品牌化、品牌故事化、故事情境化、情境体验化、体验社交化的方式，达成与消费者沟通交流的目的。

（五）旅游做创意，极致打造卖点

创意性是旅游产品的核心竞争力所在，把旅游产品、服务和游客体验做到极致，通过创意产品升级，吸引游客，是旅游产品保持竞争力的关键。旅游的核心就是要追求差异化的兴奋点和体验奇观，如贵州罗平的油菜花海景观创意、无锡灵山梵宫的建筑景观创意、青岛国际啤酒节的节事活动创意、丽江古城的商业体验创意等，实现了化平淡为神奇的创意卖点打造和旅游经济升级。

真正好的旅游产品、服务和体验应该是从产业内部生长出来的，旅游创意策划应该也是宛若天成，而不只是应一时之需而临时拼盘端出来的混搭产物。旅游产业要彰显产业个性及其独特的文化魅力，不能什么旅游热，就搞什么旅游产品。

二　科技赋能驱动县域旅游新发展

“十四五”时期，数字经济将加速公共文化数字化和文旅产业数字化的进程，科技赋能驱动文化和旅游智慧化发展。新科技在文化和旅游领域有着丰富的应用场景，融合 5G、AI、VR、AR、8K 等技术可以创造出全新的文旅业态，提供全新的消费体验。“云看展”“云视听”“云旅游”的流行，正加速线上文旅消费取代线下消费的进程；运用大数据和云计算技术研判客源市场、分析消费者喜好、进行精准营销将在全行业普及；利用门票智能预约技术有效控制文化场馆和景区的客流，提升公共文旅服务的智能化水平；依托新基建的“数字文旅”“智慧文旅”建设成为文化和旅游创新发展的重要手段。①

（一）疫情下：旅游预约限流成常态

疫情防控常态化背景下，国内旅游市场催生了旅游新模式，“预约旅游”“云旅游”成为游客考量疫情影响与满足出游需求的选择。如何顺应旅游发展新趋势，在游客的旅游需求和安全游玩之间找到合理平衡点，充分挖掘当地自然禀赋、民俗风情和文化特色，培育具有地方特色的旅游产品，是当前旅游业面临的重要课题。

不同于以往“说走就走的旅行”，疫情发生以来，在全国景区按要求落实“限量、预约、错峰”等措施的背景下，各景区预约服务逐渐成熟，出现涵盖酒店、交通、门票、美食等的线上“一站式”预约预订服务，“无预约不出行”已成为游客文明出行的旅游新风尚。

截至 2021 年 8 月，全国提供在线预约服务的 A 级旅游景区已经超过 6000 家；在 5A 级景区中，除了开放式景区外，均已实现了分时预约；4A 级景区线上预约的覆盖率也超过了 75%。

（二）云旅游：“非接触”催生新热点

疫情影响下，游客数量断崖式的缩减，倒逼景区数字化模式快速升级，催生旅游新业态。众多旅游景区和服务机构借助互联网、5G、人工智能、VR 等技术，加速智慧景区发展进程。景区通过“云旅游”方式，提供丰富的展示内容，为因疫情而待在家的潜在游客营造沉浸式的线上游览体验。游客通过“云旅游”的方式，在多维度了解景区或目的地自然和文化的基础上可进行实地游览。

---

① 贺刚、高孟如：《大数据时代旅游企业融合创新面临的机遇、挑战及对策研究》，《西部经济管理论坛》2016 年第 3 期。

（三）大数据：迸发智慧旅游“新火花”

旅游的高质量发展离不开科学的管理。依托文旅大数据平台，对游客来源地分布以及时点游客数量、实时新增流动人口数量走势、区县实时客流分布等旅游数据进行监测，并进一步梳理分析并生成节假日游客分析报告，辅助景区做好科学分流等工作；同时，加大景区公共卫生监管力度，进一步完善景区内餐饮、住宿、交通及应急机制。

此外，通过识别游客画像，加强对游客性别结构、消费偏好、游玩轨迹等的判断，进一步加强对目的地和目的地产品的指导；通过对景区的分析，明确景区内的游客来源地、实时游客数量、游客时点趋势、游客画像等特征，为景区高峰期相关旅游保障措施的科学制定提供数据支撑。[①]

疫情下旅游发展的新变化、新特点，为旅游业发展带来再平衡、再调整的机会，这是县域旅游的机遇。

三　文旅文创平添县域旅游新亮点

2021 年，疫情阻挡了人们出游、远行的脚步，且挫伤了人们旅游消费的信心；这一年，大众旅游消费下行，县域旅游业经营举步维艰，成为严峻的现实。然而，疫情终究挡不住人们对美好生活的向往。疫情防控常态化背景下，旅游消费需求依然存在，只是“生命第一”“生活第二”，人们的旅游消费诉求发生了变化，旅游生活方式发生了变化。这也昭示着文旅行业正处在转型的重大拐点，身处其中的县域旅游业只有两条路，要么抓住新机会去新的战场“掘金”，要么让创新成为发展的驱动力。

（一）红色旅游传承红色基因

推动县域红色旅游融合高质量发展是一项系统工程、创新工程，其发展之路没有成形的路线可供参考，需要各地依托资源禀赋做好综合研判，找准特色发力点。前行路上，县域旅游业有三点需要坚持。

---

① 马磊：《大数据时代唐山智慧旅游发展中的政府作用研究》，硕士学位论文，华北理工大学，2019。

1. 坚守红色底色

在做好县域红色旅游融合文章的同时，必须严防对红色旅游资源的滥用和破坏行为，坚决抵制歪曲红色精神和红色文化真谛的媚俗、低俗和庸俗之风，永葆红色底色不变色。

2. 做好创新文章

要让凝固的历史文化生动起来并非易事，各地需要以匠人精神深挖红色历史，并在此基础上不断研究内容表达、载体建设的创新手法，由此找到使厚重红色历史“入耳、入脑、入心”的发展大道。

3. 发挥教育功能

发展红色旅游的核心是进行红色教育、传承红色基因。因此，对红色旅游项目的设计，需要找好旅游与教育的平衡点，既不能枯燥呆板，也不能失之过松，要真正发挥好生动课堂的作用，使红色之旅成为名副其实的精神之旅、爱国之旅。

（二）文化创新需要时尚表达

2021 年，河南无疑是文化和旅游界的“流量明星”，河南卫视“中国节日”系列节目成为屏幕“霸总”。从春晚节目《唐宫夜宴》的破圈兴起，到以“元宵”“清明”“端午”“七夕”“中秋”“重阳”为主题的“奇妙游”系列六大节目，期期火爆。《唐宫夜宴》《纸扇书生》《洛神水赋》等精品节目迭出，频频成为热点。此外，还有全景式全沉浸戏剧主题公园“只有河南 · 戏剧幻城”、云台山汉服花朝节、真人版《帝后礼佛图》等，也都反响良好。在传统文化的利用和传播方面，河南不走寻常路，另辟蹊径，打开了流量大门。

2021 年河南的表现引来大众对传统文化的惊叹与赞美，成为疫情反复时期“互联网 +”背景下呈现的文化和旅游融合新样态。河南的这一系列做法，对于县域文化产业与旅游业发展同样有着借鉴意义。

1. 坚持守正创新

我国历史悠久，优秀传统文化灿若繁星、熠熠生辉，可提供无尽的创作源泉。只有融入创新理念，运用新技术、新形式、新创意、新传播，才能更好地唤醒埋藏在受众内心的文化自信，使得优秀传统文化走入寻常百姓家，赢得受众的“芳心”。

2. 读懂市场需求

在网红明星、快餐文化的裹挟下，大众对传统文化的需求往往容易被市场忽视。《在数字生活中拥抱传统——2019 数字新青年研究报告》显示，在互联网时代成长起来的年轻一代，近九成对传统文化感兴趣。河南卫视围绕地方文化传承，以年轻人的视角创作他们喜闻乐见的内容。其取得的火爆效果告诉我们，地方优秀传统文化从不缺乏需求与市场，而是需要激发和点燃其活力的创意与契机。

3. 联通媒体平台

“短视频 + 新媒体”的传播渠道突破了过去以书本、图片等为主的呆板的传播形式，同时融入了景区宣传，能够迅速引流，获得广泛关注。文化和旅游优品、精品的传播，需要引入高新技术手段，融合多平台资源，扩大其影响力。

四　全域旅游助力县域旅游高质量发展

县域全域旅游的高质量发展，是能很好地满足人民日益增长的文化和旅游需要的发展，是充分体现新发展理念的发展，是体制机制更加先进、供给体系更加完善、产业体系更加现代、发展动能更加强劲、旅游产出更加高效的发展。必须强化质量意识，不断创新发展思路和工作措施，走全域旅游高质量发展之路。[①]

（一）党政统筹，创新旅游政策制度

1. 强化党的领导，高位统筹推进

加强党对县域全域旅游的全面领导，把发展全域旅游作为推动县域经济和社会发展的战略性、全局性工作重点，充分发挥党政统筹协调作用和集中力量办大事的体制优势，加强顶层设计，统一规划实施，系统整合资源，凝聚发展合力，整体协同推进全域旅游发展。

① 戴鹏：《全域旅游下的乡村文化旅游发展对策》，《商讯》2020 年第 11 期。

2. 勇于探索实践，创新体制机制

突出改革创新主线，不断探索和建立健全适应市场特点与全域旅游发展特征的统筹协调、综合管理、标准实施、行业自律等体制机制，形成科学合理的管理体制、多元化的投入机制和市场化的运作机制，更好地发挥市场在资源配置中的决定性作用，并通过健全制度和完善机制，提升现代县域旅游治理能力，推动县域全域旅游长效发展。

3. 强化政策支持，完善制度保障

加大财政、金融对县域全域旅游的支持力度，建立文化和旅游发展专项资金，通过旅游资产证券化、收费权和经营权质押、资产抵押等方法提升旅游融资能力；创新土地供给政策，采取点状供地、增减挂钩、长期租赁、土地流转等方式，依法优先保障旅游用地；加大旅游人才引进和培养力度，完善旅游人才激励政策；创新刺激旅游消费和需求的管理政策；优化市场准入、产业竞争、市场监管、公共服务等方面的结构政策；健全全域旅游政策执行机制与配套制度，完善全域旅游与相关政策的协调机制，为县域全域旅游高质量发展提供强有力的政策支持和制度保障。

4. 坚持城乡联动，推动全域协同

全面推进新型城镇化、乡村振兴和区域一体化发展战略，坚持以城带乡、城乡互补、协调发展、共同繁荣的旅游发展思路，重点发展乡村旅游，健全城乡旅游融合发展体制机制，构建城乡旅游融合发展载体平台，强化区域旅游合作和城乡旅游联动，建立城乡之间旅游相关要素自由流动、功能共建共享、治理协同配合的互利共赢新机制，形成县域全域旅游协同和一体化发展新优势。

（二）深度融合，擦亮全域旅游新名片

1. 深化文旅融合

坚持以文塑旅、以旅彰文原则，统筹协调县域全域文旅产业发展，推动文化和旅游在思想理念、体制机制、职能功效、规划技术、市场领域、资源产品、产业业态、空间载体、服务管理等方面交叉渗透与整合重组，创造独具魅力的中华文化旅游体验。要着力创新文旅融合新政策，采取文旅融合新举措，开发文旅融合新产品，举办文旅融合新活动，丰富文旅融合新载体，培育文旅消费新热点，拓展文旅融合新空间，衍生文旅融合新业态，打造文旅融合新品牌，通过文旅高水平融合，推进县域全域旅游高质量发展。①

2. 发展融合业态

以“旅游+”和“+旅游”方式推进产业融合，推动农业、林业、工业、水利、交通、自然资源、文化、体育、教育、医疗等领域与旅游融合发展，不断催生新业态、延伸产业链、创造新价值，壮大“生态+旅游”“文化+旅游”“农业+旅游”“工业+旅游”“体育+旅游”“教育+旅游”“医养+旅游”等融合发展业态，构建大旅游产业格局，激发产业叠加效应与倍增效应。

3. 促进产业升级

传统县域旅游产业是旅游发展的重要基础支撑，但其产业模式在一定程度上存在旅游业态陈旧、运营方式粗放、科技含量较低、创新能力薄弱、综合效益不高等问题。要把握新时代战略性、创新性、融合性和系统性的产业特征，适应新型消费升级需求，大力推动文旅产业提质增效，推动旅游企业规模化、集团化、品牌化和网络化发展，打造更多文旅融合类、创新示范类、产业平台类、转型升级类文旅企业和示范项目。要围绕产业链部署创新链、围绕创新链布局产业链，促进产业链和创新链精准对接，提升旅游产业链供应链现代化水平，积极培育云旅游、云娱乐、云展览、沉浸式旅游等新消费、新业态和新模式，不断壮大“互联网+旅游”数字平台旅游新经济。

（三）提质升级，强化县域全域旅游新功能

1. 强化县域旅游创新驱动

长期以来，旅游投资一直是拉动旅游经济发展的重要因素，而国内日益增加的旅游消费需求，则是旅游经济持续增长的重要基石。但面对新发展阶段的新形势、新特点、新竞争与新发展格局，未来的县域全域旅游高

① 王琬：《文旅融合视角下金乡县旅游业发展研究》，硕士学位论文，西北师范大学，2020。

质量发展必须转向全面创新驱动，尤其要通过深化旅游体制机制改革和推动旅游供给侧与需求侧结构性改革，增强体制动能、制度活力和旅游消费升级新动能，并通过加强人才队伍建设和加大旅游科技研发投入，增强旅游科技创新与应用转化能力。

2. 创新应用现代科技

大力推动县域旅游与科技融合发展，加强县域旅游互联网基础设施、信息互动终端和旅游物联网设施建设，推动5G、人工智能、物联网、大数据、云计算、元宇宙等新基建和新技术在旅游领域的应用，运用虚拟现实（VR）、增强现实（AR）、混合现实（MR）等信息科技手段丰富游客体验。推进“智慧+”、数字旅游等战略，鼓励发展在线旅游新业态，支持在线旅游创业创新，推动线上线下融合发展。建立一批旅游科技研发基地、旅游科技产业园区和科技旅游基地，形成以科技创新、数字化变革、业态创新与价值链提升为主导的全域旅游创新发展新动能。

3. 升级智慧旅游系统

加强县域旅游信息基础设施建设，构建纵向打通、横向集成的旅游综合数据体系，实现行业内数据、涉旅部门数据、运营商大数据和互联网大数据的交换、集成与共享。建设和优化智慧旅游服务平台，完善其智慧服务（在线预订、预约服务、网上支付、智能导游、实时信息推送等）、智慧监管（客流监测、安全监控、应急指挥、预测预警等）、智慧营销、数据分析等功能。深化“互联网+旅游”，利用新兴技术和信息化手段，推进旅游数字化转型，建设一批高水平的国家智慧旅游城市、智慧旅游景区（度假区）、智慧旅游企业和智慧旅游乡村，促进县域全域旅游数字化、网络化和智能化发展。

第十一章
案例解读

随着社会经济日渐发展和人民生活水平不断提高，旅游已经成为一种日常行为活动，人们对旅游的需求也日益增长。县域旅游作为一种微观尺度下的区域旅游形式，凭借县域良好的生态环境和富有地方特色的文化习俗，吸引着越来越多的国内外旅游者。大力发展县域旅游，不仅有助于促进旅游业的发展壮大，也有利于缩小城乡差距，促进农村经济发展、社会和谐稳定，推动乡村振兴进程。经过不断的探索实践，中国不少县域在旅游发展模式上形成了各自的特色和亮点，使得县域旅游有了更大的自主权和良好的外部环境。本章主要选取在乡村旅游、全域旅游、改革创新、公共文化、文旅融合、精准营销等方面的县域旅游发展典型案例进行探讨，介绍概况、总结做法、提炼亮点，以期为我国县域旅游的发展提供经验借鉴与思考。

第一节　乡村旅游助力乡村振兴的婺源实践

“三农”问题是关系国计民生的根本性问题。2021 年是中国“十四五”的开局之年。2021 年，中央发布一号文件，明确把全面推进乡村振兴作为实现中华民族伟大复兴的一项重大任务，强调要举全党全社会之力加快农业农村现代化，让农民过上更加美好的生活，并提出发展乡村旅游精品线路，完善配套设施，将其作为构建现代乡村产业体系的重要途径。开展乡村旅游不仅有利于将原始粗放、附加值较低的农业经济升级为现代精细、附加值较高的体验经济，还可以有效保护生态环境，促进人与自然和谐共处。同时，对乡村来说，乡村旅游可以有效地改善乡村环境，提升乡村文明程度，还可以促进青年人回乡就业，解决现有留守儿童教育、留守老人养老等深层次的复杂问题。① 婺源县作为2022年全国县域旅游综合实力百强县之一，被外界誉为“中国最美的乡村”。婺源县以乡村旅游为手段助力乡村建设、乡村振兴并取得了良好效果，总结婺源县发展乡村旅游的成功经验，能为其他地方的乡村旅游发展提供经验借鉴。

一　基本概况

婺源县位于江西省的东北部，东临浙江，北接安徽，西面、南面、西南面分别与景德镇、德兴、乐平相邻，被誉为镶嵌在皖、浙、赣三省交界处的一颗绿色明珠，因生态环境优美和文化底蕴深厚，被外界誉为“中国最美的乡村”。婺源于唐开元二十八年（公元740年）建县，属于徽州古“一府六县”，素有“书乡”“茶乡”之称。全县总面积约2967平方公里，其中有林地378万亩，耕地32万亩，素有“八分半山一分田，半分水路和庄园”之称。全县辖16个乡镇、1个街道、1个工业园区、197个村（居）委会，全县人口36万，有70%以上的居民从事与旅游相关的产业。② 婺源地处我国黄金旅游圈的腹地，周边有黄山、三清山、庐山、武夷山、千岛湖、鄱阳湖、景德镇等名山、名水、名镇。对外交通便利，有景婺黄（常）高速公路，1小时车程内有黄山机场、景德镇罗家机场、衢州机场和上饶三清山机场四个机场，婺源逐渐成为江西对接长三角和海西经济区的前沿。

婺源作为“中国最美的乡村”的代表，拥有丰富的自然景观、独特的地方物产及历史悠久的人文古迹等乡村旅游资源。婺源生态优美，物产丰富。全县森林覆盖率高达82.6%，空气、地表水达国家一级标准，负氧离子浓度高达7万~13万个/厘米^3，是个天然的大氧吧。有自然保护小区193个、省级自然保护区1处、国家森林公园1处、国家湿地公园1处、挂牌保

① 苏煜：《以乡村旅游助力乡村振兴——以修武县为例》，《农场经济管理》2022年第2期。

② 吴曙：《发展全域旅游　推动乡村振兴》，《当代江西》2019年第9期。

护的名木古树 1 万多株，有世界最大的野生鸳鸯越冬栖息地，有世界濒临绝迹的鸟种黄喉噪鹛。良好的自然条件孕育了众多地方特产，其中红、绿、黑、白“四色”特产（荷包红鱼、婺源绿茶、龙尾歙砚、江湾雪梨）享誉古今。此外，婺源县是全国绿化模范县、全国中小城市生态环境建设实验区、全国首批低碳国土实验区之一、江西省园林县城和中国绿茶金三角核心产区。

婺源历史悠久，文化灿烂，自古享有“书乡”美誉，是国家徽州文化生态保护实验区。自唐至清，全县共出进士 552 人，历代文人留下著作 3100 多部，其中 172 部入选《四库全书》，朱熹、詹天佑等历史文化名人名扬中外，历史遗迹、明清古建筑遍布乡野。县内徽剧、傩舞、徽州三雕（石雕、砖雕、木雕）、歙砚制作技艺被列为国家非物质文化遗产，理坑、汪口、延村等被评为中国历史文化名村，清华彩虹桥等 5 处 16 个点被列入国家重点文物保护单位。婺源博物馆馆藏文物 1 万余件，被誉为“中国县级第一馆”。

婺源从 2001 年正式开始“三步走”的旅游发展之路，到现在婺源旅游业经历了从无到有、从小到大、从大到强，走出了一条通过发展乡村旅游促进经济社会全面繁荣的“婺源之路”。婺源是首批中国优秀国际乡村旅游目的地之一，成为全国发展乡村旅游的样板。早在 2011 年，婺源就被评选为全国休闲农业与乡村旅游示范县。目前，婺源全域获评全国唯一一个以整县命名的国家 3A 级景区，拥有国家 5A 级景区 1 个、4A 级景区 13 个，是全国拥有 4A 级及以上景区最多的县，游客接待人次连续 12 年位居江西省之首，先后获得全国“绿水青山就是金山银山”实践创新基地、全国森林旅游示范县、国家乡村旅游度假实验区、国家生态文明建设示范县、中国旅游强县、中国优秀国际乡村旅游目的地、国家全域旅游示范区等 30 多张“国字号”金牌名片。

二　主要做法

婺源县始终践行新发展理念，把乡村旅游作为核心产业、主导产业、第一产业，实施“发展全域旅游、建设最美乡村”战略，坚持“以村兴旅、以花作媒、以绿当底、以客为先”，奋力打造全国乡村旅游及乡村振兴的示范和标杆，截至2019年，连续5年获评江西省县（市、区）科学发展综合考核评价先进县。

（一）以“村”兴旅，在差异化发展中找准定位

婺源旅游从2001年起步，走出了一条符合婺源实际的发展之路。首先，婺源县确立了“以村兴旅”的定位，通过差异化发展，与周边名山、名水、名镇形成差异化的旅游发展格局。其次，县委、县政府坚持“一张蓝图绘到底”，迎来了婺源县乡村旅游的大好局面。婺源形成“三步走”的路径——第一步，放手民营，为民间资本投资旅游产业“大开绿灯”；第二步，组建集团，按照“一个集团、一张门票、一大品牌”的思路，整合全县景区（点）资源；第三步，转型升级，规范推进多家旅游企业，激发旅游市场活力。2016年，婺源打响“全域旅游”的品牌，确立“发展全域旅游、建设最美乡村”的目标，加快推进旅游产品全面升级、环境全面美化、业态全面丰富等，实现“村村是景、移步换景”，让全县百姓都能享受到全域旅游带来的红利。

（二）以“花”作媒，在全域融合中做旺四季

油菜花可谓婺源旅游的“成名曲”。婺源县坚持“以花作媒”，创新实施“油菜花+”战略，全县种植了12万亩油菜花，是史上最大的梯田花海，成功让油菜花成为“旅游花”“致富花”。第一，从一季花到四季景。“春探人间花海、夏走研学之旅、秋观红叶晒秋、冬寻梦里老家”，实现四季精彩不落幕。尤其是婺源挖掘“晒秋”民俗，使篁岭这个曾经濒临消失的古村，如今成为“中国最美符号”。2018年，与中青旅合作后，篁岭景区品位进一步提升，年接待游客130万人次、旅游综合收入达1.8亿元，“晒秋”成为婺源又一张亮丽名片。[①] 第二，从白天游到全天乐。围绕度假小镇、文化小镇、演艺小镇、健康小镇和体育小镇，打造一批投资10亿元

① 《女县委书记引用的古语 道出了旅游给婺源带来的巨变》，搜狐网，2019年3月20日，https://www.sohu.com/a/302561251_114731。

以上的旅游综合体。其中，梦里老家大型山水实景演出项目补齐了“夜光经济”的短板；投资10亿元的水墨上河文化小镇2019年开园迎客；投资16亿元的婺女洲徽艺文旅特色小镇已于2022年正式开园，将成为婺源旅游新的引爆点。第三，从一业兴到百业旺。民宿旅游初具潜力。全县高端度假民宿有100余家，古宅庄园型、精品小筑型、乡间野趣型民宿百花齐放，打造中国乡村民宿“婺源样板”。体育旅游迸发活力。曾连续3年举办国际马拉松比赛，2018年承办国家级、省级体育赛事40余项，吸引20万人参赛，获评“国家体育产业示范基地”。文化旅游彰显魅力。每年吸引50多万摄影爱好者、10万写生大军来婺源创作，吸引20多部影视作品来婺源取景，婺源成为全国知名写生基地、摄影基地、影视基地、文创基地等。

（三）以“绿”当底，在保护传承中厚植优势

婺源县坚持以生态为最亮底色，视文化为最靓瑰宝，立足乡村营造最美风景。第一，保住生态“底色”。婺源实施的天然阔叶林长期禁伐工程，被列入江西省生态文明地方特色改革计划；设立“环保警察”，创新开展“环保360”行动；拆除禁养区内所有畜禽养殖场，山塘水库实行“人放天养”；推进县、乡、村三级污水处理设施建设，拆除垃圾焚烧炉，启动垃圾焚烧发电项目。第二，守住文化“古色”。徽派建筑不仅是徽文化的传承载体，也是游客眼里的独特风景。十多年来，婺源县坚持所有新建房屋统一徽派风格，打造“徽派建筑大观园”。出台古村古建保护办法，创新古村保护四大模式——整村搬迁的“篁岭模式”、异地安置的“汪口模式”、建新如旧的“严田模式”、民宿开发的“九思堂模式”。积极推进婺源徽剧、傩舞、三雕、歙砚制作、绿茶制作等非遗项目的传承与保护，实施“非遗进景区”工程，促使非遗活态传承。开展红枫文化旅游系列活动、油菜花旅游文化节等各种文化活动，提升全域旅游品质。弘扬朱子文化，复兴阙里荣光，提升婺源人的精气神。第三，留住乡村“本色”。按照“每一个村落就是一个景点”的要求，用两年时间完成了全县所有村庄“秀美乡村”建设，建成了瑶湾、漳村、马家、官桥等一批高品质示范村；树立“每一条通道就是一道风景”的理念，实施“畅安舒美”工程，开展通道整治提升

工作，打造了一道道美丽的风景线。

（四）以“客”为先，在优化服务中提升形象

婺源县坚持把旅游体验作为核心竞争力，聚焦交通、市场、服务三大重点，不断提升游客满意度。第一，“睹花不堵路”。高峰期拥堵是十多年来困扰婺源的“幸福的烦恼”。2015 年以来，婺源县在主要拥堵路段建设 7 个停车场 5000 个停车位，在热门景区实行高峰期换乘，沿途开展“雪亮工程”建设，实行人防加技防，解决了拥堵难题。第二，“开心又放心”。成立“旅游 110”，整合 19 个涉旅单位职能，构建县、乡、村三级联动机制，重拳整治旅游市场乱象；成立旅游诚信退赔中心，县财政设立退赔基金，旅游购物实行“无理由退货”。第三，“景美人更美”。扎实推进全国旅游标准化示范县建设，围绕“优质旅游让婺源更美丽”的目标，当地旅游工作人员与居民争做“最美乡村最美的人”，营造“人人是旅游形象、处处是旅游环境”的良好氛围。

历经 20 年发展，乡村旅游让婺源百姓在家门口吃上了“旅游饭”，带动了全县 2/3 的民众就业创业，成为开启乡村振兴的“金钥匙”。数据显示，2019 年婺源县接待游客达 2463 万人次，实现旅游综合收入 244.3 亿元。截至 2020 年底，婺源全县直接从事旅游人员突破 8 万人，人均年收入超过 3 万元；间接受益者突破 25 万人，占全县总人口的近 70%。截至 2020 年末，全县累计实现 14211 名贫困人口脱贫、26 个“十三五”贫困村全部脱贫摘帽，乡村旅游成为婺源县开启乡村振兴的“金钥匙”。①

三　特色亮点

婺源以“中国最美乡村”为品牌，遵循市场规律，大力开发乡村旅游，注重旅游与农民参与相结合、与农业发展相结合、与农村建设相结合，通过乡村旅游发展带动生态农业、特色农业、生态工业和服务业的发展，促

① 《小县城变大景区 “中国最美乡村” 婺源的美丽嬗变》，“中国新闻网” 百家号，2020 年 12 月 22 日，https://baijiahao.baidu.com/s?id=1686746297140255760&wfr=spider&for=pc。

进县域产业结构优化，推动县域经济壮大，初步实现了富民与强县的双目标，促进了婺源由农业经济向服务经济和生态经济转型，成为以乡村旅游推动新农村建设和县域经济转型发展模式的典范。

（一）注重“三结合”、强调“三到位”

婺源县以旅富农成功走出农业县新农村建设的新路子，婺源旅游在发展过程中注重“三结合”。一是与农民参与相结合。政府在主导旅游开发过程中，尤其注重保护社区居民利益，保障村民能获得满意的旅游收益，各村落的旅游开发均召开全体村民会议，由村民进行民主表决。二是与农业发展相结合。婺源将旅游业作为主导产业，围绕乡村旅游发展生态农业和特色农业，大力培育农村主导产业，走农业产业化发展的路子，实现了旅游与农业的紧密结合、相辅相成、相互促进。三是与农村建设相结合。围绕旅游发展，通过全面规划、合理布局、精心包装、规范管理，改善农村基础设施，改善村容村貌。与此同时，成立以县委书记为组长的旅游产业发展领导小组，引导乡村旅游发展方向，强调组织发动到位；动员部门力量和基层组织积极配合，加强乡村旅游的“三农”参与，协调配合到位；建立以旅游发展业绩为导向的干部督查考核机制，落实以旅富农的成效，强调督查考核到位。婺源县实施的工作机制既保障了农民搞旅游、学经营，培育了一批新型农民，又保障了农民门前就业、发展第三产业，推进了农民脱贫致富。

（二）以农兴旅、以旅促建

婺源县是构建传统农区和谐人居环境的典范。依托民居古建资源、乡村田园景观，婺源旅游实现了快速化、特色化发展。同时，在开发过程中采取有效措施抢救古村落文化遗产，在逐步发展后强化遗产保护和投资建设，成为传统农区构建乡村和谐人居环境的典范，具体措施包括：组建了古村落文物普查小组，建立规范的保护管理档案；制定了一系列地方性规范进行乡村景观控制；聘请有资质的规划设计院，对全县重点古村落的每一栋古建筑都制定详细的保护规划；先后成立了 17 个重点古村落保护协会，对历史文化名村、县级以上文物保护单位的古建筑挂牌保护。同时，在旅游逐步发展、财政收入提高后，截至2008年，该县先后投入资金880万元，维修古村落的古房屋建筑60余幢、古桥13座。以上举措改善了婺源古村落生态环境，完善了古村落的基本功能，提升了古村落的文化品位，构建了婺源乡村人居环境和旅游环境的新格局，婺源县成为首批旅游强县中乡村人居环境建设的佼佼者。

（三）深挖资源潜力、转变增长方式

婺源以旅游业为主导，以保护为前提，利用丰富的社会资源，以旅游产业发展带动县域经济的联动发展，最终实现农民增收、农村致富基础上的城镇化进程。同时，深挖文化与生态资源潜力，转变经济增长方式，合力发展以旅游业和生态人居为主导的现代服务业。通过发展旅游实现了产业的升级发展和结构优化，建立了以生态农业、生态工业、生态服务业和文化产业为基础的文化生态经济体系，三次产业结构比例由“九五”期末的38：33：29调整为“十五”期末的18.7：40.8：40.5，到2019年三次产业结构比例进一步优化为7.9：22.8：69.3，实现从农业经济向现代服务经济的转变。婺源以文化生态旅游为核心带动县域经济发展，促进产业结构优化和增长方式转变，率先将低效的农业经济转变为高效的现代服务型生态经济，在全国范围内开创了一套独特的发展新模式。

（四）壮大特色、联动发展

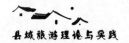

婺源以旅游业为主导，大力发展特色产业。一是旅游业带动上游农业发展，逐步形成有机茶种植、加工和荷包红鱼养殖等产业。以“公司+农户”的开发模式发展有机蔬菜、大米、茶油等山珍绿色食品产业，打响了婺源生态品牌。同时，做粗做长绿色食品产业链，突出粮油、蔬菜、水果、甜玉米、畜牧五大特色优势支柱产业，为旅游业发展提供物质基础特别是特色食品和商品供应。二是以旅游产业为主导，以生态工业园区为龙头，婺源加快了高新技术产业体系建设，大力发展机械电子制造、茶叶精深加工、新材料产业、旅游商品加工等工业支柱产业。通过壮大特色、联动发展，婺源全县生产总值从1996年的7.8亿元跃升到2019年的131.5亿元，增长了约16倍，打开了从落后地区通向发达地区、从农业社会通向服务社会的大门，成为第五代县域经济发展模式的典范。[①]

第二节　全域旅游促进全域秀美的丹巴经验

全域旅游是我国新时代旅游产业高质量发展的一项核心战略，指的是各行业、各部门、全体居民都积极参与旅游业，为游客提供全过程、全时空、全方位的旅游产品。全域旅游是我国旅游业发展战略的再定位，对于提升旅游目的地整体形象、促进区域产业转型升级和提质增效具有重大意义。近年来，不少县域在全域旅游层面积极摸索、建设中取得了良好的成绩。[②] 其中，丹巴县全域示范效果好，经过多年持续的发展，丹巴县已初步形成“龙头景区带动乡村片区”的全域旅游景区格局，形成了“旅游惠民”的全域增收产业体系，全县人均 GDP、人均涉旅纯收入、涉旅就业占比均居川西高原各市县前列。2021 年 12 月，丹巴县被四川省文化和旅游厅认定为四川省第三批省级全域旅游示范区之一。

一　基本概况

丹巴县位于四川省甘孜藏族自治州东部，是甘孜州的东大门，东与阿坝州小金县接壤，南和东南与州府康定市交界，西与道孚县毗邻，北和东北与阿坝州金川县相连。丹巴县辖区面积 5649 平方公里，辖 14 个乡、1 个镇、2 个街道，根据第七次全国人口普查数据，丹巴县常住人口为 49872 人。丹巴县地势西高东低，海拔 1700 ~ 5521 米，县城位于大渡河畔的章谷镇，海拔 1800 米，素有“大渡河畔第一城”之称。丹巴县的区位交通条件优越，地处两州四县（市）交界处，是川西旅游环线、大贡嘎旅游环线和中国熊猫大道的主要旅游节点，G350、G248、S217 等国道、省道横贯全境，全县乡村通畅率均达到 100%。

---

① 石培华、冯凌、唐晓云、宋文芸、杨超：《建设中国美丽乡村　世界生态文化公园——解读“婺源之路”》，《今日国土》2008 年第 12 期。

② 牟晓珀：《破题县域全域旅游发展三大瓶颈》，《当代县域经济》2022 年第 3 期。

被誉为“美人谷”的丹巴具有丰富的旅游资源，集自然景观、民俗风情、历史文化和社会旅游资源于一体，其资源可分为8个主类、29个亚类、78个基本类型、209个代表性资源或单体。丹巴恰似一朵以县城为花蕊、以五条山脉为花瓣而绽放的美丽花朵，特殊的构造造就了造型生动的象形山石地貌等丰富独特的地质景观，如格宗领袖峰、金字塔、墨尔多山石笋、自生塔等，使丹巴被誉为“天然地学博物馆”。此外，丹巴还有五大水系形成的河流景观和由众多湖泊、温泉、跌水、瀑布等组成的风格不同的水域风光；有云海、日出、彩虹、冰瀑、冰挂、雪景、“白人戏水”等壮丽的气象景观；有保护完好的原始森林、种类繁多的珍稀动植物和草甸等和谐生物景观；有墨尔多神山、牦牛谷“天然盆景”和党岭、莫斯卡风光等自然生态景观，它们让人心旷神怡、流连忘返。

丹巴有保存完好的古石碉群、土司官寨和独特的藏寨民居等古代、近代、现代建筑，被专家誉为石砌建筑的典范。丹巴素有“千碉之国”的美誉，古碉有四角、五角、六角、八角、十三角等众多种类，丹巴梭坡十三角碉是整个藏区三座十三角碉中唯一保存下来的一座。丹巴嘉绒藏族民居设计精巧、造型独特，极具民族特色，融于青山、绿水之中，实现自然环境与建筑的完美结合，达到“天人合一”的境界，如甲居藏寨、中路－梭坡藏寨碉群等被誉为“东方童话世界”；有中路新石器时代古人类遗址、春秋战国时期古石棺墓群和“乾隆打金川”古战场遗址等；有藏传佛教五大教派和汉传佛教、道教等多教派和睦相处、相互包容的宗教文化奇观；有嘉绒藏族服饰、歌舞和顶毪衫、抢头帕、对山歌等独特的婚恋风情文化；有同属嘉绒藏族却十里不同语的多语系语言文化奇观。①

二　主要做法

近年来，丹巴县始终坚持以全域旅游统揽经济社会发展，按照“全国最具风情美人谷、全国最佳阳光康养目的地和四川最具全域性的高原乡村

① 王兴贵：《四川藏区乡村旅游全域开发模式与路径分析——以丹巴县为例》，《湖北农业科学》2016年第12期。

旅游先行地”的总体定位，以“一心、一廊、五区、一环线”为空间布局，以“古碉·藏寨·美人谷——中国最美丽乡村”为核心品牌，以大渡河乡村振兴战略实施为切实抓手，在“全”字上下功夫，大力推进全域旅游示范区创建工作，并取得了显著成效。

（一）旅游创建全域联动

州、县高度重视，甘孜州委委派由一级巡视员任组长的督导组常驻丹巴县开展督导工作，县上成立了以县委书记和县长为双组长的创建工作领导小组，抽调精干人员组建创建办，制定完善《创建工作方案》和任务清单，任务落实到点到人；将发展全域旅游纳入目标考核体系，出台激励和监督考核办法，形成以创建工作为抓手、以全域旅游发展统筹县域社会经济发展的格局。每年安排500万元的旅游发展专项资金、800万元以上的营销资金，截至2021年底累计整合各类项目40多个、资金5亿元，开展创建工作；县“两会”将旅游业定位为县域经济主导产业，并出台支持旅游业发展的系列政策和措施；编制了《全域旅游发展规划》，以此为统筹，推进多规合一。通过科学编制和实施全域旅游规划，不断补齐全域旅游建设短板，完善全域功能，优化城镇管理和建设空间布局，实现产业融合发展、旅游出入大环境路网建设、绿色交通和智慧城市等有机结合，使功能区相互交织、相互融合。

（二）品牌建设全域提升

经过多年不懈的努力和创建提升，丹巴县目前已有以梭坡乡莫洛村为代表的国家级传统村落19个，国家地质公园1个，国家4A级景区1个（甲居藏寨景区），国家3A级景区2个（中路景区、梭坡景区），省级旅游度假区1个（丹巴美人谷旅游度假区），省级风景名胜区1个（墨尔多山风景名胜区），省级自然保护区2个（墨尔多山自然保护区、莫斯卡自然保护区），全国乡村旅游重点村2个（甲居镇甲居二村、墨尔多山镇基卡依村），天府旅游名镇1个（甲居镇），省级乡村旅游重点乡镇1个（甲居镇），全国重点文物保护单位2个，省级文物保护单位6个，国家级非遗项目1个，省级非遗项目4个。近年来，丹巴县先后荣获“中国最美丽乡村”“中国景观村落”“四川省旅游强县”“四川省乡村旅游示范县”等称号，被列为天府旅游名县候选县和嘉绒文化、康巴文化生态保护实验区。“丹巴嘉绒藏族风情节”被评为“四川十大名节”，并于2010年获得文化部“群星奖”。

（三）设施服务全域优化

丹巴县整合5亿多元资金，补齐短板弱项，进一步完善基础设施和配套设施。其中，丹巴出入境国省干道完成或正在实施提档升级，县内核心景区旅游公路完成油路改造，基本形成了内畅外联的交通网络。同时，不断加大旅游环境综合整治力度，建立健全部门联合执法监管机制，成立旅游巡回法庭、旅游警察，健全线上线下投诉处理机制，涉旅投诉处理满意率达100%；大力倡导并实施“双心”服务行动，建立了旅游志愿者服务体系，常态化开展讲解服务、导游服务、志愿服务行动；成立了景区应急救援队，定期举行消防安全、应急事件处置、医疗救援等演练。丹巴县近些年没有发生过一起旅游负面影响事件。在2021年“五一”、国庆期间，丹巴县像亲人一般关怀未入住游客，两度出现感动全网的新闻事件，受到央视关注报道。

（四）涉旅产业全域融合

丹巴县深入推进嘉绒文化、东女文化、红色文化、康巴文化与山水、田园、村寨的深度融合，形成了以甲居藏寨为代表的文旅融合型特色景区。与此同时，大力发展红色研学、农耕研学、古建筑研学、康养研学等新业态，初步形成了“全域、全时、全龄”的特色乡村旅游产品集群。文旅融合，活态展示嘉绒藏族非遗文化，推出土陶制作、木版画制作、印制经幡、手工艺刺绣，观摩藏式酿酒技艺等体验项目；农旅融合，相继建设“美人脆”苹果现代园区、丹巴农业科技示范基地、丹东镇中草药产业园、“四亩田园”微田园综合体，大力发展雪菊、玫瑰、苹果、樱桃种植等特色农业；艺旅融合，研究推广“嘉毬绒”、丹巴刺绣等特色旅游商品，先后成立非遗文创馆、曹勇画室等；康旅融合，建设美人谷旅游度假区、森林康养人家、特色民俗集群等综合康旅产品体系；研旅融合，依托红五军政治部旧址、藏民独立师师部旧址等红色遗址，以及四川省森林自然教育基地和丹巴登龙云合研学基地，打造民俗文化、红色文化、自然教育研学的课堂；工旅融合，优质酿酒葡萄种植面积达到12000余亩，打造丹巴康定红葡萄酒旅游观光工厂和康定红·美人谷酒庄，年酿造和洞藏酒窖储藏能力逾万吨。

（五）发展成果全民共享

丹巴县人民群众参与旅游、支持旅游的积极性高、氛围浓，2015～2020年，丹巴县旅游接待人数从75.05万人次增长到300.06万人次，年均增长超过30%；旅游综合收入从7.42亿元增长到33.00亿元，年均增长近35%；2020年，旅游产业增加值占GDP的比重达37%，旅游经济的发育度居川西高原各市县前列。截至2021年底，全县现有民居接待户481户，床位2万余张，旅游直接从业人员年均增收达2万元左右，全县群众因旅受益达70%以上，旅游业已经成为丹巴县农民的主要就业方式和经济来源。①

三　特色亮点

（一）体制机制新

丹巴县践行“农村就是景区，农业就是景点，农民就是旅游从业人员”的全域理念，党政高度重视，纳入目标管理，研究部署创建工作，推动以创建工作为抓手，以全域旅游发展统筹县域社会经济发展。旅游业已经成为丹巴县县域经济支柱产业、乡村振兴希望产业、群众致富阳光产业。

一是将全域旅游作为县域经济和民生的“优先工程”，在党代会、人代会、政协会等重大会议上予以重点强调。二是建立县四大班子统筹推进机制和文旅发展党政“一把手”主抓制，并作为一把手经济考核的“首要问题”。三是建立全域旅游部门意见征询机制，实现共推全域旅游产业发展。四是建立全域旅游规划优先制，凡是在涉及旅游的项目、工程、集镇、设施等规划建设前，均优先制定旅游规划，各类规划再与旅游规划进行多规合一。

（二）业态融合深

丹巴县通过“旅游+”“+旅游”等形式，大力推进文、农、艺、康、

① 《丹巴：谱好“五部曲”奏响乡村振兴“主旋律”》，“中农富通”百家号，2022年1月18日，https://baijiahao.baidu.com/s?id=1722254817554753797。

研、工等产业深度融合发展，开发各类“旅游+”产品48项。积极推进嘉绒文化、东女文化、红色文化、康巴文化与山水、田园、村寨的深度融合，形成文旅融合型特色景区。发展文旅融合，科学实施甲居藏寨文化保护传承，活态展示嘉绒藏族非遗文化；发展农旅融合，建设“美人脆”苹果产业园、“四亩田园”微田园综合体等；发展艺旅融合，研究推广“嘉毪绒”、丹巴刺绣等；发展康旅融合，建设美人谷旅游度假区、森林康养人家等；发展研旅融合，打造红色研学基地、丹巴登龙云合研学基地；发展工旅融合，打造康定红葡萄酒旅游观光工厂和康定红·美人谷酒庄。与此同时，大力发展红色研学、农耕研学、康养研学等新业态，走出一条以民众为中心、以产业为核心、以美丽乡村为依托，第一、第三产业互动及农文旅融合的“全域、全时、全龄”的特色阳光康养旅游发展之路。

（三）公共服务细

丹巴县多措并举做好公共服务工作。一是稳定就业。联合101家企业，举办6期网络招聘会，累计发布岗位信息6179条，为13个建档立卡贫困户解决就业问题。二是助力创业。发放稳岗补贴68.4万元，惠及企业31家，对6家困难企业发放补贴53.83万元。积极对接信用联社，为农民工申请创业担保贷款300万元。三是提升技能。借助援建单位优势资源，开展技能培训20期，培训1203人，其中建档立卡贫困人员364人。四是强化服务。统筹全县公益性岗位3700余个，安置建档立卡贫困户1200余人。在省内多地设立服务站，免费为农民工提供政策咨询、劳动维权等服务。五是建立基地。扶持3个州级和3个县级就业扶贫基地，带动1000多农村劳动力就业，其中建档立卡贫困户100余人。六是完善政策。成立丹巴县民宿产业发展联盟领导小组和民宿发展办公室，出台《丹巴县民宿提档升级管理办法》和《丹巴县民宿管理办法》等，建立美人谷民宿发展联盟，推出“一站式”服务保障，促进民宿业健康持续发展。①

① 《丹巴县多措并举做好公共服务》，甘孜藏族自治州人民政府网，2021年2月4日，http://www.gzz.gov.cn/gzzrmzf/c100045/202102/8b3257300fc8454dafe70fa96a4eefd2.shtml。

（四）产业富民实

2019年以来，丹巴县全域对口帮扶重心从“输血式扶贫攻坚”转移到“造血式产业富民”上，探索“规划带动、项目推动、营销拉动、产业联动、机制驱动”的全域旅游新路子，大力发展农村电子商务，培育休闲观光、采摘体验等农业新业态，促进农旅融合发展，促进农民增收，助推丹巴县形成产业脱贫新路径。截至2021年底，丹巴县先后带动了近6万人参与旅游产业发展，旅游直接从业人员年均增收达2万元左右，全县群众因旅受益达70%以上。2019年4月28日，四川省人民政府批准丹巴县退出贫困县行列。2020年，丹巴县实现地区生产总值21.21亿元，同比增长2.5%，完成目标任务100%，较2015年增长44.9%。旅游业已经成为县域经济支柱产业、乡村振兴希望产业、群众致富阳光产业。丹巴产业富民新路径事迹，被《人民日报》《四川日报》等媒体进行了广泛报道。

（五）品牌影响大

注重内外宣传和旅游营销，对内整合媒体资源，有效利用州、县媒体平台及合作的媒体资源，围绕丹巴县“三大品牌”加大对内宣传力度，形成良好的发展氛围；同时，适应互联网时代的特点，采取节会活动、户外展示、线上推广、媒体合作等方式不断强化对外营销，不断扩大“中国最美丽乡村”的品牌影响力及市场吸引力。

第三节 改革创新推动全域发展的栾川模式

旅游业是我国改革开放的排头兵，旅游发展史在一定程度上也就是旅游改革史。经过40多年的改革发展，我国旅游体制机制逐步理顺，旅游政策环境不断优化，旅游产业体系基本成形，旅游生产力得到初步释放。栾川作为首批“中国旅游强县”之一和国家级旅游业改革创新先行区，早期因为山高沟深所带来的交通不便，很长一段时间都是国家级贫困县。直到2000年，由于工矿业的不景气以及全国范围内假日游的兴起，栾川县充分利用该地区的特色和资源优势大力发展旅游业，将资源优势转化为产业优势，由政府牵头走出了一条以旅游业为龙头带动县域经济发展的成功之路——“栾川模式”，成功实施了这一模式并使其闻名全国，成为引领全省发展县域旅游的成功实践。①

一　基本概况

栾川县，隶属于河南省洛阳市，位于河南省西部，因传说远古时期有形似凤凰的鸾鸟在这里栖息而得名，东部与洛阳市嵩县相邻，西部与三门峡市卢氏县接壤，北部与洛阳市洛宁县毗邻，南部与南阳市西峡县邻接，素有“洛阳后花园”和“洛阳南大门”的美誉。栾川县总面积 2477 平方公里，总人口 35 万，农业人口 29.9 万，现辖 15 个乡镇（包括 1 个重渡沟管委会）、213 个行政村（居委会），在河南省属于人口规模小、地域面积大的县。截至 2016 年底，栾川县公路总里程达 1933.8 公里，其中县内高速公路 1 条 28 公里，干线公路 5 条 255.8 公里，农村公路 1650 公里。

栾川县地处伏牛山脉，自然资源丰富，生态环境优美，人文资源底蕴深厚。栾川县旅游资源有 8 个大类、26 个亚类、84 种基本类型，其数量均居河南省第 1 位。“四河三山两道川，九山半水半分田”是当地自然地貌特征的真实写照。栾川县森林覆盖率高达 83.51%，环境空气质量优良天数每年保持在 320 天以上，空气中负氧离子含量最高可达 3 万个/厘米^3，有“中原肺叶”之称。栾川县拥有自然矿产 12 类 50 多种，目前已探明的钼金属储量位居亚洲第一、世界第三，其他资源储量也非常可观。栾川素有“豫西天然药库”之称，是全省重要的中药材生产基地之一，土特产主要有木耳、猴头菇、香菇、拳菜、猕猴桃、板栗、核桃、柿饼等。旅游资源丰富，伏牛山集雄、险、奇、秀特色于一体，道教始祖老子李耳归隐修炼于此，历史文化意蕴深厚。鸡冠山溶洞被誉为“北国第一洞”。

截至 2022 年 9 月，栾川县有鸡冠洞、老君山两个国家 5A 级景区，天河大峡谷、养子沟、伏牛山滑雪场等 8 个国家 4A 级景区，各种类型的旅游景区达到 15 个，全县 15 个乡镇中有 13 个乡镇拥有景区，是全国拥有 A 级景

① 张晓丹：《河南省农村经济发展典型案例及成功经验》，《农场经济管理》2021 年第 4 期。

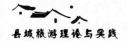

区最多的县域之一。栾川县初步形成了由老君山山水游、重渡沟农家游、龙峪湾森林游、伏牛山滑雪游、九龙山温泉游、养子沟休闲游等组成的旅游景区群。①

2006年，以“政府主导、部门联动、市场化运作、产业化经营”为内涵的“栾川模式”，作为县域旅游经济发展的典型享誉全国。2012年，国家旅游局第二次专题研讨“栾川模式”，“旅游引领、融合发展、产业集聚、全景栾川”成为其新内涵。2016年，站在改革创新发展的关键点上，栾川县委、县政府提出实施“旅游富县”战略，打造最佳旅游目的地，建设向上向善旅居福地新栾川。“栾川模式”的提出、发展、创新和提升，引起世界旅游业界的广泛关注。世界旅游组织在栾川设立可持续发展观测点，亚太旅游协会认定栾川为世界十大乡村度假胜地之一，国家旅游局将栾川列入首批国家级旅游业改革创新先行区，北京第二外国语学院将《全景栾川》编入MTA教材，“栾川模式”成为县域旅游发展的鲜活样板和经典案例。栾川县获得了国家卫生县城、中国旅游强县、国家生态县、全国休闲农业与乡村游示范县、世界十大乡村度假胜地、2020年度中国乡村旅游发展名县、国家生态文明建设示范县、“绿水青山就是金山银山”实践创新基地、国家级全域旅游示范区、全国森林旅游示范县、“红旗渠精神杯”先进单位、全省旅游扶贫示范县、2021中国县域旅游综合竞争力百强县等荣誉称号。

二　主要做法

创新是河南省栾川县旅游发展不变的主旋律，更是栾川作为首批“中国旅游强县”之一和国家级旅游业改革创新先行区，引领全省发展县域旅游的成功实践。

（一）政府主导，旅游兴县，建立高效发展机制

旅游业是一个新兴产业，又是一项社会化、综合性的系统工程，必须加强统一领导和协调。栾川县委、县政府围绕旅游兴县，发挥主导作用，

① 曹淑红：《栾川“旅游立县”发展战略研究》，硕士学位论文，河南科技大学，2012。

部门联动齐抓旅游，共同奏响旅游发展协奏曲。2000年初，立足旅游资源丰富的优势，面对旅游经济蓬勃发展的机遇，栾川明确提出“旅游兴县”战略，把旅游业作为新的支柱产业来培育，带动关联产业的发展，拉动县域经济的增长。为了充分发挥党和政府驾驭经济发展的主观能动性，从建立高效的发展机制入手，强力推动旅游业的发展。其一，确定旅游业为“一号工程”。其二，理顺旅游业发展体制。成立县旅游工作领导小组，深入一线现场办公，处理具体问题。同时撤销县旅游局，设立县旅游工作委员会，它既是旅游发展重大决策的参谋和助手，又对具体工作进行综合协调，强化对旅游工作的领导和服务。通过体制创新着力解决部门分割、多头管理和推诿扯皮等问题。其三，建立工作奖惩机制。把旅游工作纳入全县各单位、各乡镇目标考核体系，真正做到目标明确、责任到人、措施过硬、奖罚分明。其四，形成工作合力。在全县干部群众中开展了“我为旅游做贡献”等活动，汇聚成发展旅游的强大动力。

（二）突出特色，深度开发，打造休闲度假旅游目的地

旅游经济是特色经济，特色是旅游的灵魂。栾川顺应放松身心、回归自然的生活潮流，合理利用、深度开发生态资源，着力打造休闲之旅。首先，坚持高起点规划，科学有序发展。围绕打造休闲度假目的地，栾川请北京大学专家编制《栾川旅游业发展总体规划》，并经人大通过付诸实施，大力整合“山、水、林、洞、泉”等旅游资源，全力推动旅游业由游览观光型向休闲度假型转变。其次，坚持高品位开发，打造旅游精品。从2001年开始，栾川开展了以“树立精品意识、优化旅游环境、提升景区品位”为主要内容的创A活动。鸡冠洞、龙峪湾两景区2002年8月顺利通过了国家验收，使栾川成为拥有2个国家4A级旅游区的县。同时，突出特色，分类指导，寻找卖点，不断培育新的旅游热点和亮点，目前已形成由老君山山水游、龙峪湾森林游、鸡冠洞溶洞游、重渡沟农家游、伏牛山滑雪游等组成的休闲旅游精品集群。再次，坚持高水平建设，强化旅游功能。按照大旅游的理念，将城市功能重新定位为“休闲旅游城市”，确定了“城即景、景即城”的发展思路，在已创建国家卫生县城的基础上，先后投资

3.17 亿元，兴建了伊河七级水面工程，形成了伊滨休闲区，建成了君山广场、龙泉山公园。同时不断改善通信、交通、供电、供水等基础设施条件，洛栾快速通道及一批干线公路相继建成通车，景区道路得到全面改善，初步形成了四通八达的公路网络。最后，坚持高标准保护，确保持续发展。栾川人时刻告诫自己，要走可持续发展之路，否则自然生态破坏之日，就是旅游业衰败之时。在开发倒回沟景区过程中，坚持不伐一棵树，道路为树让路。今日之栾川，碧水蓝天依旧在，休闲旅游更诱人。

（三）精心策划，全员参与，强力开拓旅游市场

旅游经济是注意力经济，游客需求是旅游发展的原动力。在旅游市场开发中栾川善于谋势、巧于借势、精于造势、整合资源、匠心独运，做到了“四两拨千斤”。第一，部门联动，全员推介。从 2001 年开始，县委、县政府与全县 47 个县直单位签订责任状，以县城为中心，以 600 公里为半径，将涉及的 9 省 40 多个市一一分解，由部门包干，分头促销，并坚持“经费自行解决，人员统一培训，考核方法具体，奖惩严格分明”原则。第二，整合促销，做大品牌。栾川旅游宣传促销统一实行五个整合，即品牌整合、景区整合、资金整合、人员整合、手段整合。同时加强与旅行社的合作，统一邀请旅行社踩线，统一给予旅行社让利折扣，对组织的每个旅游专列给予不少于 5 万元的奖励，激发了旅行社组团的积极性。整合宣传、整合营销，改变了以往“零、散、弱、小”的状况，迅速树立了“休闲栾川”的整体形象和品牌。第三，奇招迭出，吸引客流。以最小的投入获得最大的效应，是栾川旅游宣传促销的亮点。以河南电视台在栾川驻村扶贫为契机，在其 8 个频道同时播出价值逾千万元的旅游扶贫宣传广告，为期 8 个月。顺应旅游业发展的形势，栾川宣传促销不断推陈出新、提档升级，先后成功策划和举办了中原伏牛山滑雪节、伏牛山金秋红叶节、“一吻千年”热吻大赛等活动，影响大、轰动性强，促进了客源的快速增长。

（四）市场运作，激活要素，提升旅游产业化水平

按市场经济规律运作是旅游业发展的必由之路。栾川以市场为导向，以企业为主体，强化资本运作，不断拉长产业链条，提升产业化水平，促

进旅游业出效益、上台阶。首先，制定优惠政策，营造投资环境。在专家指导下，建立了“旅游发展项目库”，在互联网上利用各种途径广泛发布招商信息。出台了一系列鼓励旅游投资的政策措施，支持企业、鼓励个人、扶持农户。同时积极组织参加各类招商引资活动，把触角从本地延伸到北京、上海、广东等发达地区，通过独资、合资等多种方式吸引有实力的企业到栾川投资发展旅游业。其次，聚拢社会资金，拉长产业链条。在宾馆建设和扩容改造上，2004 年靠社会投资先后建成了准二星级宾馆 13 家，增加标准接待床位 2000 张。在旅游商品开发上，先后开发出了食用菌、奇石、根雕、果汁饮料、中药保健茶等高附加值的旅游商品 80 余种。集资建成了集购物、餐饮、娱乐于一体的河南首家旅游特产博览中心，2004 年实现营业额 3250 万元，满足了游客需求，增加了旅游收入。在旅行社的发展上，先后组建了独资或合资旅行社 7 家，总资产达 470 万元，实现了旅行社从无到有的突破。最后，加大开放力度，增强产业竞争力。为破解冬季旅游淡季难题，栾川县派专人赴东北、北京等地取经，邀请全国知名的滑雪场老总实地考察。在诚意感召下，2003 年，北京一家公司决定投资 1.5 亿元开发建设伏牛山滑雪旅游度假区，当年签约、当年投资兴建、当年产生效益，成为河南冬季旅游的最大热点。为增强旅游发展后劲，对重渡沟景区经营权进行整体转让，并实现了政府、周边居民和投资商三方满意，原本复杂而敏感的“两权分离”问题在栾川解决得十分顺利。

（五）以人为本，服务至上，营造休闲栾川恒久魅力

旅游经济是体验经济，旅游业的竞争终将是服务的竞争。栾川以宽松的旅游环境、一流的旅游服务、淳朴的民风社风，构建了一道靓丽的人文旅游风景线。

首先，建设宽松的旅游环境。每年年初，栾川几大班子领导都向社会公布办公电话和手机号码，并公开承诺旅行社或游客遇到困难时可以直接找他们解决。2004 年“十一”黄金周，100 余名游客因宾馆爆满无法入住，县领导发动 40 余名科级干部将游客接回家中住宿，县委书记、县长设宴向这些游客表示歉意。每逢黄金周和双休日，公安、交通、卫生、工商、物

价等涉旅部门都牺牲休息时间，遵从假日指挥中心的统一调度，分赴要害部位、重点地段为游客排忧解难。2017 年春节期间，突降的大雪给在栾川游玩的游客带来了麻烦，雪天路滑，多名游客被困在山上。得知这一情况后，栾川旅工委、交通局、景区、酒店等多个部门积极行动，上山接，下山送，确保每一个游客都安全下山，栾川再一次温暖了游客的心。

其次，提供一流的旅游服务。栾川成立了旅游市场联合整顿领导小组，开通了 24 小时游客投诉电话，组建了联合执法队伍，常年坚持旅游市场检查，及时处理游客投诉。各景区及接待服务单位相继成立了服务质量监督管理部门，建立了完善的质量标准管理体系。栾川先后制定并出台了 20 余项规范服务的规章制度，着力提高旅游行业的整体素质，保证了游客“吃得放心、住得舒心、行得安心、游得开心”，投诉率控制在万分之五以下。

最后，依靠淳朴的民风社风，营造全民兴旅的浓厚氛围。重渡沟景区的家庭宾馆坚持“舍利不舍客”“和游客零距离”，塑造农家特色品牌，成为全省依靠家庭宾馆脱贫致富的样板，这被誉为“重渡沟现象”。2003 年深秋，一辆满载游客的客车不慎掉入河中，没有动员，没有商量，周边村民第一时间到达现场，自发组织起来，打捞落水人员，抢救受伤游客，得救后的游客感激之情无以言表。在栾川，处处都是旅游形象，人人都是旅游环境。游客身在山水画廊中，体味着家的感觉，“休闲栾川”散发着温馨迷人的恒久魅力。①

三 特色亮点

栾川作为全国首批旅游业改革先行区和全域旅游示范区，在奋力实现中原崛起的实践中，探索出旅游业快速健康发展的成功经验。

（一）改革创新，先行先试

栾川县以建设最佳旅游目的地为目标，持续深化旅游业改革创新，取

① 郭晓华：《栾川旅游产业发展模式探析》，《华北水利水电学院学报》（社会科学版）2009 年第 5 期。

得了明显成效。一是创新管理体制，2015 年 5 月，栾川县成立旅游发展委员会，下设承担具体工作职能的旅游工作委员会，形成县旅发委牵头抓总、县旅工委具体执行的旅游管理体制，在国内率先成立县级旅游警察大队，积极探索“景区 + 管委会”模式，推动旅游管理由单一部门推动向部门综合联动转变；二是创新协调机制，成立高规格旅游工作领导小组，建立旅游发展联席会议制度；三是创新投融资机制，县财政每年安排不低于 3000 万元的旅游发展引导资金，撬动超亿元社会资金投入旅游业发展，探索搭建全县旅游产业投融资和招商平台。2017 年 8 月，栾川县策划举办了“自驾游栾川 · 高速全免费”旅游扶贫公益活动，活动期间，累计接待游客 110 万余人次，实现旅游总收入 7.6 亿元，成功走出“旅游 + 交通 + 扶贫”的新路。所有这些新举措的实施，让栾川赢得了全国旅游业界的关注，也让栾川走在了全国县域旅游的前列。

（二）紧抓项目，放大格局

栾川紧抓项目，放大全域旅游格局。栾川积极实施五大工程：实施全景栾川生态环境提升工程，打造宜居、宜业、宜游的山水之城，其中包含全域水系项目、全域绿化项目、5A 县城景观提升项目等；实施全域旅游交通体系建设工程，构建“城景快捷通达、景区环线串联、指示标识完备、停车服务配套”的立体化全域旅游交通网络；实施核心景区提升工程，包含老君山、龙峪湾等景区深度开发项目以及重渡沟国家旅游度假区项目等；实施投资 60 亿元的中院旅游度假、养生休闲、风情小镇综合体工程；实施乡村旅游富民工程，按照“旅游景区 + 风情小镇 + 特色农庄”模式，打造乡村旅游度假区，实现“一乡一品、一村一品”，推进栾川旅游全域化、差异化发展。

（三）融合发展，谋求新路

栾川旅游在坚持“全产业强化旅游引领，全区域营造旅游环境，全领域融汇旅游要素，全社会参与旅游发展，全民共享旅游成果”的前提下，积极推进探索产业融合，到 2017 年 9 月，实现了旅游产业的转型升级。“旅游 + 扶贫”，全县 75 个建档立卡贫困村中已有 20 个贫困村把乡村旅游作为扶贫主导产业，旅游扶贫业已经成为实现全县脱贫攻坚的重要途径；"旅游+农业"，推动农副产品、土特产品就地转化为旅游商品，累计发展旅游商品企业35家，开发水晶、奇石、根雕等高附加值旅游商品45个大类3000多个品种，成功打造"栾川尚品""栾川印象"等旅游商品品牌，年销售额达1.8亿元；"旅游+工业"，探索生态园区与工业旅游有效结合；"旅游+百城提质"，按百城建设提质县标准，在县城规划、项目设置、城市管理等方面，统筹结合生态旅游资源优势；"旅游+美丽乡村"，累计实施美丽乡村项目150余个，实现了通过建设美丽乡村吸引游客，助农增收；"旅游+沟域经济"，结合乡村不同沟域的生态特点，因地制宜，差异化发展，针对不同沟域科学规划、分类推进，打造新的旅游资源。①

第四节　公共文化助力乡村振兴的石泉样板

长期以来，由于受到我国行政体制的限制，旅游景点和服务点建设很少考虑公共文化服务，公共文化设施的布局和建设也很少考虑旅游需求。近年来，公共服务设施功能单一、利用率不足、服务停摆导致社会资源浪费等问题日益突出，游客服务中心、旅游驿站、文化展馆等场所门可罗雀的情况屡见不鲜。加强文旅融合设施建设，让公共文化机构成为特色景点，让旅游景区成为公共文化设施的集聚区，推动公共文化资源进入旅游设施和景区，成为新时代全域旅游公共服务设施建设的大势所趋。近年来，石泉县坚持"宜融则融、能融尽融"的思路，依托独特的文化资源和丰富的旅游资源，推动文化和旅游在理念、职能、产业、市场、服务等方面的深度融合发展，持续提升文化旅游供给能力、综合效益和服务质量，探索出具有当地特色、深受群众和游客欢迎的文化和旅游公共服务融合发展的新模式。2021年，石泉县文化和旅游广电局被评为全国文化和旅游系统先进集体。

---

① 《改革创新　紧抓项目　融合发展》，《洛阳日报》2017年9月13日，http://lyrb.lyd.com.cn/html2/2017-09/13/content_130998.htm。

一　基本概况

石泉县位于陕西省安康市的西部，北依秦岭、南枕巴山，地处秦巴腹地、汉水之滨，石泉建县于西魏废帝元年（公元552年），因“城南石隙多泉、径流不息”而得名。石泉县总面积1525平方公里，人口18.2万，属国家秦巴连片扶贫开发重点县。石泉交通便捷，阳安铁路和210、316国道在县内交汇，十（堰）天（水）高速、西（安）汉（中）高速横贯其中，已成为东接襄渝、西连宝成、南通巴蜀、北抵关中的重要交通枢纽，与西安、成都、重庆、武汉等大都市形成了半日经济圈。

石泉旅游资源独特，有“浓缩秦巴精华，天赐十美石泉”之美誉，已开发的明清古街古镇、后柳水乡、燕翔洞、中坝峡谷、子午银滩等景区驰名中外，是汉江最具魅力的生态文化旅游区。县内生物多样，森林覆盖率达72.2%，已记载物种有260余种，植物尤以红豆杉、银杏、中华蚊母、铁坚杉和兰科有名，动物尤以熊、獐、麂、野猪和白鹭有名。已探明矿物质达10余种，尤以岩金、沙金、钛磁铁矿、锰矿、锌矿等有名。水资源极为丰富，汉江穿境而过，流长58.5公里，支流小溪星罗棋布，水储量达13.52亿立方米。电力能源富足，水能理论蕴藏量61.3万千瓦时，技术可开发利用量49.04万千瓦，开发利用达43.38万千瓦，已建成汉江电站2座、农村小水电站12座。

石泉是国家卫生县城和国家园林县城；是秦巴汉水生态旅游重要目的地，素有“秦巴水乡·石泉十美”之称；是西部第一蚕桑产业大县，被誉为“丝路之源·金蚕之乡”；是国家南水北调重要的水源涵养地和西部重要的电力能源基地；是先秦文化的重要发祥地，因纵横家鼻祖鬼谷子在此修炼授徒，又称鬼谷子故里。

二　主要做法

文化与旅游的融合发展，成功地探索出具有石泉特色的现代公共文化服务新模式。2020年5月，后柳镇文化站入选国家级文化和旅游公共服务机构功能融合试点单位，石泉县文旅融合案例被陕西省文旅厅作为典型推广。2020 年 12 月，石泉县成功创建国家全域旅游示范区，“鎏金铜蚕·丝路之源”“鬼谷子故里·智慧之乡”“秦巴水乡·石泉十美”的品牌知名度不断提高，影响力不断扩大，文化和旅游公共服务群众满意度大幅提升。2018～2020 年石泉接待游客人数、旅游综合收入同比增长均在 20% 以上，旅游业增加值占 GDP 比重增长至 24.87%，带动旅游商品和农产品销售 3.2 亿元，文化旅游产业成为石泉富民强县的支柱产业。

（一）公共文化设施景观化

石泉县通过景观化的改造提升，拓展各级各类公共文化设施服务范围，打造公共服务领域文旅融合龙头阵地。一是公共文化设施融入旅游服务体系。以“一心（以县城为中心景区）、四区（以云雾山为核心的秦岭生态文化体验区，以汉江为轴线的汉水文化休闲度假区，以池河金蚕小镇为重点的‘鎏金铜蚕’丝路文化体验区，以饶峰、两河为突破的康养休闲度假区）、多点（利用山水生态、田园风光、民俗文化等资源形成多点开花的全域旅游格局）”为文化旅游发展总体布局，结合构建现代公共文化服务体系和打造文化品牌。在鬼谷岭景区建成鬼谷子文化纪念馆，在汉江石泉古城建成 24 小时阅读吧、博物馆、非遗展览馆，在秦巴风情园建成了蚕桑博物馆、根雕奇石展览馆，在金蚕小镇建成金蚕之乡展览馆。石泉县以旅游景点为核心，推动公共文化设施主动纳入旅游服务体系，满足游客文化需求。截至 2021 年，全县已建有公共二级文化馆、三级图书馆、博物馆、大剧院等各类公共文化场馆 20 余处。二是开展全域旅游创建，打造文旅融合龙头阵地。围绕本土特色文化，加大休闲度假区、精品景区培育和 A 级景区创建力度，打造核心品牌示范引领。深入挖掘非遗文化，将后柳镇中坝村移民安置点打造成中坝作坊小镇，创建成国家 3A 级旅游景区，小镇还通过打造“庖汤会”非遗文化和旅游融合的文旅 IP，使中坝村获得“全国乡村旅游重点村”称号。对江西会馆、禹王宫等古建筑及所在的古街区，按照修旧如旧的原则进行改造提升，打造了汉江石泉古城景区，2017 年晋升为国家 4A 级景区。充分挖掘鬼谷子文化，以省级文物保护点“天台观”为核心，结合省级非遗项目“石泉鬼谷子传说”以及周围自然景观、人文景观，打造了云雾山鬼谷岭4A级旅游景区，力争在“十四五”期间将其创建为国家5A级景区，引领石泉文化旅游发展。

（二）公共文化机构导游化

石泉县对旅游线路周边及游客集散区域的公共文化机构实施立足需求侧的导游化改造提升。一是推动镇村综合文化服务中心机构整合，在旅游特色名镇、乡村旅游点探索设置集基层文化服务中心和旅游咨询服务中心于一体的综合性文化旅游服务中心，实现公共文化服务“主客共享”。二是对基层公共文化服务场馆进行改造提升，设置旅游咨询台，增添旅游标识、景点导览、体验项目、文创产品和旅游商品、无障碍设施等，实现公共文化设施“文旅共建”。三是加大公共文化服务机构工作人员培训力度，增强服务意识、增加旅游常识，打造“人人都是讲解员、人人都是宣传员、人人都是引导员”的“三员”模式。

（三）公共文化活动旅游化

石泉县围绕文化场所“活动搞起来、资源活起来、服务优起来”这一目标，不断丰富满足旅游需求的公共文化活动。一是将民俗文化活动打造成游客体验项目。以汉江石泉古城为载体，将县衙断案、祈福节、汉服茶艺秀等群众喜闻乐见的民俗文化活动打造成游客体验项目。二是打造精品演艺节目。组建了演艺队伍，在汉江石泉古城上演县令巡游、舞龙、火狮子等表演节目，同时还有汉调二黄、花鼓坐唱等精品文艺节目。投资400多万元，打造了“丝路之源·十美石泉”大型实景歌舞剧，在秦巴风情园常态化演出，受到专家学者、文化名人和广大游客的一致好评。三是整合全县文艺团队，打造文化惠民平台。将全县48个文艺社团4000余人整合起来，实行以奖代补政策，积极引导社团参与文化旅游公共服务，开展各类文化演出和文化旅游志愿服务，推进公共文化服务进景区。

（四）公共服务设施标准化

石泉县加快推进文旅公共服务标准化建设，以标准化促均等化，提升服务效能。要增强全市旅游业的软实力，必须完善配套设施。近年来，石泉县积极争取各级旅游资金，不断完善旅游配套服务。目前，石泉已构建全域交通网络，建成高速公路连接线及多条旅游环线，推动城市公交向重点景区延伸，增设环城观光巴士和美丽乡村旅游直通车，打造境内旅游“半小时交通圈”，实现旅游交通“无缝对接”。为健全公共服务体系，石泉县建设了县城游客集散中心和两河、后柳、池河等旅游服务中心，完善信息咨询、惠民便民服务网点及景区接待中心；健全景区医疗服务体系，增加布局合理、指向清晰的旅游标识，打造全域无障碍旅游标识体系；加快实施“厕所革命”，积极完成旅游厕所的建设、改造和扩建，为游客营造清洁、环保、舒适、温馨的厕所环境，做到数量充足、功能完备、干净卫生、实用免费；推进停车场建设，建设立体化管理体系，到2020年县内停车位达到5000个。

（五）公共服务项目品牌化

提升和优化公共文化服务创新奖品牌项目，探索满足不同人群需求的文化旅游公共服务，推动一批具有影响力的特色文旅公共服务品牌项目建设，为贫困地区文旅公共服务做出示范。一是打造四大品牌文化活动，即春节民间文化艺术节、夏季蚕桑文化旅游节、秋季鬼谷子文化旅游节、冬季“庖汤会”美食文化节，推动石泉旅游由假日季节型向全日常态型转变。二是畅通政府购买渠道，鼓励群众参与公共文化活动。以政府购买服务的形式招募80多名群众为固定演员，参加民俗文化表演和文化惠民演出。三是将“艺养天年”老年人文化服务项目与夕阳红老年旅游产品结合、“开笔礼”青少年文化服务项目与研学旅游活动结合、“乡村文化理事会”试点项目与民俗旅游结合，提升文旅融合水平和服务效能。①

三　特色亮点

（一）抓创新：推行书记游客“三本账”

为落实“一切为了游客，为了游客一切”的理念，石泉县创新推出了

---

①《「文旅融合」文化和旅游公共服务融合发展的“石泉实践”》，“陕西法制网”百家号，2021年4月15日，https://baijiahao.baidu.com/s?id=1697066098816009225&wfr=spider&for=pc。

“游长制”和书记游客“三本账”，明确县长、局长（镇长）为“游长”，负责对区域景区景点、江湖河流、公共场所等实施常态化管理；将县、镇党委书记民情“三本账”拓展延伸到旅游系统，建立书记游客“三本账”，及时受理游客意见建议、利益诉求、投诉举报，回应游客关切、维护游客权益。实行书记游客“三本账”促进了科学民主决策、密切了党群干群关系、推动了全面从严治党、维护了社会和谐稳定、实现了县域经济绿色发展。2021 年，石泉县通过书记游客“三本账”受理的 50 余起游客投诉全部得到解决，游客满意率达 100%。①

（二）促融合：打造乡村旅游新亮点

池河镇明星村因醉美桑海景区成为石泉县新晋的“网红”村，白墙灰瓦的民居在万亩桑海中若隐若现，田间小路交错相通，鸡犬相闻，俨然一幅世外桃源美景。立冬时节，走进石泉县池河镇明星村，农家民宿、农家乐等点缀在漫山遍野的桑园中，好一幅乡村振兴的美丽画卷。景区自开园以来，带动周边 50 余家民宿、餐饮店发展，150 名村民就地创业就业，2000 多户农户实现稳定增收。2021 年，醉美桑海景区成功创建成 3A 级旅游景区，成为乡村旅游又一特色亮点。在石泉县文化和旅游广电局的积极推动下，石泉县以抓实旅游项目、培育核心景区、丰富旅游业态为突破口，做足“乡村旅游 +”文章。

（三）享智慧：实现“一部手机游石泉”新方式

以“智能旅游”带动整体旅游建设，打造“一部手机游石泉”，逐步构建和完善石泉县基于大数据的智能旅游公共服务，提升游客的旅游体验。为了大力方便游客，石泉县优化智慧旅游平台，建成旅游运行监测、应急指挥、公共服务、政务管理大数据平台和旅游网站、客户端等信息平台，实现“旅游资讯一览无余、旅游交易一键敲定、旅游管理一屏监控”，推进涉旅场所免费 Wi-Fi、视频监控、智能导游、电子讲解、电子票务、网上支付、信息推送等功能全覆盖。如今，游客只要关注“石泉旅游”微信公众

---

① 《陕西省石泉县：书记民情“三本账”以人民为中心的县域治理制度创新》，人民网，2021 年 1 月 19 日，http://unn.people.com.cn/n1/2021/0119/c435200-32004951.html。

号，就可以实时查询并掌握景区人员情况，及时做好行程调整。

（四）强带动：形成促农增收新模式

中坝作坊小镇是石泉县打造的非遗小镇，前身是中坝村的一个集中安置点，移民搬迁楼房建得很漂亮，可是平时没什么人，大部分村民外出打工。2016 年，返乡能人陈国盛带领乡亲们发展旅游，建成以“七十二”作坊为核心的非遗小镇，并成功举办了多届“庖汤会”。通过景区带动，周边 800 多人依托小镇实现就业创业，人均年收入达到 2 万元以上。①

第五节　文旅融合促进转型升级的恩施路径

文化和旅游产业融合在保护遗产、促进经济发展和就业、实现经济增长、推进旅游多样化发展和增强文化理解力等多方面具有重要意义，文旅融合已经成为必然趋势。文化与旅游融合发展、互动共进，是旅游产业转型升级的必由之路，旅游发展必然走向文化导向和向文化深入。2018 年 3 月，国务院组建文化和旅游部，将文旅融合纳入国家战略层面。推进文旅真融合、深融合已经成为各省“不约而同”的方向。② 在全国文旅产业迈向高质量发展的进程中，恩施土家族苗族自治州（以下简称恩施州）贯彻国家政策精神，精准把握时代背景和发展逻辑，将文旅融合列为工作的重中之重，通过积极谋划和主动作为，推进全县文旅融合发展步伐。

一　基本概况

恩施州位于湖北省西南部，东连荆楚，南接潇湘，西临渝黔，北靠神农架，于 1983 年 8 月 19 日建州，是共和国最年轻的自治州，也是湖北省唯一的少数民族自治州。全州总面积 2.4 万平方公里，辖恩施、利川两市和建始、巴东、宣恩、来凤、咸丰、鹤峰六县。恩施市下辖 5 个街道、6 个镇、

① 《践行“两山”理念　全力打造十美石泉》，新浪网，2022 年 2 月 2 日，https://finance.sina.com.cn/jjxw/2022-02-02/doc-ikyamrmz8680606.shtml。

② 陈效萱：《嵩县县域文旅融合发展研究》，《合作经济与科技》2021 年第 20 期。

7个乡，共165个行政村、43个社区。根据第七次全国人口普查数据，截至2020年11月1日零时，恩施州常住人口为3456136人。恩施州地理位置优越，东边有我国最大的内陆城市武汉，西边有我国最大的直辖市重庆，是我国东西走向的必经之路，被人们称为“川蜀咽喉，荆楚屏障”。恩施州目前已开通了公路、铁路、水路、航空等交通方式，为旅游业的发展提供了全方位的交通运输网。恩施市是全州政治、经济、文化中心和交通枢纽。

恩施州文旅融合优势凸显，位于鄂西生态文化旅游圈、武陵山区（鄂西南）土家族苗族文化生态保护实验区核心地带，既是古代巴文化的发祥地，又是土家族、苗族、侗族文化与中原汉文化的融会之地，也是一个有着光荣革命历史的老苏区。恩施州还有大量年代久远的古城，例如唐崖土司城、柳州城等，这些古老的城镇、村寨展现出了浓郁的文化氛围，散发出令人心旷神怡的生活意蕴。恩施州的本土艺术也具有一定吸引力，《龙船调》、摆手舞、灯戏、南剧等均呈现本地特色，可将土家族、苗族特有的风情切实展现出来。恩施州本身具有丰富的旅游资源，森林覆盖率超70%，享有“鄂西林海”“华中药库”“烟草王国”“天然氧吧”等美誉，有可与美国科罗拉多大峡谷媲美的恩施大峡谷，有世界上容积最大的溶洞腾龙洞，有中国南方最富魅力的位于坪坝营的原始森林，有风景如画的八百里清江山水画廊。截至2021年10月，恩施州拥有22个4A级及以上景区，其中恩施大峡谷、神农溪、腾龙洞被评为5A级景区，腾龙洞和恩施大峡谷被纳入国家地质公园，唐崖土司城被列为世界文化遗产。

在多年的发展实践中，恩施州各景区、各文旅企业主动挖掘恩施特色文化，坚持文化与旅游相互融合、相互促进，在融合发展中创新业态、丰富内涵、提高品质、增强效益。恩施州被评为全国休闲农业与乡村旅游示范州，被纳入革命文物保护利用片区，其下辖的部分县市被评为或获得全国休闲农业与乡村旅游示范县、中国文旅融合创新奖、中国优秀旅游城市、湖北省九大历史文化名城、首批国家全域旅游示范区、中国最美县域、2021年“中国天然氧吧”地区、2021年全国县域旅游综合实力百强县、2021中国最具发展潜力百佳县市。

二　主要做法

文化是旅游的灵魂，可为旅游丰富内涵、提升品质；旅游是文化的载体，可推动文化传承和传播。文旅融合是全域旅游发展的根本之路，恩施州作为全国首批、湖北省唯一整州创建国家全域旅游示范区的单位，认真贯彻落实党中央、国务院及湖北省委、省政府关于推进文旅融合发展的系列决策部署，突出高度抓认识、突出广度抓要素、突出深度抓产品、突出热度抓市场、突出力度抓环境，生态文化旅游业实现突破性发展。

（一）文旅融合：认识上增厚度

恩施州始终坚持把文旅融合放到全州经济社会发展全局的高度去谋划和推进，落实“文化是旅游的灵魂、旅游是文化的载体”的理念，为文旅融合奠定坚实的思想基础。一是突出生态文化旅游业的第一地位。州委七届四次全会决定，将生态文化旅游产业集群作为四大产业集群（生态文化旅游、硒食品精深加工、生物医药、清洁能源）中的第一产业集群来打造，时任州委书记柯俊担任生态文化旅游产业集群组长，推动生态文化旅游产业集群规划，推动鄂旅投、鄂交投的重大生态文化旅游项目，生态文化旅游产业已经成为其第一产业。二是突出文旅融合是全域旅游第一抓手。随着大众旅游时代的到来，旅游业越来越呈现跨界、融合、泛化的特征，“旅游 +”“ + 旅游”已成为全域旅游发展的途径。文化和旅游作为一对孪生姐妹，是最容易融合产生“1 + 1 > 2”效益的两大产业。在具体实践中，恩施州文化和旅游局坚持把文旅融合作为推动全域旅游发展的第一抓手，在“1、5、10、20、102”（做精 1 个中心、做活 5 条全域旅游带、做优 10 个全域旅游景区、做特 20 个旅游小镇、做美 102 个旅游扶贫示范村）全域旅游大格局中，贯穿文旅融合重要理念。三是突出文旅融合是高质量发展第一路径。推动生态文化旅游业高质量发展，潜力在文化、希望在文化、关键在文化。恩施州文化和旅游局牢固树立“文化兴则旅游兴”的理念，充分挖掘文化资源、传承文化瑰宝、活化文化产品，让生态文化旅游业在文旅融合的推动下强动力、添活力、增魅力。

（二）文旅融合：要素上扩广度

恩施州始终坚持文化与旅游全面融合，充分发挥文化要素在旅游业发展中的支撑作用、点睛作用。一是挖掘历史文化。建始直立人遗址距今195万~215万年，遗址的发现改写了非洲人类起源一元学说；巴人始祖廪君从巴东三里城溯江而上，建立古巴国，创立巴文化；恩施土司制度起源于元代，清雍正十三年形成了民族区域自治的雏形，土司文化影响深远。恩施州文化和旅游局尊重历史、汲取精华，将这些历史文化转化为旅游产品。二是挖掘特色民族文化。突出抓好民族建筑（如土家吊脚楼）、民族服饰（西兰卡普）、民族节庆（土家女儿会、过赶年）、民族饮食（油茶汤、合渣、社饭）、民族歌舞（《龙船调》、《黄四姐》、薅草锣鼓）等的挖掘和传承，凸显民族地区旅游特色。三是挖掘地域文化。认真挖掘恩施土苗儿女在劳作、生活和发展中创造出的地域文化，比如打喜（恭贺新生命诞生）、哭嫁（感恩父母）、跳丧（笑对生死），将地域生活习俗演绎提升为鲜活的文旅产品。四是挖掘红色文化。恩施州是湘鄂西、湘鄂川黔两个革命根据地的重要组成部分，是我国的重点革命老区，贺龙、关向应、段德昌等在这里留下了战斗的足迹，红色旅游资源丰富。恩施州文化和旅游局坚持把红色文化作为最宝贵的资源，致力于将红色旅游打造成爱国主义教育基地、群众路线教育基地、廉政教育基地、革命传统教育基地。五是挖掘农耕文化。将农村传统劳动工具、劳作模式作为一种最朴实、最接地气的文化资源，打造特色民宿文化群、特色民宿文化区、特色民宿文化点。六是挖掘抗战文化。1938年10月27日武汉失守，11月恩施成为湖北省临时省会、第六战区司令部所在地，在这里指挥了著名的鄂西会战、常德会战。其中，鄂西会战中的石牌保卫战被誉为“东方的斯大林格勒保卫战”。这些在抗战史上具有重要意义和地位的文化，已成为恩施州文化旅游发展的宝贵资源。

（三）文旅融合：产品上挖深度

恩施州始终坚持深度融合、深刻剖析、深入打造、深化成果，塑造一批具有特色、人民群众喜闻乐见、品质一流的文化旅游产品。一是打造文化遗产类产品。抢抓唐崖土司城成为世界文化遗产的历史机遇，着力做好借势宣传、放大影响、塑造精品的文章，引进鄂旅投公司与咸丰县政府签订协议，投资6亿元整体开发唐崖土司城，打造唐崖土司文化旅游区，争取创建国家5A级景区，让世界文化遗产和5A级景区两块金字招牌撑起咸丰乃至全州南四县旅游的脊梁。二是打造文化演艺类产品。坚持根植文化厚土、注重提炼升华、服务广大游客，充分发挥世界优秀民歌《龙船调》、湖北省优秀民歌《黄四姐》以及其他土苗文化优势，在当时的国家4A级景区腾龙洞打造全省第一台洞穴激光秀《腾龙飞天》、情景剧《夷水丽川》，在国家5A级景区恩施大峡谷打造全省第一台山水实景剧《龙船调》，在国家5A级景区神农溪打造长江边一流的演出剧目《巴山恋》，在国家4A级景区恩施土家女儿城打造全省一流、反映土苗儿女生活风貌的系列表演剧，在州文化中心打造州城第一部旅游驻场剧目《爱上硒施》等。通过这些演艺节目，系统展示恩施州独具特色的魅力。三是打造人文景观类产品。依托土司文化、建筑文化、节庆文化等，打造的国家4A级景区恩施土家女儿城，是一座旅游城、文化城、民族风情城，已成为武陵山区文化旅游新地标；打造的国家4A级景区恩施土司城，被誉为“中华土家第一城”，每年接待游客近100万人次；打造的国家4A级景区仙佛寺，成为湘鄂两地游客朝宗拜佛的著名景点。此外，《中国土家泛博物馆（彭家寨）总体规划》在第十六届威尼斯建筑双年展上与84个国家的经典建筑作品同台展示。四是打造红色旅游类产品。到2018年7月，累计争取国家红色旅游项目支持近3亿元，打造的国家4A级旅游景区湘鄂边苏区鹤峰革命烈士陵园，被纳入全国30条红色旅游精品线之一，成为恩施乃至周边革命传统教育的重要基地；打造的当代红色教育基地、湖北旅游名村建始店子坪村，共培训省内学员8100余人次，已成为省直机关和各级党校学习教育基地。五是打造文化节会类产品。恩施生态文化旅游节、恩施硒博会和土家女儿会、利川“龙船调”艺术节、巴东纤夫文化旅游节、来凤土家摆手舞文化旅游节、建始黄四姐文化节等大型节会活动，以及展现农耕文化的油菜花节、杨梅文化旅游节、土豆文化旅游节、桃花节、梨花节、茶叶节等节庆活动，营造了浓厚的旅游氛围，吸引了四海游客。六是打造文化旅游类商品。来凤田二姐油茶汤、利川钱汤圆获评中国金牌旅游小吃，土家西兰卡普、宝石花风景漆筷系列等成为“灵秀湖北”金牌旅游商品，至2018年7月，累计近30种旅游商品在省内、国内获奖。

（四）文旅融合：理念上提高度

推进文旅融合，打造高质量旅游产品，关键要靠市场来检验。一是在理念上服务游客。文旅产品好不好、优不优，游客是最好和最终评判者。恩施州文化和旅游局牢固树立以人民为中心的理念，坚持一切为了游客、为了游客的一切，认真研究受众心理，把握消费趋势和消费潮流，不断对文化旅游演艺产品进行改版升级、推陈出新，迎合游客的“口味”；对文化旅游类景区，不断推进提档升级和延伸开发，完善配套设施，提高参与性、科普性、教育性和体验性，让游客实地感受文化旅游魅力。二是在宣传上强力推介。坚持州县联动、政企联手、区域联合，统筹州县（市）旅游宣传促销资源，升华提炼旅游形象口号，开展恩施生态文化旅游节、硒博会、土家女儿会、老城故事会等目的地营销活动，邀请各地旅行商来恩施踩线考察，现场体验、参与文化旅游产品，通过口碑效应实现广泛传播，促进持久传承。加强对外宣传推介，在央视投放宣传广告，在重庆、武汉、杭州等骨干客源市场投放旅游形象广告、召开旅游推介会等，推出乡村旅游、硒游养生等精品线路，打造“恩施号”飞机、“恩施号”动车和恩施旅游长龙航空空中画廊，借助主流媒体、“网络大V”、专业网站等加强话题营销，加强与周边旅游企业的合作，实现线上线下互推，巩固扩大国内市场，逐步拓展海外市场，提升知名度和美誉度。三是在主体上依靠市场。在坚持政府主导的前提下，充分发挥市场在资源配置中的决定性作用，让市场主体在文旅融合的主战场上挑大梁、当主力、唱主角。鄂旅投公司2019～2021年在恩施州增加投资100亿元，重点实施“八大项目”，唐崖土司文化旅游区是投资的重点；鄂交投在恩施州实施交旅融合战略，投资30亿元在恩施方家坝建文旅小镇；恩施土家女儿城由华硒文化旅游有限公司出资近10亿元打造；综合演艺节目《爱上硒施》、恩施土家女儿城中的最楚非遗文化街由鼎途旅游文化公司打造。其他的文化旅游产品都是市场主体在运作和打造，充分显现出市场在文旅融合中的主力军作用。

（五）文旅融合：工作上加力度

文旅融合是一项系统工程，恩施州文化和旅游局坚持以理念契合推动工作结合，以工作结合推动资源整合，以资源整合推动产业融合。一是领导重视。州委、州政府高度重视文旅融合工作，时任州委书记柯俊多次就文旅融合工作做出重要批示，指出要大力实施文化与旅游融合行动，推动民族文化、地域文化、历史文化、红色文化、抗战文化与旅游深度融合，讲好恩施故事，促进全州生态文化旅游可持续发展。时任州长刘芳震多次强调，要把文旅融合的功夫做深、做透、做精、做实，彰显文化魅力，丰富旅游内涵。各级各相关部门围绕文旅融合这篇大文章，各司其职、各负其责，形成文旅融合全员共抓共建共享的大格局。二是专班推进。生态文化旅游产业集群工作专班建立健全工作机制，做到年初有计划书、每季度有调度会、每月有进度表，确保环环紧扣、稳步推进。旅游部门重点推进景区提升、文旅融合、业态转型、旅游厕所建设、旅游城镇建设、促销创新、交通突破、项目招商、服务升级、机制改革等十大行动，文体部门重点推动建设或开展一批非物质文化传承基地、文化创意产业园、文化旅游节事活动等，民宗部门重点加强民族文化传承、保护和转化，持续推进民族文化进酒店活动，重点推介民族服饰、民族饮食、民族礼仪等民族文化，组织全州导游开展土家语、苗语培训，集中打造一批特色村寨生态文化旅游样板，扶持一批少数民族传统手工艺品生产企业等，州国投公司重点设立产业发展基金，打造“一江一古城”等。三是政策保障。坚持多规合一，州政府发布了《恩施州全域旅游发展规划》，以此融合生态、产业、国土、城镇、文化等规划。按照“州级统筹、全域规划、严控资源、项目州审、县市实施、招引大商、联动推进”的要求，出台了《恩施州旅游资源统筹管理办法》，将文化旅游资源的管理、规划与开发权限收至州人民政府，实行全州上下“一盘棋”，杜绝低门槛进入、低水平建设、重复建设和同质化竞争。八县市均出台了生态文化旅游发展政策，奖励市场主体，优化要素配置，形成了全域旅游建设热潮。①

三　特色亮点

（一）顶层设计要素齐聚

恩施州委、州政府牢固树立和贯彻新发展理念，深入实施“五州”战略，按照“创建国家全域旅游示范区、建设千亿元生态文化旅游产业集群、打造国际知名旅游目的地”三大目标，把发展生态文化旅游产业作为加快绿色发展、建成全省特色产业增长极的重要抓手，纳入州政府重要议事日程。恩施州在2016年6月被列为全国262家首批国家全域旅游示范区创建单位之一后，先后印发了《恩施州全域旅游发展规划》《恩施州全域旅游示范区创建行动计划》《恩施州旅游资源统筹管理办法》《恩施州建设鄂西绿色发展示范区实施方案》等重要文件。全州各级各部门认真落实“宜融则融、能融尽融、以文塑旅、以旅彰文”的要求，以转型升级、提质增效为路径，大力实施文化与旅游融合行动，推动民族文化、地域文化、历史文化、红色文化、抗战文化与旅游深度融合，旅游业的引擎带动力、品牌影响力和惠民带动力进一步提高。

（二）文化底蕴凝聚活力

恩施州坚持在传承中创新、在保护中利用，深化民俗文化元素创新性应用，丰富文化内涵，增强文化体验，提升旅游演艺产品品质，提升山水品质。坚持见人、见物、见生活的理念，推动傩戏、灯戏、肉连响、土家族摆手舞、土家族撒叶儿嗬等活态传承，在注重其原真形态展示的基础上，经过精心编排，使其成为具有地方民族特色和较好市场效益的文化旅游节目。大型山水实景剧《龙船调》以及土司城民俗歌舞表演、土家非物质文化展演、《夷水丽川》、《巴山恋》等展演节目或剧目在恩施大峡谷、恩施土司城、恩施土家女儿城、腾龙洞、神农溪等景区上演，展现了经典的民族文化。腾龙洞推出激光秀，完美演绎出腾龙洞的美丽神话，形成新的旅游

---

①《文旅融合发展的“五度空间”｜恩施州深入推进文旅融合的探索与实践》，搜狐网，2019年6月25日，https://www.sohu.com/a/322955205_100022196。

增长点。谭学聪、张同新等一批民间文化艺术人才在各旅游景区景点、酒店和民俗博物馆驻场演出。在城市建设、景区建设中，将民族建筑文化元素、传统技艺与现代建筑相结合，形成民族文化旅游景观。

（三）产业链条不断延伸

坚持“文化旅游+”理念，立足文化传承和发展，统筹协调文旅开发，以旅游发展加固文化产业基础，带动各种产品、业态与旅游产业融合。在景区周边和旅游公路沿线发展1000余家民宿、农家乐，开展喝刨汤、富硒野菜节、万人插秧节、杨梅文化旅游节等农耕文化活动，延伸文化旅游融合发展产业链条，让村寨变景区、民居变旅馆、农产品变旅游商品。鄂旅投、鄂交投等一批知名企业持续投入，为文旅产业发展注入了强劲动力。诸多专家、学者和有关部门通过扎实的田野调查和充分的历史考证，在巴文化和土家族、苗族等少数民族文化研究上取得了丰硕的成果，出版发行了大批文献和作品，为文旅创意产品开发奠定了理论基础。一批文旅企业敢于先行先试，开发文创旅游产品，打造具有民族特色的旅游文化IP产品。恩施土家女儿城等一批景区成为文化创意产业园、精品文化旅游景区、非物质文化遗产传承示范基地。恩施玉露茶、恩施药材和富硒食品、特色手工艺产品成为品牌，与恩施西兰卡普、傩戏等相关的文创产品成为恩施特色旅游产品，“打花铺”成为恩施重要的文创品牌。

（四）融合平台多方搭建

加大文化旅游宣传力度，全方位营造文化旅游发展环境。文旅部门发挥市场优势，将反映地方文化特色的文化产品纳入年度旅游项目推广计划，各旅行社积极组织推出和宣传具有地方特色的文化项目和文化活动，充实旅游产品文化内涵，提高旅游产品文化品位。土家女儿会、土家摆手舞文化旅游节、纤夫文化旅游节、土司文化艺术节等民俗节庆活动走进景区，成为恩施文化旅游品牌。全国山地自行车赛、恩施大峡谷热气球旅游节、汽车越野拉力赛等吸引众多游客参与，迪恩·波特挑战恩施大峡谷、洗肺之旅、年俗产品推介、“东西部协作·旅游扶贫——杭州旅行商恩施行”等活动撬动恩施旅游。恩施土家女儿城、施南古城等一批城市综合体，集主题民宿、休闲餐饮、创意购物和民族文化体验于一体，各行业各领域主动与旅游融合发展，智慧旅游已渗透到恩施各个领域。[①]

第六节　精准营销提升品牌形象的平遥标杆

近年来在旅游产业的推动过程中不难发现，单纯依靠人文、自然景观资源是难以形成旅游景区核心竞争力的，所谓“一方水土养一方人”，每个地方都有其独特的地方文化，这恰恰是吸引游客前来的核心竞争力。品牌文化营销的重点在于树立品牌，并为品牌灌注独特的文化内涵，必须将地区文化烙印打在旅游产品上，才能打造出引人瞩目的旅游品牌。由此一来，既拉动了当地的地方经济，也带动了地方文化产业的发展建设。行之有效的营销手段对于旅游品牌形象的塑造至关重要，平遥县是山西旅游的龙头和形象代表，平遥县的旅游发展是新世纪山西在文化强省的道路上、在文化品牌营销产业化运作中成功的实践和创举。

一　基本概况

平遥县位于山西省中部，隶属于晋中市，是山西的人口大县、农业大县、文物大县、旅游大县，距离省会太原市约 100 公里，是太原都市圈的重要成员，与介休、祁县、文水、汾阳、沁源等县市接壤。平遥是历史文化古城，帝尧初封于斯，帝舜曾在此制陶、耕稼，秦始皇命名其“平陶”，后为避北魏太武帝名讳更名平遥。总面积为 1260 平方公里，辖 5 个镇、8 个乡、3 个街道、211 个行政村、16 个社区。根据第七次全国人口普查数据，截至 2020 年 11 月 1 日零时，平遥县常住人口为 450697 人。平遥位于汾河东岸、太原盆地的西南端，地处要冲，交通便利，大西高铁、同蒲铁路、大运高速穿境而过。

平遥是山西省的文物大县，有 300 多处古迹，境内东南部群山环绕，中

---

① 杨光：《深耕民族文化　打造旅游品牌——对湖北省恩施土家族苗族自治州推动文旅融合发展的实践与思考》，《民族大家庭》2020 年第 3 期。

部丘陵起伏，西北部为广袤平川。平遥古城的交通脉络由纵横交错的四大街、八小街、七十二条蚰蜒巷构成。“汇通天下”的日升昌票号被誉为“中国现代银行的鼻祖”，双林寺被誉为“东方彩塑艺术宝库”，镇国寺万佛大殿是中国现存最早的木构建筑之一。平遥主要景点还包括平遥县衙、文庙、清虚观、瓮城、城门顶、角楼、点将台等。平遥历史悠久、人文荟萃，哺育了孙楚、孙盛、雷履泰等历史名人，养育了郭兰英、阎维文、刘旺等当代精英。原真、原汁、原味的平遥古城与现代生活融为一体，独具魅力，基地变基因，承古而出新，展示了一个明清时期汉民族城市范例的精彩画卷。

平遥县为第二批国家历史文化名城之一，1997 年 12 月 3 日，平遥古城被联合国教科文组织列为世界文化遗产，与云南丽江古城、四川阆中古城、安徽歙县古城并称为中国现存最为完好的“四大古城”。平遥古城是中国境内保存最为完整的一座古代县城，城区面积 2.25 平方公里，现保存古城墙 6162.68 米，街巷 199 条，明清传统民居 3798 处，全县不可移动文物 1075 处，各级文保单位 143 处（国家级 20 处、省级 2 处、市级 4 处、县级 117 处），平遥县文物数量之多、品位之高，在全国县级城市中名列前茅。平遥古城被评为“中国顾客十大满意旅游风景区”“华夏第一古城”“中国优秀旅游目的地”。另外，平遥古城也是国家 5A 级旅游景区。

二　主要做法

平遥古城是世界文化遗产。平遥是国家历史文化名城，是山西旅游的龙头和形象代表，营销平遥就是营销山西。平遥旅游按照“奉献服务、谋事实干、创新突破”的工作思路，紧紧扭住旅游营销这一牵动旅游业发展的“牛鼻子”，真抓实干，顽强拼搏，宣传促销工作呈现出高潮迭起、好戏连台的良好态势，取得了突破性成效。

（一）策划节庆活动，打造强势品牌

节庆活动极具影响力、号召力，借助平遥古城优势，大胆探索，每年策划组织举办平遥中国年，产生了轰动效应，把平遥打造成了年文化休闲

体验社区。平遥中国年成为展示中国春节、元宵节民俗文化的主题品牌，是外国人眼中的“中国狂欢节”，荣获“全国节庆活动百强暨2008年度中国十佳民俗节庆”称号，被中央文明办纳入“我们的节日·春节”主题活动。平遥成为国家级民族传统节日保护示范地。平遥中国年立足短程、影响国际，重点利用当地人解说平遥。2006年以来，平遥中国年不断整合“旅游+文化”产业资源，渐渐成为中国春节主题游的响亮品牌。

平遥实施旅游营销策略的成功案例有主动举办平遥国际摄影大展，多年来大展场地的整治和服务为摄影大展品牌的打造创造了条件。首创于2001年的平遥国际摄影大展以其独特的国际视野、创新的摄影理念、新奇的技术互动以及形式多样的摄影活动将平遥古城推向了世界；2013年正式公演的大型情景体验剧《又见平遥》，以一个血脉传承、生生不息的故事为基点，将平遥古城的“忠义”“诚信”等传统文化内涵传达给了受众；创办于2017年的平遥国际电影展整合全球电影界资源，以优质电影资源推介展示、电影学术交流等方式向大众展示了一个文艺气息满满的平遥古城。借“乒乓球王”庄则栋莅临之机，启动“乒乓旅游专线”；借北方旅游交易会、国内旅游交易会、国际旅游交易会三大平台，持续组织主题推介活动；借奥运火炬在平遥传递之机，组织奥运平遥剪纸创作、中国古代体育运动火种采集、中国古代体育运动火炬传递、奥运火炬手平遥过大年等系列活动；借杭州世界休博会举办之机，规划设立文化休闲体验馆，组织专题推介会，打造文化休闲品牌；借山西港洽会、珠洽会举办之机，策划“把古城搬到香港，把资金引回平遥”的宣传活动，将旅游营销和招商引资有机结合。

（二）聚焦目标市场，尝试“票通天下”

平遥抓住《立秋》《一把酸枣》《走西口》这三部晋商大剧在全国巡演并形成全国热议晋商之势的机会，利用平遥古城可以作为晋商文化代表这一优势，瞄准中高端客源市场，2007年向全国包括香港、台湾在内的30多个省级行政区的主要城市及韩国等国家免费赠送20万张平遥古城门票，合计3000万元，培育市场；针对珠三角、台湾等长线潜在市场，走进台湾、广州，举行旅行商专题推介会，赠送古城门票，拉动市场；针对韩国等国际核心市场，走进韩国人北京集中区，专题推介，赠送门票，启动市场；借“赛在北京，游在山西”全省迎奥运之势，向奥组委赠送门票，扩大市场。门票赠送活动不仅极大地提升了平遥知名度，而且对山西旅游起到了促进和带动作用。

（三）线上线下并举，实施“网炒世界”

广告是城市旅游品牌传播的有效手段，实质是一种将城市的名称、历史、文化、定位等内容进行编码和解码的过程，只有将编码和解码统一才能使广告达到良好传播效果，使城市品牌建立较高知名度。平遥古城的广告形式多样，大致可分为线下广告与线上广告。线下广告大多置于繁华街道，此处人流量大，传播效果好，观赏性佳，如路边巨幅广告牌、广场大型滚动屏幕、公交车的广告标语——“晋善晋美，平遥古城欢迎您”，或是以画册形式供游客取阅。平遥古城还将广告范围延伸至山西省内的其他城市，山西太原的公交车上、大运高速公路沿线均可见“平遥古城欢迎您”的广告。同时，平遥古城还在互联网上发布了独具特色的宣传片。2019 年的宣传片多使用广角镜头、航拍、图片集锦，具有很强的历史文化气息，平遥古城所有可看的景点、可观的文化、可尝的美食几乎一览无余，获得了大量网友点赞。

网络营销是最实惠的营销手段。平遥先后建立了平遥旅游网站、平遥旅游咨询英文网站及法文、日文网站；在搜狐、雅虎等知名门户网站开设平遥古城论坛；实施全员网络宣传，实现了近千万次的点击，创造了单帖 5 万次的点击纪录；利用网络平台，开展了“一句话说透平遥”“一个符号代表平遥”的旅游口号和旅游标识征集活动，组织开展平遥十佳旅游景点、十佳民俗客栈网评以及“百户家庭闹社火”和“中外爱情周”等网络营销活动，平遥古城网络知名度得到空前提高。

（四）合作交流互动联合，追求叠加效应

在全球经济一体化的今天，旅游营销必须注重联合。平遥与解州关帝庙合作，策划组织火种采集、门票抽奖活动；与知名景区厦门鼓浪屿互动，鼓浪屿倾情加盟平遥中国年，平遥助兴鼓浪屿，在鼓浪屿景区举行盛大的

门票捐赠推广活动；与运城盐湖合作，利用平遥中国年大力宣传运城盐湖；积极推进景区合作，与周边乔家、王家、常家大院和绵山风景区形成紧密互动，平遥古城、乔家大院两大景区联手举行百万元门票酬宾活动；与北京温都水城联手推出“双城品牌联盟”；加强媒体合作，《山西晚报》和《三晋都市报》冠名平遥中国年；联合邮政部门，制作特种邮资明信片。[①]

三　特色亮点

平遥营销是山西在文化强省道路上和文化品牌营销产业化中做得最成功的实践与创举。在宣扬文化营销热潮的时代背景下，平遥国际摄影大展和《又见平遥》大型情景体验剧用文化底蕴拥抱世界文化名城，用文化营销的先进理念折射出晋文化的璀璨光芒。

（一）定位精准，塑造文化品牌

山西是炎黄文化和黄河文化的发源地，蕴含着丰富的旅游资源和历史悠久的地上人文景观。山西被称为“中国古代建筑艺术博物馆”，是名副其实的文物大省，其文物藏品之多、价值之高、种类之丰、艺术成就之高冠于全国。平遥古城正是这座“博物馆”中的珍品。平遥古城位于山西省的中部，距今已有2700多年的历史。迄今为止，它还较为完好地保留着明清时期县城的基本风貌，堪称中国汉民族地区现存最为完整的古城。

平遥古城精准定位，以自身的历史价值和晋商文化为建设文化品牌的着力点，通过多种资源（文化、社会、经济）的有效结合，成就了平遥中国年、平遥国际摄影大展、《又见平遥》大型情景体验剧等多种创新文化旅游品牌。平遥中国年活动从2006年开始，吸引了中国乃至世界各地游客前来，已成为展示传播中国传统文化的重要平台；平遥国际摄影大展和《又见平遥》使以摄影和情景剧为肉、以文化为骨的文化旅游品牌走向更广阔的社会天地。它们所推介的不仅仅是一个市场、一座古城、几座大院，而且是一种观念、一种价值、一种文化。这些文化旅游品牌对于繁荣旅游市场，带动平遥、晋中乃至全省的文化旅游一体化发展，以及提高山西旅游

---

① 赵宇俊：《平遥旅游产业营销的实践与思考》，《现代工业经济和信息化》2012年第16期。

知名度和加强整体旅游产品的推广和营销也发挥着积极的推动作用，堪称山西文化旅游品牌的成功典范。①

（二）多方联动，创新营销方式

常言道："巧妇难为无米之炊。"多年来，平遥抓住各种机遇，有效破解营销难题——资金问题，走出了一条政府主导、市场融资的多元化、多渠道推进景区合作之路，县政府每年拿出门票收入的5%～10%作为营销的专项经费，利用古城品牌，搭建宣传平台，拓宽融资渠道，营造共同参与、共同出资的营销氛围。全国古城古镇居民、持有山西各大景区门票的游客在平遥中国年期间享受特价优惠；连续多年组织平遥大学生暑期宣传实践活动，利用学生遍布全国的优势宣传平遥、解说平遥。

（三）多策并举，拓宽营销渠道

平遥在品牌打造的过程中，运用多样化的传播手段和方式，将传统媒体与新媒体的优势结合起来，力图达到最大的营销效果。例如平遥国际摄影大展，照片本身就是一种传播媒介，在传播媒介单一的时代，摄影作品只能通过平面方式向外传播，现在通过媒介与媒介之间的组合，摄影作品利用大众传媒得到了再传播和再提升。平遥国际摄影大展于开展前夕，先后在纽约、巴黎、日本、北京等国家和地区举办新闻发布会，并通过国际国内强势媒体开展了全方位的宣传，以多种方式对平遥国际摄影大展进行了相关报道，以专刊、专版、专栏、专题音乐节目等多种宣传形式同时异地推出。《又见平遥》推广渠道除了口碑营销以及在景点发放宣传资料外，还包括结合信息时代背景通过新浪微博、微信公众号等多种新媒体宣传推广，同时建立《又见平遥》官方网站，多种新媒体渠道同时更新宣传，推出网上互动活动，与游客在线上进行互动沟通，拉近景区与游客之间的距离。丰富的宣传渠道加上新型的营销模式，无疑增强了平遥旅游品牌的吸引力。②

---

① 齐峰、冷雪：《平遥国际摄影大展与品牌文化营销》，《今日山西》2004年第9期。

② 王志峰、吴颖：《〈又见平遥〉创新文化旅游产业模式》，《经济问题》2016年第10期。

图书在版编目(CIP)数据

县域旅游理论与实践 / 程金龙等著. -- 北京 : 社会科学文献出版社, 2022.12 (2024.2 重印)

ISBN 978 -7 -5228 -0861 -1

Ⅰ. ①县… Ⅱ. ①程… Ⅲ. ①县级经济 - 旅游经济 - 经济发展 - 研究 - 中国 Ⅳ. ①F592.7

中国版本图书馆 CIP 数据核字 (2022) 第 186062 号

县域旅游理论与实践

著　　者 / 程金龙　王淑曼 等

出 版 人 / 冀祥德
责任编辑 / 仇　扬
文稿编辑 / 张真真　陈丽丽
责任印制 / 王京美

出　　版 / 社会科学文献出版社 · 当代世界出版分社 (010) 59367004
地址：北京市北三环中路甲 29 号院华龙大厦　邮编：100029
网址：www.ssap.com.cn
发　　行 / 社会科学文献出版社 (010) 59367028
印　　装 / 唐山玺诚印务有限公司

规　　格 / 开 本：787mm × 1092mm　1/16
印 张：29.75　字 数：441 千字
版　　次 / 2022 年 12 月第 1 版　2024 年 2 月第 2 次印刷
书　　号 / ISBN 978 -7 -5228 -0861 -1
定　　价 / 168.00 元

读者服务电话：4008918866